고대 로마사

고대 로마사

ANCIENT ROME

로물루스에서 유스티니아누스까지

토머스 R. 마틴 지음 | 이종인 옮김

cum libro
책과함께

일러두기

1. 이 책은 Thomas R. Martin의 *Ancient Rome: From Romulus to Justinian*(Yale University, 2012)을 완역한 것이다.
2. 인명과 지명은 외래어 표기법에 따라 표기하였다.

———————— 나의 강좌에서 고대 로마사를 연구한 학생들과, 이 책을 써보라고 제안하고 격려해준 친밀한 친구이며 완벽한 스승 블레즈 너지Blaise Nagy에게 이 책을 바친다.

———————— 유피테르여, 여기 따로 떼어놓은 제과蕩菓를 올리며 간절히 비오니, 당신의 호의로 나와 내 자식과 내 집과 내 가족에게 은덕을 내려주소서. – 카토, 《농업에 대하여》 134

감사의 글

이 책을 집필하는 데 안내심, 조언, 관심을 보여준 예일 대학 출판부의 수석 편집자 제니퍼 뱅크스, 차석 편집자 피얄리 바타차리야와 교열 편집자 수전 레이티, 편집자 마거릿 오첼에게 깊은 감사의 말씀을 드린다. 또 관련 도판을 완벽하게 찾아준 수지 티보, 노련하고 통찰력 깊은 편집으로 도움을 준 개빈 루이스에게 감사드린다. 익명의 검토자들의 솔직한 비판과 완벽한 분석은 많은 부분에서 텍스트를 개선시키는 데 큰 도움이 되었다. 언제나 그랬듯이, 나의 아내 아이비 수이유엔 선에게 날카로운 통찰과 무한한 지원의 빚을 졌다. 그 빚은 완벽한 상환이 불가능하고 심지어 그 빚에 대한 고마움을 충분히 표명한다는 것조차 불가능하다.

인용 표시, 사료에 대하여

이 책에서 사용되고 또 고전 고대 연구에 통상적으로 쓰이는 '1차 사료'라는 용어는 문학, 문서, 비명碑銘, 동전 등의 고대 텍스트를 가리킨다. 독자들이 이 책의 본문에 들어 있는 1차 사료의 문장들을 쉽게 발견할 수 있도록, 인용 표시는 그 인용된 1차 사료의 내적 참조 체계에 따라 표기했다. 이것은 현대의 학자용 원문 판본이나 많은(전부는 아니다) 현대어 번역본이 통상적으로 따르는 표준적 표기 체계이다. 예를 들어 '리비우스, 《로마 시 창건 이래의 로마 역사》 5.54'는 리비우스의 책 중에 제5권의 섹션 54를 가리킨다. 독자들은 이러한 표기 방식을 알고 있으면 이런 내적 참조 체계를 따르는 원본이나 번역본에서 해당 문장을 금방 찾을 수 있을 것이다.

'2차 사료'는 이런 고대 사료들이나 그 사료들이 서술하는 역사에 대하여 연구한 고전 고대 이후, 혹은 현대 학자들의 연구서를 가리킨다. 2차 사료의 인용 표시는 저자의 이름과 짧은 소제목과 해당 페이지가 들어 있다. 기명記銘이나 동전처럼 분류된 품목의 경우, 이들 품목의 분류 번호를 표기했다. 1차 사료와 2차 사료에 대한 참고 문헌 정보는 이 책 끝에 있는 〈추천 도서〉에서 찾아볼 수 있다.

차례

감사의 글 • 006

인용 표시, 사료에 대하여 • 007

1 서론과 배경 • 011

2 로마인의 가치, 가정, 종교 • 038

3 로마의 건국에서 공화정까지 • 070

4 공화정 시대의 전쟁과 영토 확장 • 106

5 공화정의 파괴 • 142

6 공화국에서 제국으로 • 175

7 율리우스-클라우디우스 가문에서 제국의 황금시대까지 • 205

8 예수 그리스도와 제정 초기의 위기 • 234

9 제정 후기의 기독교 박해와 수용 • 267

10 야만족의 이동과 제국의 운명 • 302

역자 후기 • 340

추천 도서 • 348

찾아보기 • 364

| 지도 목록 |

지도 1 | 기원전 500년경의 이탈리아 • 029

지도 2 | 공화정 시대의 로마 시 • 079

지도 3 | 기원전 5세기 로마와 중부 이탈리아 • 085

지도 4 | 공화정 시대의 주요 로마 도로 • 112

지도 5 | 공화정 시대 로마의 영토 확장 • 119

지도 6 | 공화정 말기의 로마 세계 • 171

지도 7 | 제국 초기의 로마 영토 확장 • 211

지도 8 | 로마 세계에서 사용된 언어 • 225

지도 9 | 예수 시대의 팔레스타인 • 238

지도 10 | 기원후 3세기 후반의 기독교 인구 • 265

지도 11 | 기원후 3세기 로마제국의 위기 • 271

지도 12 | 4세기와 5세기 게르만족의 이동과 침입 • 311

지도 13 | 6세기 초 로마 세계의 민족들과 왕국들 • 333

1

서론과 배경

이 개설서는 기원전 8세기에 이루어진 전설적 인물 로물루스의 로마 건국에서 로마공화국을 거쳐, 오늘날 로마제국이라고 부르는 시기를 경과하여 기원후 6세기 유스티니아누스 황제의 통치 시기까지를 다룬다. 미리 강조해두지만, 로마사는 유스티니아누스의 통치로 끝나지 않는다. 하지만 그 시기를 이 개설서의 연대기적 종착점으로 해두기로 한다. 이렇게 한 것은 (로마인들에게는 안타깝게도) 유스티니아누스가 후기 로마제국의 세력 판도와 영광을 회복하려고 노력한 마지막 황제였기 때문이다. 유스티니아누스의 치세 이전, 후기 로마제국의 판도와 권력은 그보다 500년 전에 로마제국이 성취한 권력의 정점에 비하면 몇 분의 일 수준에 지나지 않을 정도로 축소되어 있었는데, 그가 예전 수준을 회복하려 시도한 것이다. 지리적으로 볼 때, 이 개설서는 로마인들이 권력의 정점에서 다스렸던 유럽, 북아프리카, 서아시아(중동)의 방대한 지역을 다루고 있다.

간략한 개관인 이 개설서는 어쩔 수 없이 고대 로마에 관한 많은 정보를 생략해야 했고 또 어떤 주제는 다른 주제보다 더 상세히 다루어야 했다. 예를 들어, 이 책보다 조금 더 두꺼운 책이라면 로마가 건국된 기원전 753년이라는 전통적 날짜 이전 로마인들의 생활양식을 더 자세하게 다루었을 것이다. 사실 그들은 행동이나 사상 면에서 후대 로마인들에게 많은 영향을 끼쳤다. 마찬가지로, 좀 더 긴 책이라면 유스티니아누스 이후에 이어진 로마 세계의 역사도 탐구했을 것이다. 그 황제 이후에 등장한 이슬람은 한때 로마제국이 지배했던 지중해 세계의 정치적·문화적·종교적 상황을 영원히 바꾸어놓았다. 〈추천 도서〉에서 제시한 책들은 이 개설서에서 간략히 다루거나 아예 생략한 많은 주제와 관련하여 추가적인 논의와 길 안내를 제공할 것이다.

근 40년 동안 로마사를 가르쳐온 내 경험에 비추어볼 때, 만약 독자 여러분이 로마인의 발언과 생각을 해석하는, 매혹적이면서도 현재진행형인 대화에 깊숙이 참여하고 싶다면, 고대의 사료를 직접 읽는 것이 가장 좋다. 그것도 한 번이 아니라 여러 번 읽는 것이 좋다! 그래서 이 책에서는 인용문 말미에 출전을 표시하여 독자들이 해당 원전을 알 수 있도록 했다. 아무쪼록 그 원전을 직접 읽고 로마사의 어떤 사건, 사람, 사상에 대하여 독창적인 판단을 내리기를 바란다. 그리고 이런 목표에 봉사하기 위해 〈추천 도서〉의 앞부분 두 개의 절에 오늘날 시중에서 구할 수 있는 고대 사료의 번역본을 제시해놓았다. 이 고대 사료들은 이 개설서의 본문에서 명시적으로 언급되었거나, 비록 거론되지는 않았더라도 본문을 읽어나가면서 자연스럽게 그 필요성이 제기되는 그런 자료들이다.

아무튼 이 개설서를 읽어나가는 동안, 독자는 로마사의 주요한 시대적 구분, 우리가 아는 로마사의 기본 사료, 우리가 관심을 가져야 할 장기적

주제, 로마인들의 '선사 시대' 등 로마사의 기본적인 사실들을 미리 알아 두는 편이 좋다. 여기서 선사 시대라 함은 로마인의 이탈리아 선구자들, 로마의 문화적 발전에 영향을 준 이웃들, 즉 에트루리아인들과 그리스인 들을 말한다.

로마사의 시대 구분

—

이 책은 통상적인 로마사의 시대 구분, 즉 왕정 시대, 공화정 시대, 제국 시대라는 3시대 구분을 따른다. 그러나 이처럼 로마사를 3시대로 분류하 는 것은 시대착오적 구분이라는 점을 분명히 해둘 필요가 있다. 왜냐하면 로마인들이 볼 때는 그들의 역사에서 단 한 가지 중요한 구분만 있기 때 문인데, 바로 기원전 6세기 말에 왕정을 폐지한 일이었다. 왕정이 폐지된 후에 로마인들은 자신들의 정치 제도를 계속해서 공화제라고 불러왔다. 공화제를 가리키는 라틴어는 '레스 푸블리카res publica'로, '인민들의 것' 혹 은 '인민들의 일'이라는 뜻이다. 그리하여 그들은 심지어 우리가 제국 시 대라고 부르는 시기—아우구스투스가 실권을 잡고서 1인 통치를 펼친, 기원전 1세기 말부터 시작되는 시기—에도 여전히 자신들의 정치 제도 를 공화제라고 불렀다. 오늘날 아우구스투스는 로마의 초대 황제로 불리 고 있다. 그러나 로마인들은 그를 원수(프린켑스princeps: 내전 종식 후 복원되어 계속 이어진 공화정의 제1인자)라고 불렀다. 이것이 원수정이라고 하는 정치 제도이다. 로마인들은 아우구스투스가 시행한 로마 정치의 재편이 로마 사의 전환점이라는 점을 뚜렷이 인식했으나, 그래도 그 이후의 모든 황제

(우리 후대인의 용어)가 자신들의 정부는 공화제라고 계속해서 주장했다.

이렇게 구분된 3시대는 이 책에서 동등한 대접을 받지 못한다. 왕정 시대는 그 후에 이어진 공화정 시대나 제정 시대보다 훨씬 간단하게 기술되어 있다. 이것은 로마 왕정 시대에 대한 믿을 만한 증거가 부족한 탓에 그러하다(물론 초기 공화정의 증거들도 사정이 별반 낫다고 할 수는 없다). 반면에 공화정과 제정은 거의 대등한 대접을 받는다. 고대 로마의 사건이나 인물에 대한 설명, 그들이 후대 로마사에 미친 영향에 대한 판단 등에 대해서는 제한된 지면을 사용했다. 이렇게 말한다고 해서 그런 사건이나 인물에 대해 내가 의견이 없다거나, 스토리는 '스스로 발언한다'라고 말하려는 것은 아니다. 이 책에서 나의 주된 목표는 로마사의 개요를 간결하게 제시하여 독자들이 왜 로마인들이 그렇게 행동하고 말했는지 스스로 판단하고, 또 고대 로마사에 어떤 의미를 부여할지도 독자 스스로 결정하게 하는 것이다.

로마 정치사의 통상적 시기 구분인 3시대 가운데 첫 번째인 왕정 시대는, 전통적으로 받아들여지는 연대기인 기원전 753년부터 기원전 509년까지 일곱 명의 왕이 다스린 시기를 가리킨다. 이 연대는 추정치인데 대략 기원전 3세기까지 로마사의 연대는 거의 다 그런 추정치를 면치 못한다. 한 명의 통치자를 대신하여 다수가 정부를 공동으로 운영하는 새로운 체제인 공화정은 기원전 509년부터 기원전 1세기 후반부까지 이어졌다. 이 책에서 공화정의 종점은 기원전 27년으로 잡고 있는데, 이때 아우구스투스가 원수정(현대의 역사가들이 로마제국이라고 부르는 정부)을 수립했다.

공화정에 뒤이어 제국의 시대가 등장했다. 서로마제국(대체로 말해서 그리스 서쪽의 유럽)의 마지막 황제는 기원후 476년에 폐위되었다. 이 연도를 때때로 '로마제국의 멸망' 연도로 잡기도 한다. 그러나 이 개설서는 제국의 역사를 이 '멸망' 시점보다 한 세기 뒤로 잡아, 동로마제국의 유스티니아누스(기원후 527~565년) 시대까지 기술한다.

　동로마제국의 시각에서 보자면 로마제국의 정부는 그 수도인 콘스탄티노플을 '새로운 로마'로 삼아서 그 후 1000년간 더 지속되었다. 동로마제국의 마지막 황제는 1453년의 전투에서 사망했다. 이때에 튀르크족의 지휘관이던 '정복자 메흐메트'는 콘스탄티노플을 함락시켰고 동로마제국의 얼마 남지 않은 영토를 차지했다. 오늘날 역사가들은 메흐메트가 창건한 제국을 오토만Ottoman 제국(오스만 제국)이라고 부른다. 오토만 제국이 동로마제국의 남은 영토를 모두 접수했으므로 기원후 476년보다는 기원후 1453년을 로마제국의 '멸망' 연도로 잡는 것이 더 좋을지도 모르겠다. 그러나 다음과 같은 사실을 기억할 필요가 있다. 메흐메트는 자신이 위대한 통치자로서 마케도니아의 정복자 알렉산드로스 대왕, 율리우스 카이사르, 아우구스투스의 유업을 바탕으로 제국을 세우고 또 그보다 뛰어난 업적을 성취하겠다고 공식적으로 선언했다. 메흐메트는 이런 정복자들의 업적을 그리스어와 라틴어 역사 문헌들에서 읽어서 알고 있었다. 그는 또 자신의 칭호를 '로마의 카이사르'라고 선언했다. 다르게 말해서, 최초의 튀르크 황제는 로마의 역사를 끝내려 한 것이 아니라 그 역사를 재규정하여 확대하려 했던 것이다. 러시아에서도 이처럼 로마를 계승한다는 사상이 등장하여 러시아 제국을 '제3의 로마'라고 표현했다. 그리고 이 무렵의 프리드리히 3세는 고대 로마의 화려한 영광을 기억하며 그에 견주려는 경쟁심에서 자신을 로마 황제라고 선언하면서, 오랫동안 중부 유럽을 다스려온 신성로마제국의 선배 황제들이 자신의 선임자라고 선언했다. 후대의 통치자들에게는 고대 로마의 영광이 너무나 매혹적이었기에 제국이 '멸망'한 후에도 로마의 역사는 이처럼 강력한 영향력을 가졌다. 멸망이라는 개념을 우리가 어떻게 이해하든, 또 후대 역사가들이 그 연대를 어떻게 규정하든, 로마제국의 화려한 영광은 사람들의 기억 속에 계속 남아 있었던 것이다.

사료와 증거

—

로마사의 정보 원천은 다양하다. 먼저 고대 역사가들이 집필한 텍스트들이 있고 또 서사시, 서정시, 희극 등 문학 작가들의 텍스트들에 의해 보충된다. 돌에 새긴 글씨, 돌과 금속과 파피루스에 그린 그림과 같은 공식적이거나 비공식적인 자료들도 전한다. 고고학자들의 발굴 덕분에 건물이나 기타 구조물, 우물과 벽, 동전, 무기에서 보석류에 이르는 제조품, 보관 용기에 보존된 옷감, 음식, 포도주의 흔적도 발견되었다. 또한 조각, 그림, 모자이크 형태로 로마의 예술이 전해지고 있다. 요약하면, 이처럼 형태는 다양하지만 전해지는 사료가 매우 제한적이어서 고대 로마의 사건, 사상, 생활양식을 전반적으로 파악할 정도는 되지 못한다. 가령 최근의 역사 시대에 대해 역사가들이 갖고 있는 그런 파노라마 같은 풍부한 재구성은 불가능하다.

게다가 로마사에서 (모든 고대사가 그러하듯이) 사건들이 발생한 정확한 연도나 중요한 인물의 생몰 연대는 현존 사료들 속에 정확하게 기록되어 있지가 않다. 따라서 독자들은 이 책에서 제시된 많은 연도가 부정확하다는 점에 유념해야 한다. '이러이러한 해 즈음에'라는 한정적 표현이 없더라도 그런 표현이 명시된 것으로 이해해야 한다. 따라서 이 책에 나오는 대부분의 연도, 특히 로마사 초창기의 몇 세기 동안의 연도는 기껏해야 추정치에 불과하며, 전문적으로 연구하는 역사가들 사이에서는 언제나 논의의 대상이 될 수 있다.

이런 여러 가지 이유들로 로마사는 불확실성과 논쟁점이 가득한 스토리가 되었다. 이 책에 제시된 제한적인 해석이나 결론과 관련하여 독자들은 다음과 같은 생각을 담아두면 좋을 듯하다. '우리는 장래 언젠가 새로운 증거를 발견할 수도 있고, 아니면 현재 알려진 증거에 대해 우리의 역사적 상상력을 발휘해 새로운 해석에 도달할 수 있다. 그렇게 된다면 우리는 현재의 해석이나 결론에 대해 우리의 생각을 바꾸어야 한다.'

로마의 초창기 역사와 관련한 증거는 매우 제한되어 있다. 왕정과 공화정 시대를 다룬 두 가지 방대한 역사서는 로마 시가 창설되고 700년이 지난 뒤에야 집필된 것이다. 게다가 그 두 역사서의 밑바탕이 된 원래의 원고들은 상당 부분이 인멸되었다. 두 역사서 중 하나는 리비우스(기원전 59~기원후 17년)의 《로마 시 창건 이래의 로마 역사》이다. 로마 시의 창건 시기부터 자신이 살았던 시기까지의 역사를 집필한 리비우스는 전쟁이나 정치에 참여한 경력이 전혀 없는 로마의 학자였다.

초창기 로마사를 담고 있는 또 다른 역사서의 저자는 할리카르나소스의 디오니시오스인데, 그는 거류 외국인으로서 로마 시에서 선생을 하며 생계를 이어간 그리스 학자이다. 그의 책 《고대 로마사》는 리비우스가 다룬 시기와 거의 동일한 시기인 기원전 1세기 말까지의 로마 역사를 기술했다. 두 저자는 초창기 로마의 장구한 시대를 황금시대로 해석하면서,

자신들이 살았던 시대의 도덕적 타락을 개탄한다. 그들이 살았던 시대는 내전이 벌어지던 시기이자 로마공화정이 크게 변모하여 아우구스투스의 통치 아래에서 변형된 왕정으로 굳어지던 때였다(이 왕정은 오늘날 로마제국으로 알려져 있다). 가령 리비우스는 자신의 역사서 서문에서 자신이 살고 있는 시대를 이렇게 개탄한다. "이 시대는 어떤 시대인가. 우리가 그 악덕을 참아줄 수 없고 또 그 악덕에 대한 해결안도 받아들일 수 없는 시대이다."

공화정 후반기의 역사는 전하는 역사적 자료가 더 많다. 리비우스와 디오니시오스 이외에 영역본을 손쉽게 구할 수 있는 다른 저명한 역사서들의 예를 들자면 다음과 같다. 먼저, 폴리비오스의 《역사》가 있다. 이 책은 기원전 3세기 후반과 2세기 초반을 다루었는데, 로마 군대에 대한 묘사가 자세하고 또 현대 학자들이 왕정, 과두정, 민주정의 종합이라고 보는 공화 정부의 '혼합 정체政體'에 대해 기술했다. 저명한 역사가들의 기원전 2세기와 기원전 1세기에 대한 생생한 묘사와 개인적 회고로는, 살루스티우스의 《유구르타와 벌인 전쟁》과 《카틸리나의 음모》, 율리우스 카이사르의 《갈리아 전기》와 《내전기》, 키케로의 《연설》과 《서한》, 아피아노스의 《내전》 등이 있다. 플루타르코스의 《대비 열전》(일명 《영웅전》)은 로물루스에서 율리우스 카이사르에 이르기까지 로마공화국의 가장 유명한 지도자를 생생하게 묘사한 전기이다.

로마제국 관련 사료들은 그 앞 시대에 비해서는 비교적 풍부한 편이지만 완전하지는 않다. 제국 시대 관련 정보를 제공하는, 잘 알려진 고대 저자들은 다음과 같다. 수에토니우스의 《열두 황제의 전기》는, 율리우스 카이사르에서 시작하여 아우구스투스를 거쳐 도미티아누스에 이르

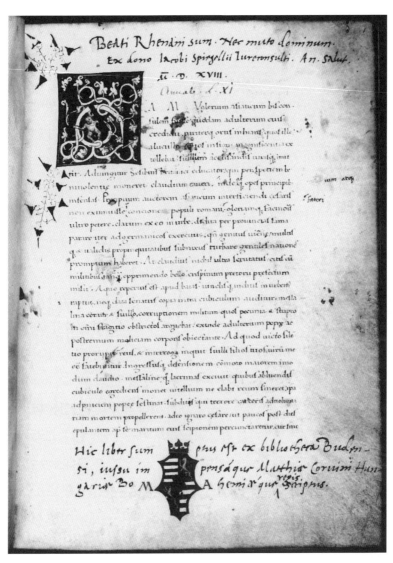

도판 1-1 | 르네상스 시대에 발간된 타키투스의 《연대기》 수고본(手稿本). 고대 저자들의 텍스트는 대부분 수고본인데, 이 수고본은 그 어떤 것보다 보존 상태가 좋다. 타키투스는 초창기 로마사를 서술하면서 정치를 특히 강조했다. 그리하여 르네상스 정치사상가들 사이에서는 공화제와 군주제의 상대적 장단점을 두고 활발한 논의가 벌어졌다. Beinecke Rare Book and Manuscript Library, Yale University.

는 열두 황제의 전기이다. 타키투스의 《연대기》와 《역사》는 기원후 1세기의 로마제국을 다룬 역사서이다. 요세푸스의 《유대 전쟁》은 유대인의 반란과 기원후 70년 로마군에 의한 예루살렘의 파괴를 다루었다. 카시우스 디오의 《로마사》는 3세기 초까지의 로마사를 서술한다. 암미아누스 마르켈리누스의 《로마사》는 기원후 4세기의 로마 역사를 기술한다. 프로코피우스의 《전쟁의 역사》와 《비밀 역사》는 기원후 6세기 유스티니아누스 황제와 테오도라 황후의 이야기를 전하는데, 전자가 칭송으로 가득 찬 역사서라면 후자는 비판으로 가득하다. 오로시우스의 《이교도들에 대항한 역사 전7권》은 로마제국에서 시작하여 기원후 5세기 초까지의 세계사를 기독교도의 관점에서 서술한 것이다.

후기 로마제국 시대에 이르면, 현존하는 사료의 압도적 다수가 기독교 역사와 관련된 것들이다. 이러한 사실은 이 신흥 종교의 성장이 로마 세계 및 그 이후의 세계에 엄청나게 영향을 미쳤음을 보여준다. 이 시기에 나온 책에는 반드시 기독교의 영향이 스며들어 있다.

제국 시대 로마인의 생활과 정부에 대한 고대 저자들의 관점은 너무나 다양하여 간결하게 요약하려 하면 어느 정도 왜곡이 발생한다. 그렇지만 다음과 같이 말하는 것은 타당하다고 본다. 로마인들은 공화정과 그 자유(적어도 상류계급의 경우)의 상실에 대해 어떤 향수 같은 것을 느꼈으나, 시간이 흐르면서 다음과 같은 인식을 갖게 되었다. 절대 유일한 통치자가 다스리는 제국은 이제 로마 세계를 영구적으로 다스릴 수 있는 단 하나의 유일한 정부 형태이다. 이처럼 왕정으로의 회귀를 받아들이기는 했지만, 많은 로마인들이 황제 개인이 저지르는 권력 남용과 불공정한 처사에는 분노와 회한을 느꼈다.

로마사의 주제들

—

내 경험에 비추어볼 때, 고대사를 처음 대하는 독자들에게 먼저 그 윤곽을 한번 '훑어주는 것'은 뒤에 이어지는 자세한 로마 역사를 더 충실하게 이해하는 데 도움이 된다. 여기에서 말한 용어들은 뒤에 적당한 자리에서 다시 설명할 것이다.

고대 로마인들의 윤리적·문화적 근원은 이탈리아와 인근 그리스인들과의 접촉에 그 뿌리를 두고 있다. 로마의 정치사는 기원전 8세기에 왕정으로 시작되었다. 로마인들은 이 왕들을 사회와 종교에서 지속적인 전통을 수립한 인물들로 기억한다. 그러나 현존 자료의 제한된 정보 탓에 우리는 이 시기에 대해 자세히 알지는 못한다. 로마인들은 왕정의 붕괴를 이렇게 기억한다. 즉, 기원전 6세기에 로마 왕의 아들이 정숙한 로마 숙녀를 난폭하게 강간한 사건을 계기로 왕정이 무너지고 이어 공화정이 들어섰는데 상류계급이 권력을 공유하는 복잡한 정부 체계였다는 것이다.

로마공화정을 이해하는 데에서 가장 까다로운 문제는 왜 공화정이 붕괴했는지 그 이유를 파악하는 것이다. 보호자-피보호자 관계patron-client system(높은 지위의 사람과 낮은 지위의 사람 사이에 상호 의무를 지켜야 하는 사회적 위계제)로 개인들 사이의 윤리적 가치를 존중하는 오랜 전통을 가진 사회, 군사적 성공을 많이 거둔 사회, 이런 사회가 어떻게 그리도 처참하게 붕괴할 수 있느냐 하는 것이다. 초창기부터 공화정은 이탈리아의 소규모 농민들이 잉여 농산물을 생산한 덕택에 강성해졌다. 이 잉여 생산물이 인구 증가를 뒷받침했고 그 인구는 다시 시민들과 동맹들로 이루어진 대군을 조직하는 데 기여했다. 로마인들은 인명과 재산의 손실을 기꺼이 감수할 수 있었기에 그들의 군대는 장기전에서 결코 패배하지 않았다. 로마는 전투에서 지는 경우는 있어도 전쟁에서는 지지 않았다. 로마가 수행한 전쟁들은 이익을 가져왔기에 할 일 없는 평화는 곧 기회의 낭비를 의미했다. 상류계급 출신의 지휘관들은 전투에 자주 참여할 수 있는 군사적 경력을 간절히 소망했다. 만약 전투에 나가 승리를 거두면 지휘관은 영광과 부[富]를 거머쥐었고 로마의 사회 질서 내에서 높은 지위와 신분을 누릴 수 있었다.

기원전 5세기에서 기원전 2세기까지 공화정이 거의 지속적으로 수행한 전쟁은 예기치 못한 결과를 가져왔고 장기적으로 볼 때 재앙이 되고 말았다. 이탈리아의 번영에 필수인 소규모 농민들이 전쟁통에 무수히 망해버렸기 때문이다. 이 농민의 가족들이 토지를 잃고 로마로 몰려들어, 로마 내에서 새로운 불안정한 정치 세력을 형성했고 이 도시의 빈민 대중은 도시 경제의 극심한 변화에 꼼짝없이 노출되었다. 반면에 상류계급의 남자들은 끊임없는 전쟁이 가져다주는 출세의 기회를 잡기 위해 점점 더 격렬하게 서로 경쟁했다. 이러한 경쟁은 걷잡을 수 없을 정도로 확대되었다. 특히 성공을 거둔 장군들이 가난한 남자들로 구성된 피보호자들의 군대를 보호하기 위해 국가로부터 사사로운 이익을 강탈하면서 경쟁은 더욱 격화되었다. 로마의 어머니들이 자식에게 가르친 균형 잡힌 윤리적 가치는 이런 새로운 생활 조건 속에서 산산조각이 났고, 이제 개인적 지위와 부에 눈먼 귀족들은 일찍이 공동체를 떠받쳐온 그런 가치에 입 발린 말로만 충성했다. 이런 과열된 경쟁의 분위기에서 폭력과 살인이 정치적 분쟁을 해결하는 수단이 되었다. 그러나 난폭한 해결은 곧 난폭한 반응을 불러왔다. 키케로의 도덕철학이라는 이상적 정치사상은 키케로 시대에 벌어진 살인적 내전의 틈바구니에서 철저히 무시되었다. 율리우스 카이사르의 피살 여파로, 이제 합리적인 정신을 가진 로마인들은 지속적인 평화를 낙관할 수 없게 되었다. 카이사르의 양자인 아우구스투스가 카이사르 암살 이후 15년 만에 그런 보편적 평화를 일구어내리라는 예상은 기원전 44년에는 꿈도 꿀 수 없는 일이었다.

그러나 역사는 놀라운 일로 가득하다. 아우구스투스는 공화정의 혼합 정체를 해소하고 그 자리를 왕정으로 대체하여 로마제국을 창건했으면서도 로마 정부를 그 전통적 가치관, 곧 공화정으로 회복시킨다는 주장을 일관되게 펼쳤다. 아우구스투스는 군대의 충성심을 확보하고 과거의 보호자-피보호자 제도를 잘 이용함으로써 성공을 거두었다. 그가 새로 세운 원수정은 황제를 군대와 인민의 보호자로 만들었다. 대부분의 속주들, 특히 지중해 동부의 속주들은 이런 정치 형태를 흡족한 마음으로 받아들였다. 왜냐하면 그런 관계는 속주들이 이전의 왕정 시대에 오랫동안 체험했던 군신 관계를 대체했기 때문이다.

황제가 제국 전역의 수천만 피보호자들을 만족시킬 수 있는 자금 여력이 있는 한, 제국의 안정은 지속되었다. 통치자들은 막대한 자금을 동원하여 가난한 사람들에게 먹을 것을 주고, 공공 오락을 위해 경기장과 목욕탕을 짓고, 내적으로 치안을 담당하고 외적으로 침공하는 적들을 방어하라고 군인들에게 후한 보수를 주었다. 기원후 1세기와 2세기의 황제들은 브리튼에서 북아프리카, 시리아에 이르는 방대한 제국의 영토를 지키기 위해 군대의 규모를 3분의 1 이상 키웠다. 2세기에 이르러, 로마제국은 평화와 번영으로 황금시대를 맞이했다. 그러나 곧 장기적인 재정적 어려움이 닥쳐왔다. 왜냐하면 군대는 이제 정복을 하는 것이 아니라 국방에 전념했고 그러다 보니 국고를 채워주던 대외 전쟁과 정복을 더는 수행하지 않게 되었다. 심각한 인플레이션이 사태를 더 나쁘게 만들었다. 제국의 국고가 줄어들자 세금으로 그것을 채우기 위해 지방 속주들의 부유한 엘리트들에게 견딜 수 없는 재정적 압박을 가하기 시작했다. 제국의 그런 요구를 다 들어주느라 재산이 거덜 난 지방 엘리트들은 공공 정신을 내팽개치고 공동체의 책임을 회피했다. 국가에 대한 충성심을 유지하는 것은 너무나 돈이 많이 드는 일이었다.

기독교의 등장도 사태의 불확실성을 더욱 가중시켰다. 제국의 관리들은 과연 기독교 신자들이 국가에 충성하고 또 전통적인 종교에 헌신하는지 의문을 품었다. 이 신흥 종교는 나사렛 예수의 복음을 가지고 서서히 로마 세계로 퍼져 나갔는데, 유대교의 종말론을 한층 발전시켜서 단단한 구조와 제도를 갖춘 위계적 교회로 성장했다. 기독교 신자들은 자기들끼리도 논쟁했고, 나아가 로마 당국과도 논쟁을 벌였다. 박해를 당하던 시기에, 기독교의 순교자들은 그 철벽같은 확신으로 제국의 관리들에게 깊은 인상을 남겼는가 하면 동시에 심각한 우려를 안기기도 했다. 국가에 대한 전통적 충성심보다 새로운 신성神性에 충성심을 바치는 사람들은 로마 관리들 사이에서는 일찍이 들어본 바 없는 희귀한 사례였다.

기원후 3세기 중반에 재정적 붕괴, 내전, 자연재해 등 여러 가지 악재가 겹치면서 위중한 사태가 더욱 심각해지자, 황제들은 위기 극복 혹은 완화에 다소라도 도움이 되었을 법한 금선, 정치철학, 공동체적 가치에 대한 확신 등을 모두 잃어버렸다. 기독교 신자들을 아무리 박해해도 로마의 신들이 제국에 호의적인 은총을 내려줄 기미가 보이지 않았다. 그런 은총을 받으려면 제국은 이제 정치적으로나 종교적으로나 변화해야만 했다.

기원후 3세기 말에 로마 정부를 중건하려는 움직임이 시작되었다. 후기 로마제국의 후속 역사는 통일의 세력과 분열의 세력 사이에서 벌어진 경쟁이었다. 3세기의 위기로 인해 로마제국은 전환점에 도달했다. 디오클레티아누스 황제의 황권 분할은 단기적으로는 로마제국이 산산조각나는 것을 막았으나, 장기적으로는 동·서 로마제국으로 분할되는 빌미를 제공했다. 이때부터 로마의 역사는 두 개의 지역적 흐름으로 점점 더 깊이 갈라졌다. 6세기에 들어와 유스티니아누스 황제는 아우구스투스의 로마제국을 회복하여 황금시대의 규모로 복원시키겠다는 대망을 품었으나 역시 일장춘몽으로 끝나고 말았다.

여러 세력들 간의 복잡한 상호 작용은 로마 세계의 단합을 파괴했다. 먼저 제국은 사람과 재산을 대규모로 잃어버렸는데 이것이 동로마보다는 서로마에 더 큰 피해를 입혔다. 또한 기원후 4세기에는 훈족을 피해서 동쪽으로 도망쳐 온 게르만족들의 이동이 제국의 중앙 정부에 엄청난 압력을 가했다. 게르만족은 엄청나게 수가 많은데다 너무나 공격적이어서 무사히 흡수할 수가 없는 세력이었다. 그들은 제국의 땅으로 들어와 자체 왕국을 건설했고 결국에는 서로마제국의 정부를 무너뜨렸다. 이러한 변화는 서유럽의 정치, 사회, 경제를 변화시켰을 뿐만 아니라 게르만족 자체도 바꾸어놓았다. 그들은 장차 통치 세력이 되려면 나름의 강력한 민족적 정체성을 수립할 필요가 있었던 것이다.

이러한 변화에 따른 경제 상황의 악화는 제국이 안정되는 데 기반이 되었던 일 가운데 하나인 엘리트 계급의 공공 정신에 파괴의 쇠말뚝을 박아버렸다. 부유한 귀족들은 자급자족이 되는 시골 영지로 물러나 도시의 행정 사무를 회피했고, 중앙 정부에 할당된 세금의 완납을 보장하는 역할도 손을 놓아버렸다. 동로마제국은 경제적으로 사정이 더 나아서 귀족들의 낙향이 불러오는 최악의 사태를 막을 수 있었다. 동로마제국의 황제들은 '로마의 특징'(영어로는 'Romanness', 라틴어로는 'Romanitas'라고 한다)을 보존하려고 정치적으로나 문화적으로나 애를 쓰면서 제국의 잔명을 이어갔다. 그러나 서로마제국은 사정이 달랐다. 그들은 게르만 왕국들에 대항하여 전쟁을 벌이면서 제국의 단합을 도모하려 했으나 그 때문에 엄청난 재정적 부담에 시달리게 되었다. 역설적으로 이것이 세금을 감당할 수 없는 수준으로 높이게 만들어 사회적 불만이 팽배해졌다. 또한 권력이 수도에 집중됨으로써 전통적으로 제국을 떠받쳐온 농촌 공동체들을 약화시켰다.

이처럼 정치적·사회적 분열이 가중되던 시기에 제국은 기독교의 깃발 아래 종교적으로 통합되었다. 4세기 초에 콘스탄티누스 황제가 이 신흥 종교로 개종한 일이 세계사의 획기적인 전환점이 되었다. 그러나 로마제국의 기독교화 과정은 이 시점에서 아직도 가야 할 길이 멀었다. 더욱이 그 과정은 결코 간단하거나 신속한 것이 아니었다. 기독교인들은 근본 교리의 문제를 두고 폭력 사태를 일으킬 정도로 서로 의견이 불일치했고, 전통적 로마 다신교 신자들은 그 후 여러 세기에 걸쳐서 여전히 다신교를 믿고 예배했다. 기독교인들은 분열을 사전에 예방하기 위해 초창기 교회 내에 단일한 지휘 계통을 수립했다. 기독교인들 중 가장 열성적인 사람들은 속세를 떠나 수도자 혹은 수녀로서 종교 활동에 전념했다. 수도원 생활은 거룩함의 의미를 재규정했다. 수도원 공동체는 하느님의 영웅들로서 속세를 벗어나 내세의 영광에 온 정성을 바치는 사람들의 모임이었다. 결국 제국의 단합이라는 정치철학은, 분열적 기질을 가진 인간성과 정치적·사회적 변화의 세속적 역학이 중첩되면서 그만 빛을 잃어버리고 말았다. 이제 남은 것은 과거에 대한 추억뿐이었다. 그것은 고전 고대classical antiquity의 문학 작품 속에 기록되어, 후기 로마제국의 무수한 간난을 뚫고 살아남아 오늘날의 우리에게까지 전해지고 있다.

지리, 조상, 문화적 영향
—

역사 연구가 늘 그러하듯이, 로마 역사 속 사건들과 사람들을 이해하기 위해서는 그 역사가 벌어졌던 지리와 환경에서 시작해야 한다. 이 자그마하고 가난하고 볼품없는 공동체가 점점 성장하여 지중해를 둘러싼 엄청난 지역들의 최강자가 된 과정을 이해하는 데에는 로마의 지리적 위치가 근본적인 단서를 제공한다. 로마의 지리와 기후는 오랜 세월에 걸쳐 로마가 번창하고 강성해지는 데 큰 도움을 주었다. 남북으로 길게 이어진 이탈리아 반도 중부 지역의 서쪽에 위치한 이 지역은 비옥한 땅, 적절한 강우량과 온화한 날씨, 인근 지중해에 면한 항구 등을 자랑했다. 고대에는 농업과 해상 무역이 부를 쌓는 가장 중대한 원천이었으므로, 이런 지리적 특성은 로마의 장기적 성장에 아주 중요한 역할을 수행했다.

이탈리아의 지형은 다양하다. 지중해를 향해 남쪽으로 뻗은, 폭이 좁으며 장화 비슷하게 생긴 땅에 평야, 하곡河谷, 언덕, 산 등이 가득 들어차 있다. 북쪽에서는 우뚝 솟은 알프스 산맥이 이탈리아를 유럽 대륙으로부터 갈라놓는다. 눈 덮인 알프스 산맥은 통과하기가 몹시 어려워서 알프스 북쪽에 사는 침입자들의 이탈리아 침략을 막아주는 보호막 노릇을 톡톡히 했다. 포 강이 적셔주는 넓고 비옥한 평야는 이탈리아의 북부, 그러니까 알프스 산맥의 남쪽에 위치한다. 그리고 또 다른 산맥인 아펜니노가 북부의 평야 지대와 이탈리아의 중남부 지역을 갈라놓는다. 아펜니노 산맥은 매듭 진 척추처럼 남동쪽을 향하여 반도의 한가운데를 사행蛇行(뱀처럼 구불구불 나아감)한다. 이 중부 산맥의 동쪽과 서쪽에는 언덕들과 연안 평야가 자리 잡고 있다. 로마가 위치한 서부 평야는 반도의 동쪽보다 훨씬 더 면적이 넓으며 더 많은 강우량을 자랑한다. 이탈리아의 남서쪽 해안에는 아주 비옥한 캄파니아 평야 지대가 나폴리 만을 둘러싸고 있다. 이처럼 탁 트인 이탈리아의 지리는 정치적 통합의 가능성을 예비해주었다.

원래 로마가 있던 자리는 반도의 서쪽 해안으로 내리뻗은 저지대 평야의 언덕 쪽이었다. 로마의 영토 주위에 자리 잡은 이탈리아 사람들은 최초의 로마인들보다 더 번성했다. 고고학자들의 조사 연구에 따르면 초창기 로마인들은 자그마한 오두막에 살았다. 그들의 정착촌은 중심부의 저지대를 원처럼 둘러싼 일곱 군데 언덕에까지 서서히 뻗어나갔고, 또 티베리스 강을 도하하는 지역을 통제하고 있어서 외부로의 진출이 유리했다. 이처럼 교차점에 자리 잡고 있었기에 강 건너에 사는 사람들과 쉽게 접촉할 수 있었고, 또 이탈리아 서부 해안 지역의 육로를 따라 북서-남동 지역을 오르내리며 거래를 할 수 있었다. 로마에서 서쪽으로 24킬로미터 떨어진 티베리스 강 입구에 자리한 오스티아 항구는 훨씬 먼 곳에 있는 사람들과 접촉하고, 해외 무역으로 이익을 올리고, 로마 인근에 들르는 해상 무역상들로부터 수수료와 기타 수입을 벌어들이는 기회를 제공

지도 1 | 기원전 500년경의 이탈리아

했다. 이탈리아는 장화 모양처럼 지중해 깊숙이 내뻗은 형태여서 그 바다의 동서를 오가는 배들은 자연히 이 나라의 항구들을 이용해야 했다. 게다가 이탈리아 반도의 '발가락' 바로 옆에 있는 시칠리아라는 크고 비옥한 섬도 해상 무역상들을 많이 끌어들였다. 무역상들은 시칠리아 섬을 중심으로 서부 해안을 오르내리며 사업을 했다. 간단히 말해서, 로마는 지리상 이탈리아와 지중해 세계의 중심부에 위치한 덕분에 장기적인 인구통계적·상업적 이점들을 누릴 수 있었다. 리비우스는 로마의 좋은 지리적 여건을 이렇게 요약했다. "신들과 인간들이 이 지역을 우리의 도시로 선택한 좋은 이유가 있었다. 이 도시의 온갖 이점 덕분에 로마는 세계의 많은 도시들 중에서 가장 위대해질 운명을 타고난 것이다"(《로마 시 창건 이래의 로마 역사》, 5.54).

로마가 장기적으로 아주 강성한 나라로 성장한 과정을 이해하는 데에는 인구통계 자료가 지리학 못지않게 중요하다. 역사적으로 인구가 많은 나라일수록 번영과 국력을 얻을 기회가 많았고, 나아가 인구수가 적은 다른 나라들을 다스릴 가능성이 높았다. 로마의 자연 환경은 로마인들에게 그리스인들이 따라올 수 없는 인구수와 부의 증가 수단을 제공했다. 이탈리아의 평평한 평야 지대는 산지가 많은 그리스의 지형에 비해 농업과 목축업에 훨씬 유리했다. 따라서 이탈리아는 그리스보다 더 많은 사람들을 거두고 먹일 수가 있었다. 물론 초창기에 로마인들은 종종 적대적인 이웃들로 둘러싸인 자그마한 공동체에 지나지 않았다. 로마 역사의 근본 바탕은 그들이 어떻게 그 자그마한 지역에서 로마제국 시대의 수천만 인구(정확한 숫자는 논쟁의 대상이지만)로 늘어날 수 있었는가를 이해하는 것이다.

후대의 로마인들은 최초의 소규모 조상들이 적대적 세계에서 낮은 성공 가능성을 뚫고서 살아남은 일과 관련된 전설을 여럿 갖고 있다. 그들은 일상생활의 지침이 되는 전통과 가치의 원천으로서 먼 과거를 높이 평가했다. 따라서 그 조상들의 삶을 생생하게 전해주는 믿을 만한 구체적 증거들이 별로 없다는 것은 정말로 안타까운 일이다. 언어학적 조사에 의하면 로마인들은 인도-유럽어(영어도 이 언어의 후손임)를 말하는 초창기 사람들의 후예이다. 인도-유럽인들은 지위와 특권을 따르는 위계제 속에서 사람의 서열에 따라 사회를 조직했으며, 남자들이 정치적 지도자와 가정의 지배자 역할을 맡았다. 이 '원시 로마인들'은 로마가 창건되기 수 세기 전 어떤 미지의 시점에서 유럽 대륙으로부터 이탈리아로 이주했다. 따라서 로마인들의 조상은 그 도시가 건립되기 훨씬 이전부터 북부와 중부의 이탈리아에서 살았던 셈이다. 어떤 로마인들은 그들의 조상에게 낭만적인 정체성이 있었다고 믿었다. 역사가 디오니시오스에 따르면, 로마인들은 로마 시가 창건되기 400년 전인 트로이 전쟁 말기에 불타는 트로이에서 도망쳐 온 영웅적인 트로이인들의 후예라고 한다.

로마인의 직접적인 조상과 관련한 우리의 주된 증거는 기원전 9세기와 8세기경 무덤들의 고고학적 발굴에서 나온 것이다. 이 무덤들 속에 묻힌 사람들이 자신들을 어떻게 불렀는지 우리는 알지 못하므로, 학자들은 보통 이들을 빌라노바인Villanovans이라고 불렀다. 이 용어는 최초의 발굴이 이루어진 지역의 현대적 이름을 취한 것이다. 여러 다른 공동체에서 살아갔던 빌라노바인들은 그들 자신을 통합된 집단으로 생각했을지도 모른다. 사실 이렇게 생각하지 못할 이유가 없다. 고고학이 밝혀준 사실은 그들이 농사를 짓고, 말을 기르고, 청동과 쇠를 이용하여 무기와 기타 여러 물품을 만들었다는 것이다. 청동은 구리와 주석의 합금인데 주석은 이탈리아에서 멀리 떨어진 지역에서 채광되는 물질이므로, 이 로마인들의 조상은 장거리 무역에도 종사했다는 걸 알 수 있다.

기원전 8세기에 이르러, 로마인들과 중부 및 남부 이탈리아의 다른 민족들은 바닷길로 이탈리아를 오가는 그리스 무역업자들과 빈번하게 접촉했다. 이것은 당초 상업적 거래였지만 로마 사회와 문화에 엄청난 영향을 미쳤다. 이 시기에 많은 그리스 모험가들이 이탈리아 남부 지역에 영구 정착하여 이민자 농부와 무역업자로서 부를 추구했다. 이들은 상당수가 성공을 거두었고 그리스인들이 주로 사는 주요 도시들은 이탈리아의 중요한 공동체가 되었는데, 가령 나폴리에서 시작하여 반도의 남부 지역들, 인근의 시칠리아 섬까지 그리스인 정착촌이 자리를 잡았다. 시칠리아를 구성하는 다양한 인구 중에는 동부 지중해 해안에서 이주한 페니키아인들도 포함되어 있었다.

로마인들의 그리스 문화 접촉은 그들의 생활양식을 발전시키는 데 커다란 효과를 발휘했다. 그리스인들은 기원전 5세기에 문화가 만개했는데 이때에 로마는 아직 그 나름의 문학, 연극, 기념비적 건축 등을 갖추지 못한 상태였다. 마침내 로마인들이 이런 문화적 특징을 발전시키기 시작했을 때, 그들은 그리스 모델을 영감의 원천으로 삼았다. 그들은 윤리적 가치와 컬트의 대상으로 삼은 신들에서 시작하여 문학의 모델을 거쳐, 신전을 비롯한 공공건물에 대한 건축학적 설계 등에 이르기까지 그리스 문화를 생활양식의 바탕으로 삼았다. 하지만 로마인들은 그리스인들과 애증 관계에 있었다. 그들은 문화적 측면에서는 그리스인들을 존경했지만, 그리스인들의 정치적 사분오열과 군사적 열등성은 경멸했다.

도판 1-2 | 파이스툼(Paestum)은 이탈리아 남부와 시칠리아에 자리 잡은 많은 그리스 도시들 가운데 하나였다. 이들 도시에는 신들을 모신 석조 신전들이 있었다. 현재 보존되어 있는 파이스툼의 세 신전은 그리스의 다른 도시에 있는 신전들과 어깨를 겨룰 정도로 웅장하다. 사진 출처: Dr. Jesus Oliver-Bonjoch.

로마인들은 에트루리아 사람들의 사상과 문화적 실천들 역시 채택했다. 에트루리아는 로마 북부인 이탈리아 중부 지역에 살았던 민족을 가리키는 용어이다. 에트루리아 문화의 영향이 어느 정도였는지는 논쟁의 대상이다. 일부 학자들은 에트루리아인들이 로마의 생활양식에 영향을 미친 가장 중요한 외부 세력이라고 생각했다. 어떤 학자들은 에트루리아인들이 초창기 로마를 정복했고, 또 로마의 초기 정부 형태인 왕정 시대의 초엽에 에트루리아 왕들이 이 도시를 통치했다고 추정하기까지 한다. 게다가 예전 학자들은 에트루리아인들이 초창기 로마인들보다 문화적으로 더 발달했기 때문에(많은 그리스 채색 항아리들이 에트루리아 무덤들에서 발굴되어 이런 추정을 뒷받침한다), 이 세련된 외국의 통치자들이 로마의 문화를 완전히 재편했다고 주장했다. 그러나 최근 학자들은 이런 주장이 지나치게 부풀려진 것이라고 말한다. 아마도 로마인들이 나름의 문화적 전통을 개발했을 가능성이 높을 것이다. 그들은 에트루리아든 그리스든, 자신들에게 필요한 것을 빌려와서 외국 모델을 로마의 환경에 알맞게 적용했을 것이다.

우리는 에트루리아 언어를 부분적으로만 알기 때문에 에트루리아인의 근원을 잘 알지는 못한다. 그 언어가 어떤 어족에 속했는지는 알지 못하지만, 아마도 인도-유럽어는 아니었을 것으로 짐작된다. 기원전 5세기의 그리스 역사가 헤로도토스는 에트루리아인들이 아나톨리아의 리디아에서 이탈리아로 이주해왔다고 믿었다. 그러나 할리카르나소스의 디오니시오스는 그들이 원래부터 이탈리아에서 살아왔다고 보고했는데, 오늘날은 이 의견이 통설로 받아들여지고 있다.

에트루리아인들은 통합된 민족 집단이나 정치적 집단이 아니었다. 그들은 중부 이탈리아의 언덕 꼭대기에 자리 잡은 다수의 독립적인 도시들에서 살았다. 그들은 나름의 예술 작품, 보석, 조각을 생산했으나, 그리스나 다른 지중해 국가들에서 거액을 들여 많은 사치품을 수입했다. 전반적으로 볼 때, 에트루리아인들은 그리스와 긴밀한 접촉 관계를 유지했고, 그리스 문화의 상당한 부분을 자신들의 생활양식에 접목시켰다. 예를 들어 현대 박물관들에 전시되어 있는 온전한 그리스 항아리들은 대다수가 에트루리아의 무덤에서 발굴된 것들이다. 항아리를 사들인 에트루리아의 가문들에서 망자와 함께 항아리를 매장한 것이다. 일부 에트루리아 무덤에서 현존하는 장엄한 채색 벽화에는 경기나 오락, 혹은 당시의 사회적·종교적 풍습을 알려주는 장례식 등이 묘사되어 있다.

로마인들은 에트루리아에서 수 세기 동안 보존된 의례적 전통, 가령

도판 1-3 | 에트루리아 무덤의 벽화. 만찬의 참석자들이 그리스식으로 비스듬하게 누워서 하인들의 시중을 받고 있다. 에트루리아 무덤의 벽화에 사용된 화려한 원색은 그리스 미술의 특징적인 스타일을 보여주는데, 정작 그리스 본토에서는 이런 그림의 사례가 별로 전해지지 않았다. AlMare/Wikimedia Commons.

행정관들이 갖추는 화려한 복장, 악기, 중요한 종교 의례를 위한 절차 등을 채택했다. 그러나 세 명의 주신에게 예배를 드리는, 세 부분으로 나누어진 신전을 건립하는 전통을 로마인이 에트루리아에서 수입했다는 생각은 이제 정설로 통하지 않는다. 신들의 제왕인 유피테르, 제왕의 아내 유노, 지혜의 여신인 미네르바를 함께 예배하는 것은 로마의 전통이었다. 이 신들은 로마인과 에트루리아인이 그리스에서 들여온 것이다. 그렇지만 동물을 죽여서 그 내장의 상태를 보고 단서를 얻어 신들의 의지를 알아내는 복점ᄒ의식은 에트루리아에서 로마로 건너온 것이었다. 여자도 남자들의 만찬에 참석할 수 있도록 한 전통을 로마인들은 아마도 에트루리아에서 가져왔을 것이다. 그리스의 만찬에는 오로지 남자들만 참석했으니 말이다. 가령 무덤의 벽화들은 그리스 철학자이며 과학자인 아리스토텔레스가 보고한 사실—에트루리아 여인들은 남자들과 동동한 자격으로 만찬에 참가했다(아테나이오스, 《현인들의 저녁 연회》1 23d =《티레 사람들의 정치 구조Constitution of the Tyrrhenians》단편 607 로즈Rose)—을 확인해준다. 그리스 사회에서 저녁 연회에 참석할 수 있는 여자는 기생이나 고용된 음악가나 노예뿐이었다.

학자들이 에트루리아에서 로마로 건너온 것으로 보는 또 다른 문물들은 이 당시 지중해 연안 여러 사회가 보이는 특징이기도 했다. 이는 이런 특징이 이 지역에서 공통되는 문화적 환경의 일부이지, 특별히 에트루리아에서 생겨난 것이 아님을 말해준다. 이렇게 볼 때 로마의 첫 번째 정치 제도인 왕정은 에트루리아의 왕권 제도를 닮았으나 이런 통치 형태는 초창기 지중해 세계에서는 아주 흔해서 표준이 될 정도였고, 따라서 로마인들이 이웃 부족으로부터 배웠다고 보기는 어렵다. 마찬가지 이유로, 로마 군대의 조직—시민 민병대가 중장보병(호플리테스hoplites)으로 무장하고 대열을 이루어 싸우는 것—은 에트루리아의 영향을 받은 것처럼 보이지만, 다른 지중해 민족들도 같은 방식으로 군대를 조직했다. 로마인들은 에트루리아인들에게 (영어 알파벳의 근간을 이루는) 알파벳을 가져오긴 했으나, 이는 그리스인들이 동부 지중해 민족들과 접촉하면서 창조한 문자 체계를 바탕으로 만들어낸 것일 뿐이다. 마지막으로, 학자들은 로마가 에트루리아로부터 다른 지중해 지역의 민족들과 장거리 교역을 하는 기술을 배웠다고 말한다. 이 덕분에 경제가 성장하고 토목 기술이 발전했으며, 그 결과 도시화가 촉진되었다는 주장이다. 그러나 이런 높은 수준의 문화적 발달이 단 하나의 우월한 문화가 '지도하여' 또 다른 열등한 문화를 '개선시킨' 결과라고 보는 것은 지나친 단순화이다. 그보다는 이 시기의 지중해 역사에서는 여러 곳에서 유사한 문화적 발전이 동시다발적으로 이루어졌다고 보는 것이 타당하다.

이웃들과의 교차 문화적 접촉은 로마인들에게 엄청난 영향을 미쳤다. 그러나 로마인들은 다른 문화의 전통을 단순한 방식으로 채택하거나 그리스 신들의 이름에 라틴식 이름을 부여하는 것 같은 피상적인 방식으로 변화시킨 것은 아니었다. 교차 문화의 환경 속에서, 사람들은 다른 민족에게서 가져온 것을 자신들의 목적에 적응시킨다. 그들 자신에게 알맞게 변화시킨 다음, 나름의 방식으로 그 영향을 자신들의 것으로 만든다. 따라서 교차 문화적 접촉은 어떤 '고수'가 어떤 '하수'를 지도하는 방식이라기보다는 동등한 자들 사이에서 벌어지는 혁신의 경쟁이라고 보는 편이 더 정확하다. 문화의 발달이 복잡한 역사적 과정임을 감안할 때, 역사가들이 어떤 고대 문화가 다른 문화를 지배했다거나, '진보한' 문화가 '낙후한' 문화를 개선시켰다고 말하는 것은, 그런 주장을 펴는 역사가들의 이해 부족을 드러낼 뿐이다. 로마인들은 다른 민족들과 마찬가지로 독립적인 발명과 다른 문화의 채택이라는 복잡한 과정을 거쳐서 그들 나름의 생활양식을 발전시킨 것이다.

로마인의 가치, 가정, 종교

로마인들의 생활양식—특히 로마 사회의 전통적 가치관, 로마인 가정의 성격, 로마의 공적·사적 생활에서의 종교적 사상과 실천—은 로마 역사 속 사람들과 사건들을 연구하는 데 기본 맥락을 제공한다. 우리가 로마인들을 그들의 시각에서 이해하고자 한다면 반드시 이 생활양식을 알아야 한다. 로마인들은 자신들의 개인적 생활이 다른 사람들의 그것과 복잡한 방식으로 얽혀 있다는 것을 단단히 의식했다. 그들은 영원한 가치(어떤 경우에는 신성한 가치)가 적절한 행동의 범위를 규정한다고 보았고 또 로마 사회의 사회적·정치적 제도들은 이런 가치들을 구현한다고 철저히 믿었다. 말하자면 로마인들은 조상들의 가치관, 가족 구조, 종교와 같은 렌즈를 통해 로마 역사에서 벌어지는 사건들을 이해했다. 고대사를 읽는 현대의 독자들도 로마인의 것과 같은 렌즈를 사용하여 오래전 사람들의 이상, 전제 조건, 정서, 생활양식 등을 통해 로마의 역사를 이해하도록 애써야 한다. 이렇게 말한다고 해서 로마인들의 가치와 믿음만이 그들의 역사에서 발생한 사건들을 결정했다는 뜻은 아니다. 그 외에도 로마의 지리, 인구통계, 이 책에서 다루어질 기타 요소들, 로마인들이 그들 자신을 바라보는 방식, 그들이 세계 내에서 차지하는 위치 등도 로마 민족의 운명에 중요한 역할을 했다.

로마인이 추구한 가치들

로마인이 반드시 실천해야 한다고 믿었던 가치들로는 일차적으로 신들에 대한 경배와 다른 사람들에 대한 의무 사항, 그들 자신의 행동과 남들의 판단에 따라 사회 내에서 얻게 되는 평가와 지위 등이 있었다. 물론 이런 광범위한 일반화는 넓고 복잡한 로마인의 여러 가치들, 또 시간의 경과에 따라 발생한 그 변화를 완전히 포섭하지 못하며, 남자, 여자, 어린아이 들의 상황이 어떻게 다른지도 충분히 설명하지 못한다. 그렇지만 로마 사회의 기본적이고 지속적인 측면들을 이해하려면 로마인들이 적절한 처신이라고 여겼던 태도나 행동에 대한 일반적인 묘사가 필요하리라 생각한다. 즉, 보호자-피보호자 제도, 로마 가정 내의 권력 관계, 가정과 사회 내 여성들의 삶, 교육의 성격, 국가와 가정 내에서 종교가 한 역할 등에서 적절한 처신이 무엇이었는지 설명이 필요할 것이다.

상류계급은 로마공화국에 사는 로마인들의 개인적·공적 생활의 가치 체계를 규정했다. 로마의 사회 엘리트에 속하는 남자들이 당초 공화국을 건립했을 때 그들의 목표는 자신들끼리 권력을 공유하여 1인 통치를 불가능하게 만드는 것이었으나, 그렇다고 해서 권력을 로마의 모든 사람이 나누어 갖자는 것은 아니었다. 따라서 그들은 권력의 통제권이 대다수 시민들의 손에 들어가지 못하게 하는 것을 목표로 삼았다. 가난한 시민들은 왕의 통치 아래에서 살기를 바랄 수도 있었기 때문이다. 가령 왕은 부자들의 재산을 억지로 빼앗아서 가난한 사람들에게 나누어 줌으로써 가난한 사람들에게 신임을 얻을 수 있었다. 그런데 상류계급은 극소수여서 자신들의 힘만으로는 로마를 다스리거나 방어할 수 없었기에, 사회적·재정적 지위가 낮은 다른 사람들에게도 통치의 일정한 역할을 부여함으로써 타협할 필요가 있었다. 그들의 협조가 없으면 로마는 야전군을 효율적으로 동원할 수가 없었다. 로마의 정치사는 근본적으로 국가의 통치권을 공유하는 문제를 둘러싸고 귀족과 평민 사이에서 벌어진, 팽팽하면서도 때로는 폭력적인 역사였다. 이러한 권력 투쟁의 가장 파괴적인 양상은 공화국 후기에 발생했다. 이 시기에 상류계급 사람들과 그 지지자들은 누가 어느 정도의 권력을 차지할 것인가를 두고서 사실상 내전을 벌였다. 시민과 시민이 서로 싸운 공화국 후기의 내전이 가져온 결과를 감안할 때, 우리는 과연 이런 파괴적인 폭력이 전통적 가치들을 무시한 로마인들의 잘못 탓이 아닌지 묻게 된다. 그러나 공동체에 기여한 보상으로서 얻어지는 개인의 사회적 지위에 지나치게 크게 의미를 부여하고 거기에 집착한 것이 그런 내전의 빌미가 아니었을까 하고 생각해볼 수도 있다.

로마인들은 조상들이 여러 세대에 걸쳐서 생활 속에서 지켜야 할 가치들을 물려주었다고 생각했다. 그래서 그런 가치 체계를 '조상들의 관습 mos maiorum'이라고 불렀다. 로마인들은 그처럼 오래된 관습을 소중하게 여겼다. 로마인이 볼 때, '오래된 것'은 '경험에 의해 검증된 것이므로 좋은 것'이고, '새로운 것'은 '검증되지 않았으므로 위험할 수 있는 것'이었다. 그래서 '새로운 것들^{res novae}'이라는 말은 '혁명'을 의미하는 로마식 관용어가 되었다. 그들은 새로운 것들을 파괴적 폭력과 사회적 불안정을 가져오는 원천이라고 보아 두려워했다. 로마인들은 올바름, 신의, 존경심, 지위 등을 조상들이 확립한 핵심적 가치라고 여겼다. 이러한 가치들은 사회적 맥락에 따라 로마인의 태도와 행동에 큰 효과를 발휘했으며, 종종 서로 연관되고 겹치는 측면이 있었다. 가장 중요한 가치는 각 개인들이 남들 및 신들과 맺는 관계였다.

'올바름'이라는 가치는 한 개인이 다른 개인들과 맺는 관계를 규정한다. 이 가치는 원래 남성적 의미를 갖고 있었다. 올바름을 표현하는 라틴어 '비르투스^{virtus}'는 남성을 의미하는 '비르^{vir}'에서 나온 것이다(미덕을 의미하는 영어 virtue도 이 라틴어들에서 파생한 것이다). 기원전 2세기의 시인 루킬리우스는 남자의 도덕적 특징을 비르투스(미덕)라는 용어로 규정했다. 즉, 미덕을 갖춘 남자는 선과 악을 구별할 줄 알고, 쓸데없는 것, 수치스러운 것, 불명예스러운 것을 알며, 나쁜 사람과 나쁜 가치를 적으로 여기며, 선한 것의 친구이며 보호자이고, 국가의 안녕을 제일 중요하게 여기며, 그 다음이 가정의 안녕, 그리고 자신의 이해관계는 맨 마지막으로 생각하는 사람이다(락탄티우스, 《신성한 제도》 6.5.2에서 인용). 올바른 사람이 지켜야 할 또 다른 미덕은 신체를 잘 보존하고 강건하게 하여 가정을 돌보고 전시에는 국가를 위해 전장에 나가 싸우는 것이다. 전투에서 영웅적인 행동을 하는 것은 '올바른' 남자가 거두는 가장 큰 성과이다. 하지만 그 용기가 개인의 목숨보다는 공동체를 구제했을 때 비로소 영웅적 행위가 된다. 여자들 역시 생활 속에서 올바른 태도를 보일 것으로 기대되었다. 하지만 여성들에게 군 복무는 요구되지 않았다. 군 복무는 오로지 남자들의 책임이었기 때문이다. 여자들의 올바름은 여자와 가정의 관계, 가정 밖의 세계, 국가 등에서 요구하는 모든 가치를 철저하게 이행하는 것이었다. 무엇보다는 여자는 결혼을 하여 아이를 낳고 자식들을 어릴 때부터 공동체의 윤리적 가치에 따라 키워야 했다.

'신의(피데스^{fides})'라는 가치는 남자와 여자에게 여러 가지 형태로 나타났다. 무엇보다도 신의는 어떤 의무 사항이 공식적이건 비공식적이건 상관없이, 또 관련된 비용과 상관없이 지켜내야 하는 것이었다. 의무 사항을 지키지 않거나 계약 사항을 이행하지 않는 것은 공동체와 신들을 불쾌하게 만드는 일이었다. 여자들은 결혼할 때까지 순결을 지키고 결혼 후에는 일부종사하는 것이 신의를 지키는 것이었다. 하지만 이러한 기대는 남자들에게는 해당하지 않았다. 창녀들과 신중하게 성관계를 맺는 일은 남지들에게 수치스러운 행동으로 여겨지지 않았다. 남자들은 약속을 어기지 않고, 빚을 꼭 갚고, 모든 사람을 공정하게 대함으로써 신의를 지켰다(공정하게 대한다고 해서 모든 사람을 동등하게 대한다는 뜻은 아니고, 사회 내의 계급 질서에 따라 상대를 손위, 동등인, 수하 등으로 알맞게 대응한다는 뜻이다).

로마인이 지녔던 또 다른 복잡한 가치인 '경건(피에타스^{pietas})'은 영어로 표현한다면 '존경을 표시하다^{showing respect}'가 가장 가까운 번역이다. 로마인들에게 경건은 신들에게 예배하고 가정에 헌신하는 것을 의미한다. 'pietas'의 영역어 'piety'는 이런 의미를 두루 전달하지 못하고 순전히 종교적 함의를 강조하는 데 반해, 로마인의 경건은 종교적인 측면 못지않게 사회적인 측면도 중시한다. 로마인 남녀는 집안의 원로들, 조상들, 신들의 우월한 권위를 존경함으로써 경건을 표시했다. 신들에게 존경을 표

도판 2-1 | 기원전 47년에 주조된 은화. 앞면에는 로마인들이 귀중하게 여기는 가치이자 신적 존재인 '신의'의 옆얼굴을 새겨 넣었고, 뒷면에는 포로를 머리채를 잡고서 끌고 가는 기병을 묘사했다. 동전에는 여러 가지 기능이 있었는데, 그리스와 로마 세계에서는 가장 널리 유통된 예술 작품이기도 했다. 이 간단한 그림이 전달하려는 메시지를 해독하는 것은 역사가들에게 주어진, 어려우면서도 중요한 과제이다. 사진 출처: American Numismatic Society.

시하기 위해서는 종교적 의례를 절차에 따라 정기적으로 수행하는 것이 중요했다. 신들을 경건하게 예배할 때에만 신들이 로마 공동체에 은총을 내려준다고 그들은 믿었다. 자기 자신을 존중하는 것도 이러한 가치의 일부였다. 이는 아무리 상황이 어렵고 고통스러워도 결코 포기하지 않는 것을 의미한다. 어떤 상황에서도 개인의 의무를 완수하려고 노력하는 것이 로마인의 필수 과제였다. 자기 자신을 존중한다는 것은 감정 노출을 억제하여 절제할 줄 아는 것을 의미한다. 이러한 가치를 '신중함(그라비타스gravitas)'이라고 한다. 신중함에 대한 기대는 아주 높았기에 심지어 부부 사이라도 대중 앞에서는 키스를 하지 못했다. 그렇게 하면 감정의 절제에 실패한 것으로 보였기 때문이다.

다른 사람들 눈에 비치는 지위, 즉 '위엄(디그니타스dignitas)'은 앞서 열거한 여러 가치들을 실천한 로마인에게 돌아가는 보상이다. 그것은 한 개인이 전통적인 생활양식을 실천한 데 대한 보상으로서 주어지는 존경, 혹은 남들에게서 기대할 수 있는 존경을 의미한다. 여자들도 적자嫡子를 생산하고 도덕적인 방식으로 키움으로써 명성과 사회적 승인의 보상을 얻어 위엄을 갖추었다. 로마의 어머니는 엄청난 존경을 받을 자격이 있었고 그렇게 되기를 기대했다. 남자들이 얻는 보상으로는 공적 영예가 있는데, 무엇보다도 로마 정부의 공직에 선출되는 것을 가장 중요하게 여겼다(그러나 공직은 보수가 없었기에 공직에 나서는 사람은 부유해야 했다). 로마 민병대에 소속된 군인들은 용감한 군사적 행동을 함으로써 공공의 인정을 받을 것으로 기대되었다. 로마인들은 사회적 지위를 아주 소중하게 여겼다. 그래서 훌륭한 행동이나 자기절제로 아주 높은 지위를 얻은 사람은 설사 공식적이거나 법적인 권한이 없더라도 남들에게서 크게 존경받았다. 이런 위엄의 정상에 오른 사람은 남들에게 '권위(아우토리타스 auctoritas)'라는 도덕적 권한을 발휘할 수 있었다. 이 사람이 추천하는 일을 다른 로마인이 거부하지 않고 그대로 수행하려 했던 것은 어떤 법률적 힘이 강제해서가 아니라, 조상들이 물려준 전통적인 삶의 이상에 따라 살아온 뛰어난 모범 사례에 대한 존경심 때문이었다.

마지막으로, 로마인들은 가문의 지위가 가치에 영향을 미친다고 보았다. 상류계급의 가문에 속한 사람일수록 반드시 지켜야 하는 개인적 가치들이 더 엄격하고 복잡했다. 따라서 고귀한 가문에서 태어난다는 것은 양날의 칼이었다. 그런 배경은 자동적으로 그 사람을 높은 사회적 지위에 배정하지만, 동시에 로마 가치관의 엄격한 요구에 부응하며 살아가야 했다. 평범한 가문에서 태어난 사람은 탁월하게 행동하는 능력이 떨어진다고 여겨졌다. 적어도 이것이 상류계급의 견해였다. 사회 엘리트들이 이처럼 평범한 사람들에 대하여 우월적인 태도를 보인 것은 상류계급과 다른 계급 사이에 끊임없는 긴장을 유발하는 요인이 되었다.

이론적으로 부는 도덕적 가치와 아무런 상관이 없었다. 그래서 로마인들은 자녀들에게 가난하지만 덕성 높은 로마 영웅들의 얘기를 자주 들려주었다. 가장 유명한 사례는 기원전 5세기에 활약한 루키우스 퀸크티우스 킨킨나투스이다. 그는 침공해 온 외적을 향해 로마군을 이끌고 나가 신속하게 승리를 거둠으로써 로마를 파멸로부터 구했다. 그는 이 전공으로 엄청난 지위를 획득했기에 마음만 먹었다면 단독으로 로마를 통치할 수도 있었다. 그러나 그는 로마의 가치에 대한 신의를 지켰다. 그는 자신의 의무를 다함으로써 조국에 대한 신의를 지킨 데 만족하며 독재관 자리를 내놓고 야인으로 돌아가 아주 자그마하고 지저분하며 가난한 자기 농장을 관리하는 일로 만족했다(리비우스,《로마 시 창건 이래의 로마 역사》 3.26~28).

그러나 여러 세기가 흘러 로마공화국이 방대한 영토의 제국을 다스리게 되자 돈이 로마의 사회적 엘리트에게 아주 중요한 수단이 되었다. 그들은 공공건물이나 공동체 행사에 아낌없이 돈을 내놓음으로써 지위를 높일 수 있었기 때문이다. 이런 식으로 해서 부는 지위 획득에 필요조건이 되었다. 기원전 2세기에 이르러, 부유한 로마인들은 존경을 매수하려면 돈이, 그것도 엄청나게 많은 돈이 필요했다. 그들은 돈을 얻을 수만 있다면 다른 가치들을 짓밟을 수도 있다고 생각했다. 이런 식으로 해서 로마의 가치 체계는 언제나 조화를 이루지는 못하게 되었다. 어떤 가치를 논리적 결말까지 추구하다 보면 다른 가치들과 갈등을 일으켰다. 이런 역설─그 자체로는 좋은 가치가 어떤 개인에 의해 극단적으로 추구되면 불공정한 행위를 강요하는 상황─은 개인과 공동체의 이해관계에서 균형을 잡으려고 하는, 그 어떤 인간적 가치 체계에나 존재한다. 여러 경쟁하는 가치들 사이에서 균형을 잡는 것은 평화와 사회적 안정을 촉진한다. 그러나 특정 가치를 강조한 나머지 다른 가치들을 말살시키면 불안정과 독재 체제로 나아가게 된다. 후기 공화정 시대의 로마인들은 이러한 교훈을 아주 고통스럽게 깨닫게 된다.

라틴어 '파트로누스patronus(보호자)'와 '클리엔스cliens(피보호자)' 사이에 맺어지는 관계는 상호 의무의 연결망을 제공하는데, 로마 사회는 전 계층에 걸쳐서 이 관계로 조직되어 있었다. 보호자-피보호자 관계는 사회적 신분 차이에서 생겨나는데, 신분이 곧 남자들, 그들의 가문, 그리고 (실제로는) 남자의 처가妻家 등의 존재를 규정했다. 보호자는 사회적 지위가 우월한 자로서 낮은 지위의 사람에게 혜택을 베푸는 사람이다. 이 혜택을 이 제도의 공식 용어로는 '베네피키아benefica'라고 한다. 혜택을 받은 사람은 피보호자가 되고 그런 혜택에 대한 보답으로 보호자에게 '의무(오피키아officia)'를 다해야 한다. 이 관계는 호혜적(서로에게 의무 사항을 가지고 있음)이었으나 비균형적(관련 당사자들이 사회적 동등자가 아님)이었다. 사회적 위계질서 속에서 보호자가 피보호자의 상급자인 것처럼, 그 보호자 또한 자신보다 상위에 있는 사람의 피보호자가 될 수 있었다. 달리 말해서, 같은 사람이 보호자이면서 피보호자일 수 있었다.

로마인들은 이런 보호자-피보호자 관계를 두 당사자의 역할이 규정된 '우정(아미키티아amicitia)'의 한 유형으로 정의했다. 사려 깊은 보호자는 피보호자를 '나의 피보호자'가 아니라 '나의 친구'라고 부름으로써 존경을 표했다. 반면에 피보호자는 말 그대로 '나의 보호자'라고 부르면서 존경을 표했다. 이 관계는 우정의 외양을 취하고는 있지만 결코 부담 없는 사사로운 관계가 아니다. 이 잘 짜인 개인적 연결망은 당사자들로 하여금 법적 의무 사항을 수행하도록 강제했다. 예를 들어 기원전 449년에 제정된 로마 최초의 성문법인 십이표법은 피보호자를 기만한 보호자를 범법자로 규정했다.

피보호자의 의무 중에는 보호자를 재정적으로나 정치적으로나 지원해야 한다는 내용이 들어 있었다. 초창기 로마의 피보호자는 보호자의 딸들이 시집갈 때 전통에 따르면 지참금(값나가는 결혼 선물)을 준비하는 데 도움을 주어야 했다. 정치 분야에서, 피보호자는 보호자가 공직 선출을 위한 선거 운동을 한다든지, 보호자의 친구가 공직에 출마한다든지 할 때 도움을 주어야 했다. 피보호자들은 평민들의 표를 보호자 편으로 끌어오는 데 특히 도움이 되었다. 보호자가 공직 선거에서 당선되어 관리(로마 정부에서 관리는 무보수)로서 내놓아야 하는 공공건물 공사비를 마련할 때 피보호자는 그에게 돈을 빌려주어야 했다. 더욱이 후기 공화정 시대에 이르러서는 피보호자를 많이 두는 것이 높은 지위를 나타내는 징표가 되었다. 따라서 보호자는 벌 떼처럼 많은 피보호자를 동원해야 했고, 자연히 피보호자들은 아침 일찍 보호자의 집에 모여서 로마의 정치적·사법적·상업적 중심인 포룸Forum으로 출근하는 보호자를 동행해야 했다. 로마의 사회적 엘리트는 아침 집회 때마다 많은 피보호자를 수용하고 저녁에 사회적 동등자에게 연회를 베풀려면 큰 집이 필요했다. 사람들로 붐비고 잘 단장된 집은 사회적 성공의 상징이었다. 그 결과 시간이 흘러가면서 돈은 상류계급에게 점점 더 중요한 물건이 되었다. 수많은 피보호자에게 화려하게 보이려면 돈을 잔뜩 뿌려야 했다.

보호자는 또한 피보호자들에게 값비싼 혜택을 베풀려면 돈이 필요했다. 공화정 시대에, 보호자는 피보호자가 공직에 입후보했을 때 지원하여 정치 경력을 돕거나 때때로 재정적으로 지원을 함으로써 도왔다. 제국 시대에 이르러, 보호자는 새벽에 자기 집에 모여든 피보호자들에게 도시락 바구니를 제공해야 했다. 보호자가 피보호자에게 베푸는 가장 큰 은전은 피보호자가 법적으로 어려움을 겪을 때, 가령 당시 흔했던 재산 소송 같은 문제가 생겼을 때 피보호자와 그의 가족을 도와주는 것이었다. 지위가 낮은 사람들은 소송을 벌일 때 영향력 있는 친구들이 옆에 없으면 로마의 사법 체계에서 불이익을 받았다. 대중 연설이 뛰어난 보호자의 도움은 특히 유용했다. 피고와 원고가 법정에서 직접 변론을 하거나 대리인을 시켜서 변론을 해야 했기 때문이다. 로마에는 국선 변호사나 검사가 없었고 또 고용할 수 있는 변호사도 없었다. 단지 법적 배경과 절차에 소상한 저명한 시민들이 로마의 법 전문가로 활동했다. 기원전 3세기에 이르러서는 이러한 독학한 전문가들을 법률가jurist라고 불렀는데, 이들이 로마 사법 체계에서 핵심적인 역할을 했다. 법률가들은 로마의 선출직에 근무함으로써 법률 지식을 쌓았다. 하지만 관리가 아니라 개인 자격으로 시민과 행정관에게 법의 내용을 무보수로 조언했고, 소송을 제기하고 유지하는 적절한 형식을 알려주었으며, 가장 좋은 사건 해결 방안 등도 알려주었다. 공화정 시대에 와서 법률가들에게 의존하는 현상이 두드러졌고, 제국 시대에도 로마 사법 체계의 이러한 특징이 지속되었다.

보호자-피보호자 쌍방의 법적 의무 사항은 안정적이었고 오래가는 것이었다. 많은 경우에, 이 유대 관계는 대를 이어서 가문 내에서 후대로 이어졌다. 노예를 해방시켜준 주인이 있을 경우, 자동으로 주인의 피보호자가 되는 전 노예는 그런 관계를 자녀들에게도 물려주어 보호자의 가문과 세교를 맺게 했다. 해외에서 상업이나 군사 관련 사업을 하는 로마인들은 외국인을 피보호자로 두기도 했다. 돈 많고 힘 있는 로마인들은 때때로 해외의 공동체 전체를 피보호자로 삼기도 했다. 의무와 영속적 관계를 바탕으로 하는 보호자-피보호자 제도는 로마인의 사상을 집약적으로 보여준다. 즉, 사회적 안정과 평화는 공적·사적 생활에서 사람들을 서로 연계시키는 유대의 연결망을 충실하게 유지함으로써 얻어진다는 것이다. 실제 생활의 마찰로 갈등이 벌어지면 이 관계가 유동적이 될 때도 있었다. 예컨대 보호자들과 피보호자들이 충성 대상을 바꾸어 새로운 관계를 맺는 식이다. 그러나 이상적인 관계는 지속적인 의무 관계를 유지하는 것이었다.

가정, 여성, 교육

—

로마법은 '아버지의 권한(가부장권patria potestas)'을 '가정familia' 내의 모든 관계에서 주도적인 힘으로 인정했다. 단, 아내와 남편의 관계는 여기서 제외되었다. 이처럼 아버지에게 전권이 부여되면서 로마는 가부장적인 사회가 되었다. 아버지는 가정의 식구로 간주되는 노예들뿐만 아니라, 아무리 나이가 들었더라도 그 자식들에 대하여 법적 권리를 소유했다. 이러한 가부장권으로 인해 그 자녀들이 획득한 모든 재산도 아버지가 단독으로 소유했다. 아버지가 살아 있는 한, 아들과 딸은 법적으로 아무것도 소유하지 못하고, 그들 자신의 돈도 축적하지 못하며, 그 어떤 독립적인 법적 지위도 갖지 못했다. 적어도 이론적으로는 그러했다. 그러나 실제로는 성인 자녀는 개인 재산을 보유하거나 금전을 획득할 수 있었으며, 총애 받는 노예들도 돈을 축적할 수 있었다. 아버지는 또한 가정 내 식구들에 대하여 생사여탈의 법적 권한을 갖고 있었다. 그러나 새로 태어난 아이들을 제외하고는 식구들에게 이 권한을 아주 드물게만 사용했다. 원하지 않는 갓난아기를 내다 버려서 죽게 만들거나, 낯선 사람에게 산 채로 발견되어 입양되거나, 노예로 길러지는 것은 식구 수를 조절하고 신체적으로 불완전한 아이를 처분하기 위해 용인된 관행이었다. 로마인 아버지가 갓난아기를 받아 들고서 그 아이를 자신의 아이로 인정하고서 앞으로 키울 의향을 밝히기 전까지 어린아이는 사실상 법적으로 사람이 아니었다. 여아가 남아보다 내다 버려지는 수가 더 많았는데, 로마 가정은 딸보다는 아들에게 자원을 집중하여 가문의 지위를 크게 향상시키려 했기 때문이다.

로마의 아버지는 단독 판단으로 성인 식구를 처형하는 그런 무자비한 결정은 좀처럼 내리지 않았다. 정부에서는 로마 원로원이 고위 관리들에게 조언자 역할을 하고(3장 참조) 법률문제에 대해서는 법률가들이 조언을 해주듯이, 로마인들은 개인 생활 중 중요한 가정 문제에 대해서는 다른 사람들과 정기적으로 상의하면서 대책을 찾으려 했다. 따라서 로마인은 어떤 중대한 결정을 내리기 전에 개인적으로 알고 있는 조언자들('자문단'이라고 부르는 친구들과 친척들의 모임)에게 조언을 구했다. 이렇게 볼 때, 로마 가정과 로마 정부에서 결정을 내리는 방식은 아주 유사하다. 만약 아버지가 정말 어쩔 수 없는 이유가 아닌 다른 이유로 성인 아들을 죽이겠다는 제안을 해오면, 자문단은 다시 한 번 생각해보라고 강력하게 권유했다. 어쩔 수 없이 처형한 예로는, 기원전 63년에 아울루스 풀비우스가 정부를 전복하려는 음모에 가담한 대역죄를 범한 아들을 처형한 일이 있다. 사실 대역죄와 군무 이탈이 아버지가 아들을 처형하는 유일한 이유였다. 그렇지만 이처럼 난폭하게 아버지의 권리를 사용하는 일은 아주 드물었다. 사실 일상생활에서 '가부장권'의 가장 중요한 측면은 식구들을 공정하고 다정하게 보살피라는 도덕적 의무와 바를 바 없었다.

아내들의 경우, '가부장권'은 그들의 생활에서 제한된 효과만 발휘했다. 공화정의 초창기에는 아내 역시 남편의 권한 아래에 들어갔지만, 결혼으로 맺어진 협약은 이런 복종을 금지시켜 남편에 의한 법적 통제로부터 아내를 해방시켰다. 후기 공화정에 이르러 이런 '자유' 결혼은 아주 흔한 결혼 방식이 되었다. 이 협약에 의하여 아내는 친정아버지가 살아 있는 한 그의 영향 아래에 있었다. 하지만 실제로는 나이 든 아버지가 장성하여 결혼한 딸들의 생활을 통제하는 경우는 비교적 드물었다. 고대 세

도판 2-2 | 기원전 1세기의 이 점토상은 아버지를 등에 업고 트로이에서 달아나는 아이네이아스를 형상화했다. 아이네이아스는 로마인들의 조상으로, 의무에 충실한 사람으로서 명성이 높다. 로마인들은 이런 먼 과거의 조상들이 보여준 영웅적 행동의 사례들을 전통적 가치의 핵심적 부분으로 여겼는데, 베르길리우스의 《아이네이스》 같은 문학 작품은 그런 점을 잘 묘사하고 또 기억하고 있다. 나폴리 국립고고학박물관 소장. Alphanidon / Wikimedia Commons.

계에서는 많은 사람이 젊어서 죽었기 때문이다. 대부분의 아버지들은 오래 살아서 성인이 된 딸들의 생활을 감독할 형편이 되지 못했다. 대부분의 로마 여자들이 10대 후반에 결혼할 무렵이면 아버지들의 절반은 이 세상 사람이 아니었다. 이러한 인구통계적 흐름은 아버지의 '가부장권'이 대체로 장성한 아들에게 제한된 효과만 발휘했음을 보여준다.

남자들은 일반적으로 10대 후반까지는 결혼하지 않았으므로, 그들이 결혼하여 가정을 꾸릴 무렵에는 아버지가 살아 있는 남자가 다섯 명에 한 명꼴이었다. 나머지 80퍼센트는 법적으로 어떤 통제도 받지 않았다. 친정아버지가 살아 있지 않은 성인 여자도 사실상 독립적인 개인이었다. 법적으로 그녀는 남자 보호자를 두어 자신을 대신하여 일을 보게 했으나, 공화정 말기에 이르러 이런 방식은 공허한 형식적 절차에 지나지 않았다. 후대의 법률가는 남자 보호자의 인도 아래에서도 여자들이 행동의 자유를 많이 누린 현실에 대해 이렇게 논평했다.

여자들은 판단력이 부족해서 종종 기만을 당하니 그들을 보호자의 권위 아래 두는 것이 좋다는 게 일반적인 믿음이다. 하지만 이것은 진실이 아닌 허위에 가깝다. 성년의 여자들은 그들 스스로 사무를 다 보기 때문이다.

— 가이우스, 《제도》, 190〜191

로마 사회는 여자들이 빨리 커서 가정의 중요한 책무를 맡아주기를 기대했다. 저명한 정치가이자 연설가인 키케로의 딸 툴리아(기원전 79〜45년)는 열두 살에 약혼하고 열여섯에 결혼했으며 스물둘에 과부가 되었다.

부유한 여자들은 가내 노예들을 포함하여 집안의 재산을 관리했다. 아내는 유모의 양육을 감독했고 남편을 따라서 저녁 연회에 참석했다. 연회는 가문들 사이의 관계를 돈독히 하는 데 중요한 역할을 하는 행사였다. 여자와 남자는 둘 다 재산을 관리했으므로, 결혼 전에 결혼 생활에서 각자가 갖는 권리를 미리 적어두는 사전 계약이 흔했다. 이혼은 법적으로 간단한 문제였고 결혼이 해소되면 부부 사이의 자녀는 아버지의 집에 귀속되었는데, 이는 로마의 전통적인 '가부장권'을 반영한다. 많은 아내들이 남편의 가계부와는 별도로 자신만의 재산과 관련된 비용의 출납을 기록하는 가계부를 가지고 있었다. 고고학적 발견에 따르면, 일부 여성은 공화정 말기에 벽돌 제조 회사 같은 커다란 사업체를 소유했다.

로마 사회에서는 어머니들이 자녀의 도덕적 인생관에 미치는 영향을 높이 평가했고 이것이 여성적 미덕의 중요한 요소였다. 기원전 2세기 상류계급 출신의 부유한 여성인 코르넬리아는 가정의 재산을 잘 관리하고 또 많은 자녀를 낳아서 훌륭하게 키운 공로로 엄청난 존경을 받았다(키케로, 《브루투스》 104, 211). 저명 인사였던 남편이 죽자, 코르넬리아는 집안의 재산을 관리하고 한 딸과 두 아들의 교육을 감독하기 위해 이집트 왕의 청혼마저 거절했다. 비록 그녀가 낳은 다른 아홉 명의 아이들은 일찍 죽었지만, 열두 명의 자녀를 생산한 것은 로마 여성에게 요구되는 다산성의 훌륭한 사례였다. 그렇게 해야 남편의 가계가 안전하게 이어질 수 있었던 것이다. 코르넬리아는 중요 인사들을 잘 접대하고 세련된 문장으로 편지를 잘 쓰는 것으로 유명했다. 그래서 그 편지들이 상류계급 사이에 널리 퍼졌고 그녀가 죽은 지 100년이 지나서도 여전히 읽혔다. 그녀의 두 아들 티베리우스와 가이우스는 잘 커서 후기 공화정의 영향력 있는, 즉 논쟁적인 정치 지도자 겸 개혁가가 되었다.

가난한 여자들은 아이들을 키워야 할 뿐만 아니라 생계를 위해 열심히 일해야 했다. 그러나 여자들은 남자에 비해 일을 잡을 기회가 적었다. 그들은 조그마한 가게나 좌판에서 공예품이나 식품을 파는 일을 했다. 설사 로마 경제의 주요 제조업 형태인 공예품 생산 가정의 구성원이라 할지라도, 여자들은 가정 내에서 그런 물건을 만드는 일보다 파는 일을 담당했다. 공예품 생산 가정의 남자들은 원자재를 다루어 완성품을 만들어 냈다. 운이 아주 없거나 몹시 가난한 집안의 여자들은 결국 창녀가 되었다. 매춘은 합법이었지만 성매매를 하는 남녀는 사회적 지위가 없는 것으로 간주되었다. 여자 창녀들은 남자들의 겉옷인 토가^{toga}를 입었는데, 로마의 전설적인 여자 영웅 루크레티아가 지녔던 순결을 그들이 잃어버렸다는 상징이었다.

여자들은 로마의 선거에서 투표하거나 공직에 나설 수는 없었지만 공직에 진출한 남자 친척들에게 견해를 표명하여 간접적으로 영향을 미칠 수 있었다. 저명한 원로원 의원이며 저술가인 마르쿠스 포르키우스 카토(대大 카토: 기원전 234~149년)는 여자들이 남자 식구들에게 미치는 영향을 절반쯤 농담조로 이렇게 논평했다.

모든 인류는 그들의 아내를 지배한다. 우리 로마인은 모든 인류를 지배한다. 그리고 우리의 아내가 우리를 지배한다.

— 플루타르코스, 《대大 카토의 생애》 8

드문 경우이기는 하지만, 공화정 시대에 로마 여자들은 정부의 정책에 영향을 미치기 위해 공개적으로 시위를 벌였다. 우리가 역사 기록에서 확인할 수 있는 시위는, 부유한 여성들이 자신들의 부와 지위를 과시하는 행위에 일부 제한을 가한 법률에 항의한 것이었다. 기원전 215년 전시에 재정적 위기가 고조에 달하자, 여자들이 반 온스 이상의 금을 소지하거나, 대중 앞에서 알록달록한 옷을 입거나, 종교적 행사 참석 이외의 일로 로마나 로마제국 내 다른 도시들의 1마일 이내에서 마차를 타는 것을 금지하는 법률이 통과되었다. 이 법은 국가가 자금 부족으로 어려움을 겪는 때에 부유한 여자들이 사치품에 돈을 낭비하는 데 대한 불만의 표시였다. 원로원은 이태 전에는 여자들에게 의무적으로 전쟁 비용을 보태라고 요구했으면서도 이런 법을 제정했다. 전쟁이 끝난 기원전 195년에 이 법의 저촉을 받은 여자들이 그 제한에 항의하는 대규모 시위를 벌였다. 그들은 거리로 쏟아져 나와 만나는 남자들마다 붙들고 늘어지면서 자기네 요구 사항을 말했고, 그 법의 폐지에 반대하는 두 정치 지도자의 집에 몰려가 시위를 했다. 그 법은 결국 폐지되었다(리비우스, 《로마 시 창건 이래의 로마 역사》 34.1~8). 로마 여성들은 공공의 장에 나서지 못하게 되어 있었으나, 이런 예외적인 사태가 있었다는 것은 그들이 국정을 통제하는 남자 시민들에게 압력을 넣어 로마 정부에 영향을 미쳤다는 사실을 보여준다.

로마의 어린이 교육은 부자나 가난한 사람이나 모두 개인 책임이었다. 공립 학교는 없었다. 만약 공예품을 생산하는 가난한 집안의 부모들이 읽기, 쓰기, 산수를 할 줄 알면 집에서 함께 일하는 자녀들에게 비공식적인 가정 학습을 통하여 그런 기술을 가르쳤다. 로마는 어린이의 노동을 제한하는 법률이 없었다. 그러나 인구의 대다수는 거의 문맹이나 다름없었다. 부유한 가문의 아이들도 집에서 기본적인 교육을 받았다. 공화정 초기에는 아이들이 일곱 살이 될 때까지 부모들이 집에서 가르쳤고 그 이후에는 고용된 선생에게 배우게 하거나, 자기 집에서 가르치는 독립적인 교사들이 수업료를 받고서 해주는 수업에 보냈다. 아버지들은 아들들에게 신체 단련, 무기를 가지고 싸우기, 용기 등 남성적 미덕의 기본 사항들을 가르쳤다. 로마의 세력 판도가 확대되면서 부유한 사람들이 그리스 문화와 더 밀접하게 접촉하게 되자, 그들은 교육받은 그리스인 노예를 사들여서 자녀들을 가르치게 했다. 이렇게 하여 그들의 자녀는 그리스어와 라틴어 두 언어 모두를 말할 수 있었다.

소녀들은 소년들보다 교육을 덜 받았다. 그러나 상류계급의 가정에서는 남녀 모두가 글 읽기를 배웠다. 반복 학습이 일상적인 교육 방식이었고 아이들이 집중하여 과제를 더 잘 외울 수 있도록 때때로 체벌을 가했다. 부유한 가정들은 딸들에게 문학과 음악을 조금 배우게 했고, 저녁 연회에 나가서 대화를 잘 이끌어갈 수 있는 화제들도 가르쳤다. 여성 교육의 주된 목적은 로마 어머니의 가정 내 역할을 사전에 준비시켜, 결혼 후에 자녀들에게 로마의 사회적·도덕적 가치를 잘 가르쳐서 몸소 실천하게 하려는 것이었다.

상류계급 소년의 교육 목적은 수사학(설득력 있는 대중적 연설 기술)의 전문가가 되게 하려는 것이었다. 이 기술은 공직 생활의 성공에 아주 중요했다. 선거에 이기기 위해서 후보는 유권자들에게 설득력 있게 말할 수 있어야 하고 법정에 나가서도 유창하게 말할 수 있어야 했다. 법정의 소송은 개인의 재산을 보호하고, 정치적 연합을 구축하고, 개인적 불화에서 싸워 이기기 위한 것인데 이때 연설은 필수적인 무기였다. 소년은 아버지, 삼촌, 맏형, 친척들과 함께 대중 집회, 민회, 법정에 참석함으로써 수사학의 생생한 사례를 직접 눈으로 보았다. 소년은 정치 현안에 대한 토론이나 법정 변론을 직접 들음으로써 승리하는 기술을 모방할 수 있었다. 부유한 부모들은 특별 교사를 고용하여 아들에게 웅변술과, 효과적 웅변에 필요한 역사, 문학, 지리, 재정 등의 방대한 지식을 가르쳤다. 로마의 수사학은 그리스의 수사적 기술을 많이 차용했으며, 로마의 많은 웅변가들이 그리스인 선생에게서 배웠다. 기원전 2세기에 로마가 라틴어로 된 수사학 교과서를 만들어내기 시작했을 때, 이 성공의 도구를 가르치는 책은 주로 그리스 저작물에서 그 내용을 가져왔다.

마르쿠스 툴리우스 키케로(기원전 106~43년)의 생애는 로마공화국 내에서 수사적 기술이 사람을 얼마나 출세시킬 수 있는지를 보여주는 좋은 사례이다. 키케로의 아버지는 아들이 집을 떠나 로마와 그리스에서 수사학을 공부할 수 있도록 지원했다. 그리하여 키케로는 멋진 스타일의 대중 연설 기술을 습득했고, 그 덕분에 로마의 엘리트 집안이 아니라 소규모 이탈리아 도시 출신이라는 비교적 낮은 사회적 지위를 극복하고 '권직의 사다리'의 정점에까지 올라갈 수 있었다. 키케로는 범죄 사건으로 고소당한 사람을 변론하는 대중 연설가로서 경력을 시작했다. 무명의 웅변가로서는 비교적 안전한 출발인 셈이었다. 피고들이 이런 지원을 고맙게 여겼고 또 고소한 사람들은 피고의 지지자들에게는 통상적으로 보복하지 않았기 때문이다. 그러나 고소한 사람 측에 서서 연설하는 것은 훨씬 더 위험했다. 왜냐하면 강력한 지위를 가진 공인을 고소한 사람은 그 피고가 반격을 시도하여 보복을 가할 것이 뻔했기 때문이다. 그럼에도 불구하고 키케로는 기원전 70년에 로마의 사회적 엘리트들에게 충격을 주었다. 그가 상당한 지위를 가진 고위 관리인 가이우스 베레스Gaius Verres

를 부정부패 건으로 고발했기 때문이다. 키케로의 웅변은 저명한 베레스를 놀라게 하여 스스로 망명을 떠나게 함으로써 수도의 시민들을 놀라게 했다(키케로, 〈베레스를 고발하는 연설〉 1). 기원전 63년에 키케로는 공화국의 최고위직인 집정관에 선출됨으로써 성공의 정점에 도달했다.

키케로는 평생 동안 수사적 기술을 활용하여 로마 상류계급 내 서로 싸우는 집단들을 화해시키려 했다. 특히 공화국 말엽에 정치권력을 두고서 난폭한 투쟁이 벌어졌을 때 심혈을 기울여 거중 조정을 하려 했다. 그는 정치 지도자들이 언어적 무기를 가장 두려워하던 때에 연설가로서 지속적인 명성을 얻었다. 후대의 연설가들은 잘 조직된 논증의 기술, 표현의 명료성, 강력한 이미지 등을 배우기 위해 키케로의 연설을 정밀하게 연구했다. 그는 다수의 연설문을 사후에 출판하기 위해 다시 다듬었다. 키케로는 또한 영향력 높은 수사학 관련 논문들도 썼는데, 자신의 수사적 원칙과 신념을 밝히면서 좋은 연설가가 되기 위해서는 도덕적 탁월함의 원칙에 따라 사는 것이 필수라는 주장을 폈다. 키케로가 동생 퀸투스에게 보낸 편지의 한 구절은 로마인들에게 수사적 기술이 얼마나 중요했는지를 잘 보여준다.

대중 연설에서 뛰어나도록 해라. 그것은 로마의 사람들을 통제하고, 그들을 네 편으로 만들고, 그들이 너에게 해를 입히지 않게 하는 도구다. 너의 경쟁자들이 소송에서 너를 만나는 것을 가장 두려워하게 될 때, 비로소 너는 너 자신의 위력을 깨닫게 될 것이다.

- 키케로, 《선거 기술 안내 책자》 14

국가와 가정의 종교

—

로마의 종교는 일상생활의 모든 측면에 영향을 미쳤다. 로마인들은 다양한 수준의 초자연적 존재들을 예배했다. 그 존재들은 그리스의 올림포스 산에 궁전을 가지고 있다고 믿어진 위대한 신들에서 시작하여, 모든 자연 환경과 현상에 깃들어 있다고 생각된 정령들, 그리고 폭풍우와 나무와 암석에 이르기까지 다양했다. 로마인들이 예배한 가장 큰 신은 유피테르였는데, 그는 강력하면서도 엄격하고 그러면서 별로 사랑을 베풀지는 않는, 신들의 아버지 겸 왕이었다. 유노는 유피테르의 여동생 겸 아내로서 신들의 왕비이고, 유피테르의 딸인 미네르바는 지혜를 수호하는 처녀 여신이었다(그리스 신화에 따르면 이 여신은 아버지의 머리에서 직접 태어났다). 이 세 신이 국가 차원의 공식 컬트(예배)public cult의 핵심 대상이었다. 공식 컬트는 국가가 주관하고 비용을 부담하는 희생犧牲, 기도, 의례와 같은 전통적 예식을 말한다. 이 세 신은 로마의 가장 유명한 신전인 카피톨리움Capitolium에 모셔져 있었고, 그 신전은 도시의 중심인 카피톨리움 언덕의 꼭대기에 있었다. 우뚝 솟아올라서 로마의 포룸을 내려다보는 이 암석 많은 언덕은 원래 초창기 로마의 요새 겸 피난처였다. 신들은 공동체의 수호와 밀접한 관계가 있었기에 카피톨리움 언덕은 시간이 흐르면서 로마의 신성한 중심부가 되었다. 이미 기원전 6세기에 세로 50미터, 가로 60미터의 엄청난 평대平臺에 거대한 신전이 축조되었다. 이 신전은 높이가 20미터 정도 되는 돌기둥 스물네 개로 장식되었다. 신전에는 내실이 세 개 있었는데, 가운데 방에 가장 훌륭하고 위대한 유피테르의 신상을 모셨고, 그 왼쪽에 유노 상, 오른쪽에는 미네르바 상을 모셨다. 신전을 이렇게 세 부분으로 나눈 것은 에트루리아인의 건축 양식에 바탕을 둔 것이다. 도시의 수호신인 이 세 신에게는 동물의 희생을 주기적으로 바쳤다. 이들이 로마의 안전과 번영을 보장한다고 믿었기 때문이다. 로마인들은 가장 훌륭하고 가장 위대한 유피테르를 예배하기 위해, 팔라티움 언덕과 아벤티눔 언덕 사이에 있었던 막시무스 원형 경기장에서 군사 훈련과 전차 경주의 축제를 벌였다. 제국 시대에 이르러 이 전차 경주장은 콘크리트와 돌로 만든 좌석에 25만 명의 관중을 수용했다. 로마인들은 이 경기장에서 전차 경주, 검투사 대결, 공개 처형, 로마의 주변 세계에서 수입한 야생 동물의 모의 사냥을 관람했다.

기원전 6세기에 아직 자그마한 규모였던 로마로서는 카피톨리움 언덕에 대형 신전을 짓는 일은 재정적으로 엄청난 부담이었다. 하지만 로마인들은 그 정도 비용은 충분히 값어치가 있다고 여겼다. 신들의 호의를 얻는 것이 주변의 적대적인 이웃 민족들로부터 국가를 지키는 데 꼭 필요한 일이라고 믿었기 때문이다. 동시에 로마인들은 하늘은 스스로 돕는 자를 돕는다고 믿으면서, 신들이 로마인들에게 그들 자신의 안전을 책임지게 한다고 믿었다. 그리하여 카피톨리움 신전을 건축하는 데 더하여 기원전 6세기에는 도시를 빙 둘러싸는 거대한 방어벽을 세웠다.

이러한 컬트들과 공식 종교에서 믿는 많은 주요 신들은 인간의 도덕과는 별로 관계가 없다고 여겨졌다. 왜냐하면 로마인들은 신들이 인간 사회의 도덕률을 만들어낸 장본인이라고 보지 않았기 때문이다. 이는 히브리인들의 종교적 신념과는 대치되는 것이다. 히브리인들은 신이 십계명과 기타 계율을 내려주었고 인간은 그것들을 반드시 지켜야 한다고 생각했다. 로마인의 종교는 다르게 생각했다. 신들은 인간이 신들을 대하는 태도에는 관심을 기울이지만, 인간이 인간을 대하는 방식에는 무심하다고 보았다. 로마인들은 신들이 약속의 맹세를 지키지 않은 사람을 벌준다고 믿었으나, 맹세의 위반 때문이 아니라 맹세할 때 신을 증인으로 세웠으면서 그 맹세를 무시했기 때문에 징벌한다고 생각했다. 키케로는 유피테르의 공식 직함을 설명하면서 로마 공식 종교의 의미를 다음과 같이 요약했다. "유피테르는 가장 훌륭하고(Optimus) 가장 위대하다(Maximus)고 불리는데, 그가 우리를 정의롭고 절제력 있고 또 현명한 사람으로 만들어서가 아니라, 우리를 안전하고 부유하고 또 물질적으로 풍족하게 해주기 때문에 그런 명칭이 붙은 것이다"(《신들의 본성》 3.87). 로마인들은 그 후로도 수백 년 동안 신들의 성격을 그렇게 이해했다.

로마인들은 가장 소중한 가치들, 가령 신의를 특별한 신적 존재 혹은 힘으로 간주했다. 로마의 종교에서 이러한 측면은 너무나 중요했기에, 신들과 도덕적 의무와 관련하여 핵심적 가치인 신의를 의인화한 피에타스(경건) 기념 신전을 기원전 181년에 로마에 건설했다. 이 신전은 여신의 형태로 묘사된 피에타스 조각상을 모셨다. 추상적인 도덕 개념을 이런 식으로 구체화했다는 것은 로마인들의 컬트가 의례를 중시했음을 보여준다. 또 전통적인 사회적 가치를 이처럼 신격화한 것은 그런 가치가 로마인의 생활양식에서 하나의 이상이었다는 사실을 확실히 보여주는 것으로, 로마인들은 개인이나 가문의 사회적 위상에 걸맞은 방식으로 그 이상을 추구해야 했다.

사제단과 축제

로마인에게 중요한 여러 신들의 공식 예배를 집전하는 사제단은 공화국 상류층의 남녀들로 구성되었다. 사제와 여사제로서 봉사하는 사람들은 오로지 종교적 업무에만 전념하는 인력이 아니었다. 그들은 성공적인 로마 공직 생활의 한 측면인 종교적 의무를 수행했을 뿐이다. 국가의 종교 의례를 집전하는 사람들의 주된 의무는 국가에 대한 신들의 호의를 확보하여 일반 대중에게 봉사하는 것이었다. 로마인들은 이 호의를 아주 중시하여 '신들의 평화pax deorum'라고 불렀다. 사제와 여사제는 호의를 확보하기 위하여 유구한 조상들의 전통에 엄격하게 입각하여 축제, 희생, 기타 의례를 빈번하게 거행해야 했다. 공식적인 기도를 위해 제정된 조상 전래의 기도문을 단 한마디라도 잘못 발음하거나 착오가 있으면 그 기도의 암송을 처음부터 다시 해야 했다. 로마에는 수백 개의 예배당과 신전이 있었으므로, 이런 성스러운 집무에는 많은 시간과 정력과 비용이 필요했다.

특히 중요한 국가 컬트는 벽난로의 여신 겸 가정의 수호신인 베스타Vesta 컬트였다. 베스타의 예배당에는 로마의 공식 횃불인 '영원한 불'이 모셔져 있었다. '베스타의 처녀들Vestales'이라고 불리는 여사제들이 이 컬트를 집전했다. 그들은 여섯 명의 미혼 여자들이었는데 여신을 모시는 30년 동안 결코 성관계를 맺지 않겠다고 맹세했다. 그들의 가장 중요한 책무는 '영원의 불'이 꺼지지 않게 하는 것이었다. 이와 관련하여 역사가 할리카르나소스의 디오니시오스는 이렇게 보고했다. "로마인들은 그 무엇보다도 그 불이 꺼지는 것을 두려워했는데, 그것이 도시의 멸망을 예언하는 징조라고 보았기 때문이다"(《고대 로마사》 2.67). 만약 '베스타의 처녀'가 사소한 잘못이라도 저지르면 그녀는 공식적으로 매질을 당했다. 만약 불이 우연히 꺼져버리면 로마인들은 '베스타의 처녀들' 중 누군가가 처녀로 남겠다는 맹세를 위반한 증거라고 추측했다. 만약 그녀가 맹세를 깨트린 것으로 유죄 확정이 되면, 그녀는 마치 살아 있는 시체인 양 칠성판으로 수송되어 지하방에 가두어지며 이어 그 방을 벽으로 막아 죽게 했다. 이런 식으로 해서 여성의 성적 순결은 로마 가정의 안전과 보호의 상징으로, 나아가 국가 보존의 상징으로 공인되었다.

로마의 정부와 국가 종교는 서로 밀접하게 연결되어 있었다. 사전에 종교적 의례 절차를 거치지 않고서는 그 어떤 공식 행사도 집행될 수 없었다. 원로원 모임에서 토의되는 의제는 언제나 국가와 관련된 종교적 업무를 최우선 순위로 다루었다. 군사령관들은 공격의 최적 시점을 결정하려 할 때 신들의 호의를 알아내는 복점 의식을 수행했다. 공화국 역사 내내 15인으로 구성되었던 최고위급 사제단은 각급 행정관들에게 로마 국가의 대리인으로서 그들이 수행해야 할 종교적 책임 사항들을 의무적으로 조언했다. 이 사제단의 우두머리인 대제사장[pontifex maximus]은 로마의 공식 종교에서 최고위 관리였고, 정부에 영향을 미치는 종교적 업무의 최종 권위자였다. 대제사장은 정치적으로도 중요한 자리였기에 저명한 로마 가문의 자제들은 모두 이 자리를 노렸다. 기원전 3세기에 이르러 대제사장은 선거로 뽑았다.

로마의 초창기에는 미래가 늘 불확실했기 때문에 로마의 많은 종교 축제들이 그 불확실한 미래를 우려하는 농촌 공동체의 관심사에 집중되었다. 로마의 종교는 전통적으로 공동체 생존의 바탕이 되는 농업의 보호를 추구했다. 따라서 로마의 기도는 풍년을 거두고, 질병을 물리치고, 가축과 사람들의 건강한 번식을 얻게 해달라며 신들의 호의를 청했다. 신들이 도움을 주고 어려운 때에 보호해주는 것이 로마 종교에서 얼마나 중요한 주제인가 하는 점은, 로마에서 남동쪽으로 32킬로미터 떨어진 마을인 프라이네스테^Praeneste (오늘날의 팔레스트리나^Palestrina)의 포르투나 프리미게니아 ^Fortuna Primigenia ('최초로 태어난 행운')에 지어진 거대한 다층 성소聖所에서 잘 드러난다. 이 테라스형 유적지는 기원전 2세기에 짓기 시작하여 그 후 여러 세기에 걸쳐 재건축되고 확장되었는데, 언덕 쪽을 향하여 5층 높이로 지어졌기에 고대 이탈리아 전역에서 가장 규모가 큰 종교적 건물이 되었다.

고대 로마의 종교 의례는 시간이 흘러도 변하지 않았다. 신들에게 바친 전통적인 영광에 새로운 무언가를 추가하면 신들을 불쾌하게 만들어, 그들의 보호 대상인 인간 공동체를 향해 분노를 일으킬 수도 있었기 때문이다. 따라서 공화국 후기의 종교는 루페르칼리아^Lupercalia 축제를 비롯한 오래된 많은 의례를 그대로 간직했다. 루페르칼리아 축제가 열리는 동안에는 벌거벗은 젊은 남자들이 도시의 중심부인 팔라티움 언덕을 마구 돌아다니면서 마주치는 그 어떤 여자든 염소 가죽 채찍으로 때릴 수 있었다. 임신을 하지 못해 애태우는 여자들은 이때 매를 맞으면 수태 가능성이 높아진다고 생각하여 일부러 밖으로 달려 나가 매를 맞았다. 12월의 동지 (후대의 기독교인들이 크리스마스로 지정하게 되는 날)에 열리는 사투르날리아 ^Saturnalia 축제에서는 오래된 전통에 따라 사회 질서가 의도적으로 잠시 전복되었다. 극작가 겸 학자인 아키우스(기원전 170~80년)는 사투르날리아를 이렇게 묘사했다. "사람들은 전국의 도시와 마을에서 즐겁게 축제를 거행했고, 노예 소유주들은 그들의 노예에게 시종으로서 봉사했다"(《연대기》2~7, 마크로비우스의 《사투르날리아》1.7.36에 수록). 노예 소유주가 노예들에게 봉사하는 이런 사회 질서의 전도는 역설적이게도 평상시 노예와 주인 사이의 불공평이 야기하는 긴장을 해소시켜, 주인에 대한 노예의 의무적 유대 관계를 강화시켰다. 다시 말해, 노예 소유주는 이런 축제를 통해 자상함을 보여줌으로써 노예들이 나중에 더 신실한 봉사로 되갚을 것을 기약했다.

다신론자인 로마인들은 예배해야 마땅한데 아직 받아들이지 못한 신들이 있을 거라고 생각했다. 국가에 비상사태가 엄습하면, 국가는 로마에서 전통적인 컬트가 확립되어 있지 않은 외국 신들의 신성한 보호를 요청하기도 했다. 가령 로마 정부는 로마를 전염병으로부터 구제하겠다는 희망으로 기원전 293년에 그리스로부터 치료의 신 아스클레피오스를 수입했다. 개인들도 스스로 종교적 심성을 만족시키고자 디오니소스 같은 그리스 신(로마명은 바쿠스) 예배 등 해외의 컬트를 수입했다. 그러나 바쿠스 컬트는 논쟁을 불러일으켰다. 바쿠스 예배자들이 밤에 거행하는 모임은 혹시 수치스러운 성적 행동이 벌어지는 게 아닌가 하는 의심을 타인들에게 불러일으켰고, 더욱 심각하게는 정치적 음모를 꾸미는 것이 아닌가 하는 의혹을 야기했다. 외국의 종교적 컬트도 국가의 안정을 위협하는 외양을 보이지 않는다면 국내 수입이 인정되었다. 정부는 이러한 컬트들의 종교적 교리에는 관심이 없었고 그 예배자들이 여전히 국가에 충성심을 바치고 있는지만 단속했다.

가정 내의 종교

베스타 컬트는 로마 종교가 국가뿐만 아니라 가정과도 관련을 맺은 여러 가지 방식 가운데 하나일 뿐이다. 모든 로마 가정은 종교를 위한 신성한 공간을 가지고 있었다. 주택의 출입문에는 두 얼굴의 신 야누스의 조각상이 설치되어 있었는데, 한쪽 얼굴은 거리를 바라보고 다른 쪽 얼굴

도판 2-3 | 이 그림은 폼페이의 한 가정에 있는, 신들을 예배하는 개인 사당 위에 그려져 있었던 것이다. 재산이 있는 로마인들은 집 안에 이런 사당을 설치하여, 자신들의 가정을 보호해준다고 여기는 신들에게 적절한 경의를 표시했다. AlMare / Wikimedia Commons.

은 집 내부를 바라보았다. 모든 가정은 부엌신(페나테스Penates)과 조상신(라레스Lares)을 모시는 캐비닛 형태의 예배당을 설치해두었다. 여닫는 서랍이 달린 이 캐비닛에는 가정의 신들을 기리는 자그마한 신상들이 모셔졌다. 로마인들은 이런 신들이 가정을 잘 지켜주고 조상 대대로 내려오는 가정의 도덕적 순결을 수호해준다고 믿었다. 그들은 또 유명한 조상의 데스 마스크死顔를 거실 벽에다 걸어두었다. 이 마스크들은 현재의 세대가 과거의 유명한 조상들이 실천해 보인 미덕과 이상에 부응하면서 살아가야 한다는 교훈을 일깨운다. 부모들(특히 어머니들)의 실천과 교훈이 심어주는 가문의 강력한 전통은 로마인에게 도덕심을 함양하는 원천이었다. 개인의 비행을 신들이 징벌하지 않을까 하는 두려움이 아니라, 가문의 전통을 위반하여 가문의 체통과 지위를 잃어버릴지 모른다는 두려움이 부도덕한 행위를 막아주는 강력한 억제 수단이었던 셈이다.

로마인들은 출산, 결혼, 죽음과 같은 개인 생활의 중요한 순간에 많은 신성한 혼령이 참여한다고 믿었다. 노예를 포함하여 가정의 모든 구성원은 가정에서 거행되는 종교 의례에 일정한 방식으로 참여했다. 로마의 개인 가정에서는 종교 행사가 아주 빈번히 거행되어서 그 행사에 뒤이어 어린아이에게 모유 수유하기, 곡식을 기름지게 하기 위해 비료 뿌리기 같은 다양한 특별 의례가 뒤따랐다. 로마인들은 자연의 힘 속에 드러난 신성의 엄청난 위력에 존경을 표시하기 위해, 또 위험과 불확실성으로 가득한 세계로부터 보호받기 위해, 이런 의례를 수시로 거행했다.

로마인의 관점에서 볼 때, 그들의 종교적 믿음과 실천은 인간 조건의 불확실성에 대한 생각을 고스란히 반영하는 것이다. 그들은 인간과 신들 사이의 엄청나게 불균형한 관계를 뚜렷이 의식했다. 그 관계에서 신들은 인간으로서는 도저히 이해할 수 없는 압도적인 힘을 행사했다. 더욱이 신들은 그 엄청난 힘을 가지고 인간을 해칠 수도 있는가 하면 도와줄 수도 있었다. 이처럼 신들은 인간의 일상사뿐만 아니라 국제 정치에서 개인의 질병에 이르는 모든 분야에서 적극적으로 개입할 수 있었다. 그리하여 인간과 신의 관계는 문제적인 것이 될 수밖에 없었다. 왜냐하면 로마인들은 신들이 언제나 인간을 사랑한다고 보지 않았기 때문이다. 만약 신들이 화가 난다면 그들은 그 이유를 설명할 필요도 없이 하찮은 인간을 얼마든지 징벌할 수 있었다. 아주 예외적인 경우를 제외하고, 신들이 인간들과 직접적으로 또 명시적으로 소통하지 않는다는 점도 사태를 더 어렵게 만들었다. 그래서 신들의 뜻을 헤아리고 그에 따르는 것은 인간이 수행해야 하는 까다롭고, 때로는 불가능한 책무였다. 따라서 무작위의 죄악은 의도적 죄악 못지않게 무거운 잘못으로 여겨졌다. 신들의 뜻을 헤아려 그에 따르기 위해 모든 일을 다 해야 한다는 의무는, 국가 차원에서만이 아니라 가정 내에서도 종교 행위를 더욱 촉진시키는 힘이 되었다.

3
로마의 건국에서 공화정까지

로마인들은 그들의 공동체가 기원전 8세기에 왕들의 통치 아래에서 처음으로 형성되었다고 믿었다. 이와 관련된 사료들은 아름답게 채색된 이야기들로 가득한데 그 정확성은 논의의 대상이고 또 평가하기가 어렵다. 오늘날 대부분의 역사가들은 다음과 같이 결론 내린다. 로마 역사가 형성되던 이 초창기에 벌어진 사건들에 대해서는 우리가 확실하게 알 수 있는 것은 거의 없다. 그러나 왕정 관련 전설들은 후대의 로마인들이 그들의 기원에 대하여 가졌던 중요한 생각들을 잘 보여준다. 이러한 생각들은 또한 로마인들이 공화정 제도 아래에서 어떻게 사회와 정치를 구축했는지 그 방법을 설명해준다. 공화정은 기원전 6세기 말에 왕정이 전복된 후에 들어선 정체이다.

로마인들은 그때 이후 자신들의 정부를 공화정이라고 말하기를 좋아하므로(심지어 제국 시대에 들어와 왕정이 회복된 이후에도 그렇게 말했다), 공화정의 구성 요소들과, 로마인의 생활양식을 특징짓는 가치들과의 상호 관

연대표(모든 연대는 기원전)

9세기/8세기	빌라노바인, 그리스인, 에트루리아인이 이탈리아에서 번성함.
753	로물루스가 로마를 창건하고 첫 번째 왕이 됨.
716	로물루스가 신비한 상황에서 사망함.
715~673	누마 폼필리우스가 왕위에 있으면서 공식적인 종교 의례와 사제단을 확립함.
578~535	세르비우스 툴리우스가 왕위에 있으면서 시민들을 정치적·군사적 집단으로 조직하고 해방된 노예들에게 시민권을 부여하는 절차를 확립함.
6세기 중반	로마가 영토를 확장하여 중부 이탈리아에서 약 480제곱킬로미터의 땅을 다스리게 되었고 도시의 중심에 포룸(광장)을 세움.
509	루크레티아의 강간과 자살에 뒤이어, 브루투스를 비롯한 엘리트 구성원들이 왕정을 폐지하고 공화정을 수립.
479	파비우스 가문이 로마를 위하여 가족 구성원들만으로 군대를 조직하여 에트루리아의 베이를 상대로 전투를 벌임.
458	킨킨나투스가 군사적 위기를 맞이하여 독재관으로 취임하여 로마를 구하고 그 직후 다시 야인 생활로 돌아감.
5세기/4세기	귀족과 평민 사이의 계급 갈등이 정치적·경제적 혼란을 일으킴.
451~449	로마의 최초 성문법인 십이표법이 귀족 계급과 평민 계급 사이의 타협으로 제정됨.
337	평민들이 두 계급 모두에게 모든 정치적 관직을 개방하도록 허용하는 법률의 통과를 강요함.
287	귀족들이 트리부스 민회에서 통과된 법률안을 공식 법률로 제정하는 데 동의함으로써 계급 갈등이 종식됨.

계를 이해하는 것이 아주 중요하다. 그 중요한 구성 요소는 무엇보다도 선출된 관리들과 투표권을 가진 여러 민회들이었는데, 역사가들은 종종 그것을 '로마의 국제國制, Roman constitution'라고 부른다. 물론 고대 로마는 정치 구조와 정부 권한을 규정한 오늘날의 미국 헌법Constitution 같은 성문법은 갖고 있지 않았다. '로마의 국제' 아래에서 권력과 책임은 정부 기관들 사이에서 중복되거나, 그들 사이에서 아주 복잡한 방식으로 분할되어 있었다.

　로마인의 정치 공동체 전반을 가리키는 로마인들의 전문 용어는 '로마 인민populus Romanus'이었으나, 실제에서 그 정체는 이 용어가 의미하는 민주주의가 아니었다. 상류계급이 언제나 로마의 정부를 지배했다. 따라서 공화국의 관리와 민회를 묘사하기에 앞서, 로마 사회가 법률적으로 규정된 계급인 귀족과 평민 두 부류로 나뉘어 있었다는 사실을 지적해야겠다. 선출된 정부 관리로서 로마인들이 올라가기를 열망했던 '관직의 사다리'인 집정관과 원로원, 그리고 로마의 복잡한 투표권을 가진 여러 민회의 성격을 잘 이해하기 위해서는 사회적 지위를 이처럼 공식적으로 구조화한 배경을 잘 알아두어야 한다.

도시와 왕정의 기반
—

우리가 앞에서 살펴본 바와 같이, 현대의 고고학은 빌라노바인, 그리스인, 에트루리아인이 고대 로마인들에게 영향을 미쳤다는 것을 보여준다. 로마는 좀 더 큰 지중해 세계에서 그들 나름의 정체성을 개발해가는 과정에서 이들에게서 많은 문물을 배웠다. 고대 로마의 전설들은 초창기 로마인들을 다른 민족, 특히 트로이인들과 연결시킨다. 동시에 전설은, 로마의 기원으로 기억되는 중부 이탈리아의 자그마한 정착촌이 별도의 독립된 마을이었다는 점도 강조한다. 리비우스의《로마 시 창건 이래의 로마 역사》(1.5~7)가 생생하게 설명했듯이, 로물루스와 그의 동생 레무스는 기원전 753년에 이 도시를 창건했다. 이 전설은 로물루스가 로마의 위치 및 권력의 공유와 관련하여 동생 레무스와 치열한 논쟁을 벌인 끝에 동생을 살해했다는 음울한 보고도 포함하고 있다(디오니시오스,《고대 로마사》1.85~87 참조). 이 이야기는 왕정을 추구하면 결국 권력의 경쟁자들 사이에서 살인이 발생한다는 교훈을 로마인들에게 남겼다. 따라서 로마인들이 도시의 창건과 관련하여 기억하고 있는 이야기는 가장 좋은 정치 제도에 관한 논쟁이 얼마나 위험한 일인지를 상기시켰다.

같은 전설에 따르면, 로물루스는 37년간 통치한 후, 기원전 716년에 맹렬한 폭풍우의 엄청난 회오리바람에 휩싸여 영원히 사라졌다고 한다. 이처럼 왕이 신비하게 사라진 현상은 대다수 초창기 로마인들을 화나게 만들었다. 왜냐하면 그들은 로물루스의 상류계급 측근들이 일반 대중에게 사랑받던 지도자를 암살하고서 그의 시신을 감추었다고 의심했기 때문이다. 대중의 폭동을 막기 위해 한 저명한 시민은 성난 군중에게 큰 소리로 이렇게 설명했다.

우리 도시의 아버지인 로물루스는 오늘 새벽에 하늘에서 내려와 내
앞에 나타나셨소. 나는 두려움과 경배의 심정으로 그의 앞에 서서,
그의 얼굴을 바라보는 것이 합당한지 기도를 올렸소. 그러자 로물루

스가 내게 말했소. "가서 로마 사람들에게 말하시오. 신들의 뜻에 의해 나의 로마는 세계의 수도가 될 것이라고. 로마인들에게 병사가 되는 법을 배우라고 말하시오. 그들과 그들의 자손들에게 그 어떤 힘도 로마의 무기 앞에서는 상대가 되지 않을 것이라고." 그는 내게 이 말을 하고서 하늘로 다시 돌아가셨소.

— 리비우스, 《로마 시 창건 이래의 로마 역사》 1.16

그 연설은 군중을 진정시켰다. 그들은 이제 도시의 창건자가 불멸의 존재가 되었고 또 그들의 도시가 신들로부터 총애받는 도시라는 것을 알았기 때문이다. 이 이야기는 이처럼 절묘한 화해로 끝나지만, 소수의 엘리트 로마인들과 다수의 로마 평민들 사이의 갈등이 아주 초창기부터 역사를 이루는 한 부분이었음을 보여준다.

이 이야기는 후대의 로마인들이 역사적 교훈을 바라보는 방식에 대하여 잘 말해준다. 로마인들은 여러 세대에 걸쳐서 다음과 같은 전통을 연면하게 이어왔다. 만약 로마인들이 용감하고 상류계급의 지도를 잘 따르면 신들은 로마를 총애할 것이고 로마의 군사력이 세계를 통치하도록 해줄 것이다. 이 이야기는 또 일반 대중이 상류계급에 대하여 갖고 있는 불신을 잘 드러낸다. 일반 대중은 왕의 통치에 만족했으나, 상류계급은 상당한 엘리트 세력이었는데도 왕이 자신들을 상대로 휘두르는 권력에 불만을 느껴 왕정을 증오했다는 사실도 보여준다. 따라서 로물루스의 전설은 로마 사회와 관련하여 지속된 진실을 보여준다. 즉, 로마가 정복을 통해 다른 나라를 다스릴 특별한 운명을 타고났다는 데에는 귀족이든 평민이든 동의한다. 그러나 이 두 계급은 어떤 형태의 정부가 가장 좋은지에 대해서는 아주 다른 태도를 갖고 있었다. 그리하여 인민의 삶에 영향을 미치는 공적 권력을 조직하는 방식에 대하여 근본적이면서도 지속적인 의견 불일치가 있었다.

창건 당시 로마는 도시의 존속을 위태롭게 하는 커다란 도전에 직면했다. 우선 도시의 인구가 다른 강성한 이웃들과 비교해볼 때 적었고 가난했다. 로마가 위치한 이 지역은 라티움Latium이라고 불렸는데 이 지역의 다른 주민들은 대다수 로마인들과 마찬가지로 가난한 부락민이었다. 그러나 일부 이웃 정착촌들은 인구가 훨씬 조밀하고 번창했다. 라티움 지역에 사는 민족들은 대체로 같은 언어를 사용했는데 이 언어는 라틴어의 초기 형태였다. 그러나 언어적 친족 관계가 있다고 해서 이웃 공동체들이 그들 자신을 민족적으로 통합된 부족이라고 생각한 것은 아니었다. 마찬가지로, 그 지역에 살면서 라틴어를 사용하지 않는 민족들이 로마인들의 존재를 존중해주어야 할 이유는 없었다. 이 세계에서 모든 공동체는 이웃 민족들의 공격에 대비하여 자체 방어망을 갖추어야 했다.

초대 왕 로물루스를 시작으로 로마 창건 이후 250년 동안 일곱 명의 왕이 차례로 통치를 했다. 왕정 시대의 로마는 두 갈래 전략을 채택하여 인구 증가를 노림으로써 스스로를 더 잘 보호할 수 있는 대규모 정착촌으로 서서히 발전해갔다. 두 갈래 전략 중 하나는 이웃 민족들을 로마 인구로 편입시키는 것이었고, 다른 하나는 이웃 민족들과 군사적으로 협력하는 동맹을 맺는 것이었다. 이 전략은 로마의 장기적 확장을 뒷받침하는 근본 바탕이 되었는데, 말하자면 이웃 사람들을 로마인으로 만들고 그 다음에는 그 사람들과 공동 방어망을 펴는 것이었다. 작고 허약한 정착촌으로 시작한 초창기 로마 같은 공동체는 외부인을 구성원으로 끌어들여 더 강성해지고 번창하는 것이 생존에 필수적인 요건이었다. 그것은 고대 세계의 놀라운 혁신이기도 했다. 그리스인이나 다른 동시대의 사회들은 이처럼 외국인을 포섭하는 정책을 쓰지 않았다. 사실 그리스 도시국가에서는 그 지방 출신이 아니면 결코 시민이 될 수가 없었다. 그리스인들은, 공동체에 도움을 주었으나 정규 시민이 되려는 필요나 의지가 없는 부유한 외국인들에게 명예를 수여하기 위해 새로운 시민권을 활용했다.

외부인을 받아들여 시민 수를 증가시켜 국가를 부강하게 만든다는 로마의 독특하고 창의적인 정책은, 로마가 장기적으로 세계에서 가장 강성한 국가가 되도록 도와준 비결이었다. 이 정책은 너무나도 근본적인 것이어서 로마인들은 심지어 노예에게도 사회적 상향 유동성의 기회를 부여했다. 로마인들은 다른 고대의 노예 사회와 마찬가지로 노예 소유주들이었다. 그들은 노예를 주인의 사유물로 보았지, 자연권을 가진 인간이라고 보지 않았다. 따라서 속량隨良 조치에 의해 자유민이 된 노예가 그 직후 로마 시민이 된 일은 로마 사회가 지닌 비상한 특징이었다. 사람들은 전쟁 포로가 되거나, 침략자들에게 납치되어 국제 노예시장에서 강제로 판매되거나, 노예 어머니에게서 태어남으로써 노예가 되었다. 노예들은 주인이 근면을 장려하기 위해 저축을 허용해준 돈으로 자유를 사거나, 아니면 소유주의 유언을 통해 선물로 속량을 받을 수 있었다. 해방된 자유 노예들은 피보호자로서 전 주인에게 법적 의무가 있었다. 그러나 이런 자유민 남녀들(이들의 공식 명칭)은 이런 의무를 제외하면 법적 결혼을 비롯해 모든 시민권을 누릴 수 있었다. 그들은 공직에 선출되거나 군대에서 복무하지는 못했지만 그들의 자녀는 전적으로 권리를 누리는 로마의 시민이 되었다. 다른 지중해 국가들에서는, 해방된 전 노예와 그 자식들은 영주권을 지닌 법적 외국인의 지위를 누렸을 뿐, 시민의 지위나 그에 따르는 보호와 특권은 전혀 누리지 못했다. 그런 점에서 로마의 정책은 확연히 달랐고 이것은 국가에 큰 이익을 가져왔다.

로마의 문화에서 정당화가 필요한 측면이 있을 때면 늘 그렇듯이, 외부인을 편입시킨 이 놀라운 정책의 고대 근원을 설명해주는 전설이 등장한다. 리비우스(《로마 시 창건 이래의 로마 역사》 1.9~13)와 디오니시오스(《고대 로마사》 1.30~32, 38~46)는 위협적인 세계에서 공동체를 존속시키고 강성해지기 위해 외부인들이 필요한 이유를 로마인들에게 설명해주는 스토리를 전한다. 전설에 따르면, 로마 창건 이후 로물루스는, 아이를 낳아 인구수를 늘리고 그리하여 공동체를 강화해줄 여자들이 없으면 도시는 성장할 수도 현 상태를 유지할 수도 없다는 사실을 깨달았다. 그래서 그는 로마의 이웃들에게 사절을 보내 로마 남자들의 가난함과는 무관하게 이웃 공동체들의 여자들과 결혼할 권리를 요청했다(고대 세계에서 이러한 종류의 통혼은 통상적으로 번창한 가문들 사이에서만 가능했다). 그는 사절들에게 다음과 같은 메시지를 꼭 전하라고 강조했다. 비록 로마 공동체가 지금은 작고 가난하지만 신들은 로마에 찬란한 미래를 약속했다. 그러니 현재 번창하는 이웃들은 이 가난한 이웃을 깔볼 것이 아니라 로마의 놀라운 운명을 이해하고 상호 혜택이 돌아가는 동맹을 맺어야 할 것이다.

그러나 모든 이웃 공동체가 로물루스의 결혼 동맹을 거부했다. 해결안을 찾지 못해 절망한 로마의 초대 왕은 공동체의 미래에 꼭 필요한 여자들을 납치해야겠다는 아주 위험한 계획을 세웠다. 그는 이웃 사비니인들을 로마의 종교 축제에 초대했다. 그리고 미리 정해놓은 시간에 로마 남자들은 사비니 처녀들을 강제로 납치했다. 이런 공격에 전혀 대비하지 못한 사비니 남자들은 하는 수 없이 본거지로 철수했다. 로마 남자들은 곧바로 납치한 여자들과 결혼하여 그들을 로마 시민으로 만들었다. 그 후 사비니인들이 로마로 대규모 공격을 감행했고 그 유혈적인 전투에서 많은 로마 남자와 사비니 남자가 다치거나 죽었다. 그러자 사비니 신부들이 싸움하는 두 집단 사이에 갑자기 끼어들어 그들에게 충격을 줌으로써 싸움을 중단시켰다. 여자들은 로마인 신랑과 사비니인 부모와 오빠들에게 서로 학살을 멈추고 평화 조약을 맺으라고 호소했다. 그렇게 하지 않을 거면 로마인들의 아내이자 사비니인들의 딸이며 여동생인 납치된 여자들을 현장에서 모두 죽여달라고 했다. 여자들의 호소에 부끄러움을 느낀 남자들은 평화 조약을 맺었고 두 민족은 합병하여 더 큰 로마 국가를 만들었다. 이 전설에서 여자들이 한 역할은 외부인의 이민과 동화가 로마 권력의 바탕이었음을 잘 보여준다. 또한 공동체의 존속을 위해 기꺼이 자신들을 희생하려 했던 로마 어머니들의 전통적인 여성상을 강조한다.

우리는 이 극적인 스토리가 어디까지 진실인지 확실히 알기는 어렵다. 그러나 초창기 로마의 역사가 전쟁과 협상을 통해 외부인들을 편입시키고 확장해온 역사였다는 기본적인 진실을 잘 보여준다. 로마는 일곱 군데 언덕 주위에 자리 잡은 이엉 가옥들 몇 채를 기반으로 시작한 정착촌이었으나 그로부터 점점 커져서, 그 후 200년 동안 라티움 지역에서 약 480제곱킬로미터에 이르는 땅을 차지했다. 이로써 3만 혹은 4만 명의 주민을 먹일 수 있는 농지가 확보되었다. 어쩌면 로마인들은 에트루리아인 전문 토목 기사의 설계 도움을 받아 기원전 6세기 중반에 팔라티움 언덕과 카피톨리움 언덕 기슭의 예전 습지를 준설하여, 이 지역을 성장

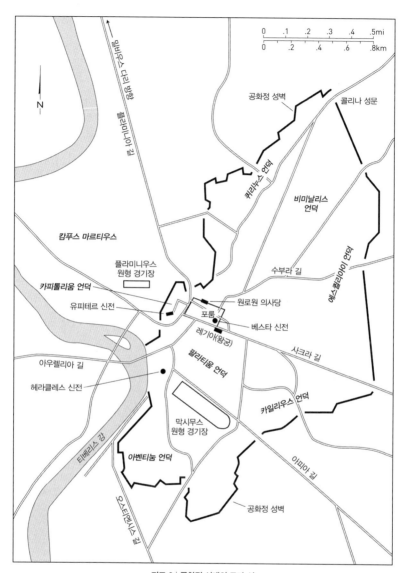

N

0 .1 .2 .3 .4 .5mi
0 .2 .4 .6 .8km

플라미니우스 다리 방향

공화정 성벽

콜리나 성문

퀴리누스 언덕

비미날리스 언덕

플라미니우스 길

캄푸스 마르티우스

에스퀼리아이 언덕

플라미니우스 원형 경기장

카피톨리움 언덕

유피테르 신전

수부라 길

원로원 의사당

포룸

베스타 신전

레기아(왕궁)

팔라티움 언덕

아우렐리아 길

사크라 길

헤라클레스 신전

카일리우스 언덕

막시무스 원형 경기장

티베리스 강

아벤티눔 언덕

아피아 길

공화정 성벽

오스티엔시스 길

지도 2 | 공화정 시대의 로마 시

하는 도시의 공공 중심지로 삼았을 것이다. 로마 포룸(대광장)이라고 불리는 이 새로 조성된 중앙 공간은 그 후 천 년 동안 로마에서 가장 역사적이고 상징적인 구역으로 남았다. 정치적·법적·사무적 용무, 공적인 장례식과 축제 등을 위한 모임 장소로 포룸을 설치한 시기는, 아테네인들이 번성하는 도시의 실외屋外 공공 중심지로 아고라agora를 창설한 때와 일치한다. 로마와 아테네에서 이처럼 같은 시기에 도심의 공간이 조성된 사실로 미루어 보아 이 시기에 지중해 지역에서 문화적 발전이 공통적으로 이루어졌음을 알 수 있다. 시간이 흐르면서 로마인들은 집회, 연설, 재판, 정부의 행정 기능 등을 위한 만남의 공간을 만들고자 포룸과 그 주위에다 대형 건물을 지었다. 오늘날 포룸은 수 세기에 걸친 로마 역사에서 계승된 잡다한 유적들을 보여준다. 포룸을 걸어가는 방문객들은 문자 그대로 고대인들의 발자취 속으로 들어가게 된다. 포룸에 서서 로마 최고의 웅변가인 키케로의 연설을 낭독하거나, 로마에서 가장 신랄한 혀를 가진 풍자가 유베날리스의 시를 암송하면서 역사적 상상력을 발휘한다면, 이 세상 어디에서도 얻을 수 없는 생생한 분위기 속에서 로마의 영광과 폭력의 유령을 만날 수 있을 것이다.

로마인들은 왕정 시대의 일곱 왕들을 지속적인 전통의 수립자로서 기억하고 평가했다. 예를 들어 그들은 두 번째 왕 누마 폼필리우스(재위 기원전 715~673년)의 경우, 신들에게 로마의 보호를 요청하는 종교 의식의 절차와 사제단을 확립한 왕으로 기억했다. 또 세르비우스 툴리우스(재위 기원전 578~535년)는 로마의 시민들을 정치적·군사적 목적의 집단으로 조직하고 또 자유를 얻은 노예에게 시민권을 부여하는 관습을 확립한 왕으로 기억했다. 그러나 결국 왕정은 도시의 상류계급이 반발하는 바람에 붕괴하고 말았다. 이 부유한 가문들은 그들 자신이 왕과 사회적으로 동등한 존재라고 생각했기에 왕이 더 큰 권력과 지위를 누리는 것을 못마땅하게 여겼다. 그들은 또 평민들이 왕을 지지하는 데 분개했다. 반면에 왕들은 상류계급의 강력한 구성원이 폭력을 써서 왕위를 빼앗지 않을까 두려워했다. 이런 경쟁자들에 맞서서 동맹을 확보하기 위해 왕들은 스스로 무기를 마련할 수 있는 정도의 시민들(그러나 상류계급의 구성원으로 간주될 만큼 돈을 가지고 있지는 못한 사람들)의 지지를 얻어내려고 애썼다. 기원전 509년경에 상류계급의 몇몇 로마인들이 '오만 왕' 타르퀴니우스를 폐위시켰다. 타르퀴니우스는 원래 에트루리아인이었으나 로마로 이주한 후, 전설에 따르면 세르비우스 왕의 딸 툴리아가 사주하여 왕위에 오른 인물이었다. 유부녀인 툴리아는 먼저 타르퀴니우스를 사주하여 자기 남편을 죽이게 했다. 이어 타르퀴니우스와 결혼하여 새 남편을 로마의 왕위에 올리기 위해 친정아버지 세르비우스를 죽이도록 사주했다. 이렇게 하여 왕이 된 오만 왕 타르퀴니우스는, 툴리아와는 다르게 아주 높은 부덕을 지닌 로마 여인 루크레티아 강간 사건 때문에 왕위를 잃고 만다. 타르퀴니우스의 아들 섹스투스가 칼로 위협하여 상류계급 남자의 아내인 루크레티아를 강간한 것이다. 루크레티아의 남편과 친정아버지는 그녀에게 강간당한 것은 악한의 범죄 탓이니 자책하지 말라고 조언했으나, 루크레티아는 강간한 남자의 이름을 말하고 복수해달라고 요청한 후 자결했다. 루크레티아는 이상적인 로마 여인의 전범이 되었다. 그녀는 순결하고 용감했으며 부도덕한 행위를 했다고 의심을 받느니 죽음을 선택한 여인이었다(리비우스, 《로마 시 창건 이래의 로마 역사》 1.57~60).

타르퀴니우스를 왕좌에서 몰아내고 왕정을 폐지한 이들은 스스로를

도판 3-1 | 상류계급의 로마인 남자가 공식 복장인 토가를 입고서 조상들의 흉상을 들고 서 있는 조각상. 표준적 행동 기준에 따르면, 로마인들은 생사불문하고 가정의 '원로들'에게 경의를 표시해야 했다. Wikimedia Commons.

'해방자'라고 부르는 상류계급 남자들의 동맹이었는데, 이 동맹은 루키우스 유니우스 브루투스가 주도했다. 이들은 곧장 로마공화정을 수립하고서, 한 사람이 지배하는 정부는 필연적으로 루크레티아 강간 사건과 같은 권력 남용으로 이어진다는 주장으로 자신들의 혁명을 정당화했다. 단독 통치자는 곧 전제 정치를 의미한다고 그들은 선언했다. 이 책의 시작 부분에서 언급했듯이, '공화국Republic'이라는 용어는 라틴어 용어 '레스 푸블리카res publica'(인민들의 것; 인민들의 일; 공화국)에서 온 것이다. 이 용어는 로마 정부가 전체 공동체에 의해 구성되고 또 전 공동체를 위해 존재한다는 이상을 표명한 것이며, 인민의 동의와 그들의 이해관계를 전제로한다는 것을 표현한다(키케로,《공화국》1.39). 그러나 이러한 이상이 온전하게 실현되지는 못했다. 공화정 시대에 상류계급이 로마의 정부와 사회를 지배했기 때문이다.

상류계급이 왕정을 증오한 현상은 수백 년 동안 로마 역사가 보인 중심적인 특징이다. 이러한 전통은 저 유명한 호라티우스의 전설(리비우스,《로마 시 창건 이래의 로마 역사》2.10)에 잘 깃들어 있다. 이 시민-전사는 동료 병사 두 명과 함께 로마로 진격해오는 에트루리아인을 격퇴시켰다. 당시이 에트루리아인들은, 오만 왕 타르퀴니우스가 축출된 지 얼마 되지 않아 로마에 왕정을 복원시킬 목적으로 공격한 것이었다. 호라티우스는 로마로 진입하려는 적들을 티베리스 강의 다리 위에서 혼신의 힘을 다해 일당백의 기세로 저지했다. 이어 로마군이 그 다리를 파괴하여 적들의 침략을성공적으로 물리칠 수 있었다. 파괴된 다리가 물속으로 가라앉자, 다리위에서 분전하던 호라티우스는 에트루리아인들을 가리켜 오만한 왕들의통치를 받는, 자유를 잃어버린 자들이라고 조롱하면서 완전 군장을 한 채로 강물 속에 뛰어들어 안전과 자유 쪽으로 헤엄쳐 왔다. 로마 역사가 전개되는 내내, 로마의 모든 사회 계급은 이 전설이 보여주는 국가의 정치적 자유를 소중하게 여겼다. 그러나 엘리트와 평민은 초창기 투쟁에서 생겨난 공화국 정부의 권력을 공유하는 문제를 두고서 계속 의견 불일치를보였고 때로 그것은 난폭한 폭력 사태로 번지기도 했다.

사회적 지위와 정치적 권력

—

로마인들은 다른 고대인들과 마찬가지로 사회적 불평등은 자연적 현상이라고 생각했다. 그래서 그들은 시민들을 계급^{order}이라고 하는 두 집단으로 나누었는데, 하나는 사회적 지위가 아주 높은 귀족 계급이고 다른 하나는 평민 계급이다. 이러한 구분은 로마의 역사 내내 존속했다. 로마의 귀족들은 인구 중 소수—전체 약 130개 가문—인 집안에서 태어나 고귀한 지위를 세습적으로 물려받았다. 다른 사람들은 이러한 지위를 획득할 수 없었다. 특정 가문들이 원래 어떻게 하여 귀족의 지위를 얻게 되었는지는 알려지지 않았다. 하지만 로마사가 전개되는 과정에서 점진적인 과정을 거쳐 그런 계급이 생겨났을 것으로 보인다. 부유한 로마인들이 공동체의 안전과 번영을 비는 종교 의례를 집전할 특별한 권리를 획득하면서 그들 자신을 배타적 집단으로 지정했을 것이다. 그리하여 귀족 계급은 스스로 만들어낸 엘리트 지위를 이용하여 초기 공화국의 세속적·종교적 업무의 독점권을 차지했다. 귀족들은 노골적으로 우월한 지위를 자랑하고 다녔다. 초기 공화국에서, 그들은 남들과 구분되기 위해 붉은색 신발을 신었다. 나중에 그들은 원로원 의원들이 신는 검은색 신발로 바꾸었는데, 자그마한 금속제 초승달로 그 신발을 장식하여 특별한 지위를 드러내어 과시했다.

귀족들은 태생적으로 높은 신분과 막대한 재산을 가진 덕분에 로마 최초의 사회적·정치적 지도자가 되었고, 대규모 추종자 무리를 거느리고 전쟁에 참가하여 지휘관 역할을 했다. 가령 기원전 500년경의 기명^{Lapis} $_{Satricanus}$은 "'푸블리우스 발레리우스의 동료들'이 로마의 전쟁신인 마르

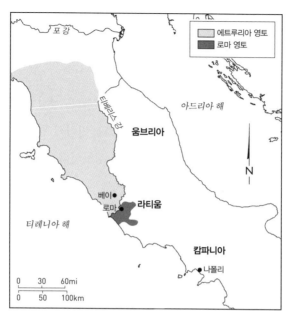

포 강

에트루리아 영토
로마 영토

움브리아

아드리아 해

티베리스 강

베이
로마
라티움

티레니아 해

캄파니아

나폴리

0   30   60mi
0   50   100km

지도 3 | 기원전 5세기 로마와 중부 이탈리아

스를 숭배하고자 이 기념물을 세웠다"라고 전한다. 이들이 국가의 수호
신에게 기념물을 바치면서 스스로를 로마의 시민이 아니라 귀족인 발레
리우스의 동료라고 명명한 것은 의미심장한 일이다. 이외에도 유서 깊
은 파비우스 가문의 애국심을 보여주는 유명한 이야기가 있다. 이 가문
의 귀족들은 많은 추종자를 거느렸다. 그래서 기원전 479년 국가가 정
규군을 여러 전선에 파견한 나머지 이웃 도시인 베이와 맞서 싸울 병력
을 동원할 수 없게 되었을 때, 파비우스 가문은 친족과 피보호자들 중에
서 306명의 전사를 동원하고서 로마 정부를 대신하여 전쟁을 수행했다
(리비우스,《로마 시 창건 이래의 로마 역사》2.48~49). 그 전사들이 전원 베이
의 군대에 의해 옥쇄되었다는 사실은 파비우스 가문이 추종자들에게 얼

마나 강력한 영향력을 갖고 있었는지를 잘 보여준다.

귀족들을 제외한 나머지 인구는 평민들로 구성되었다. 따라서 평민이 귀족보다 압도적으로 많았다. 고대 문명에서 대부분의 인구가 그러하듯이, 많은 평민들은 가난했다. 그러나 일부 평민들은 상당한 재산 소유자여서 공적 생활에서 중요한 역할을 수행했다. 따라서 평민들을 '로마의 가난하고 천대받는 시민'으로만 보는 것은 잘못이다. 사실 아주 부유한 평민들은 그들 자신이 로마의 사회와 정치에서 귀족 못지않은 영향력을 행사해야 한다고 느꼈다. 반면에 아주 가난한 평민들은 사회 안전망이 전혀 없는 세계에서 그저 목숨을 부지하기에도 바빴다. 따라서 평민은 매우 다양한 집단의 시민들이었고, 그들의 이해관계는 재산 차이와 사회 내 지위 등에 따라 상당히 달라졌으므로 반드시 일치한다고 볼 수는 없다.

귀족 계급의 인사들과 평민 계급의 부유한 사람들 사이에서 벌어진 갈등이 공화국 창설 후 200년 동안 로마의 역사를 좌우했으며, '로마 국제國制'의 궁극적 구조에 큰 영향을 미쳤다. 이런 이유 때문에 역사가들은 기원전 5세기와 4세기의 혼란스러운 시기를 가리켜 '계급 간의 갈등' 시기라고 부른다. 이러한 용어는 사태의 진상을 잘 표현한다. 평민들은 귀족들이 거의 독점하다시피 한 정치적·종교적 고위 관직에 진출할 권리를 요구했고 이로 인해 갈등이 빚어졌던 것이다. 물론 귀족들이 사회적으로 자신들을 평민들로부터 보호하기 위해 내세운 억압적인 정책들이 갈등의 빌미가 되었다. 예를 들어 귀족들은 기원전 4세기 중반에 독점적인 사회 정책을 극단까지 밀어붙였는데, 그것은 바로 귀족과 평민 사이의 통혼을 금지시킨 일이다. 그러나 최근의 연구 조사는 이와는 약간 다른 그림을 밝혀냈다. 이 시대의 사회적 불안을 오로지 정치적 리더십과 사회적 지위의 문제로만 국한하는 것은 관직을 둘러싼 투쟁을 지나치게 강조하는 것이라는 얘기이다. 리비우스를 비롯한 기원전 1세기의 여러 역사가들이 초창기 로마사에 당대의 상황을 지나치게 투사하여 그런 오류가 발생했다는 것이다. 리비우스의 시대에 이르러 로마 정부에서 특혜를 누리는 관직을 두고서 귀족 지도자와 평민 지도자 사이에 수십 년 동안 갈등이 벌어졌고 로마의 거리는 피로 물들었다. 이런 상황이었으므로 후대의 역사가들이 초창기 로마사의 사회적 불안을 공화정 말기의 갈등을 미리 보여주는 예고편으로 해석하게 되었다는 판단이다.

초기 공화정에서 귀족과 평민 사이에 빚어진 갈등의 주된 원인은 정치적인 사안 못지않게 경제적인 사안이었다. 부유한 평민들은 귀족들과 함께 고위 정무직과 그에 따른 사회적 지위를 공유하고 싶어 했다. 하지만 가난한 평민들은 이 당시 귀족들의 억압적인 정책이 누그러지기를 간절히 바라던 사람들이었다. 달리 말해서 계급 갈등은 대다수 사람들에게는 곧바로 생존과 직결된 문제였다. 로마의 인구가 늘어나면서 점점 수가 불어난 가난한 사람들은 가족을 먹여 살릴 식량을 생산하려면 더 많은 땅이 필요했다. 그러나 부유한 귀족들이 토지의 소유권을 지배했고 가난한 사람들에게 고리로 돈을 빌려주었다.

농사지을 땅이 부족하고 빌린 돈의 이자가 너무 높다 보니 다수의 평민들은 마침내 자신들의 이익을 보호하기 위해 극단적 조치에 호소하게 되었다. 논쟁이 격렬해지자, 그들은 심지어 도시의 신성한 경계 밖으로 이탈하여 인근 언덕에 임시 거처를 정하고 농성을 벌였다. 이어 그들은 시민 민병대에서 근무하기를 거부했다. 이런 '이탈'은 제법 위력을 발휘했다. 평민들의 이탈은 당시 상비군이 없던 도시의 방어를 어렵게 만들었기 때문이다. 로마는 전쟁이 발발하면 그때그때 남자 시민들을 캄푸스 마르티우스Campus Martius(마르스 군신의 광장)라는, 티베리스 강 근처의 풀 많은 개활지에 모아놓고서 군사 훈련을 시켜 민병대를 조직했다. 평시에 시민들은 집에 머무르면서 농사를 지어 가족들을 먹여 살렸다. 평민 남자들이 전쟁 훈련에 참가하지 않거나 도시 방어를 위한 동원 명령을 거부하자, 로마는 중대한 위험에 빠지게 되었다. 귀족들만으로는 수가 너무 적어서 로마를 방어할 수 없었던 것이다. 귀족들은 국방에 평민들을 참여시켜야 하는 필요 때문에 마침내 그들과 타협을 하게 되었다. 엘리트 귀족들은 그들이 보기에 사회적 열등생인 평민들의 요구를 들어주는 것이 불쾌했으나, 그렇게 할 수밖에 없었다.

로마의 전통에 따르면, 귀족과 평민의 타협이 최초의 로마 성문법을 만들어냈다. 로마의 사절을 아테네에 파견하여, 이 유명한 그리스 도시가 어떻게 성문법을 제정했는지를 배우고 오게 한 후에 새로운 법을 제정하게 되었다. 그러나 이런 조사 연구 이후에도 로마의 두 계급이 귀족의 지위를 보존하면서도 평민을 보호해주는 법에 최종적으로 합의하기까지는 오랜 시간이 걸렸다. 최초의 로마 성문법은 '십이표법Twelve Tables'이라고 하는데 기원전 451년과 449년 사이에 제정되었다. 이 법은 두 강력한 집단 사이의 타협에 의해 만들어진 것이므로 평민들의 이해를 분명하게 지켜주는 결정적 승리라고 보기는 어렵다. 사실 귀족들은 이 기회를 이용하여 평민들과의 통혼을 금지하는 악명 높은 조치를 취했다. 그러나 평민들에게는 아주 중요하게도, 이 성문법을 통해 귀족 행정관들의 횡포를 막을 수가 있었다. 행정관들은 이제 법적 사건들을 변덕에 따라, 혹은 귀족 계급의 이익에 따라 임의로 판결하거나 불공정하게 판결을 내릴 수 없게 되었다. 여러 사람에게 공개적으로 알려진 성문법인 십이표법이 생기면서부터 행정관들은 평민에게 불리한 법을 임의로 만들어내서 적용할 수 없게 된 것이다. 십이표법의 간결한 조문들은 초창기 로마의 농경 사회에서 통용되던 법적 관습을 잘 포착한다. 가령 '원고가 피고를 법정으로 부르면 그는 가야 한다' '바람이 불어 이웃 농장의 나무가 당신 농장 쪽으로 휘어진다면 그 나무를 제거하라는 조치를 취할 수 있다'(워밍턴 Warmington, vol. 3, pp. 424~515)와 같은 조문이 그러하다.

후대에 들어와 십이표법은 로마식 사법 정의의 국가적 상징이 되었다. 공포된 지 400년이 지난 후에도 아동들은 이 오래된 법률을 의무적으로 외워야 했다. 재산 분쟁 등의 법적 사안을 다루는 십이표법은 로마인들의 주된 관심이 민사법이었음을 알려준다. 반면에 로마 형사법은 그리 포괄적이지 않다. 따라서 법정은 모든 사건에 판결을 지도해줄 만큼 충분한 세부 규정을 가지고 있지 못했다. 행정관들은 배심원 없이 대부분의 사건을 결정했다. 배심원 참석하의 재판은 기원전 2세기와 1세기의 후기 공화정에 와서야 비로소 흔해졌다. 그렇지만 십이표법은 그 흠결에도 불구하고 정의의 원천으로서 성문법을 확립하여 로마 사회의 난폭한 계급 갈등을 감소시켰다는 데 그 의의가 있다.

선출된 관리와 투표권을 가진 민회들
—

'로마의 국제'는 일정한 범위의 선출된 관리들, 독특한 단체 가운데 하나인 원로원으로 구성되었다. 가장 야심차고 가장 성공적인 로마인만이 공화국 최고의 관직인 집정관 직에 선출될 수 있었다. 공화국은 단 한 사람(왕)이 정부 권력을 세습하여 무기한으로 통치하는 것을 막기 위해 창건되었다. 따라서 이런 대의명분에 따라 집정관 직은 두 명을 선출했는데 그 임기는 1년이고 연속하여 선출되지 못하게 되어 있었다. 집정관(콘술consul)의 뜻은 '공동체를 관리하는 사람'인데, 이는 이 직책을 가진 사람이 엄청난 지위를 누리기는 하지만 그들 개인이나 지지자들의 이익이 아니라 모든 로마인의 이익을 위해 행동해야 한다는 의미이다. 두 집정관의 의무는 민사적·정치적 정책과 관련하여 리더십을 발휘하고 전쟁이 발발하면 군대를 이끌고 전장으로 나가 통솔하는 것이었다. 이 자리를 차지하려는 경쟁은 치열했다. 그 자리는 개인의 지위를 엄청나게 높여줄 뿐만 아니라 그 개인이 속한 가문의 위상을 영원히 높여주었기 때문이다. 조상 중에 단 한 명이라도 집정관을 배출한 가문은 스스로를 '고상한 사람들the nobles'이라고 불렀다. 가문의 역사에서 집정관을 배출하지 못한 상류계급의 로마인들은 집정관으로 선출되기를 간절히 바랐다. 그렇게 해야 그 자신의 영달을 더욱 위대하게 하고 후손들을 '고상한' 특권 집단에 편입시킬 수 있었기 때문이다.

원로원(세나투스Senatus)은 '로마 국제'에서 가장 권위 있는 기관으로, 수세기에 걸친 로마의 역사 내내 존속했다. 이 기관의 기원은 왕정 시대에서 유래한다. 로마의 왕들은 중대한 결정을 내릴 때 혼자서 한 것이 아니라 친구들이나 원로들의 조언을 반드시 구했다. 왕들은 선별된 엘리트들을 초대하여 왕의 협의체를 구성했다. 이러한 나이 든 조언자들은 '세나토르senator'라는 이름을 얻게 되었는데, 이 말은 라틴어 '세넥스senex(나이 든 사람)'에서 유래한 것이다. 로마 정부의 지도자들이 원로원의 조언을 구해야 한다는 전통은 왕정이 폐지되고 공화정이 도입된 후에도 계속 이어졌다. 원로원 의원의 수는 전통적으로 300인이었다. 장군 겸 정치가인 술라는 기원전 81년에 로마 정부를 대대적으로 개혁하면서 의원 수를 600인으로 늘렸고, 율리우스 카이사르는 기원전 40년대에 내전을 벌이면서 지지자들을 늘리기 위해 그 수를 900인으로 늘렸다. 그리고 최종적으로 아우구스투스가 기원전 13년에 600인으로 되돌려놓았다. 우리가 아는 한, 원로원은 언제나 귀족과 평민 두 계급을 포괄했다. 그러나 의원으로 선출되기 위해서는 일정한 (고액의) 재산을 소유해야 했다.

공화정 시기에, 처음에는 원로원 의원들을 예전에 하위직 행정관 경험이 있는 사람들 중에서 집정관들이 뽑았다. 그러나 나중에는 감찰관censor이라고 불리는 특별 고위직 행정관들이 동일한 대상들에서 선임했다. 시간이 흐르면서 원로원은 공화국의 대내외 정책, 국가 재정, 공식 종교, 온갖 유형의 입법 등에 엄청나게 영향을 미쳤다. 원로원의 영향력은 전쟁을 선포하고 수행하는 데에서 특히 두드러지게 나타났다. 이 시기의 로마는 거의 상시적으로 전쟁을 했기 때문에 원로원의 이런 기능은 아주 중요했다. 원로원은 로마의 역사 내내 매우 권위 있는 기관으로서 존속했다. 심지어 제국 시대에 들어와, 원로원의 기능이 황제의 열등한 파트너로서 황제의 정책에 일방적으로 협력하는 것으로 축소되었을 때조차 여전히 원로원은 존경을 받았다. 오늘날 로마의 포룸에 서 있는 원로원 건물은 후기 제국 시대에 지어진 것인데, 로마 창건 이후 천 년이 지났어도 원로원이 여전히 높은 지위를 유지했음을 알려준다.

원로원이 가진 힘의 기반은 로마 사회의 성격을 이해하는 데 중요한 단서를 제공한다. 로마 사회에서는 사회적 지위가 영향력과 권위를 가져왔는데 이것은 성문법의 위력과 맞먹거나 때로는 그것을 능가했다. 원로원의 힘은 법적으로 국가 고위 관리에게 조언하는 권리에서 나왔다. 어떤 정책이나 행동 노선에 대하여 원로원은 투표를 통해 찬성하거나 반대할 수 있었다. 그러나 원로원은 법령을 통과시키는 권한은 가지고 있지 않았다. 더욱이 원로원은 정부 관리들에게 그 뜻을 강요할 권한이 공식적으로는 없었다. 달리 말해서, 로마의 법률과 사회에 영향을 미치는 원로원 의원들의 능력은 정책이나 법률을 강제 부과하는 공식 권리에서 나오는 것이 아니라, 오로지 로마에서 가장 존경받는 남자 시민이라는 지위에서 나왔다. 로마 사회와 정치의 내적 작동 원리를 이해하기 위해서는 다음과 같은 사실을 이해할 필요가 있다. 원로원 의원들의 의견에 실린 힘은 그 높은 지위에서 나오는 것이지 법률의 형태 때문이 아니라는 점이다. 이러한 연유로, 정부 관리들은 원로원의 조언을 감히 무시할 수가 없었다. 원로원의 의견을 무시하는 관리는 많은 동료들의 격심한 반대에 부딪히리라는 사실을 잘 알았다. 로마는 지위를 과시하는 사회였기에 원로원 의원들의 특별한 지위는 누구나 알아주는 것이었다. 원로원 의원들은 신분을 널리 알리기 위해 발목까지 올라오는 검은색 신발을 신었고 그들이 입는 토가의 겉에다 넓은 보라색 띠를 둘렀다.

원로원은 정부 관리들에게 하는 조언을 결정하기 위해 민주적 절차를 따랐으며 다수결로 의결하도록 되어 있었다. 그러나 실제로는 의원들 사이의 상대적 신분 차이가 결정에 중대한 영향을 미쳤다. 가장 저명한 의원은 투표가 시작되기 전에 제일 먼저 의견을 표명할 권리가 있었다. 다른 의원들은 그다음에 발언을 했고, 투표하는 순서는 의원들이 지닌 권위의 순서를 따라 위에서 아래로 내려갔다. 가장 저명한 의원은 보통 가장 연장자인데 그의 의견이 가장 큰 무게를 지녔다. 정치적 미래 따위는 신경 쓰지 않는 어리석은 젊은 의원들만이 원로들의 의견과는 다른 의견에 투표했을 뿐이다.

고대 그리스와 마찬가지로 로마에서도 높은 사회적 지위의 남자에게 가장 영예스럽고 바람직한 경력은 공직, 혹은 우리가 앞에서 말했듯이 정부 내 공직에 취임하는 것이었다. 로마공화국 내에서는 1년마다 두 명씩 뽑는 집정관 직이 가장 명예로운 공직이었다. 집정관 직 아래의 다른 선출직 공직들은 종종 '관직의 사다리cursus honorum'라고 불렸다. 또 선출 사제직司祭職이 있었는데, 이 직급의 지위 역시 사다리 모양이었다. 공화국 초창기에 귀족들은 관직의 사다리에서 고위직, 특히 집정관 직에 이르는 선거를 지배했다. 심지어 이런 탐나는 자리들을 귀족 계급의 구성원들에게만 돌아가도록 제한하는 법률을 제정하기까지 했다.

재력과 여흥으로 유권자들의 환심을 살 수 있는 야심찬 로마인들은 선거에서 이김으로써 이 사다리를 하나씩 하나씩 타고 올라가 최고위직에까지 도달했다. 이런 사람은 스무 살쯤 되면 군사 원정전에 나가 한 10년 정도 참전하는 것으로 경력을 시작한다. 이때는 자신보다 나이가 많은 친척이나 친구의 참모진에 보조 장교로 임명된다. 이어 그는 관직의 사다리 중 가장 낮은 직급인 재무관quaestor 직에 취임한다. 이 관직에 취임하려는 후보들은 대체로 20대 후반이거나 30대 초반이다. 재무관은 이 직급에서 1년간 봉사하는 동안 다양한 재무 행정의 임무를 수행한다. 수도의 국고, 전쟁 중인 사령관들, 로마가 기원전 3세기 초부터 설치한 해외 속주의 정부 등에서 국가의 세입과 세출에서 소홀한 부분이

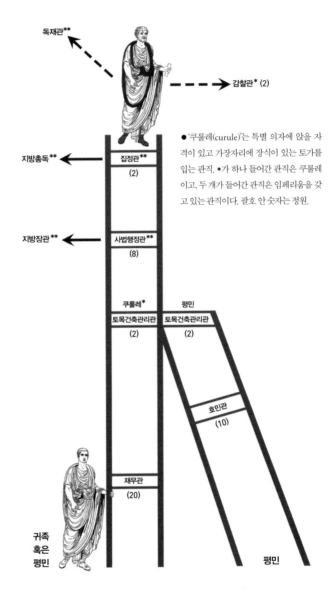

독재관**

감찰관* (2)

● '쿠룰레(curule)'는 특별 의자에 앉을 자
격이 있고 가장자리에 장식이 있는 토가를
입는 관직. *가 하나 들어간 관직은 쿠룰레
이고, 두 개가 들어간 관직은 임페리움을 갖
고 있는 관직이다. 괄호 안 숫자는 정원.

지방총독**

집정관**
(2)

지방장관**

사법행정관**
(8)

쿠룰레*
토목건축관리관
(2)

평민
토목건축관리관
(2)

호민관
(10)

재무관
(20)

귀족
혹은
평민

평민

도판 3-2 | 로마의 관직 사다리
이 도표는 상류계급의 로마인 남자가 타고 올라가야 하는, 정부와 정계의 관직 사다리가 아주 경쟁적인 길이라는 사
실을 보여준다. 높이 올라갈수록 경쟁은 더 치열해졌고 비교적 소수의 사람들만이 사다리의 꼭대기에 있는 소수의
관직을 차지할 수 있었다. 도표 제공: Barbara F. McManus, Vroma Project, www.vroma.org.

없는지 재무적인 측면을 감찰한다. 나중에 세월이 어느 정도 지나자, 관직의 사다리 중 각종 직급에 취임하는 자들의 연령을 법으로 규정하게 되었다. 기원전 81년 술라가 사다리에서의 진전에 대하여 엄격한 규정을 제정한 후, 재무관으로 봉직한 자는 자동으로 원로원에 결석이 날 경우 선택될 자격을 얻었다. 재무관 다음의 사다리는 토목건축관리관aedile이었다. 이 직급은 로마의 거리, 하수도, 신전, 시장, 기타 공공 사업을 유지·보수하는 까다로운 임무를 수행했다.

그 다음 사다리는 선거에서 승리하여 1년 임기의 사법행정관praetor에 취임하는 것이었다. 이 직책은 집정관 다음으로 지체가 높은 행정관 직이었다. 사법행정관은 평시에는 법적 판결에서 결정을 내리고, 전시에는 전장에 나가 군대를 지휘하는 등 민사적·군사적 의무를 수행했다. 사법행정관으로 선출되는 자가 재무관보다 훨씬 적었기 때문에(이 두 관직의 정원은 시간이 흘러가면서 달라졌다), 이 직급을 두고 벌인 경쟁은 치열했다.

사법행정관이 지닌 가장 큰 권위는 군 병력의 지휘자라는 역할에서 나왔다. 군사적 지도자로서 거둔 성공은 곧 로마 사회 내에서 가장 높은 지위를 보장해주었기 때문이다. 사법행정관으로서 성공을 거두고 유권자의 폭넓은 지지를 얻는 사람만이 집정관이 될 수 있었다. 집정관은 정치에 오랜 경험이 있는 나이 든 사람일 것으로 기대되었다. 기원전 1세기초에 술라가 작성한 규정에 따르면, 집정관 선거에 후보로 나설 사람은 최소한 42세는 되어야 했다. 두 명의 집정관은 국가의 모든 중요한 일에 영향을 미쳤고 전장에서는 로마군 가운데 가장 중요한 부대를 지휘했다. 사법행정관과 마찬가지로, 집정관들은 군 지휘권을 임기인 1년 이상으로 연장할 수 있었다. 해외에 군 지휘관으로 가야 하거나 지방 속주의 총독으로 갈 필요가 있는 경우에는 임기 연장이 가능했던 것이다. 집정관들이 1년 임기가 끝났는데도 이런 특별 임무를 수행하게 될 경우, 이들을 지방장관propraetor('praetor' 앞에 붙은 'pro'는 '대리'라는 뜻) 혹은 지방총독proconsul이라고 불렀다. 이들은 통칭하여 지방행정관promagistrates이라고 했는데, 이들은 원로원에 의해 임명되었고, 관할 지역에서 엄청난 권력을 행사했다. 로마의 지도자들 사이에서는 가장 좋은 지방장관 직을 얻기 위해 치열한 경쟁이 벌어졌다. 지방행정관들은 로마로 돌아오면 지휘와 행정에서 누리던 특별 권한을 상실했다.

집정관과 사법행정관은 법에 따라 임페리움imperium(명령권, 'empire(제국)'라는 단어의 어원)이라는 특별 권한을 부여받아 군사적 지휘권을 행사했다. 임페리움은 행정관에게 부여된 명령권인데 로마 시민들은 그가 내리는 어떠한 명령에도 복종해야 할 의무가 있었다. 임페리움에는 조점권鳥占權, auspicia(새의 내장을 갈라 점을 치는 권한)이라는 중요한 종교 의례를 수행하는 권한도 포함되었다. 로마의 전통상 이 권한을 가진 관리는 선거, 관직 취임, 관리의 속주 입성, 특히 군사 작전 등 중요한 공식 행사를 수행하기 전에 신의 뜻을 묻기 위해 새점(조점)을 쳐야 할 의무가 있었다. 이러한 관직들의 권력과 권위로 인해 해당 관직들은 누가 어떻게 취임할지를 두고 귀족과 평민 사이에서 첨예한 논쟁의 중심 사안이 되었다. 중요한 관직들을 둘러싼 갈등은 기원전 337년에 끝났다. 평민들의 압력으로 모든 관직을 두 계급에게 공평하게 공개한다는 법률이 통과되었기 때문이다.

'로마의 국제'는 또한 독재관dictator과 감찰관censor이라는 특별한 비일년직非一年職 관직을 두었는데, 이 직책들은 관직의 사다리에 포함되지 않았다. 감찰관의 경우, 5년마다 두 명을 선출하여 18개월의 임기 동안 봉직하도록 했다. 이 관직에 취임하려면 집정관 경력이 있거나, 이 직책의 가장 중요한 임무를 수행하는 데 필요한 엄청난 권위와 지혜를 가진 사람이어야 했다. 그 임무는 로마의 모든 남자 시민을 대상으로 호구 및 재산 조사를 하여 공평한 과세의 자료로 삼고, 또 전쟁 시에는 즉시 동원할 수 있도록 명부를 작성하는 것이었다. 감찰관은 원로원의 정원을 통제했고, 공석이 날 경우에 자질 있는 후보로 충원하거나, 아니면 부적절하게 행동한다고 생각되는 사람을 그 명부에서 제외할 수도 있었다. 감찰관은 국가가 맺는 계약들을 감독했고, 로마 시민에 대한 신들의 호의를 비는 공식 기도문을 새로이 다듬는 작업도 담당했다.

독재관은 로마의 국제에서 유일하게 허용된 1인 통치직이다. 독재관은 국가를 위난에서 구제하기 위해 신속한 결정이 필요한 절체절명의 상황일 때 옹립했다. 주로 로마가 심각한 군사적 재앙을 당하여 더 큰 참사를 막기 위해 신속한 조치를 취할 필요가 있을 때 독재관을 초빙했다. 독재관은 원로원이 선택했는데, 그가 내린 결정은 그 누구도 시비를 걸 수 없을 만큼 절대적 권한을 휘둘렀다. 이 비상대권은 매우 잠정적인 것으로, 독재관의 최장 임기는 6개월이었다. 로마공화국 역사에서 가장 유명한 독재관은 기원전 458년에 이 관직을 사심 없이 수행한 것으로 명성이 높은 킨킨나투스였다. 그가 단독 통치자로서 로마를 승리로 이끌자 그 후에도 많은 시민들이 그 자리에 계속 머물러주기를 바랐으나, 킨킨나투스는 그 제안을 거절했다. 이러한 태도는 공동체를 우선시하는 공공 봉사를 개인의 성공보다 더 중요하게 여기는 로마의 이상을 잘 보여준다.

로마 정부의 이런 특별한 선출직은 그 지위에 부여된 높은 권위 때문에 귀족들과 상류층 평민들이 아주 중요하게 여기는 관직이었다. 지위란 다른 사람들이 알아주지 않으면 소용없는 것이기에 고위직과 관련된 권위는 아주 가시적인 방식으로 표현되었다. 예를 들어 집정관은 어디를 가나 열두 명의 수행원을 앞세우고 다녔다. 이 수행원들을 가리켜 길라잡이lictor라고 했는데 권표權標(파스케스fasces: 도끼 날을 삐죽 나오도록 동여맨 막대기 묶음으로, 길라잡이들이 왼쪽 어깨에 받쳐 들고 다녔다 - 옮긴이)를 들고 다녔다. 이 권표는 집정관이 휘두르는 임페리움의 상징이었다. 권표는, 도시 경내에서는 집정관의 명령에 불복하는 시민들을 마구 때릴 수 있는 권리의 상징인 막대기 묶음으로 구성되었고, 도시 바깥에서는 전장에서 명령에 불복하는 병사들을 재판 없이 처형할 수 있는 권리를 상징하는 도끼가 추가되었다. 사법행정관들도 임페리움을 가진 행정관이었으므로 길라잡이들을 거느렸다. 하지만 그 지위가 집정관보다 못하다는 것을 보이기 위해 여섯 명이 수행했다.

공직의 가치는 봉급을 받는 데 있지 않았다. 로마의 관리들은 봉급을 받지 않았기 때문이다. 또 공화국 초창기의 몇 세기만 하더라도 그 관직을 이용하여 돈을 버는 일도 없었다. 오히려 관리들은 경력을 쌓고 공공 봉사를 하는 데 자기 돈을 써야 했다. 그러므로 정부 관직에 진출한 사람은 가문의 재산으로부터 수입이 나오거나, 재정적으로 도와주는 친구들을 둔 사람이었다. 선거전에서 승리하고 일단 공직에 취임한 뒤에는 공동체 봉사 정신이 출중한 관리라는 소리를 들으려면 엄청난 비용이 들었다. 후보들은 유권자들의 지원을 얻기 위해 종종 검투사 경기를 조직하거나 아프리카에서 이국적인 야생 동물을 수입하여 죽이는 행사 등 값비싼 공공 축제를 재정적으로 지원해야 했기에 엄청난 빚을 졌다. 그렇게

도판 3-3 │ 로마에서 남부 이탈리아로 가는 주요 도로인 아피아 길(Via Appia)은 아피우스 클라우디우스 카이쿠스 (Appius Claudius Caecus)의 이름을 따서 명명되었다. 상류계급의 로마인인 그는 이 길의 첫 132마일(약 211킬로 미터)에 달하는 부분의 건설비를 후원했다. 단단한 노면을 가진 이 고속도로는 전천후 여행을 가능하게 했고, 군대 병력의 이동, 여행객과 물자의 수송을 용이하게 했다. MM/Wikimedia Commons.

하여 선출이 되면, 로마 관리는 시민 모두에게 혜택이 돌아가는 도로, 수도교水道橋, 신전 등의 공공 공사에 개인 돈을 써야 했다. 이런 식으로 성공적인 후보들은 개인 돈, 혹은 친구들이나 피보호자들에게서 빌린 돈으로 공동선에 봉사하도록 기대되었다.

　로마의 관리들은 관직이 가져오는 지위만 바라고서 봉사를 했고 거기서 개인적으로 만족을 얻었다. 또 관직을 그만둔 후에는 현직에 있을 때 도덕적으로 올바르고 관대했다는 높은 명성으로 보상을 받았다. 그러나 로마인들이 공화국 후반기에 점점 더 많은 해외의 땅을 정복하면서, 외국인들을 정복하고 다스리는 데서 생기는 돈 벌 기회가 성공적 관직 생활의 아주 중요한 요소로 부상했다. 관리들은 외국인들을 상대로 한 성공적인 정벌전에서 지휘관으로 복무하면서 피정복자들로부터 챙긴 엄청난 전리품으로 합법적인 부자가 될 수 있었다. 부패한 관리들은 로마가 정복지에다 설치한 지방 속주를 다스리면서 현지인들로부터 선물과 뇌물을 받아 이익을 올릴 수 있었다. 이런 식으로 해서 로마의 옛 적들은 로마 관리들의 공식 경력과 개인 치부를 지원했다.

로마인들은 선거를 결정하고, 국가 정책을 수립하고, 법률을 통과시키기 위해 민회에서 투표를 했다. 공화국의 투표 민회들은 너무 복잡해서 제대로 묘사하기가 참으로 어렵다. 로마의 자유민 성인 남자들은 옥외 집회에서 정기적으로 만나 입법 관련 투표를 하고, 특정한 재판을 개최하고, 관리들을 선출했다. 로마의 전통상, 민회는 관리에 의해 소집되어야 하고, 종교법에 따라 상서로운 날에 개최되어야 하고, 우호적인 복점에 의해 승인을 받아야 했다. 민회는 투표를 하기 위한 것이지, 관직 입후보자들이나 정부가 취해야 할 정책 등에 대하여 토론하는 자리는 아니었다. 논의와 토론은 민회가 열리기 전에 대규모 공공 모임에서 개최되었다. 이 모임에는 여자와 비非시민을 포함하여 누구나 참석할 수는 있었지만, 발언은 남자 시민들만 할 수 있었다. 모임을 주재하는 관리는 발언자를 지명할 수 있어서 논의의 방향을 통제할 수 있었다. 하지만 서로 다른 의견과 제안을 표현할 기회는 상당히 많았다. 발언자들의 말을 듣는 사람들은 환호나 야유를 통해 간접적으로 견해를 표명할 수 있었다. 인기 없는 제안들은 커다란 야유와 조롱의 외침을 받았다. 일단 민회가 시작되면 관리들이 제안한 안건에 대해서만 투표가 진행되었고 이 시점에서 공식 제안의 수정은 허용되지 않았다.

로마에는 세 가지 주된 투표 민회가 있었는데, 켄투리아회Comitia Centu-riata, 트리부스 평민회Concilium Plebis Tributum, 트리부스 인민회Comitia Tributa이다. 여기서 투표는 '1인 1표'가 아니었다는 점을 기억해두는 게 중요하다. 민회에 참석하는 사람들은 특별한 규칙에 따라 다수의 그룹으로 나뉘는데, 이 규칙은 민회의 성격에 따라 달라졌다. 게다가 이 그룹들은 그 크기가 동일하지 않았다. 각 그룹의 구성원들이 먼저 개인적으로 투표를 해서 해당 그룹의 단일한 표를 결정했다. 각 그룹의 단일한 표는 그 그룹의 구성원 수와는 상관없이, 그룹 단위의 투표에서 과반수 투표를 결정하는 데 동일한 효력을 갖는다.

그룹으로 투표하는 이 절차는 민회들의 외형상 민주주의를 심각하게 제한했다. 켄투리아회는 로마의 그룹 투표 원칙의 효과를 아주 분명하게 보여준다. 이 중요한 민회는 감찰관과 집정관과 사법행정관을 선출하고, 법률을 제정하고, 전쟁과 평화를 선언하고, 재판에서 사형을 선고할 수 있었다. 이 민회의 그룹들을 켄투리아라고 했는데(여기서 민회assembly라는 명칭이 유래함), 남자 시민들이 병역에 소집되었을 때 실시하는 시민 구분에 따라 조직되었다. 초창기 로마는 세금으로 지원하는 상비군이 아니라 시민 민병대에 의존했기 때문에, 모든 시민은 자기 돈을 들여서 최대한 잘 무장해야 했다. 부자일수록 자신의 무기와 갑옷에 더 많은 돈을 썼다. 개인이 국방비를 부담하는 원칙은 곧 부자 시민이 가난한 시민(그 수가 훨씬 많았다)보다 더 많고 더 좋은 장비를 마련한다는 뜻이었다.

따라서 부자 시민들은 국방비를 더 많이 부담한 만큼 민회에서 더 큰 권한을 누릴 자격이 있다고 간주되었다. 이런 원칙에 입각하여, 1년 내내 말馬을 유지하며 가장 많은 군사비를 지출하는 기병들은 켄투리아회의 총 193개 투표 그룹들 중 최초의 18개 그룹을 형성했다. 그 다음 170개 그룹은 보병들인데, 이들은 재산 소유 정도에 따라 최고위에서 최하위에 이르는 그룹들에 소속되었다. 그 다음 네 그룹은 목공, 음악사 등 군대에 서비스를 제공하는 비전투 요원들로 구성되었다. 나머지 한 그룹은 너무 가난하여 군사비를 내놓을 수 없어서 군 복무를 하지 않는 프롤레타리아 로 구성되었다. 이들이 국가에 기여하는 일이라고는 자식을 낳는 것뿐이 었다(라틴어로 자식을 '프롤레스proles'라고 하는데 여기서 프롤레타리아라는 말이 나왔다).

따라서 켄투리아회의 투표 그룹들은 곧 로마 사회의 재산 분포도를 반영하는 것이었다. 훨씬 많은 사람들이 상류층보다는 하위층에 소속되어 있었고 그중에서도 프롤레타리아가 가장 수가 많았다. 그런데도 프롤레타리아 그룹은 투표에서 단지 한 표만 행사할 수 있을 뿐이었다. 더욱이 그룹들은 최고 부자에서 제일 가난한 사람 순으로 투표를 했다. 그 결과 부자들은 민회에서 먼저 많은 표를 가지고 투표하여 그룹 투표의 과반수 를 달성했고, 그렇게 되면 가난한 그룹의 투표가 이루어지기도 전에 안 건이 의결되고 말았다. 엘리트 그룹들이 투표를 이런 식으로 했기에, 켄투리아회는 하층 계급의 의사는 전혀 반영하지 않은 채 선거나 입법을 결정할 수 있었다.

트리부스 평민회의 투표 그룹들은 유권자들이 사는 지역에 따라 그 지리적 기반으로 결정되었다. 이 민회는 트리부스라는 로마의 제도에서 그 이름을 따왔는데, 트리부스tribus(라틴어로 '부족'이라는 뜻)는 친족 관계나 부족 관계가 아니고 행정적 목적을 위하여 인구를 여러 지역으로 나눈 하부 단위를 가리키는 말이다. 후기 공화정 시대에 이르러 트리부스 개수는 서른다섯 개로 고정되었는데, 그중 네 개가 수도에 있고 나머지 서른한 개는 이탈리아의 농촌 지역에 있었다. 트리부스는 지리적으로 조직되어 있었기 때문에 농촌 출신의 부유한 지주들에게 유리했다. 이 트리부스 민회는 귀족들은 배제하고 평민 유권자들로만 구성되었기에 재판 개최를 비롯해 거의 모든 형태의 공적 사무를 관장했다.

공화정이 실행된 첫 몇 세기 동안에, 트리부스 평민회에서 평민들에 의해 통과된 제안들을 '플레비스키툼Plebiscitum'이라고 지칭했는데, 그저 추천안일 뿐 법안은 아니었기에 당시 로마 정부를 지배했던 귀족들은 이 추천안을 종종 무시해버렸다. 평민들은 로마 시민 중에 과반인 자신들의 의사를 그처럼 오만하게 무시하는 처사에 점차 분노했다. 평민들은 국가로부터 이탈하겠다는 전략을 반복적으로 사용함으로써 마침내 귀족들을 굴복시킬 수 있었다. 기원전 287년에 있었던 평민들의 마지막 이탈로 인해, 플레비스키툼을 공식 법률의 원천으로 삼는다는 공식적 합의가 도출되었다. 이 개혁은 트리부스 민회의 투표 결과를 추천안에서 격상시켜 모든 로마 시민(귀족 포함)에게 적용되는 법률의 원천으로 바꾸어놓았다. 이것으로 과반수 시민의 선거와 입법과 사법 권한이 공식화되어 귀족과 평민 계급 사이의 갈등이 종식되었다.

트리부스 평민회는 평민 출신의 토목건축관리관을 선출했고 또 가장 중요하게는, 열 명의 호민관tribune을 선출했는데 이들은 평민들의 이해관계를 보호하는 일에 전념하는, 특수하면서도 강력한 관리였다. 호민관들은 그들 자신도 평민이었기에 공식 법률이나 규정으로부터 권한을 인정받는 것이 아니라, 공격으로부터 보호해주겠다는 평민들의 맹세로부터 힘을 얻었다. 호민관들의 이런 신성한 권리를 신성불가침sacrosanctity이라고 했는데, 그 덕분에 호민관들은 거부권(veto: 라틴어로 '나는 반대한다'라는 뜻)을 행사하여 관리들(심지어 집정관)의 조치를 봉쇄할 수 있었다. 또 법안의 통과를 막고, 선거를 중단시키고, 원로원의 조언을 거부할 권리도 있었다. 호민관들은 이처럼 관리들과 민회의 조치를 봉쇄하는 권한을 가진 덕분에 로마 정부에 엄청난 영향력을 행사할 수도 있었다. 논쟁적 상황에서 전권을 행사하는 호민관들은 엄청난 정치적 분쟁의 촉매가 되었고, 많은 엘리트 로마인들은 자신들의 뜻을 봉쇄하는 호민관 직에 증오심을 품었다.

트리부스 평민회는 나중에 더 발전하여 평민뿐만 아니라 귀족도 포함하게 되었다. 이런 형태로 조직된 이 조직은 로마의 세 번째 정치적 민회가 된다. 그리하여 트리부스 인민회라는 명칭을 갖게 되었는데, 이 민회는 재무관을 선출하고, 두 명의 쿠룰레스^{curules}(특별한 의자에 앉을 자격이 있는) 토목건축관리관을 뽑았다. 쿠룰레스는 '셀라 쿠룰리스^{sella curulis}'라는 들고 다니는 특별한 의자를 가리키는 말에서 나왔는데, 원래는 귀족들만 사용할 수 있었는데 나중에는 집정관과 사법행정관도 사용했다. 로마군 내의 대규모 부대에서 근무하는 여섯 명의 고참 장교들(군사 호민관들)도 이 민회가 선출했다. 트리부스 인민회는 법률도 제정했고 사소한 사건의 재판도 맡았다.

요약하면, '로마의 국제'는 정부 관직들과 투표 민회들로 구성되었는데 이들의 권한은 종종 중복되거나 갈등을 일으켰다. 공화국 정부 내의 권력 분배는 명쾌하게 설정되어 있지 않아서 빈번한 정치적 갈등의 소지가 되었다. 그런 갈등의 주된 원천은 다양한 정치적 기관들이나 그와 유사한 것(원로원이 제시하는 조언)이 존재한 탓인데, 로마에는 이런 중복되고 갈등하는 법률들의 최종 타당성을 결정하는, 미국의 대법원 같은 중앙 집중적 권위 혹은 사법 기관이 존재하지 않았다. 로마인들은 명확하게 범위가 규정된 권력 기관을 가진 정부 제도에 의지하기보다는, 전통에 대한 존중, 저 유명한 '조상들의 관습'에다 공화국의 정치적 건전성과 안전성을 의탁했다. 이러한 특징 때문에 사회적으로 가장 저명하고 부유한 로마인들이 정부를 지배했다. 그들은 높은 지위를 가진 덕분에 정치적 상황에서 '조상들의 관습'을 구체적으로 어떻게 실천할지를 조언하고 통제할 수 있었다.

공화정 시대의 전쟁과 영토 확장

로마인들은 공화정 시대에 이탈리아와 지중해 전역에서 중요한 전쟁들을 수행하여 로마의 영토를 대대적으로 확대했다. 이러한 영토적 제국의 건설—전에 다른 민족들이 다스렸던 땅들에 대한 통제—은 로마 사회에 엄청난 결과를 가져왔다. 많은 역사가들이, 전쟁을 통해 그 권력을 확대한 로마의 정책을 가리켜 '제국주의imperialism'라는 명칭을 붙였다. 이 말은 라틴어 임페리움imperium에서 왔는데, 복종을 명령하는 권한, 명령하고 징벌하는 권력을 뜻한다. 오늘날 제국주의라는 용어에 부정적인 의미가 부여된 것은 현대의 국가들이 아프리카와 아시아에서 식민 제국을 건설한 역사를 비판한 데에서 비롯되었다. 이런 용어를 로마의 영토 확대에 적용하는 것이 과연 타당한지 결정하려면 로마인들이 왜 이런 정복 사업에 나섰는지 그 동기를 이해해야 한다. 우리가 앞으로 살펴보겠지만, 공화정 시대의 로마 원정전이 남들을 착취하여 이윤을 올리려는 동기에서 나왔는지, 아니면 남들에 대한 공격이 최선의 방어라는 관점에 입각하여

연대표(모든 연대는 기원전)	
499	로마인이 라티움의 이웃들을 물리침.
396	로마인이 마침내 에트루리아의 베이를 최종적으로 진압하고 이 정복으로 영토를 두 배로 늘림.
387	골족(켈트족)이 로마를 공격하여 약탈함.
300	로마 시에 15만 명의 주민이 거주하게 됨.
280~275	로마인들이 그리스 병사들을 이끌고 남부 이탈리아를 공격한 용병 장군 피로스와 싸워 물리침.
264~241	로마인이 1차 포이니 전쟁에서 카르타고인들을 물리쳤으나 양측에 엄청난 손실이 발생.
3세기 후반	리비우스 안드로니쿠스가 라틴어로 된 최초의 로마 문학 작품을 집필함. 내용은 호메로스의 《오디세이아》를 각색한 것임.
227	로마인들이 시칠리아, 코르시카, 사르디니아를 속주로 만듦으로써 영토 제국주의가 시작됨.
220	수백 년에 걸쳐 전쟁을 벌인 결과, 로마인이 포 강 이남의 이탈리아 반도 전역을 장악함.
218~201	로마인들이 한니발의 이탈리아 침공에도 불구하고 2차 포이니 전쟁에서 카르타고인들을 물리침.
196	로마 장군 플라미니누스가 코린토스에서 그리스인의 자유를 선언.
149~146	로마인들이 3차 포이니 전쟁에서 카르타고인들을 물리치고 카르타고와 그 영토를 속주로 지정.
146	로마 장군 뭄미우스가 코린토스를 파괴. 그리스와 마케도니아는 로마의 속주가 됨.
133	페르가뭄의 왕 아탈로스 3세가 유언에서 자신의 왕국을 로마인들에게 기증함.
130년대 후반과 120년대 후반	티베리우스 그라쿠스와 가이우스 그라쿠스가 집정관으로서 격렬한 정치적 갈등을 일으켜서 원로원의 반대파에 의해 살해됨.

잠재적인 적들을 약화시키거나 합병하는 선제적 공격이었는지, 그 정확한 동기를 파악하는 것은 상당히 논쟁적인 문제이다. 따라서 공화정 시대의 로마 확장 정책에 대해서는 그 동기를 알아내는 것이 가장 빈번하게 토론되는 문제가 되었다.

한 가지 분명한 사실은, 로마의 영토가 크게 확장되고 그에 따라 국제적 권력이 커지면서 로마 사회의 문화에 커다란 변화가 생겼다는 점이다. 로마의 해외 원정전은 새로운 민족들과의 장기적인 접촉을 뜻했고 이것은 로마인의 생활에 예기치 못한, 혹은 논쟁적인 영향을 미쳤다. 한 가지 중요한 사례를 들자면 그리스인들과의 접촉이 늘면서, 라틴어로 집필되는 최초의 로마 문학이 생겨났다. 또 다른 변화로는, 공화정 시대에 로마의 상류계급 지도자들은 참전의 보상으로 엄청난 부와 개인적 권력을 거머쥐게 되었는데 이것이 로마인들의 가치에 커다란 효과를 미쳤다는 것이다. 그러나 부작용도 있었다. 로마의 영토 확장은 군 병력의 주요 원천이었던 이탈리아의 소규모 농민들을 가난 속으로 추락시켰고 이 일이 다시 사회적 불안정을 가져왔다. 로마의 정치 지도자들은 이 가난해진 동료 시민들을 도와주는 문제의 가부^{可否}와 방법을 놓고 의견이 심각하게 엇갈렸다. 이 의견 차이는 너무나 커서 마침내 상류계급을 크게 분열시켰고 결국 공화국을 보존하려는 희망을 산산조각 내고 말았다.

로마의 제국주의
—

초창기 로마가 치른 전쟁들은 로마의 경계 지역들, 그러니까 주로 이탈리아 중부 지방에서 치러졌다. 공화정이 수립된 직후인 기원전 499년에 로마인들은 라틴 이웃들을 상대로 승리를 거두었다. 그 후 그들은 티베리스 강에서 북쪽으로 몇 킬로미터 떨어진 곳에 있는 베이라는 에트루리아 도시를 상대로 약 100년간 싸움을 벌였다. 기원전 396년에 이 도시를 상대로 마침내 승리를 거두자, 로마의 영토는 두 배로 늘어났다. 고대의 사료들은 이 확장의 첫 번째 단계를 가리켜 사전에 의도된 정복전이라기보다 로마의 방어 경계선을 늘이기 위한 당연한 확장 조치였다고 해석한다. 그러나 이러한 역사 기술은 초창기 로마의 확장 정책을 정당화하기 위해 훨씬 후대에 이루어진 것으로, 후대의 저자들이 그들 시대(기원전 1세기)의 로마 외교 정책을 도덕적으로 정당화할 때 사용하는 역사적 선례가 되었다.

로마가 기원전 5세기에 이웃 민족들과 싸운 동기가 무엇이었든 간에, 기원전 4세기에 이르러 로마군은 효과적인 전쟁 무기를 갖추었다는 점에서 다른 모든 지중해 지역의 군대를 압도했다. 로마군의 성공은 전략적 유연성, 야전에서 기동성을 발휘하도록 고안된 전투 부대의 유기적 조직에서 나왔다. 가장 큰 군대 단위는 군단이었는데, 공화국 후기에 오면 그 병력 규모가 보병 5000명에 이르렀다. 각 군단에는 300명의 기병대, 건설과 기타 지원 업무를 맡은 공병대가 배속되어 있었다. 로마의 군단들은 통상적으로 상당한 규모의 동맹군을 거느렸고, 때로는 주로 궁수로 활약하는 용병들도 대동했다. 군단은 다시 예하 열 개 보병대로 나뉘는데 켄투리온centurion(백부장)이라고 하는 숙련된 장교들이 지휘했다. 이런 지휘관들 덕분에 보병대는 전투가 가열되어 새로운 상황이 벌어지면 기동성이 좋아서 신속하게 대응할 수 있었다. 보병들은 세 개의 열을 이루어 각 열 사이에 공간을 두고서 전투 대형을 형성한 다음, 대형 방패 뒤에 서서 창을 효과적으로 사용하여 적진을 교란시켰다. 이어 허리에 차고 있던 칼을 뽑아 들고 교란된 적진으로 돌격하여 백병전을 벌였다. 로마 보병의 칼은 가까운 거리에서 적을 밀고 찌르도록 특별히 고안된 것이었다. 백병전은 적들뿐만 아니라 그 작전을 수행해야 하는 로마 군인들에게도 커다란 충격과 공포를 안겨주었다. 그래서 로마 보병들은 그런 심리 상태를 이겨낼 목적으로 사전에 가혹한 훈련을 받았다. 무엇보다도 로마인들은 전쟁을 멈추는 일이 없었다. 기원전 387년 먼 북쪽에서 침공해 온 골족(켈트족의 한 집단)이 로마를 무자비하게 약탈했지만, 그것이 로마의 장기적인 군사적 성공을 가로막지는 못했다. 기원전 220년에 이르러 로마인들은 포 강 이남의 이탈리아 전역을 정복했다.

이탈리아 지역 내에서 수행된 이런 전쟁들은 때때로 잔인했다. 로마인들은 패배한 민족들의 많은 사람을 노예로 삼았다. 정복한 적들을 자유롭게 놓아주었을 때에도, 로마인들은 정복지의 큰 부분을 강제로 빼앗았다. 그러나 로마의 제국주의를 평가하는 데 똑같이 중요한 사항으로, 로마인들이 정기적으로 예전 적들에게 강화 조건을 내밀었다는 점을 들 수 있다. 그들은 몇몇 진압한 이탈리아인들에게 즉각 로마 시민권을 부여했다. 그 외 다른 민족들에게는 시민권에 준하는 보호를 해주었으나, 로마의 민회에서 투표할 권리를 주지는 않았다. 또 어떤 공동체들과는 동맹과 보호의 조약을 체결했다. 정복당한 이탈리아 민족들은 로마에 세금을 납부할 필요는 없었다. 그렇지만 그 후에 치러진 여러 선쟁에서 로마인에게 군사적 지원을 해야 했다. 이 새로운 동맹들은 로마와 함께 새로운 적들을 상대로 싸웠고 그 전쟁에서 생긴 전리품의 일부를 받았는데 주로 토지와 노예였다. 달리 말해서 로마인들은 예전 적들을 흡수하여 전리품의 파트너로 만들었는데 이러한 조치는 로마의 부와 권위를 높여주었다. 이러한 조치는 다른 민족들을 공동체에 흡수하여 더 크고 강성한 로마 공동체를 만든다는 원래의 정책에 부합했다. 간단히 말해서, 로마의 제국주의는 배타적인 것이 아니라 포괄적인 것이었다.

이탈리아의 보안을 강화하기 위해 로마인들은 사람들을 이주시켜 식민 도시들을 건설했고, 이탈리아 반도의 위아래로 도로망을 건설했다. 이 도로들은 이탈리아 내의 다양한 문화를 점진적으로 합병하여 로마가 지배하는 좀 더 통합된 공동체를 만들어냈다. 이 통합 공동체에서는 라틴어가 공용어로 사용되었다. 그러나 로마인들도 확장 정책이 가져온 교차 문화적 접촉으로부터 크게 영향을 받았다. 남부 이탈리아에서, 로마인들은 나폴리 같은 오래전에 형성된 그리스 도시를 제2의 고향으로 삼았다. 이 그리스 공동체들은 매우 허약해서 로마군에 저항할 수는 없었지만, 정복자에게 그리스의 예술, 음악, 연극, 문학, 철학을 소개하여 모방할 수 있는 모델을 제시했고, 이것은 나중에 로마의 문화가 활짝 피어나는 계기가 되었다. 기원전 3세기 후반에 들어와 로마의 저자들은 처음으로 그리스 형식을 흉내 내어 역사서를 집필했다. 그들은 초창기 로마의 역사 이야기로 그리스 독자들을 겨냥했으며, 심지어 그리스어로 집필하기도 했다.

로마의 도시 인구는 이탈리아 내부에서 로마의 영토가 확장되던 시기에 크게 증가했다. 기원전 300년경에 이르면 무려 15만 명이 도시의 방어 성벽 안쪽에서 살았다. 이 늘어나는 인구에게 식수를 공급하기 위해 장거리 수도교들이 건설되었고, 성공적인 정벌전에서 얻은 전리품으로

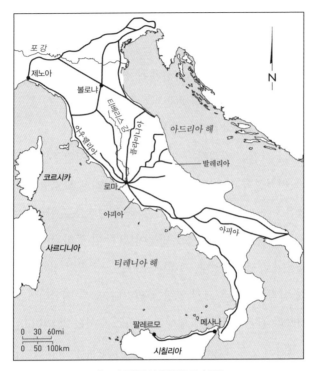

지도 4 | 공화정 시대의 주요 로마 도로

도시 내의 거대한 공공건물 건설 사업을 지원했다. 도시 밖에서는 75만 명의 로마 자유민들이 이탈리아 여러 지역의 현지 민족으로부터 빼앗은 땅에서 살았다. 그러나 다음과 같은 불확실한 여러 이유들로 인해, 이 농촌 인구는 세월이 흘러가면서 점점 더 큰 경제적 어려움에 직면하게 된다. 우선, 출산율이 높아져 대가족을 부양하기가 어렵게 되었다. 또 많은 남자들이 오랜 세월 원정전에 나가 있었던 탓에 농장을 생산적으로 가동하기가 어려웠다. 혹은 이런 여러 요소들이 결합하여 어려움을 가중시켰다. 또 정복된 땅들의 상당 부분이 공전^{公田}으로 선언되어, 이론상 로마인이면 누구나 그 땅을 목초지로 사용할 수 있었다. 그러나 많은 부유한 지주들이 넓은 공전을 통제하고서 개인적 용도로 사용했다. 이처럼 불법적으로 공전을 독점한 행태 때문에 부유한 로마인과 가난한 로마인 사이에는 깊은 불화가 싹텄다.

이제 부유층이라고 하면 귀족과 평민 모두가 포함되었고 또 두 계층에는 '고상한 사람들'이 있었다. 사실 기원전 3세기에 이르러 '두 계급 사이의 갈등'은 이제 너무나 먼 과거의 일이 되어버렸고 부유하고 권력 있는 귀족과 평민의 관심사는 서로 갈등하거나 경쟁하지 않고 유사하게 되었다. 이들은 정치와 국가 재정의 문제에서 의견이 일치하여 새로운 상류계급을 형성했고, 예전의 귀족 계급과 평민 계급이라는 구분은 사실상 사라진 것이나 다름없었다. 상류계급의 구성원들은 과거와 마찬가지로 주로 농토로 부를 축적했으나, 이제 외국의 적들을 상대로 벌이는 성공적인 정복전에 장교로 참여하여 거기서 나오는 전리품으로 더 큰 부자가 되었다. 로마 정부는 정기적인 소득세나 상속세를 부과하지 않았으므로, 이재에 밝은 가문들은 부를 대대로 물려줄 수 있었다.

이탈리아에서 군사적 성공을 거둔 후에도 로마인들이 당면한 가장 화급한 문제는 전쟁에 대해 결정을 내리는 것이었다. 용병 장군 피로스는 전투용 코끼리들로 무장한 군대를 이끌고 그리스에서 이탈리아로 건너왔다. 그는 이탈리아 남부에서 로마의 확장 정책에 맞서 타렌툼이라는 그리스 도시를 방어할 작정이었다. 로마의 지도자들은 민회를 소집하여 이 무서운 위험에 맞서 싸우기로 결정했다. 기원전 280년에서 275년까지 로마인들은 피로스를 상대로 일진일퇴를 거듭하는 전쟁을 벌였고, 마침내 피로스는 로마의 압박에 밀려 전쟁을 포기하고 그리스로 돌아갔다.

로마는 이처럼 힘겹게 승리를 거두면서 반도의 남단, 지중해 해역에까지 이르는 이탈리아의 남부 전역을 장악하게 되었다.

이처럼 남진 정책을 펼치면서 로마인들은 지중해 건너편 북아프리카의 서부(오늘날의 튀니지)에 자리 잡은 강성한 국가인 카르타고의 지배 지역 가장자리까지 진출하게 되었다. 지중해 동부 해안가에 살던 탐험가 민족인 페니키아인은 기원전 800년경에 이 천혜의 위치에 카르타고라는 식민 도시를 건설했다. 이 도시는 바다 무역을 하기가 좋은 곳이었고, 배후의 내륙에는 비옥한 농지가 있었다. 카르타고인들은 서부 지중해 전역에서 상업 활동을 벌여 큰돈을 벌었고, 이탈리아 반도의 발가락에서 일의대수一衣帶水의 위치에 있는 시칠리아도 이들의 활동 범위 안에 있었다. 카르타고는 여러 세기에 걸쳐 해상 무역을 해왔기에 해군을 운용하는 능력에서는 로마를 크게 앞질렀다. 기원전 3세기의 로마인들은 전함을 건조하거나 강력한 해군을 조직하는 방법 등에 대해서는 거의 아는 바가 없었다. 그러나 두 국가는 정치적으로 비슷했다. 카르타고 역시 로마처럼 사회 엘리트가 지배하는 공화국이었던 것이다.

로마인들은 해상 무역에서 카르타고인들의 상대가 되지 못했고, 또 바다는 물론이요 이탈리아 밖에서 군사 작전을 수행한 적이 없었기에, 두 국가는 서로 적이 되는 일 없이 무한정 계속 지낼 수도 있었다. 그런데 로마도 카르타고도 지배하지 않던 제3자가 일으킨 비교적 사소한 사건이 두 강대국을 100년에 걸친 파괴적 전쟁 속으로 몰아넣어 지중해 세계의 권력 구조를 크게 바꾸었는데, 이름하여 포이니 전쟁Punic Wars이다. 이 말은 카르타고인들을 지칭하는 라틴어 푸니키punici(포이니인들Poenicians)에서 따온 것이다. 기원전 264년 시칠리아의 북동쪽 끝에 있는 도시 메사

도판 4-1 | 론 강을 건너는 한니발의 코끼리 부대. 코끼리 등에 설치한 탑에 전사들이 탔고 그 뒤를 새끼 코끼리가 따랐다. 로마인들은 기원전 3세기에 처음으로 전장에서 이 거대한 짐승을 보았다. 그러나 그리스인들과 마찬가지로 로마인들은 코끼리의 접근로에 뾰족한 창으로 함정을 설치하여 코끼리의 부드러운 발바닥에 상처를 입힘으로써 이 거대한 짐승의 공격을 막아냈다. Henri Motte, 1894.

나의 용병대가 군사 작전에 참여했다가 실패로 끝나 목숨이 위태로운 지경이 되었다. 절망적인 상황에 빠진 용병들은 로마와 카르타고에 동시에 도움을 요청했다. 지리적인 측면 빼고는 두 강대국이 그런 도움에 응답할 필요는 없었다. 시칠리아는 두 강대국이 지배하는 권력 판도의 가장자리에 있었기 때문이다. 간단히 말해서, 바로 그 지리적 위치 때문에 메사나는 로마와 카르타고의 야망과 공포 사이에서 갈등을 일으키는 발화점이 되었다.

원로원은 용병들의 구조 요청에 어떻게 응답할지 합의를 보지 못했으나, 귀족 출신 집정관인 아피우스 클라우디우스 카우덱스는 인민에게 많은 전리품을 약속하면서 시칠리아에 군대를 보내는 쪽에 투표하도록 설득하여 원정을 성사시켰다. 이렇게 하여 메사나 파병이 로마의 첫 번째 해외 원정이 되었다. 카르타고도 메사나에 군대를 파병하자, 두 경쟁하는 국가 사이에 전쟁이 벌어졌다. 그 결과가 1차 포이니 전쟁인데, 한 세대 동안(기원전 264~241년) 계속되었다. 수십 년에 걸친 이러한 갈등은 왜 로마인들이 정복전에서 지속적인 성공을 거두었는지를 설명해준다. 그들은 많은 인명을 희생시킬 각오가 되어 있었고, 큰돈을 쏟아붓는 것도 마다하지 않았으며, 필요한 만큼 얼마든지 장기전을 치를 계획이었다. 그들은 전통적 가치들을 고수하면서 희생이 아무리 크더라도 절대 포기하지 않았다. 로마인들과 그 동맹군은 25만의 병력을 잃고 새로 창설한 해군의 전함 500척 이상이 격침되었는데도 1차 포이니 전쟁을 꿋꿋하게 견뎌냈다. 그로부터 100년 뒤에 로마의 역사를 집필한 그리스 역사가 폴리비오스는 1차 포이니 전쟁을 가리켜 "그 기간, 격렬함, 작전의 규모 등에서 역사상 가장 큰 규모의 전쟁"(《역사》 1.13.10~13)이라고 말했다.

노련한 해상 국가를 상대로 해전을 치러야 할 필요 때문에 로마인은 허겁지겁 무無에서 해군을 창설하기 시작했다. 그들은 새로 건조한 전함의 선수船首 끝에다 기다란 대못이 박힌 충각衝角을 설치하는 등 기술적 혁신을 통해 해전의 열세를 극복했다. 로마인들은 해전에 돌입할 때, 날카로운 부리를 가진 갈까마귀를 닮았다고 하여 그 새의 이름을 붙인 충각을 감추고서 적선을 유인한 다음, 적선의 갑판에 충각을 관통시켰다. 그러면 로마의 병사들은 적선에 올라가 그들의 주특기인 백병전을 치렀다. 로마인들은 해군 기술을 배우고 적용하는 데 매우 능숙해서 1차 포이니 전쟁 때 치러진 주요 해전들에서는 거의 패배한 적이 없었다. 기원전 249년의 유명한 패전에 대해서, 그들은 집정관 클라우디우스 풀케르가 신성모독을 저지른 탓에 신들의 징벌을 받았다고 설명했다. 지휘관은 전투 개시 전에 조점을 쳐야 한다는 종교적 전통에 따라, 풀케르는 신성한 닭들을 배 위에 올려놓고 점을 치려고 했다. 지휘관은 병력을 바다로 내보내기 전에 닭들이 모이를 열심히 쪼아 먹음으로써 좋은 징조를 보이는지 살펴야 했던 것이다. 그러나 닭들이 멀미를 했던지 모이를 먹으려 하지 않자, 풀케르는 화가 나서 닭들을 갑판 너머 바다로 내던지며 이렇게 소리쳤다. "좋아, 그렇다면 물이나 먹어!"(키케로,《신들의 본성》2.7) 그런 뒤 풀케르는 해전에 나섰는데 전함 123척 중 93척을 잃어버리는 참담한 패배를 당했다. 로마인들은 나중에 그처럼 오만하게 전통을 무시한 풀케르를 처벌했다.

　　로마인들은 1차 포이니 전쟁에서 승리를 거두면서 시칠리아의 맹주가 되었다. 그 섬의 항구와 들판은 전에 그곳에 정착하여 살던 그리스인, 카르타고인, 원주민 등에게 크나큰 번영을 가져다주었다. 로마가 이 섬에서 거두어들인 세금은 상당한 규모였고, 이러한 이점에 매력을 느낀 로마인들은 기원전 238년에 그 인근의 두 섬인 사르디니아와 코르시카도 카르타고인에게서 빼앗았다. 기원전 227년, 로마인들은 시칠리아를 공식적으로 첫 번째 해외 속주로, 그리고 사르디니아와 코르시카를 두 번째 속주로 지정했다. 이러한 조치로 로마의 속주 제도가 정립되었다. 로마인 행정관들은 정복된 땅, 곧 '속주'의 총독으로 부임하여 세금 징수를 감독하고, 사법 재판을 하고, 로마의 이익을 보호했다. 이탈리아 내에서 로마에게 정복당해 흡수된 많은 민족들과는 다르게, 새로운 속주의 주민들은 로마의 시민이 되지 않았다. 그들은 '속주민'으로 지정되어 현지 정치 조직은 유지하는 대신 직접세를 납부했다. 반면에 로마인들은 직접세는 내지 않았다.

충독으로 근무할 로마 관리들을 증원해야 하는 인적 필요에 맞추어 사법행정관들의 수가 늘어났다. 이들의 임무는 속주의 세금 징수를 감독하고, 반란자들을 진압하고, 적들이 그 지역을 넘보지 못하게 하는 것이었다. 가능하면 로마 속주 정부는 현지에 이미 설치되어 있는 행정 기구들을 활용하려 했다. 예를 들어 로마인들은 시칠리아에서 예전에 그리스인들이 거두어들인 세금과 똑같은 액수의 세금을 징수했다. 시간이 흘러가면서 속주민들의 세금에서 나오는 수입은 로마의 빈민들을 위한 보조금으로 사용되었고, 또 속주 정부의 고위직을 맡은 상류계급의 로마인들이 부유해지는 기회를 제공했다.

1차 포이니 전쟁 이후, 로마인들은 동부 스페인의 공동체들과 동맹을 맺었는데 그곳에 진출한 카르타고의 세력을 봉쇄하기 위해서였다. 로마는 기원전 226년 에브로 강 이남의 지역(카르타고가 지배하던 지역)은 간섭하지 않겠다고 맹세했는데, 이제 그 맹세를 위반하고 나선 것이었다. 당연히 카르타고는 적의 이런 움직임에 경악했다. 카르타고인들은 스페인의 광업과 농업 자원에 투자한 중요한 상업적 이익을 잃지 않을까 두려워했다. 카르타고가 지배하는 스페인 반도의 에브로 강 남쪽의 도시 사군툼이 로마에게 호소하여 카르타고를 물리쳐달라고 하자, 원로원은 전에 했던 맹세를 무시해버리고 그 호소에 호의적으로 반응했다. 맹세 위반이라는 불의에 대한 우려도 있었지만, 카르타고인이 인간적 도덕성이 결여된 야만인이라는 견해로 상쇄되었다. 로마인들은 카르타고인들이 국가적 재난이 닥치면 신들의 호의를 얻기 위해 갓난아기와 어린아이를 희생으로 바친다고 믿으면서(사실에 부합하는 믿음이긴 했다) 카르타고인들

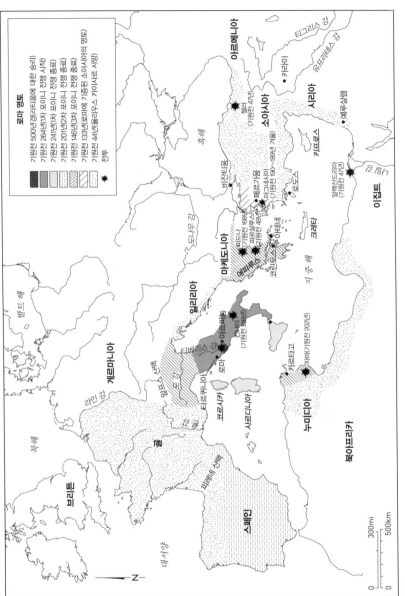

지도 5 | 공화정 시대 로마의 영토 확장

로마 영토

- 기원전 500년경(라티움에 대한 승리)
- 기원전 264년(1차 포에니 전쟁 시작)
- 기원전 241년(1차 포에니 전쟁 종료)
- 기원전 201년(2차 포에니 전쟁 종료)
- 기원전 146년(3차 포에니 전쟁 종료)
- 기원전 133년(로마에 기증된 소아시아의 영토)
- 기원전 44년(율리우스 카이사르 사망)
- 전투

북해

발트 해

대서양

브리튼

갈리아

게르마니아

라인 강

도나우 강

비스와 강

일리리아

마케도니아

아르메니아

티그리스 강

유프라테스 강

카리아

시리아

안티오크
에우로필람

이집트

알렉산드리아
(기원전 47년)

팔레스타인

카파도키아

키레네

흑해

비잔티움

소아시아

펠라
(기원전 47년)

페르가뭄
(기원전 190~189년 겨울)

마그네시아
(기원전 190년)

크레타

아테네

피드나
(기원전 168년)
파르살루스
(기원전 48년)
코린토스(기원전 146년)

지중해

누미디아

카르타고

자마(기원전 202년)

북아프리카

이탈리아

티베리스 강

로마

칸나이
(기원전 216년)

코르시카

사르디니아

스페인

피레네 산맥

콜

타라코나

갈리아

N

0 ___ 300mi
0 ___ 500km

을 비난했다.

사군툼이 카르타고의 포위 공격에 함락되자, 로마인들은 2차 포이니 전쟁(기원전 218~201년)을 일으켰다. 이 두 번째 장기전은 첫 번째보다 더 큰 부담을 로마인들에게 안겼다. 스페인에서 수년간 전쟁을 하면서 노련해진, 카르타고의 창의적인 장군 한니발이 군대와 코끼리들을 눈 덮인 알프스 산맥을 넘어 이동시켜서 이탈리아로 쳐들어와 로마인들을 충격에 빠뜨렸기 때문이다. 한니발이 기원전 216년 칸나이에서 단 하루 만에 3만 명이 넘는 로마인을 몰살하자 로마인들의 충격은 공포로 바뀌었다. 카르타고 장군의 전략은 로마와 동맹을 맺은 이탈리아 도시들 내에서 광범위한 반란을 촉발하는 것이었다. 한니발이 기원전 215년에 마케도니아의 필리포스 5세와 동맹을 맺으면서, 로마인들은 동부 측면을 보호해야 하는 동시에 그리스에서도 전쟁을 치러야 하는 엄청난 압력 아래 놓였지만 그들은 굴복하지 않았다. 한니발은 15년 동안 이탈리아의 남북을 오르내리면서 로마의 영토를 파괴하고 수도까지 위협할 기세를 보여 로마인들의 삶을 한없이 비참하게 만들었다. 당시 로마인들이 군사적으로 할 수 있는 최선의 대응은 지연 전략이었는데, '지연자'라는 별명이 붙은 파비우스 막시무스 장군에 의해 유명해진 전략이었다. 한니발에게는 참으로 참담하게도 대부분의 이탈리아 사람들은 로마에 충성을 바쳤다. 결국 한니발은 기원전 203년에 게릴라 전술을 포기하고 북아프리카로 돌아가야 했다. 그 당시 로마의 장군 스키피오가 과감하게도 카르타고를 정복하겠다고 나섰기 때문이다.

스페인과 이탈리아의 야전에서 34년을 보내고 마침내 고국으로 돌아온 한니발은 기원전 202년 스키피오와 맞선 자마 전투에서 패배했다. 스키피오는 이 가공할 적에 맞서 싸워 이긴 공로로 '아프리카누스Africanus'라는 별명을 얻었다. 로마인들은 이때 카르타고에 가혹한 강화 조건을 부과했다. 그들의 해군을 폐기하고, 50년에 걸쳐 막대한 전쟁 배상금을 지불하고, 스페인 내의 모든 영토를 포기하라는 조건이었다. 로마인들은 그 후에도 스페인 지역을 장악하기 위해 원주민들과 일련의 장기전을 벌여야 했다. 그러나 그 지역에서 거두어들이는 엄청난 수입, 특히 스페인의 광물 자원에서 나오는 수익은 그런 전쟁을 수행하는 노고를 가치 있게 해주었다. 스페인의 은광에서 나오는 수입은 너무나 막대하여 로마의 초호화 공공건물들의 건축 비용을 충당할 수 있었던 것이다.

로마는 카르타고를 제압하고 나서 그 여세를 몰아 북부 이탈리아의 골족을 제압하려고 계속 애를 썼다. 골족은 포 강 북쪽의 비옥한 평야 지대에서 살고 있었다. 기원전 387년에 골족이 로마로 쳐들어와 약탈했던 사실(한니발조차 거두지 못했던 군사적 성공)을 기억하면서 로마인들은 그런 공격이 또 벌어질까봐 두려워했다. 그래서 로마인들은 이 켈트족을 상대로 벌이는 전쟁을 정당한 것이라고 여겼다. 로마인들이 보기에 그 전쟁은 국가를 방위하기 위한 선제공격이었기 때문이다. 기원전 3세기에 이르러 로마인은 포 강 유역까지 손에 넣었고, 그리하여 알프스에까지 이르는 이탈리아 반도 전역을 석권했다.

로마는 서부 지중해에서 군사적 성공을 거두자 이어 동부 지중해로 진출했다. 2차 포이니 전쟁의 여파로, 기원전 200년에 원로원은 로마군을 아드리아 해 건너편으로 파견하여, 발칸 반도에 있던 마케도니아 왕 필리포스 5세를 공격하도록 했다. 포이니 전쟁 당시 필리포스가 한니발과 동맹을 맺는 바람에 로마인은 그렇지 않아도 어려운 전쟁에서 두 번째 전

도판 4-2 | 소아시아(오늘날의 터키) 아탈로스 왕국의 수도인 페르가뭄에 있는 그리스식 극장으로, 수천 명의 관객을 수용했다. 연극 공연과 축제 행사에 사용된 이 시설은 그리스-로마 세계에서 대규모 오락 행사가 인기 높았다는 것을 보여준다. Erika Praefcke / Wikimedia Commons.

선을 구축해야 했었다. 그러나 마케도니아는 그 후 기원전 205년에 로마와 우호적인 강화 조약을 맺었다. 당시는 로마가 카르타고를 상대로 전면전을 벌이던 시절이었다. 이제 원로원 의원들은 마케도니아와 셀레우코스 왕조 사이의 동맹을 막아달라는 페르가뭄과 로도스의 요청을 받아들여 원정군을 파견한 것이다. 셀로우코스 왕조는 알렉산드로스의 정복 사업과 대왕의 사후에 벌어진 혼란을 틈타 대왕의 부장이었던 셀레우코스가 남서아시아에 세운 왕국이었다. 페르가뭄과 로도스 두 약소국은 이 동맹에게 제압될까봐 두려워 그런 요청을 했고, 원로원은 이 새로운 지역들로 로마의 권력을 확대하기 위하여 멀리 떨어져 있는 나라들의 원조 요청을 받아들였다. 원로원의 동기는 복합적이었다. 아마도 필리포스의 배신

행위를 징벌하려는 뜻도 있었을 것이고, 또 로마가 동부 지중해와 남서아시아의 위협으로부터 충분히 스스로를 보호할 수 있음을 보여주려 했을 것이다.

로마의 사령관 플라미니누스는 필리포스를 격퇴한 후인 기원전 196년에 남부 그리스의 코린토스 근처에서 벌어진, 참가자도 많고 인기 높은 국제 운동 축제에 참가했다. 그리스인들에게 자유를 선언하기 위해서였다. 현지인들은 그 선언에 놀라면서도 당황했다. 이 외국인이 무슨 이유로, 또 무슨 권리로 그리스인들이 자유라고 선언하는지 그들이 볼 때는 분명하지가 않았다. 그리스인들은 자유가 생득권이라고 생각했다. 그런 갑작스러운 상황에 당황하기는 했지만, 그리스의 오래된 도시국가들과 연맹들은 문자 그대로 자유를 의미한다고 생각했다. 그러니까 그리스인들은 자유롭게 자신들의 일을 마음대로 처리해도 좋다는 뜻으로 해석했다. 게다가 로마인들은 우리에게 자신들이 우리의 친구라고 말하지 않는가.

하지만 불운하게도 그리스인들은 그 메시지를 잘못 이해했다. 로마인들의 생각은 이러했다. 우리(로마인)는 당신들을 위해 전쟁에서 대신 싸워주는 호의를 베푸는 보호자 역할을 했고 이어서 자유라고 선언했다. 또 당신들로부터 복종을 강요하거나 우리의 전쟁 비용을 물어내라고 하지도 않았다. 이렇게 생각하는 로마인이 볼 때, 로마인은 그리스인들을 해방시켜준 보호자이므로 그리스인들은 동등한 자격이 아니라 피보호자답게 행동해야 하는 것이었다. 그리스인들을 가리켜 친구라고 한 것은 보호자와 피보호자는 서로 친구라는 그런 특별한 관계를 뜻했다. 그리스인들이 정치적·법적으로 자유인 것은 맞지만, 그런 지위를 부여해준다고 해서 피보호자의 도덕적 의무, 즉 보호자의 뜻을 존중해야 하는 의무로부터도 자유롭다는 뜻은 아니었다.

그리스인들의 관습에는 이와 유사한 관계가 없었으므로 그들은 그러한 의무의 심각성, 또는 로마인들이 보호자-피보호자 관계에 부여하는 상급자와 하급자의 의무 사항을 이해하지 못했다. 국제 외교에서 왕왕 벌어지듯이, '자유'나 '우정' 같은 낯익고 흔한 단어들이 각각의 사회에서는 아주 다른 의미와 함의를 지닌다는 것을 외교의 양측 당사자가 깨닫지 못할 때에는 문제가 발생한다. 그리스인들은 로마인의 자유 선언을 문자 그대로 해석하여 자신들의 정치 문제를 자기들 마음대로 처리할 수 있다고 생각했다. 그래서 기원전 196년의 자유 선언 이후 그리스와 마케도니아의 평화를 뒤흔들어놓은 지역 분쟁에 로마가 간섭하려들자 그리스인들은 저항했다. 반면에 로마인들은 자신들의 충고를 거절한 그리스인들의 태도가 보호자의 뜻을 존중해야 하는 피보호자의 의무를 위반하는 행위라고 여겼다.

로마인들은 일부 그리스인들이 셀레우코스 왕조의 통치자인 안티오코스 3세에게 군사적 지원을 요청했을 때 특히 당황했다. 안티오코스는 로마군이 기원전 194년에 이탈리아로 돌아가자 그리스를 침공했다. 그리하여 로마는 안티오코스와 그 동맹군들을 상대로 싸웠는데 이를 가리켜 시리아 전쟁이라고 한다. 로마군은 이 전쟁에서 다시 승리를 거두었고 소아시아(오늘날의 터키)에 있던 안티오코스의 영토를 그 지역의 여러 우호적인 소국들에게 나누어 주고 다시 이탈리아로 돌아왔다. 마케도니아의 왕 페르세우스가 영토 확장 정책을 펼치자 심한 압박을 느낀 페르가뭄의 에우메네스 왕은 로마에게 그리스로 와서 마케도니아의 침공을 막아달라고 요청했다. 로마는 이 요청에 응답하여 군대를 파견했고, 기원전 171년에서 168년에 걸쳐 페르세우스를 제압했다. 그러나 이 승리도 그리스 문제를 완벽하게 마무리 짓지는 못했다. 그 후 20년이 흐르고서야 비로소 로마는 그리스 및 마케도니아의 친구들과 지지자들에게 유리한 평화를 완벽하게 회복시킬 수 있었다. 그리고 기원전 148년에서 146년 사이에 또 다른 마케도니아 전쟁에서 승리를 거둔 후, 로마인들은 마케도니아와 그리스를 로마 속주로 편입시킴으로써 그리스인들의 자유를 끝장냈다. 기원전 146년, 로마 장군 뭄미우스는 부유하고 역사적인 도시 코린토스를 완전히 파괴했는데, 이는 로마의 지배에 계속 저항하면 어떻게 되는지를 다른 그리스 도시들에게 보여주기 위해 일부러 연출한 공포 행위였다.

기원전 146년은 또한 3차 포이니 전쟁(기원전 149~146년)이 끝나고 카르타고가 완전 파괴된 해이기도 하다. 2차 포이니 전쟁에서 로마가 부과한 전쟁 배상금을 다 지불하고 카르타고의 경제는 되살아났다. 그러면서 카르타고가 이웃 나라인 누미디아의 왕 마시니사에게 보복을 가함으로써 3차 포이니 전쟁을 일으켰다. 누미디아는 로마의 동맹국이었는데 한동안 카르타고를 괴롭히며 도발해온 나라였다. 카르타고는 스키피오 아프리카누스의 양손자인 스키피오 아이밀리아누스의 봉쇄 작전에 가로막혀 패배했다. 카르타고 시는 완전 파괴되었고 그 영토는 로마의 속주로 전환되었다. 이러한 참사가 카르타고의 사회적·문화적 양식마저 말소하지는 못했다. 나중에 로마제국 시대에 들어와 북아프리카의 이 지역은 로마와 카르타고의 전통을 잘 종합하여 생겨난 경제적·지적 활력으로 유명해진다.

독립 국가인 카르타고를 완전히 파괴하는 것은, 노골적이고 투박하게 말하기로 유명한 로마 원로원 의원 마르쿠스 포르키우스 카토(대 카토)의 소원이기도 했다. 기원전 146년 이전의 몇 년 동안 카토는 상원에서 토론하던 중에 기회만 있으면 이렇게 말했다. "카르타고는 반드시 파괴되어야 합니다!"(플루타르코스,《대 카토의 생애》 27) 카토가 이렇게 주장한 데에는 두 가지 이유가 있었다. 하나는 다시 강성해진 카르타고가 로마를 위협할 수 있다는 공포였다. 다른 하나는 부와 영예의 라이벌인 카르타고를 확실히 제거하고 싶다는 욕망이었다. 그래야 카토와 그의 동료 귀족들은 지중해 전역에 로마의 권력을 확장하여 커다란 부와 영광을 획득할 수 있을 터였다.

로마는 공화국 창건 후 첫 400년 동안, 몇 년에 걸쳐 치열하게 전쟁을 벌이느라 다수의 인명이 희생되고 엄청난 전쟁 비용을 소모했지만, 그래도 모든 싸움에서 승리를 거두었다. 이처럼 힘들게 거두어들인 승리는 로마와 로마 사회의 가치관에 의도된 결과뿐 아니라 의도되지 않은 결과를 가져왔다. 기원전 100년에 이르러 로마인들은 당초 의도한 바와 같이 거대한 영토에 대한 통제권을 확립했다. 로마의 판도는 기원전 6세기의 페르시아 제국 이래 그 어떤 나라도 정복해보지 못한 거대한 영토였다. 하지만 이 장의 첫머리에서 이미 말한 것처럼, 로마인들이 당초 어느 정도까지 정복전을 의도했고 또 어느 정도까지 적대적이고 위협적인 세상에서 자기방어의 수단으로 적들을 공격했는지, 전문가들 사이에서도 의견이 잇갈린다.

로마의 영토 확장은 지속적이거나 일관된 과정은 아니었으며, 공화정 시대의 로마 제국주의는 그 어떤 단일한 원칙이나 동기에 의해 설명되지 않는다. 로마인들은 다른 지역의 다른 민족들과 거래할 때 상당한 유연성을 발휘했다. 이탈리아 내부에서, 로마인들은 당초 위협적이라고 생각되는 이웃들로부터 그들 자신을 보호하기 위하여 싸움을 했다. 서부 지중해와 북아프리카 서부에서, 로마인들은 정복 사업을 완료하고 뒤이어 직접 통치를 부과하고 항구적으로 군대를 주둔시켰다. 그리스와 마케도니아에서, 그들은 오랫동안 동맹과 우호적인 현지 정부를 통해 간접적으로 통치하는 것을 선호했다. 기원전 146년에 카르타고와 코린토스가 파괴되면서 로마의 직접 통치는 이제 스페인에서 그리스에 이르기까지 지중해 연안의 3분의 2에 해당하는 지역으로 확대되었다. 그리고 기원전 133년 페르가뭄의 왕 아탈로스 3세가 로마에 놀라운 선물을 주어 로마의 권력을 더욱 키워주었다. 이 왕은 소아시아에 있는 자신의 왕국을 로마인에게 기증한다고 유언에서 밝힌 것이다. 이제 로마인은 경쟁자 없는 온 세계의 주인이었다.

요약하면, 로마의 제국주의는 다음과 같은 여러 요소의 결과물이다.

첫째, 로마와 그 영토에 대한 안보 의식 때문에 원로원과 민회는 적으로 간주되는 자들을 선제공격하도록 승인했다.

둘째, 로마의 상류계급과 로마의 평민들은 정복전에서 나오는 혜택, 가령 전리품, 이탈리아 내의 토지, 속주들에서 생기는 세입 등을 활용하기를 바랐다.

셋째, 로마인들은 영광을 추구하는 일을 전통적으로 좋아했다. 상류계급의 사람들은 개인적 만족을 위해 영광을 추구했고 로마 평민들은 국가의 높은 명성에 기여하는 것을 영예롭게 여겼다.

로마인들이 사는 세상에서 권력은 존중되었을 뿐만 아니라 영예로운 것이었다. 따라서 정복은 자동적으로 지저분한 단어로 여겨지지 않았다.

동시에 로마인들은 공격자가 아니라 국가를 지키고 명예를 드높이기 위해 싸운다고 말하기를 좋아했고 또 그렇게 성실하게 믿었다. 오늘날 우리가 로마인들을 가리켜 현대의 제국주의자들 못지않게 불성실하고 판단 착오에 빠진 자들이라고 비판하는 문제는 이제 독자들이 결정해야 할 사항이다. 이때 독자들은 선악을 구분하는 현대의 도덕적 기준으로 고대 세계의 선악을 재단하려는 오만한 판단은 되도록 피해야 할 것이다.

영토 확장의 결과

로마인들은 이탈리아 남부, 시칠리아, 그리스, 소아시아 등에서 군사·외교 활동을 벌이면서 그리스 문화와 더욱 빈번하게 접촉했다. 이 문화는 로마 문화의 미술, 건축, 문학의 발달에 크게 영향을 끼쳤다. 로마 화가들은 그림을 제작할 때 그리스 미술에서 영감을 얻었고 그 모델을 가져와 로마인의 취향과 필요에 따라 적절히 각색했다. 이러한 사정은 조각도 마찬가지였다. 미술은 가장 인기 높은 예술이었으나 건물 벽을 장식하는 프레스코(석회 벽에 그린 그림)를 제외하고는 후대에 전해진 것이 거의 없다. 마찬가지로 공화정 시대의 로마 조각상들도 그다지 많이 전해지지 않았다. 로마에 세워진 최초의 대리석 신전은 기원전 146년 유피테르에게 봉헌되었는데, 장엄한 공공 건축에 반짝거리는 돌을 사용하는 그리스의 전통을 따른 건물이었다. 전쟁에서 승리를 거두고 돌아온 장군인 카이킬리우스 메텔루스는 로마 인민에게 봉사하는 과정에서 거둔 군사적 성공과 경건한 마음을 표시하기 위해 이 신전의 건설비를 지불했다.

이 신전은 로마의 공공건물을 화려하고 웅장하게 짓는 전통의 효시가 되었다.

로마 문학 역시 그리스를 모델로 삼아 성장했다. 기원전 200년경에 최초의 로마사가 집필될 때에도 라틴어가 아니라 그리스어가 활용되었다. 최초의 라틴어 작품은 1차 포이니 전쟁(기원전 264~241년) 후에 작성된 서사시로, 호메로스의 《오디세이아》를 각색한 것이다. 로마 문화의 발전에 추동력을 제공한 다양성은, 이 라틴어 서사시를 쓴 작가가 이탈리아인이 아니라 그리스인이라는 사실에서도 엿볼 수 있다. 이 작가는 이탈리아 남부의 타렌툼 출신인 리비우스 안드로니쿠스이다. 전쟁 포로로 잡혀 노예가 된 그는 해방되어 주인의 성을 취한 후로는 로마에서 살았다. 실제로 저명한 초창기 라틴어 작가들 다수가 본토 로마인이 아니다. 그들은 다양한 지역적 분포를 보인다. 시인 나이비우스(기원전 201년 사망)는 로마 남부인 캄파니아 출신이고, 시인 엔니우스(기원전 169년 사망)는 그보다 더 남쪽인 칼라브리아 출신이다. 희극 작가 플라우투스(기원전 184년 사망)는 로마 북부의 움브리아 출신이고, 동료 소극 작가인 테렌티우스(기원전 190~159년)는 북아프리카 출신이다.

초창기 로마 문학은 로마의 문화가 낯선 것과 익숙한 것을 잘 결합하여 그로부터 힘과 생명력을 얻었다는 사실을 보여준다. 이것은 로마의 인구가 로마인들과 이민자들을 잘 결합하여 증가한 현상과 궤를 같이한다. 예를 들어 플라우투스와 테렌티우스는 로마의 관중을 위하여 라틴어로 희극을 썼지만, 그 줄거리는 그리스의 희극을 각색한 것이었다. 그들은 희극의 무대를 그리스로 설정하면서도 그 외양이나 태도가 틀림없이 로마인인 멋진 캐릭터들을 창조했다. 가령 거들먹거리는 전사라는 코믹

도판 4-3 | 로마 희극에 영향을 준 그리스 희극 배우 혹은 저자가 무대에서 희극 배우들이 사용하는 가면을 점검하고 있다. 가면은 널찍하고 커서 도판 4-2에서 소개된 것과 같은 야외극장에서 연극을 볼 때 관객들이 등장인물들을 손쉽게 구별할 수 있었다. David C. Hill / Wikimedia Commons.

한 인물은 적들을 다수 살해했으니 당연히 사회적 지위가 높다고 주장하는 로마인의 허세를 조롱한다. 두 사람의 희극은 지속적으로 인기를 누렸다. 셰익스피어는 플라우투스의 희극을 바탕으로 《착오 희극》(1594년경)이라는 희극을 썼다. 브로드웨이에서 히트한 뮤지컬이며 1966년에 영화화된 〈광장으로 가는 길에 우스운 일이 벌어졌어〉도 플라우투스의 《거들먹거리는 전사The Braggart Warrior》의 음란한 유머에서 영감을 얻은 작품이다.

모든 로마인이 그리스의 영향을 좋게 여기지는 않았다. 대 카토는 그 자신 그리스어를 공부했으나 허약한 그리스인이 강건한 로마인에게 미치는 부패 효과를 거듭하여 경고했다. 그는 대규모 농장 경영을 다룬 논문 《농업에 대하여》(기원전 160년경에 출간)를 출간하면서, 산문을 쓰는 데에는 라틴어가 적절한 언어라는 관례를 확립했다. 그는 또 로마의 역사를 서술한 《기원》을 기원전 168년부터 쓰기 시작하여 기원전 149년에 사망할 때까지도 완성을 보지 못했다. 카토는 로마인들이 그리스 문학에 너무 물들면 활력을 잃어버릴 것이라는 음울한 예측을 했다. 그러나 초창기 로마 문학은 그리스 문학의 영향 속에서도 전통적인 로마인의 가치들을 반영했다. 예를 들어 엔니우스는 그리스 서사시에서 영감을 얻어 획기적인 라틴어 서사시인 《연대기》를 집필했다. 그렇지만 그 책은 태초에서 엔니우스 시대에 이르는 로마의 역사를 시적으로 표현한 것으로, 조상의 전통을 옹호하는 내용인데 다음의 시행은 특히 유명하다. "예전의 조상들과 그들의 방식에 로마공화국의 명운이 달려 있다"(아우구스티누스의 《신국론》 2.21에 수록; 워밍턴, vol. 1, pp. 175~175, 단편 467). 이것은 로마인들의 적절한 행동을 유도하는 전통적인 길라잡이인 '조상들의 관습'을 시적으로 칭송한 구절이다.

그러나 이런 문학적 영향에 비하여, 로마 제국주의가 가져온 예기치 못한 사회적·경제적 변화는 로마 사회를 상당히 불안하게 만들었다. 로마의 상류계급은 기원전 3세기와 2세기의 로마 제국주의 덕택에 엄청난 재정적 보상을 획득했다. 해외에서 군사 작전을 지휘할 지휘관의 수요가 증가했고 이는 성공적인 지휘관들이 전리품으로 큰 부를 거머쥘 수 있는 기회를 뜻했다. 그들은 그 소득으로 공공건물을 짓는 비용을 댐으로써 인민들에게 혜택을 주어 사회적 지위를 높였다. 예를 들어 새 신전을 짓는 것은 모든 사람의 안전을 높여주는 행위로 간주되었다. 로마인들은 신들이 자신들을 기념하는 신전이 많을수록 기뻐한다고 생각했기 때문이다. 더욱이 몇몇 신전에서 거행되는 축제는 일반 대중에게 직접 혜택이 돌아가도록 해주었다. 신전에서 올린 동물 희생은 평소에 고기를 사먹을 형편이 못 되는 사람들에게 고기를 나누어 주는 계기가 되었기 때문이다.

속주들을 창설하면서 점점 더 많은 군사적·정치적 지도자들이 필요했고, 이런 인력은 전통적으로 선출된 관리들만으로는 충당하기가 어려웠다. 따라서 관리들은 권한이 더욱 커져 군대도 지휘하고 속주도 다스리는 식으로 겸직을 하게 되었다. 지방총독은 군법으로 관할 지방을 다스렸기 때문에 속주민들은 횡령, 착취, 약탈을 일삼는 지방총독을 견제할 수가 없었다. 물론 모든 로마 지방 관리들이 부패했다는 말은 아니다. 그러나 일부 관리들은 감시받지 않는 권력을 이용하여 속주민들을 최대한으로 착취했다. 부정직한 지방 관리들이 처벌받는 일은 아주 드물었다. 기원전 70년에 키케로가 부정부패 혐의로 기소한, 악명 높은 시칠리아 행정관 베레스는 아주 희귀한 예외에 속한다. 거대하고 화려한 지방 별장들은 속주 행정관으로 재임하여 부자가 된 사람들의 부를 잘 보여주었다. 이런 화려한 생활 취미는 개인 생활에서 근검과 절제를 강조한 로마인의 이상과 어긋났기에 논쟁을 불러일으켰다. 예를 들어 카토는 로마의 군사 영웅 마니우스 쿠리우스(기원전 270년에 사망)를 가장 이상적인 로마인으로 보았다. 쿠리우스는 누추한 오두막에 머물며 순무를 끓인 간단한 식사를 하여 근검절약의 대명사가 된 전설적인 인물이다. 해외 확장 정책의 재정적 보상이 가져온 사치의 새로운 기회들은 마침내 로마 엘리트들이 숭상하는 검소하고 절약하는 삶의 가치를 파괴했다.

로마공화국의 경제적 기반은 농업이었다. 수백 년 동안 이탈리아 농촌 지역에서 소규모 농토를 경작해온 농민들은 로마 농업 생산의 중추였다. 이 정도 재산을 소유한 사람들이 로마군의 주된 병력 동원처動員處였는데, 이들에게서 병력을 동원했으니 자연히 농업 생산력이 떨어질 수밖에 없었다. 그 결과 공화국은 심각한 경제적·사회적·군사적 어려움을 겪게되었다. 기원전 3세기와 2세기의 성공적인 원정전은 이탈리아 전역의 많은 가족농에게는 재앙이 되었다.

1차 포이니 전쟁 이전에 로마의 전쟁 수행은 통상적인 지중해 방식을 따랐다. 즉, 전쟁을 해도 농업의 유동적인 노동력 투입 상황을 감안하여 단기전에 그쳤다. 계절에 따르는 이러한 전쟁 방식 덕분에 남자들은 집에 남아 씨 뿌리고 추수하고 가축을 짝짓기 시키고 추려내는 일을 감독할 수가 있었다. 그러나 몇 년에 걸쳐 수행된 1차 포이니 전쟁은 병사들을 장기간에 걸쳐 전장에 묶어두고 집에 돌아가지 못하게 만들었다. 농가의 여자들은 도시 가정의 여자들과 마찬가지로 집 근처에서 일을 했지 들판에 나가서 일을 하지는 않았다. 따라서 남자가 전장에 나가고 없는 농가는 곡식과 가축을 돌보기 위해 고용 인부나 노예에게 의존하거나, 아니면 전통적으로 남자의 일이었던 농사를 여자가 직접 담당해야 했다. 여자는 물을 길어 오고, 옷감을 짜고, 음식을 비축하여 마련하고, 가정의 아이들과 노예를 돌보는 등 일이 이미 많은데, 거기에다 농사라는 중노동까지 떠맡아야 했다. 그 부담은 실로 엄청난 것이었다.

기원전 256년, 아프리카에서 승전한 로마군을 지휘한 집정관 마르쿠스 아틸리우스 레굴루스의 이야기는 집안에 남자가 없을 때 겪게 되는 심각한 어려움을 잘 보여준다. 이 집정관이 카르타고인들과 싸우기 위해 외국에 나가 있는 동안 그를 대신하여 1만 6000제곱미터 남짓 되는 농장을 돌보던 남자가 사망하자, 고용된 인부가 농장의 가축과 연장을 챙겨서 달아났다. 그러자 레굴루스는 원로원에 자신을 대신할 장군을 보내 달라고 호소했다. 자신이 집에 돌아가 방치된 농가에서 아내와 아이들이 굶어 죽는 것을 막아야겠다는 것이 그 이유였다. 원로원 의원들은 레굴루스가 전장에 지휘관으로 그대로 남아 있기를 바랐기에 레굴루스의 가정과 농장이 어려움을 겪지 않도록 지원하겠다고 약속했다(발레리우스 막시무스,《기억할 만한 행동과 말씀》4.4.6). 그러나 평범한 병사는 이 같은 특별 지원을 기대할 수 없었다. 레굴루스의 가정처럼 곤경에 처한 여자들과 자녀들은, 일을 찾아 도시로 이사 가면 이렇다 할 기술이 없어서 재앙에 직면했다. 심지어 미숙련 일자리도 구할 수가 없었다. 가사노동에는 노예들을 활용했고, 가정에서 운영하는 소규모 가게의 물품 제작은 식구들의 노동력으로 해결했기 때문이다. 많은 농촌 여성들이 남편의 부재나 전사로 인해 농장에서 유리되어 절망적인 빈곤에 떨어졌고, 이탈리아의 도시들로 나가서 창녀가 되는 것 외에는 돈을 벌 길이 없었다. 이렇게 하여 새로운 전쟁 수행 방식은 로마 농업 경제의 근간인 농촌 지역에 사는 평범한 사람들의 전통적 생활 방식을 파괴하는 예기치 못한 결과를 가져왔다. 그러나 자산가 계층의 여자들은 지참금과 상속의 형태로 더 많은 부를 획득했다. 게다가 이런 여자의 남편은 로마군 내에서 엘리트 지위를 차지하는 사람이었기에, 종군 장병들에게 전리품을 분배하는 로마 제도에 따라 당연히 군내 고위직에게 많이 돌아가는 전리품을 가지고 귀가함으로써 집안의 부를 더욱 키웠다.

농가의 어려움은 2차 포이니 전쟁이 벌어지고 있던 3세기 말, 한니발의 군대가 10여 년간 이탈리아에 머무름으로써 더욱 악화되었다. 카르타고 군대가 주위에 상주하고 있으니 농가는 그 군대가 폭력을 휘두르는 지역에서는 정상적으로 씨 뿌리고 수확을 할 수가 없었다. 로마 장군 파비우스의 지구전과 소모전은 농가의 손실을 더욱 악화시켰다. 기원전 2세기에 로마의 해외 원정전이 지속적으로 수행되어 많은 남자들이 수년 동안 들판에서 일을 하지 못하게 되자, 농가의 어려움은 한층 가중되었다. 이 기간 동안 로마 성인 남자의 50퍼센트 이상이 7년간 군 복무를 해야 했고, 그들의 아내와 자녀들에게 그런 오랜 기간 동안 농장을 알아서 돌보라고 맡길 수밖에 없었다. 그 결과 많은 농가가 빚을 졌고 농토를 팔아야 했다. 부유한 지주들은 이런 땅들을 사들여 대규모 장원을 조성했다. 지주들은 로마공화국이 이탈리아의 패배한 민족들로부터 몰수하여 조성한 공전을 불법 점유하여 농토를 늘렸다. 이런 식으로 해서 부자들은 '라티푼디아latifundia'라고 하는 거대한 장원을 획득했고 여기서 자유노동자와 노예가 함께 일했다. 부자들은 이런 거대한 농장에서 일할 노예들을 얼마든지 공급받을 수 있었다. 공화국의 소규모 농가들을 파괴시킨 바로 그 전쟁에서 엄청나게 많은 포로들이 잡혀서 노예로 팔렸기 때문이다.

이탈리아의 모든 지역이 이처럼 심각한 피해를 입은 것은 아니었다. 피해 지역의 일부 가난해진 농민들과 그들의 가족은 일용 노동자로 일하며 고향 농촌에 남아 있을 수 있었다. 그러나 뿌리 뽑힌 사람들 다수가 로마로 갔다. 거기서 남자들은 막노동 자리를 찾았고 여자들은 옷감 만드는 일의 하청이라도 얻기를 바랐다. 최근에는 이런 이론도 나왔다. 이렇게 많은 사람이 이동하게 된 것은, 어떤 알 수 없는 이유로 인구 폭증이 있었고 그리하여 농촌에 인구 과밀 지역이 생겨났으며 이 많은 사람들을 현지 자원으로 먹여 살릴 수 없었기에 인구 이동 현상이 벌어졌다는 것이다. 그 이유가 무엇이든 간에 농촌 생활의 전통적 안정성은 심각하게 파괴되었다.

절망적인 사람들이 로마로 유입되자 수도의 빈곤층 인구가 크게 늘어났다. 이 땅 없는 도시 빈민들이 비좁은 도시에서 날마다 먹고사는 문제로 겪는 어려움은 그들을 로마 정치에서 잠정적인 폭발 요소로 만들었다. 그들은 생계를 해결해주겠다고 약속하는 정치가라면 기꺼이 표를 던져 지지할 용의가 있었다. 도시의 식량 폭동을 모면하려면 어떻게든 그들을 먹여 살려야 했다. 기원전 5세기의 아테네가 그러했듯이, 기원전 2세기 후반의 로마는 팽창한 도시 인구를 먹여 살리기 위해 곡식을 수입해야 했다. 원로원은 로마에서 기초 식량을 가지고 투기를 하지 못하게 막고 또 식량이 부족할 때 적절한 배급을 확보하기 위해 곡식 시장을 감독했다. 로마의 몇몇 지도자들은 굶고 있는 가난한 사람들의 문제를 해결하는 유일한 방책은 국가가 낮은 가격의 곡식을 공급하거나, 아니면 국가 비용으로 빈곤층에게 무상 곡식을 제공하는 것이라고 생각했다. 그렇지만 다른 정치가들은 이렇다 할 대안도 없으면서 그런 방식에 강력하게 반대했다. 그렇게 하여 보조금을 지급하는 곡식 배급이 정부 정책의 표준이 되었다. 시간이 흐르면서 이런 보조금을 받는 가난한 사람들이 수만 명으로 늘어났다. 이런 대규모 지출을 계속해야 하는가 하는 문제는 후기 공화국 정치의 가장 논쟁적인 문제가 된다.

로마의 영토 확장 정책이 가난한 농가에 미치는 파괴적 효과는 이미 로마 엘리트 정치 지도자들 사이에 존재했던 신분의 갈등을 더 노골적으로 표출시키는 문제가 되었다. 이러한 상황은 티베리우스 그라쿠스(기원전 133년에 사망)와 가이우스 그라쿠스(기원전 121년에 사망) 형제의 정치 경력에서 살인적 폭력으로 터져 나왔다. 형제는 로마의 가장 저명한 상류계급 가문 출신이었다. 형제의 유명한 어머니, 코르넬리아는 저명한 장군 스키피오 아프리카누스의 딸이었다. 티베리우스는 기원전 133년에 평민 호민관의 직위에 선출되었다. 그는 트리부스 평민회를 움직여서 개혁 법률을 채택하게 하여 원로원을 분노하게 만들었다. 개혁 법의 내용은 원로원의 승인 없이 공전을 땅 없는 로마인에게 재분배한다는 것이었다. 이는 형식적으로는 합법적이었지만 로마 정치에서 매우 비전통적인 접근 방식이었다. 티베리우스는 이런 농지 개혁을 재정적으로 지원하는 문제와 관련하여 원로원의 뜻을 무시함으로써 전통을 거역한 셈이었다. 그 일이 있기 직전에 사망한 페르가뭄의 아탈로스 3세가 로마에 기증한 소아시아의 왕국이라는 유산에 대해 원로원이 접수 여부를 두고 의견을 결정하기도 전에, 티베리우스는 그 기증된 땅을 땅 없는 사람들이 농장을 세울 수 있는 재분배용 토지로 사용하자고 발의했다.

땅 없는 농부들을 도우려는 티베리우스의 개혁안에는 확실히 정치적 의도가 있었다. 그는 정치적 경쟁자들에게 복수하고 싶어 했고 또 대중의 옹호자임을 자처함으로써 대중에게 인기가 높아지기를 기대했다. 하지만 그가 집 없는 동료 시민들을 동정했다는 사실을 부인하려 한다면 그건 너무 냉소적인 판단이 될 것이다. 그는 이런 유명한 말을 했다.

이탈리아를 돌아다니는 맹수들도 보금자리가 있습니다. … 그러나 이탈리아를 위해 싸우고 죽은 사람들은 공기와 햇빛 이외에는 아무

것도 누리지 못합니다. 집도 절도 없이 그들은 아내와 자식들과 함께 유랑하고 있습니다. … 그들은 남들의 부와 사치를 보호하기 위해 싸우다 죽습니다. 그들은 명목상 세상의 주인일 뿐, 그들의 것이라고 할 수 있는 땅뙈기 한 조각도 없습니다.

– 플루타르코스, 《티베리우스 그라쿠스의 생애》 9

농지 개혁안이 전례 없는 것이었다면, 티베리우스가 민회를 움직여 다른 호민관을 자리에서 쫓아내려 한 움직임 역시 전례 없는 일이었다. 그 호민관은 티베리우스의 새 법안을 계속 거부했던 인물이다. 티베리우스는 또한 다음 해에 호민관으로 다시 입후보하겠다고 선언하여 '로마 국제'의 오래된 금기 사항을 위반했다. 공화국에서는 어떤 관직을 연임하는 것을 '국제에 어긋난다'고 보았다. 심지어 그의 일부 지지자들도 '조상들의 관습'을 무시한다며 그에게서 떠났다.

그 뒤에 벌어진 사건은 공화국의 정치적 건전성이 이제 끝나가기 시작한다는 신호였다. 스키피오 나시카라는 전前 집정관이 한 무리의 원로원 의원들과 그들의 피보호자로 하여금 자신의 사촌인 티베리우스에게 기습전을 감행하라고 사주했다. 이 상류계급 테러단은 기원전 133년 후반에 카피톨리움 언덕에서 티베리우스와 그의 일부 동료들을 몽둥이로 구타하여 죽였다. 이런 식으로 해서 후기 공화국의 정치적 전략으로 폭력과 살인이 동원되는 슬픈 역사가 시작되었다.

가이우스 그라쿠스는 전통적인 연임 금지 관습에도 불구하고 기원전 123년과 그다음 해인 122년에 연속하여 호민관으로 선출되었다. 가이우스도 로마 엘리트들을 위협하는 개혁안을 주도했다. 가이우스는 형이 내놓았던 농지 개혁안을 되살렸고 로마의 시민들에게 국가 보조금에 의한 할인 가격으로 곡식을 배급하는 법안을 도입했다. 그는 또한 이탈리아 전역에 공공 토목 공사를 추진하여 가난한 사람들에게 일자리를 마련해 주려 했고, 해외에 식민지를 건설하여 시민들에게 농업과 무역의 새로운 기회를 주려 했다. 가장 혁명적인 개혁안은 일부 이탈리아인들에게 로마 시민권을 주자는 안과, 지방총독 근무 시 부정부패로 피소된 의원들에게 배심원 심판을 받게 하자는 안이었다. 전자는 실패했고, 후자는 논쟁의 테이블에서 '뜨거운 감자'가 되었다. 이 새로운 기소 제도는 자신과 가족을 범죄에 대한 징벌로부터 보호하려는 원로원의 권력을 위협하는 것이었기 때문이다.

새 배심원들은 원로원 의원들로 구성되는 것이 아니라 '에퀴테스^equites' ('기사騎士'라는 뜻)라는 사회 계급에서 충원하게 되어 있었다. 이 계급은 로마 시 이외의 지역에 가족의 터전과 연고가 있는, 지주 상류계급 출신의 부유한 사람들이었다. 공화국 초창기에 기사들은 문자 그대로 자신의 말馬을 제공할 수 있어서 기병으로 복무한 부유한 사람들이었다. 그러나 공화국 후기에 이르러 그들은 상류계급 중에서 제2진을 형성하면서 정치보다는 사업에 집중했다. 정치적 관직에 야심을 가졌던 기사들은 종종 원로원의 주도 세력에게 봉쇄당했다. 원로원 의원들은 의원이 상업으로 손을 더럽히는 것은 부적절하다면서 의원과 기사를 구분하여 사회적 신분 차이를 명확하게 드러내려 했다. 예를 들어 기원전 218년에 호민관 클라우디우스가 통과시킨 법은 원로원 의원과 그 아들이 대형 화물선을 소유하는 것을 불법으로 규정했다. 이처럼 이윤 추구 행위를 공식적으로 매도했는데도 원로원 의원들은 몰래 사업에 참여했다. 그들은 중간 대리인이나 총애하는 노예를 고용하여 그 일을 담당하게 하여 이익을 챙기면서도 상업적 이득을 공식적으로는 감추었다.

속주에서 금품 갈취로 고소당한 원로원 의원들의 재판에 기사들을 배심원으로 앉힌다는 가이우스의 법안은 로마 정계에 기사 계급이 새로운 정치 세력으로 등장했다는 신호였다. 하지만 원로원의 권력을 향한 이러한 위협은 의원들을 화나게 했다. 그러자 가이우스는 경호대를 조직하여 상원의 적들이 저지를지 모르는 폭력으로부터 자신을 보호하려 했다. 그러자 의원들은 기원전 121년에 사상 처음으로 투표에 의해 비상 결의를 발령하는 것으로 대응했다. 그것은 원로원이 집정관들에게 '공화국이 더 이상 피해를 입지 않도록' 조치를 취하라고 권고하는 결의였다(율리우스 카이사르,《내전기》1.5.7; 키케로, 〈카틸리나를 고소하는 연설〉1.2) 이 비상조치로 집정관 오피미우스는 로마 시 안에서도 군사력을 사용할 수 있게 되었다. 로마 경내에서는 전통적으로 임페리움(명령권)을 가진 행정관들도 이런 권력을 휘두르지 못했다. 가이우스는 체포당하여 처형되는 것을 피하기 위하여 노예에게 부탁하여 자신의 목을 치게 했다.

티베리우스 그라쿠스의 암살과 가이우스 그라쿠스의 강요된 자살은 로마 상류계급의 정치적 유대를 최종적으로 붕괴시키는 결과를 야기했다. 두 형제와 그들의 적이 모두 상류계급 출신이라는 사실은 그 계급이 이제 하나의 집단으로서 통일된 이해관계를 보호해주는 합의를 통해 통치될 수 없음을 보여주었다. 앞으로, 상류계급의 구성원들은 보통 인민(포풀루스populus)의 이익을 위해 정치적 권력을 추구하는 평민파(포폴라레스 populares)와, 전통적인 상류계급인 '훌륭한 사람들', 즉 귀족들의 입장을 옹호하는 귀족파(옵티마테스optimates)로 점점 더 갈라지게 된다. 어떤 정치 지도자들은 각 당파가 주장하는 정책에 대한 동맹에 따라 이 파 혹은 저 파로 자신의 입장을 밝혔다. 또 다른 지도자들은 그들의 개인적 정치 경력에 이익이 되는 편의에 따라 이쪽 혹은 저쪽에 붙는 것을 편리하게 여겼다. 아무튼 로마 상류계급 내의 이런 분열은 후기 공화정 시대에 정치적 불안과 살인적 폭력의 원천이 되었다.

5
공화정의 파괴

로마의 통치 계급이 서로 싸우는 난폭한 갈등은 마침내 공화정을 파괴했다. 파괴의 과정은 100년이 걸렸는데 그라쿠스 형제의 호민관 시절부터 기원전 1세기 후반의 내전에 이르는 기간이 여기에 해당한다. 이 과정에서 보호자와 피보호자의 호혜적 의무라는 로마의 오래된 전통이 크게 왜곡되었다. '조상들의 관습'이 이처럼 부패한 것은 기원전 2세기 후반부터였는데, 그 당시 로마공화국은 새로운 심각한 위협에 직면하여 유능한 사령관이 신속한 군사적 대응을 해야 하는 상황이었다. 무엇보다도 7만 명의 노예가 시칠리아의 대규모 농장들에서 도망쳐 나와 함께 힘을 합쳐 반란을 일으켰다. 이 반란은 기원전 134년에서 131년까지 계속되었다. 게다가 기원전 112년에는 북아프리카의 반항적인 피보호자 왕인 유구르타와의 해외 전쟁이 터졌다. 본국에 좀 더 가까운 이탈리아 북부 지방에서는 골족 전사 무리가 계속하여 침입하여 로마를 위협했다.

이처럼 심각한 사태들이 벌어지면서 새로운 종류의 지도자가 등장하

연대표(모든 연대는 기원전)

107	마리우스가 선거에서 집정관으로 뽑히면서 '신인'이 됨. 그는 총 여섯 번 집정관으로 재선됨.
91~87	로마인과 그들의 이탈리아 동맹들이 동맹국 전쟁에서 서로 싸움.
88	술라가 로마군을 지휘하여 로마를 점령함.
88~85	로마인들이 소아시아 폰투스의 왕 미트라다테스 6세에 대항하여 1차 미트라다테스 전쟁을 벌임.
63	폼페이우스가 예루살렘을 점령함. 카틸리나가 난폭한 음모를 꾸며 로마 정부를 무력으로 장악하려고 시도함.
60	폼페이우스, 크라수스, 율리우스 카이사르가 1차 삼두체제를 결성하여 로마 정부를 지배함.
59	율리우스 카이사르의 딸 율리아가 두 라이벌 지도자 사이의 정치적 동맹을 위해 폼페이우스와 결혼함.
58~50	율리우스 카이사르가 골(오늘날의 프랑스)을 정복하고자 갈리아 전쟁을 벌임.
53	로마 시가에서 정치적 폭력이 난무하여, 이해에 집정관을 선거로 뽑지 못함.
50년대	루크레티우스가 《사물의 본성에 관하여》라는 서사시를 집필하여 원자설을 주장하면서 죽음의 공포를 물리치려 함.
49	율리우스 카이사르가 루비콘 강을 건너 이탈리아로 들어옴으로써 내전이 시작됨.
45	율리우스 카이사르가 내전에서 정적들을 물리치고 로마를 장악함. 유언에서 옥타비아누스(후일의 아우구스투스)를 아들로 입양한다고 밝힘.
44	율리우스 카이사르가 자신을 '종신 독재관'으로 선언. '3월의 이데스' 날에 암살됨.

는 기회가 생겨났다. 이들은 로마의 문벌 높은 귀족처럼 특권 계층 태생은 아니었으나 뛰어난 군사적 능력과 정치 기술로 마침내 집정관으로 선출되었고, 그와 함께 엄청난 지위와 영향력을 누리게 되었다. 고귀한 가문 출신이 아니어도 집정관 자리에 오른 사람들을 가리켜 '신인新人, homo novus'이라고 했다. 신인 출신 군사령관들은 자신들에 대한 사회적 편견을 극복하고 민중의 지지를 얻기 위해 승전한 뒤에 전리품을 부하 장병들에게 후하게 나누어 주고 또 그들의 필요를 잘 보살펴주었다. 대부분 가난했던 로마의 병사들은 이런 사령관을 보호자로 여겨 점점 더 따르게 되었고, 그리하여 원로원이나 민회에 복종하기보다는 사령관 개인에게 더잘 복종하는 피보호자가 되어갔다. 이런 식으로 해서 보호자-피보호자관계는 공동체 전반의 이익을 지원하기 위한 관계가 아니라 사령관 개인의 권력을 강화하는 수단이 되었다.

로마의 전통이 이처럼 부패하기 시작한 것은 국가적 위기가 발발한 때부터였는데, 당시 로마는 내부적으로는 이탈리아의 동맹국들과 싸워야했고 대외적으로는 소아시아의 영리하고 카리스마 넘치는 미트라다테스와 싸워야 했다. 공화정의 정치적 안정이 크게 파괴된 것은 군사령관 술라가 공동체에 충성해야 한다는 고대 로마의 가치를 우습게 보면서 자신의 권력욕과 명예욕을 더 앞세우면서부터였다. 시인 루킬리우스가 오래전에 표현했던 로마의 이상—공화국과 가문의 이익을 중시하고 개인적인 이익은 가장 나중으로 돌려야 한다—은 이제 로마의 야심만만한 지도자들에게 영감을 주지 못했다.

'신인'의 부상

—

'신인들'은 지도자의 지위를 보장하는 로마의 전통적인 출세 코스에서 벗어난 사람들이었다. 과거에는 유서 깊은 명문가의 자제들이 엘리트 교육 과정을 거쳐 사회와 정치에서 높은 지위를 얻는 것이 관행이었다. 신인들의 이런 파격적 정치 행보에 새로운 정치적 힘을 보태준 사람은 가이우스 마리우스(기원전 157~86년)였다. 그는 이탈리아 중부의 아르피눔이라는 마을의 기사 계급 가문에서 태어났다. 공화국 초창기 같았더라면 마리우스는 집정관 직을 거의 독점하다시피 한 로마 엘리트 지도자 계층으로 진입할 기회가 거의 없었을 것이다. 마리우스와 같은 배경을 가진 사람이 공직에서 바라볼 수 있는 최대치는 강력한 귀족의 충성스러운 피보호자가 되어 원로원의 하급 의원이 되는 것이었다. 그러나 마리우스에게는 아주 다행스럽게도 기원전 2세기 말의 로마는 군대를 승리로 이끌어줄 능력을 가진 사람들을 절실하게 필요로 했다. 마리우스는 북아프리카 전쟁에서 뛰어난 전공을 세워 명성을 얻었다. 그는 처음에는 귀족 보호자의 이익을 뒷받침하면서 정치적 출세의 사다리에 첫발을 올려놓았다. 그는 또 자신보다 사회적 지위가 높은 저명한 귀족 가문에 장가들어 출세의 가능성을 높였다. 마침내 마리우스는 그 자신의 뛰어난 군사적 능력과, 유구르타와의 전쟁을 지휘한 귀족들의 우유부단한 태도에 실망한 평민들의 지지를 등에 업고 기원전 107년에 집정관 선거에서 승리함으로써 상류계급을 놀라게 했으며, 그 덕분에 '신인'이 되었다. 마리우스가 이런 정상의 관직에 오를 수 있었던 것은 로마가 군사적 성공을 간절히 바라던 때에 그가 장군으로서 놀라운 지휘 능력을 발휘하여 성공을 가져다주었기 때문이다. 아프리카 전쟁은 귀족 출신 장군들의 무능력 때문에 결론이 나지 않은 채 질질 끌었는데 마침내 마리우스가 지휘권을 인계받고서 승리로 이끌었다. 그러나 마리우스가 유권자들에게 인기가 많고 또 높은 명성을 얻게 된 것은 북부의 켈트족인 튜턴족과 킴브리족을 상대로 싸운 전쟁에서 승리를 거둔 덕분이었다. 이 두 민족은 기원전 2세기 말년에 빈번히 이탈리아를 침입했다. 북부 '야만인들barbarians'이 기원전 387년에 로마를 침략해 와서 약탈했던 기억이 생생한 로마인의 유권자들은 기원전 100년에 이르러 전례 없이 마리우스를 집정관으로 여섯 번이나 선출했다. 그가 로마의 최고 관직에 머문 기간에는 연임도 들어 있었는데, 이런 연임 자체가 전에는 '비국제적unconstitutional'인 일이었다.

마리우스는 너무나 유명해져서 원로원은 그에게 로마 군인의 최고 영예인 개선식을 베풀기로 표결했다. 개선식은 엄청난 승리를 거둔 장군들에게만 베푸는 희귀한 행사였다. 개선식 날에 마리우스는 전차를 타고서 로마의 거리를 행진했다. 그의 얼굴(아마도 그의 온몸)은 붉은색으로 칠해져 있었는데, 그렇게 하는 것은 너무나 오래된 일이어서 로마인들은 개선장군이 왜 그런 붉은 칠을 하는지 그 이유를 알지 못했다. 마리우스의 장병들은 마리우스와 관련된 음란한 농담을 계속 외쳐댔다. 그런 행위는 어쩌면 악귀를 쫓아버리기 위한 것일 수도 있고, 최고 영예의 순간에 인간적 자부심 이상의 감정을 품지 말라고 경고하는 것이었을지도 모른다. 이와 같은 이유로, 마리우스와 함께 전차에 탄 누군가(아마도 노예)는 마리우스에게 신이나 다름없다는 오만한 자부심에 넘어가지 말라고 그의 귀에다 이렇게 속삭였다. "당신의 뒤를 돌아보십시오. 그리고 당신이 죽을 운명인 인간이라는 점을 기억하십시오"(테르툴리아누스, 《변명》 33 : 히에로니무스, 《서한집》 39.2.8). 마리우스처럼 급이 떨어지는 가문 출신의 사람이 개선식 환영을 받는다는 것은 막대한 사회적 변혁이었다.

마리우스는 이처럼 웅장한 개선식을 받았는데도 로마의 최고위 특권 엘리트들에게 전면적인 지지를 얻지는 못했다. 그들은 마리우스를 벼락 출세한 자로 보았고 자신들의 특권에 위협적인 인물로 여겼다. 마리우스의 진정한 지지층은 부유한 기사들과 평민들이었다. 기사 계급은 마리우스를 쳐다보면서 자신들 같은 사회 계급도 귀족층으로 진입할 수 있다는 귀중한 증거로 여겼다. 그러나 기사 계급은 그보다는 원로원 계급 출신의 현 지도자들이 군사적으로 무능력하여 해외에 있는 기사들의 경제적 이권을 처참하게 망쳐놓지나 않을까 우려했다.

마리우스가 군대 입대 자격을 개혁한 것은 로마 사회의 가난한 사람들로부터 인기를 얻게 된 핵심 요소였다. 전에는 재산이 있는 시민만이 군인으로 등록할 수 있었고, 승전을 할 경우 거기서 나오는 지위와 약탈(전리품)의 보상을 얻을 수 있었다. 그러나 재산이 없는 프롤레타리아는 아예 군인이 될 수가 없었다. 마리우스는 선배들이 이전에 시작해놓은 과정에 박차를 가해서 이런 진입 장벽을 제거하여, 프롤레타리아도 군대에 입대할 수 있게 만들었다. 재산이 없는 사람들에게 군 입대는, 승리하는 사령관 밑에서 전리품을 챙겨 형편을 향상시키는 기회가 될 수 있었다. 그런 전망은 전쟁 중에 부상을 당하거나 전사할지도 모른다는 위험성을 압도하고도 남음이 있었다.

그 당시 로마공화국은 제대군인들에게 정기적인 보상이나 연금을 지불하지 않았다. 그들의 생계는 오로지 사령관의 성공과 호의에 달려 있었다. 이 무렵 이탈리아 내부에는 제대군인들에게 나누어 줄 땅이 남아

도판 5-1 | 종교 행렬 속에 서 있는 것으로 묘사된 이 로마 병사들은 공화국 시대에 사용된 무구를 들고 있다. 직사각형 방패는 나중에 좀 더 흔해졌다. 병사들은 미리 정해진 질서정연한 전투 대형 속에서 무거운 무기를 효과적으로 휘두르려면 열심히 훈련하여 체력을 쌓아야 했다. Marie Lan-Nguyen / Wikimedia Commons.

있지 않았다. 또 이탈리아 밖의 속주에서 땅을 빼앗을 수도 없었다. 속주민들이 로마에 적개심을 품지 않도록 사전에 예방해야 했기 때문이다. 따라서 일반 병사들이 전쟁에서 재정적 혜택을 얻으려면 승전 후 몰수한 전리품을 나누어 갖는 수밖에 없었다. 만약 사령관이 탐욕스러워서 전리품의 좋은 몫을 자신과 수하 장교들하고만 나누어 가진다면 일반 병사들은 빈손을 털고 일어서야 했다. 따라서 가난한 프롤레타리아 출신 병사들은 전쟁에서 승리를 거둔 후 전리품을 후하게 나누어 주는 사령관에게 커다란 고마움을 느꼈다. 그 결과 군단의 충성심은 점점 더 공화국이 아니라 군단 사령관 개인을 향하게 되었다. 달리 말해서, 가난한 로마 병사들은 사령관을 보호자로 여기며 따르는 피보호자의 군사가 되었고, 원로원의 의사는 아랑곳하지 않고 오로지 사령관의 말만 들었다.

이 시기에 로마군은 새로운 전략과 개량된 무기를 가지고 전투하도록 재조직되었다. 군단은 열 개의 보병대cohort로 구성되었고, 각 보병대에는 480명의 병사가 있었다. 보병대는 백부장centurion이라고 부르는 장교가 다스렸는데, 인원이 80명씩인 백인대centuri 여섯 개로 구성되었다. 전장에서 전투를 할 때 네 개의 보병대가 제일 앞에서 제1열을 형성했고, 나머지 여섯 개 보병대는 그 뒤에서 세 개 보병대씩, 제2열과 제3열을 형성했다. 제1열의 각 보병대는 서로 적당한 공간을 두고서 떨어져 있었다. 그리고 후방의 제2열과 제3열은 그 빈 공간 뒤쪽에서 대형을 유지하며 도열했다. 이처럼 벌어진 공간 덕분에 보병대는 전투 중에 변화하는 상황에 대응하여 유연하게 기동할 수 있었다. 사상 처음으로 로마군은 예전처럼 각자 알아서 군사 장비를 가지고 출병하는 것이 아니라, 통일된 무기와 장비를 휴대했다. 주요 보병대는 무거운 창과 가벼운 창, 단검, 커다란 타원형(나중에는 직사각형) 방패를 휴대했다. 마리우스는 무거운 장창을 개량하여, 창이 적의 방패에 꽂힌 후에 휘어지도록 만들었다. 그리하여 적의 움직임이 둔해지면 로마군이 더 손쉽게 처치할 수가 있었다. 장창을 던진 직후 단검을 빼어 들고 적에게 달려들어 백병전을 벌인 것이다.

마리우스가 전략적 응집력과 기동성을 개선하여 로마군의 전투 효율성을 높인 공로는 인정받아 마땅하나, 그의 개혁은 예기치 못한 결과를 가져왔다. 그가 만들어낸 피보호자 군대는 훗날 무자비한 군사령관들에게 권력의 원천이 되었고 이것은 당연히 공화국의 정치적 안정을 뒤흔들었다. 그러나 마리우스 자신은 매우 전통적인 군인이어서 피보호자 군대를 자신의 정치 경력을 관리하는 목적으로 이용하지는 않았다. 마리우스는 기원전 100년 이후로는 군대를 계속 지휘하는 대신 상류계급에 가담하여 많은 지지자들을 소원하게 만든 바람에 정치적 영향력을 잃고 말았다. 귀족파(옵티마테스)에 소속된 마리우스의 적들은 그의 이러한 실수를 이용하여 그가 정치적 힘을 발휘하지 못하게 했다. 그렇지만 마리우스는 장군이 병사들을 개인의 피보호자로 만들어 엄청난 정치적 권력을 획득할 수 있는 선례를 남겨놓았다. 나중에 다른 지도자들은 이 선례를 더욱 확대하여 그 논리적 결론으로까지 나아갔다. 다시 말해 사령관이 공화국의 오랜 전통에 입각하여 공화정의 일원으로서 로마를 다스리는 것이 아니라, 그 자신의 개인적 힘만으로 정부를 다스리게 된 것이다.

로마와 이탈리아 동맹국들 사이에 오랫동안 잠재되어 있던 긴장이 마침내 기원전 1세기 초에 전쟁으로 터져 나왔다. 로마의 전통에 따라 이 동맹국들은 군사적 승리의 보상을 공유했다. 그러나 그들은 로마의 시민이 아니었기에 로마의 대내외 정책을 결정하는 데에는 아무런 발언권이 없었다. 공화정 후기에 정복전에서 나온 부富가 이탈리아 내부에 쌓여가면서, 그들은 이런 정치적 불이익에 대하여 점점 더 불만을 품게 되었고, 동맹국들은 상류계급의 부가 점차 늘어나자 자신들도 이전보다 좀 더 큰 보상을 원했다. 일찍이 가이우스 그라쿠스는 로마 시민권을 이탈리아의 충성스러운 동맹국에 부여하는 것이 공화국에 득이 된다는 선견지명을 내보였다(물론 이런 조치를 고마워하는 동맹국 사람들이 로마 시민이 되어 그의 피보호자가 된다면 그의 권력도 자연히 커질 터였다). 그러나 그라쿠스의 적들은 이탈리아 동맹국들에 시민권을 부여하면 로마 유권자들의 정치적·경제적 이해관계가 침해될 거라고 주장하여 그라쿠스의 제안을 눌렀다.

동맹국들의 불만은 마침내 기원전 91년부터 87년까지의 '동맹국 전쟁 Social War'으로 터져 나왔다(동맹을 의미하는 라틴어가 'socius'여서 이런 명칭이 붙었다). 이탈리아인들은 로마와 맞서 싸우기 위해 연합체를 결성했고 무장 반란을 재정적으로 지원하기 위해 그들 나름의 동전을 주조했다. 한 고대의 사료에 따르면 30만 명의 이탈리아인이 이 전쟁에서 죽었다고 한다. 전쟁에서 승리를 거둔 쪽은 로마인들이었으나, 동맹국들은 결국 자신들의 주장을 관철시켰다. 로마인들이 평화를 확보하기 위한 전쟁의 빌미가 되었던 로마 시민권을 동맹국 주민들에게 부여하기로 한 것이다. 그때부터 포 강 남쪽의 이탈리아에서 자유민으로 태어난 사람들은 로마 시민으로서 특권을 누렸다. 더욱이 이들은 로마로 올라오면 민회에 나가서 투표할 수도 있었다. 로마의 초창기 원칙이 외부인들을 공동체에 받아들여 국력을 키워간다는 것이었음을 감안하면 동맹국 전쟁의 유혈은 이 오래된 전통을 재확립하기 위해 지불한, 불운한 대가인 셈이었다.

이 시기에 소아시아의 속주들이 반란을 일으키면서 다른 지역의 통치자로 나선 로마에 어려움이 가중되었다. 폰투스의 왕 미트라다테스 6세는 속주민들을 설득하여 반란을 일으켰다. 속주민들은 로마의 세금 징수원들을 몹시 미워해서 그런 설득에 호응했다. 로마공화국에는 세금을 거두어들이는 관리가 따로 없었다. 그래서 해마다 입찰을 통해 개인 사업가에게 징수 업무의 하청을 맡겼다. 특정 속주에 대하여 징수 가능한 세금 액수를 가장 크게 써낸 입찰자가 그 해의 세금 징수 계약을 따냈다. 계약한 업자는 로마에 그 액수를 납부하겠다고 약속하고 그 대신에 속주민들에게서 계약 액수보다 더 많은 세금을 착취하여 그 차액을 착복했다. 말하자면 세금 징수원이 속주민들을 짜내면 짜낼수록 더 많은 돈을 벌수 있는 구조였다. 그리고 징수원들은 실제로 엄청나게 착취를 했다. 따라서 미트라다테스가 "로마인들은 온 세상에 고통을 주는 가시이다"(살루스티우스, 《역사》 4, 단편 69)라고 외쳤을 때, 소아시아의 많은 속주민이 호응한 것은 놀라운 일이 아니었다. 뛰어난 조직가인 미트라다테스는 반도들이 미리 정해진 날짜에 소아시아의 여러 지역에서 로마인을 상대로 기습 공격을 벌이도록 조직했다. 그들은 크게 성공했고 단 하루 만에 수만 명을 죽였다. 이 위기로 1차 미트라다테스 전쟁(기원전 88~85년)이 벌어졌는데, 로마는 매우 힘겹게 이 전쟁에서 승리했다. 이 지역에서 로마의 세계 지배를 위협하는 미트라다테스의 세력을 완전히 제압하는 데에는 두 차례 더 전쟁이 필요했다.

동맹국 전쟁과 미트라다테스의 위협은 무자비한 로마 귀족인 루키우스 코르넬리우스 술라에게 권력을 가져다주었다. 술라의 정치 경력은 공동체를 하나로 묶어주는 로마 전통의 안정화 기능을 한층 더 파괴시켰다. 술라는 지위와 부를 상당히 잃어버린 귀족 가문 출신이었다. 가문의 위엄과 번영을 회복하고 싶어 안달하던 술라는, 먼저 북아프리카에서 유구르타와 싸운 마리우스 밑에서 근무했다. 이어 술라는 동맹국 전쟁에서 군사적 성공을 거두며 탐내던 정치적 명성을 확보했다. 술라는 기원전 88년 선거에서 승리하여 집정관이 되었다. 원로원은 즉각 그에게 소아시아에서 미트라다테스를 상대로 싸우는 군사 지휘권을 부여했다.

옛 부하의 명성을 질투하던 마리우스는 술라의 지휘권을 자신에게 이양하도록 하는 음모를 꾸몄다. 이런 음모에 술라는 마리우스가 만들어놓은 전례에 따라 대응했다. 술라는 권력이 어디에서 나오는지 잘 알았다. 그는 지휘권의 이양을 받아들이기를 거부하고, 로마의 전통상 생각할 수도 없는 행동을 저질렀다. 휘하의 로마군을 이끌고 로마 시를 공격하러 나선 것이다. 이런 대역죄에 술라의 장교들은 루쿨루스를 제외하고는 모두가 군무를 이탈했다. 이와는 대조적으로 일반 병사들은 모두 술라에게 복종했다. 병사들이나 사령관이나 모두 내전이 벌어지는 것을 두려워하지 않았다. 로마 시민군으로서 로마 시를 점령한 술라는 정적들을 무

도판 5-2 | 이 그림은 삼니움족 스타일의 무장을 한 병사들을 보여준다. 삼니움족은 전쟁에서 무척 용감한 민족으로 명성이 높았다. 전사들의 눈에 띄는 무장은 전투용으로도 중요했지만 그들의 지위와 명예를 드러내는 표식이기도 했다. Wikimedia Commons.

자비하게 죽이거나 추방했다. 그의 병사들은 수도를 마음껏 노략질했다. 술라는 이어 재판을 받으라는 소환을 무시하고서 병사들을 이끌고 소아시아의 전쟁터로 나갔다.

술라가 이탈리아를 떠난 후, 마리우스와 그 동료들이 로마의 정권을 재탈환하고서 그들 나름의 공포 정치를 시행했다. 그들은 폭력에 보복하기 위해 폭력을 사용함으로써 로마의 정치가 사실상 본국 내의 전쟁이 되었음을 노골적으로 드러냈다. 마리우스는 얼마 안 가 죽었으나 그의 동료들은 기원전 83년까지 독재 권력을 유지했다. 이해에 술라가 소아시아 원정전을 성공적으로 마치고 이탈리아로 돌아왔다. 그리하여 또다시 내전이 시작되었고, 술라의 적들은 그에게 저항하기 위해 일부 이탈리아인들, 특히 중부와 남부 이탈리아의 삼니움인들과 동맹을 맺었다. 결정적 전투는 기원전 82년에 로마의 콜리나 성문에서 벌어졌다. 삼니움의 장군은 다음과 같이 소리치면서 술라에게 대항하는 병사들을 독려했다.

"마침내 로마인들을 끝장낼 날이 왔다. 이탈리아 사람들의 자유를 파괴하는 이 늑대들은, 우리가 그 서식지인 숲을 파괴할 때까지 사라지지 않을 것이다."

– 벨레이우스 파테르쿨루스, 《로마사》 17.2

그러나 불행하게도 삼니움인은 이 전투에서 지는 바람에 패전했다. 술라는 이어 삼니움인들을 처단하고 그들의 땅을 지지자들에게 나누어 주었다. 그는 '징벌 고시proscription'라는 계엄 조치를 내려 로마의 적들에게 폭력을 행사했다. 징벌 고시는 대역죄로 피소된 사람들의 명단을 크게 써서 내붙이는 것이었다. 명단에 들어 있는 사람들은 누구나 추적하여 아무런 재판도 할 필요 없이 죽일 수가 있었다. 술라의 지지자들은 그 명단에 무고한 사람들의 이름도 집어넣었다. 그렇게 하여 역적을 처벌한다는 미명 아래 그들의 재산을 몰수하여 나누어 가졌다. 술라의 무자비함에 겁을 먹은 원로원 의원들은 술라를 임기 제한 없는 독재관으로 임명했다. 이러한 조치는 독재관 임기를 국가 비상사태가 벌어진 짧은 기간으로 제한한 로마의 전통에서 명백히 위배되는 것이었다.

술라는 전례 없는 독재관 지위를 이용하여, 자신이 주도한 로마 정부의 재개편을 합법화했다. 그는 정부 통제권을 '훌륭한 사람들'(귀족)에게 부여함으로써 공화국의 핵심적 전통을 회복하고자 한다고 주장했다. 그러면서 원로원을 국가의 최고 권력 기관으로 만들었다. 그는 또 배심원 구성을 바꾸어서 기사 계급이 원로원 의원을 심판하지 못하게 만들었다. 평민 호민관의 기능도 크게 약화시켰다. 호민관은 원로원의 사전 승인이 없으면 법안을 제출하지 못하게 했고, 한번 호민관을 지낸 사람은 그 후에 다른 관직을 갖지 못하게 했다. 그 외에 관직의 사다리에서 각급 직위에 오를 수 있는 연령을 제한했다.

앞으로 살 시간이 얼마 남지 않았다는 오래된 예언을 확신한 술라는 기원전 79년에 야인으로 은퇴했다. 술라는 실제로 그다음 해에 뇌출혈로 죽었다. 그의 잔인무도한 경력은 공화정 후기에 이르러 로마의 사회적·정치적 전통이 얼마나 크게 바뀌었는지를 잘 보여준다. 중요한 변화는 다음 세 가지이다.

첫째, 전쟁에서 승리하는 것은 곧 사령관과 병사들에게 재정적 이익을 의미했다. 그들은 전쟁 포로를 노예로 팔아넘기고 전리품을 챙기는 방식으로 돈을 벌었다. 이처럼 전쟁 수행에 따른 이익이 엄청났기에 문제를 평화적으로 해결하는 것이 점점 더 어려워졌다. 많은 로마인들은 몹시 가난해서 전망 없는 평화보다는 전쟁을 더 좋아했다. 기원전 88년에 술라의 군대는 지배 엘리트들이 해산하라고 명령했는데도 이를 거부했다. 소아시아의 미트라다테스를 상대로 전쟁을 벌여 승리하면 거기서 거두어들일 막대한 이익에 눈독을 들이고 있었기 때문이다.

둘째, 군대 내에 보호자-피보호자 관계가 널리 확대되었다. 그리하여 가난한 병사들은 공화국보다는 보호자를 자처하는 사령관에게 더 강력한 의무의 유대감을 느꼈다. 술라의 병사들은 보호자인 사령관에게 복종하려 했고 또 그에 대한 반대급부를 기대했기에 수도 로마로 진격하라는 술라의 명령에 복종했다. 술라는 병사들에게 로마 시내를 노략질하고 소아 시아의 막대한 부를 약탈하도록 허용함으로써 그 반대급부를 제공했다.

셋째, 공적 지위를 얻고 싶다는 상류계급의 지나친 야망이 공화국의 안정에 득이 되는가 하면 해가 되기도 했다. 이런 야망이 중요한 인사들로 하여금 관직에 취임하여 공화국 전체 인민의 복지를 추구하도록 한다면, (그것은 공직에 취임하는 사람들이 전통적으로 여긴 이상인데) 사회의 평화와 전반적 안정을 성취하는 강력한 힘이 된다. 그러나 술라의 경우에서 보듯이, 그런 개인적 야망을 극단적으로 밀고 나갈 때의 논리적 결과는, 개인의 위세와 부를 더 중시하여 공공 봉사의 정신이 가뭇없이 사라져버린다는 것이다.

특히 기원전 88년 술라는 미트라다테스에 대한 승리가 가져올 영광과 지위를 포기하는 것이 불가능했다. 그는 자신의 소중한 지위가 격하되느니 차라리 내전을 선택했다. 이러한 이유들로 공화국은 멸망할 운명이었다. 무엇보다도 그 지도자와 추종자들이 공동의 평화와 번영, 개인의 이익과 정치권력을 초월하는 공유된 정부를 중시하는 '조상들의 관습'을 내던졌기 때문이다. 이런 이유들로 술라의 정치 경력은 공화국의 사회적·정치적 전통 안에 공화국 파멸의 씨앗이 들어가 있었음을 잘 보여준다. 개인적 성공과 로마의 안정과 번영을 보장하는 공동체의 안녕 사이에 적절한 균형이 잡혀야 공화국이 번창할 수 있는데, 그 균형이 깨지면서 로마인들은 자기들끼리 난폭한 갈등을 벌이는 공화국 파괴의 길로 나아간 것이다.

'위대한 폼페이우스'와 율리우스 카이사르

야망이 지나쳐서 로마인 사이에서 내전을 일으켜 공화국을 파괴한 장군들은 모두 술라를 모델로 삼았다. 그들은 겉으로는 공화국을 보존하기 위해 일하고 있다고 주장했지만 속으로는 무엇보다도 그들 자신의 권력을 추구했다. 그나이우스 폼페이우스(기원전 106~48년)는 이러한 지도자들 가운데 첫 번째 장군이었다. 폼페이우스는 술라가 처음 이탈리아로 돌아온 기원전 83년에 로마 지도자의 반열에 무력으로 올라간 사람이다. 그는 당시 스물세 살밖에 되지 않아 로마의 전통에 따르면 지도자 반열에 오르기에는 너무 어렸다. 폼페이우스는 이탈리아 내에 있던 자기 아버지의 피보호자들로 구성된 사병을 동원하여, 수도에서 권력을 잡으려고 돌아오는 술라의 정복전에 합류했다. 폼페이우스가 남아 있던 술라의 적들을 제압하여 시칠리아와 북아프리카로 쫓아내자, 술라는 기원전 81년에 마지못해 폼페이우스에게 개선식을 허용하여 놀라운 영예를 안겨주었다. 공직에는 단 한 번도 취임한 적이 없는 젊은이에게 개선식의 영예를 안겨주었다는 것은 공화국의 오랜 전통을 뒤흔드는 일이었다. 예전에 로마의 지도자들은 그런 높은 명예를 얻으려면 관직의 사다리를 차근차근 올라가야 했으니 말이다. 폼페이우스는 자신에게 영예가 주어질 차례가 돌아오기를 기다릴 필요도 없었고 또 몇 년간 봉사한 끝에 그런 보상을 얻으려 하지도 않았다. 그는 군사적으로 너무도 강력했기에 그 즉시 술라에게 영광을 요구할 수 있었다. 폼페이우스는 나이 든 술라에게 무모하게도 이렇게 말했다. "많은 사람이 지는 해보다는 뜨는 해를 경배합니다"(플루타르코스, 《폼페이우스의 생애》 14). 폼페이우스의 파격적인 정치 경력은 로마공화국에 대한 술라의 정치철학이 얼마나 허약했는지를 잘 보여준다. 표면적으로 술라는 로마의 가장 훌륭한 정치적 전통에 입각하여 '훌륭한 사람들'의 통치로 돌아가겠다고 주장했다. 그러나 실제로는 무력과 권력 정치가 판을 치는 체제를 만들어냈을 뿐이다.

폼페이우스의 경력의 나머지 부분은 공화국 정치의 견제와 균형이 어떻게 실패했는지를 보여준다. 스페인의 반란을 평정하고 또 도망친 검투사 스파르타쿠스가 이탈리아 내에서 일으킨 대규모 노예 반란을 진압한 후, 폼페이우스는 기원전 70년에 집정관 선거를 요구하여 그 직위에 올랐다. 당시 그는 집정관 후보의 규정인 42세에 훨씬 못 미치는 나이였다. 3년 뒤 그는 원로원의 투표에 의해 지중해의 해상 무역로를 어지럽히는 해적들을 소탕하라는 요구와 함께 전례 없는 지휘권을 부여받았다. 그는 몇 달 사이에 해적들을 일소했다. 이 작전은 로마 시민들 사이에서 그의 인기를 크게 높였다. 시민들은 바다를 통해 수입되고 정부가 보조하는 곡식이 지속적으로 유입되기를 갈망했기 때문이다. 부유한 상인들은 수입 상품이 해로를 통해 안전하게 수입되기를 간절히 바랐다. 해적들의 침략을 자주 당한 해안 마을들은 특히 해적 소탕을 반겼다. 그다음 해에 원로원은 소아시아에서 여전히 분란을 일으키고 있던 미트라다테스에 대한 지휘권을 루쿨루스 장군에게서 빼앗아서 폼페이우스에게 건네주었다. 루쿨루스는 병사들이 속주민을 약탈하지 못하게 하고 또 세금 징수원들이 무방비 상태의 속주민들을 일방적으로 갈취하는 것을 규제했기 때문에 로마군이나 징수원들에게 인기가 별로 없었다. 폼페이우스는 소아시아와 동방의 여러 나라를 돌면서 일련의 군사적 승리를 거두었다. 그는 유대인들의 수도이며 종교적 중심지인 예루살렘까지 진출하여 기원전 63년에 그 도시를 점령했다. 폼페이우스는 시리아를 로마의 속주로 병합하면서 남서아시아 지역에 대한 로마의 공식적 통치를 개시했다.

동부 지중해 지역에서 이루어진 폼페이우스의 정복 사업은 엄청났다. 사람들은 그를 알렉산드로스 대왕과 비교했고, 그에게 마그누스^{Magnus}('최고로 위대한')라는 별명을 안겨주었다. 그는 이제 '위대한 폼페이우스'가 되었다. 그는 로마 속주로부터 들어오는 수입을 확 늘렸다고 자랑했으며, 병사들에게 그들 몫의 전리품으로 12개월에서 6개월치 봉급을 나누어 주었다. 그는 동부에 나가 있는 동안 대체로 스스로 결정하여 작전을 수행했다. 그는 자신이 정복한 땅들에서 정치적 조치를 취할 때 원로원과 의논하는 법이 없었다. 사실 그는 왕 노릇을 했고 전혀 공화국의 관리답게 행동하지 않았다. 경력 초기에 그는 평생에 걸쳐 유지한 태도를 내보였다. 즉, 어떤 외국인들이 그의 조치가 부당하다고 항의하자, 그는 이렇게 대답했다. "우리에게 법을 인용하는 것을 그만두시오. 우리는 칼을 가지고 있소"(플루타르코스, 《폼페이우스의 생애》 10).

폼페이우스가 대대적인 군사적 성공을 거두자, 로마에 있던 상류계급 경쟁자들은 분개하면서도 그를 두려워했다. 그중에 대표적인 사람으로 두 야심찬 남자가 있었는데, 한 사람은 노예 반란군의 지도자 스파르타쿠스를 진압한 마르쿠스 리키니우스 크라수스이고, 다른 한 사람은 젊은 율리우스 카이사르(기원전 100~44년)였다. 이들은 폼페이우스에게 반대하는 지원 세력을 얻기 위해 자신들을 '평민파(포풀라레스)', 즉 평민들의 삶을 개선시키려고 노력하는 지도자라고 내세웠다. 사실 평민들의 삶은 개선해야 할 부분이 많았다. 로마 시의 주민은 근 100만 명 가까이 늘어났다. 수십만 주민이 판자촌이나 다름없는 초라한 다층 건물에서 비좁게 살고 있었다. 일자리 찾기도 어려웠다. 많은 사람이 정부의 배급 곡식에 의존하여 살았다. 로마에는 경찰이 없었기에 도시의 치안이 불안정했다. 설상가상으로 기원전 60년대에 이르러 경제 상태가 매우 불안정해졌다. 부동산 가치가 급격히 상승했다가 급격히 꺼지면서 생긴 불경기였다. 술라가 징벌 고시를 발표하여 땅과 건물을 마구잡이로 몰수하면서 투기가 판치는 부동산 시장이 조성됐었다. 그런데 이제 시장에 저당 잡힌 부동산들이 매물로 많이 나오면서 가격이 급락했다. 이 당시 재정적 어려움을 겪던 사람들이 부동산을 저당 잡혀 지불 능력을 확보하려 했는데, 돈을 빌려주겠다는 사람은 많지 않았다. 정확한 이유가 무엇이든 간에, 이런 재정적 어려움 때문에 기사 계급과 원로원 의원 계급의 많은 사람들은 생활이 고달프고 어려웠다.

기원전 63년에 터진 루키우스 세르기우스 카틸리나의 음모 사건은 상류계급 사람들이 부채와 가난 때문에 얼마나 고통에 시달렸는지를 잘 보여준다. 카틸리나는 부채에 시달린 귀족으로 알려져 있는데, 술라의 몰수 조치로 희생된 사람들과 상류계급의 채무자들을 자기 주위로 끌어모았다. 카틸리나는 집정관 선거에서 실패하자 좌절한 나머지, 폭력을 사용하여 정권을 잡으면 부와 재산을 지지자들에게 나누어 주겠다는 목표를 밝혔다. 기원전 63년에 두 집정관 중 한 사람이었던 키케로는 음모자들이 집정관들을 살해하기 전에 그들을 좌절시켰다. 카틸리나와 공동 음모자들은 설사 국가 권력을 잡았다 하더라도 불만을 현실적으로 해결할 수 없었을 것이다. 왜냐하면 재산을 재분배하는 유일한 길은 그 당시 지급 능력이 있는 재산 소유자들을 전부 죽이는 것뿐이었기 때문이다. 어쨌든 그들의 무모한 시도는 기원전 1세기 중반에 로마 정치에 폭력이 얼마나 흔해졌는지를 잘 보여준다.

폼페이우스가 기원전 62년에 동부 지중해에서 로마로 돌아오자, 정치 지도자들 중 '훌륭한 사람들'은 그의 명성을 시기하여, 그의 군대에서 전역한 병사들에게 정복된 땅을 나누어 주는 토지 분배 조치에 대하여 지지를 거부했다. 이처럼 원래의 의도가 좌절되자 폼페이우스는 크라수스, 카이사르와 함께 정치 동맹을 결성했다. 이 3인은 기원전 60년에 자신들의 이익을 충족시키기 위해 비공식 협력 체제를 맺었는데, 이를 가리켜 1차 삼두체제Triumvirate라고 한다. 이 동맹은 성공했다. 폼페이우스는 동부의 토지 분배를 허가하는 법률을 통과시켜 제대군인들에게 땅을 나누어 주었다. 카이사르는 기원전 59년에 집정관이 되어 5년 동안 골(갈리아) 지방에서 군대를 지휘하는 권한을 부여받았다. 크라수스는 소아시아의 로마 세금 징수원들을 임명하는 권한을 확보하여 큰돈을 벌 기회를 얻었다. 이들의 지지가 크라수스의 정치적 배경이 되었으며 그 수익 높은 사업에 그 자신도 한몫 끼고 있었다. 삼두체제는 각 거두에게 야망을 성취할 수단을 마련해주었다. 폼페이우스는 자신의 군대와 정복한 땅들에 대하여 보호자 역할을 수행하여 높은 사회적 지위를 얻기를 바랐고, 카이사르는 최고위직인 집정관에 오르려는 야망을 성취하고 또 외국인들을 정복하여 영광과 전리품을 얻을 기회를 잡았다. 크라수스는 자신과 피보호자들을 재정적으로 도와 큰돈을 챙김으로써 나머지 두 거두와 정치적으로 어깨를 겨루게 되기를 바랐다. 두 거두의 군사적 명성이 아무래도 크라수스보다 훨씬 뛰어났기 때문이다. 1차 삼두체제는 '로마의 국제'를 무시한 정치적 야합이었다. 그것은 오로지 그 세 사람만을 위해 형성된 것이었다. 그들은 공통적인 통치 철학을 공유하고 있지 않기에 '삼두'

의 협력은 이 전통을 깨부수는 조치에서 개인적 이익을 얻는 동안에만 지속될 수 있었다.

그 체제의 불안정성을 잘 아는 삼두는 오랜 세월에 걸쳐 활용되어왔던 전략을 이용하여 그 체제에 영속성을 부여하려 했다. 즉, 그들은 그들끼리 정략결혼을 했다. 이럴 때 여자는 동맹에서 교환품으로 거래되는 인질이었다. 기원전 59년, 카이사르는 자기 딸 율리아를 폼페이우스와 혼인시켰다. 그 딸은 다른 남자와 이미 약혼한 사이였으나 그 아버지는 폼페이우스와의 동맹을 강화하기 위해 딸의 선약보다 이 결혼을 더 중시했다. 폼페이우스는 자신의 딸을 율리아에게 파혼당한 남자에게 내줌으로써 그를 위로했다. 폼페이우스의 딸 역시 다른 남자와 이미 약혼한 상태였으나 그것은 문제가 되지 않았다. 이런 정략결혼을 통해 두 강력한 적대자는 공동의 이해관계를 갖게 되었다. 카이사르의 외동딸이며 폼페이우스의 새 아내인 율리아가 그 이해관계를 연결해주는 동아줄이었다. 율리아는 폼페이우스의 세 번째 아내였다(폼페이우스는 카이사르가 자신의 두 번째 아내를 유혹한 사실을 알고서 그녀와 이혼했다). 모든 문서 기록에 따르면, 정략결혼이었는데도 폼페이우스와 율리아는 깊이 사랑했다. 율리아가 살아 있는 한, 폼페이우스는 아내에 대한 애정으로 장인인 카이사르와 노골적으로 불화하는 것을 피할 수 있었다. 그러나 기원전 54년에 율리아가 출산 도중에 사망하자(아이도 그 직후 죽었다), 폼페이우스와 카이사르를 이어주던 유대는 회복 불능의 상태로 깨어졌다.

율리우스 카이사르는 로마의 매우 유서 깊은 가문에서 태어났다. 이 가문은 베누스 여신이 자신들의 조상이라고 주장했다. 카이사르의 드높은 야망은 그 명망 높은 가문의 광휘만큼이나 번쩍거렸다. 그는 정치 경력을 쌓고 폼페이우스와 경쟁하여 로마 제1의 지도자가 되기 위해 많은 돈을 빌려다가 뿌렸다. 기원전 58년, 삼두의 한 명이 된 카이사르는 로마를 떠나 골 지방에서 군대의 지휘권을 잡았다. 그 후 9년 동안 그는 독일 서쪽, 현재의 프랑스 지역을 누비면서 많은 민족을 정복했다. 심지어 브리튼 섬의 남단에까지 진출했다. 그 군대가 거두어들인 노예와 전리품의 가치는 너무나 막대하여 그가 졌던 엄청난 빚을 갚을 수 있었을 뿐 아니라 그의 병사들을 부자로 만들어주었다. 이런 이유로 병사들은 그를 사랑했다. 또 그는 병사들과 대화를 나눌 때 스스럼이 없었으며, 전투에 나아가서는 병사들의 어려움과 고통을 기꺼이 함께 나누었다. 골에서 그의 군사적 성공이 계속되자 로마에 있던 그의 정치적 경쟁자들은 그를 두려워했으나, 지지자들은 그가 로마로 안전하고 명예롭게 돌아올 수 있도록 사전 준비를 하느라 바빴다.

카이사르의 친구들과 로마의 적들 사이의 경쟁은 유혈 사태로 이어졌다. 기원전 50년대 중반에 이르러 젊은이들로 구성된 정치 깡패들이 반대파를 구타하거나 죽이기 위해 로마의 거리를 배회했다. 기원전 53년에는 이런 시가전이 너무 치열하게 전개되어 그 해에 예정된 선거를 치를 수 없었고 그 결과 집정관이 선출되지 못했다. 이해에 크라수스가 사망하면서 삼두체제는 깨졌다. 크라수스는 자신의 경력에서 모자라는 군사적 영광을 얻기 위해 로마군을 이끌고 유프라테스 강을 건너가 파르티아 사람들(이란 사람들)과 교전했다. 파르티아는 왕이 다스리는 군사적 귀족제의 나라로, 그 방대한 영토는 유프라테스 강에서 동쪽의 인더스 강에까지 이르렀다. 크라수스가 북부 메소포타미아의 카라이 전투에서 사망하자, 폼페이우스와 카이사르의 동맹도 끝나버렸다. 기원전 52년에 카이사르의 적들은 폼페이우스를 그 해의 단독 집정관으로 선출하는 데 성공했다. 이것은 '로마 국제'의 전통과 가치에 어긋나는 조치였다. 기원전 49년, 카이사르는 로마로 돌아오려 할 때 자신을 보호하려는 특별 조치를 요구했다. 즉, 자신을 다음 해의 집정관으로 뽑아달라는 것이었다.

카이사르의 요구에 원로원은 골 지방 군대의 지휘권을 포기하라고 명령했다. 그러자 카이사르는 예전의 술라처럼 군대를 이끌고 로마로 진격했다. 그는 기원전 49년 초에 이탈리아 북부의 루비콘 강을 건너면서 내전의 시작을 알리는 말을 그리스어로 내뱉었다. "이제 주사위를 굴리자!"(플루타르코스, 《율리우스 카이사르의 생애》 39, 《폼페이우스의 생애》 60; 아피아노스, 《내전》 2.35) 반면에 수에토니우스의 《율리우스 카이사르의 생애》 32에는 "주사위는 굴려졌다!"라고 말했다고 나온다. 어쨌든 카이사르의 군대는 아무런 망설임 없이 그를 따랐고, 이탈리아 도시와 농촌 마을의 대다수 사람들은 그를 열광적으로 환영했다. 로마에도 많은 지지자들이 있었다. 특히 그가 돈을 빌려주었거나 정치적 후원을 베풀어준 사람들이 열렬히 환영했다. 그가 오고 있다는 소식을 듣고 기뻐한 사람들 중 일부는 영락한 귀족이었는데, 부자들과 반대로 카이사르를 지원함으로써 과거의 큰 재산을 되찾고 싶어 했다. 하지만 카이사르는 언제나 그들에 대한 정치적·재정적 지원을 거부하면서 이렇게 말했다. "당신이 필요로 하는 건 내전이로군요!"(수에토니우스, 《율리우스 카이사르의 생애》 27)

카이사르의 공격에 대중들이 열광적으로 반응하자, 폼페이우스와 원로원의 다른 카이사르 적대자들은 깜짝 놀랐다. 이들은 겁을 집어먹은 채 자신들에게 충성하는 군대를 그리스로 이동시켜 훈련을 시키며 카이사르의 경험 많은 군대와 대적할 계획을 세웠다. 카이사르는 평화롭게 로마에 들어왔으나 곧 스페인으로 떠나 그곳에 있는 적들의 군대를 상대로 승리를 거두었다. 기원전 48년, 카이사르는 아드리아 해를 건너서 그리스로 들어가 폼페이우스에게 결판 짓는 전투를 강요했다. 거기서 폼페이우스가 봉쇄망으로 보급로를 끊어버리는 바람에 카이사르는 거의 전쟁에서 질 뻔했다. 그러나 카이사르의 충성스러운 병사들은 풀뿌리에다 우유를 섞어 만든 거친 빵을 먹으면서도 그의 곁을 지켰다. 카이사르의 병사들이 폼페이우스의 외곽 초소로 달려가 그 조잡한 빵을 벽 위로 내던지면서 땅에서 풀뿌리를 얻을 수 있는 한 결코 싸움을 그만두지 않겠다고 외쳐대자, 폼페이우스는 놀라서 소리쳤다. "나는 사나운 짐승들과 싸우고 있구나!"(수에토니우스, 《율리우스 카이사르의 생애》 68) 폼페이우스는 그 빵을 병사들에게 보여주지 말라고 지시했다. 병사들이 카이사르의 군대가 얼마나 강인한지 알면 용기를 잃어버릴까 두려웠기 때문이다.

카이사르 군대의 높은 사기와 폼페이우스의 아주 허약한 지휘력이 겹치면서, 카이사르는 기원전 48년에 중부 그리스의 파르살로스 전투에서 결정적 승리를 거두었다. 폼페이우스는 이집트로 달아났는데, 거기서 소년 왕 프톨레마이오스 13세의 신하들의 배신에 넘어가 비참하게 살해되었다. 이 소년 왕은 그전에 누나이며 아내인 클레오파트라 7세 여왕을 추방시킨 바 있었고, 내전에서는 폼페이우스를 지지했었다. 카이사르는 이집트에서 힘든 전쟁을 치러 마침내 승리를 거두어 파라오를 나일 강에 빠뜨려 죽였고, 그의 누나 클레오파트라를 이집트 왕좌에 복귀시켜 그녀와 애정 행각을 벌였다. 그 후 카이사르는 3년 동안 소아시아, 북아프리카, 스페인의 적들과 힘들게 싸움을 벌이면서 3년을 보냈다. 이처럼 빈번하게 전투를 치른 시기에 그는 한 친구에게 다음의 유명한 세 단어가 쓰인 편지를 보냈다. "베니, 비디, 비키!^{Veni, vidi, vici!}(왔노라, 보았노라, 이겼노라!)"(수에토니우스, 《율리우스 카이사르의 생애》37) 기원전 45년이 되자 이제 전장에서 그를 대적할 자가 없었다.

그러나 정치판은 율리우스 카이사르에게 싸움판보다 훨씬 더 위험했다. 내전에서 승리를 거둔 후 카이사르는 정치적으로 분열된 로마를 잘 다스려야 하는 난관에 봉착했다. 그가 대면한 문제는 아주 뿌리가 깊은 것이었다. 최근의 경험에 비추어 볼 때, 분열된 정치판의 혼란스러운 폭력을 종식시키려면 단독 통치자가 필요했다. 그러나 공화국 상류계급은 아주 오랫동안 왕정을 철저히 증오하는 전통을 유지해왔다. 대* 카토는 일찍이 그런 감정을 잘 표현한 바 있다. "왕은 사람의 살을 먹고사는 짐승이다"(플루타르코스, 《대 카토의 생애》8).

카이사르의 해결안은 이름만 뺀 왕의 자격으로 통치하는 것이었다. 그는 기원전 48년에 자신을 독재관으로 임명하도록 원로원과 민회를 배후 조종했다. 기원전 44년에 이르러서는 전통적으로 임시직인 이 관직의 임기를 없애고, 자신의 초상을 새긴 동전이 보여주듯이, '상시 독재관^{dictator perpetuo}'이 되었다(크러퍼드^{Crawford}, nos.480/6ff 참조). 하지만 그는 "나는 카이사르이지 왕이 아닙니다"라고 계속 말했다(플루타르코스, 《율리우스 카이사르의 생애》60). 그러나 이런 명목상의 구분은 무의미했다. 겉으로는 정부의 절차가 예전과 다름없이 돌아가는 것 같았지만, 카이사르는 임기 제한이 없는 독재관으로서 친히 정부를 운영했다. 카이사르가 장기적으로 어떤 정부를 구상했는지는 불분명하다. 카이사르는 아들이 없었기에 기원전 45년 9월에 조카의 아들인 가이우스 옥타비우스^{Gaius Octavius}(기원전

63~기원후 14년)를 후계자 겸 양자로 삼았다. 입양할 때는 통상 그러하듯이, 젊은이는 이름 끝부분을 옥타비우스에서 '옥타비아누스Octavianus'로 바꾸었다. 그 후 그는 이 이름으로 알려졌다가 다시 아우구스투스Augustus라는 이름으로 로마의 초대 황제 자리에 올랐다. 카이사르가 나중에 로마의 통치자 자리를 옥타비우스에게 물려줄 생각이었는지는 기록되어 있지 않다.

한편 관직 선거는 계속되었고 카이사르는 지지자들이 장악한 민회를 통해 자신이 추천한 후보들이 당선되도록 결과를 조종했다. 따라서 카이사르의 추천 인사들이 자연스럽게 당선되었다. 로마의 단독 통치자로서 그가 펼친 정책들은 야심만만하고 광범위했다. 그는 부채 규모를 축소했고, 보조 곡식을 받을 사람들의 수를 제한했으며, 공공 도서관의 건설을 포함하여 대규모 공공사업 프로그램을 개시했고, 이탈리아와 해외에 자기 군대의 제대병들을 위한 식민지를 건설했으며, 코린토스와 카르타고에 다시 식민 사업을 시작하여 상업의 중심지로 만들려 했으며, 이탈리아 도시들의 표준 행정 제도를 고시했고, 북부 이탈리아의 골족을 비롯한 비로마인에게도 시민권을 확대했다. 그는 원로원 의원 수를 600명에서 900명으로 늘리면서 비#이탈리아인도 원로원에 들어오도록 허가했다. 술라와는 다르게, 그는 적들에게 징벌 고시를 하지 않았다. 그 대신 관대함을 과시했다. 그런 혜택을 받은 자는 로마의 전통상 고마움을 느끼는 피보호자가 되어야 했다. 이렇게 하여 카이사르는 원로원의 특별 황금 의자 등 전례 없는 영예를 받았고, 한 해의 일곱 번째 달은 그의 이름을 따서 명명되었다(영어의 7월은 July인데 그의 이름 Julius에서 나온 것이다). 그는 1년을 365일로 규정함으로써 로마의 달력을 정비했는데, 이것은

도판 5-3 | 율리우스 카이사르를 살해한 음모자들 중 한 사람인 브루투스를 보여주는 동전. 뒷면에는 음모자들이 기원전 44년 3월 이데스의 날에 수행했다고 주장하는 '해방'의 상징이 새겨져 있다. 단도는 폭군을 제거하는 데 사용한 폭력이 정당하다는 것을 암시하고, 모자는 음모자들이 자신들의 행위로 회복시켰다고 생각한 전제로부터의 자유를 의미한다. 사진 출처: Classical Numismatic Group, Inc./www.cngcoins.com.

고대 이집트의 달력에 바탕을 둔 것으로 현대 달력의 기반이기도 하다.

율리우스 카이사르의 독재 정치와 높은 명예에 평민들은 별로 불만이 없었으나 '훌륭한 사람들'을 분노하게 만들었다. 이 상류계급 사람들은 권력에서 배제되었다고 여겼고, 자신들과 같은 부류의 한 사람에 불과한 자에 의해 지배당한다고 여겼다. 게다가 그자는 공화국의 부자와 빈자의 영원한 갈등에서 빈자 편에 붙어버렸다고, 그들은 생각했다. 기원전 44년 3월 15일(로마 달력에서는 이날을 '3월의 이데스^{Ides}'라고 부른다), 그들은 카이사르를 칼로 찔러 죽였다. 이 음모자들은 자신들을 이른바 '해방자들'이라고 불렀는데, 카이사르를 살해한 후에 로마를 다스릴 구체적인 계획을 가지고 있지는 않았다. 그들은 다른 조치를 취하지 않고 또 다른 폭력 없이도 공화국의 전통적인 정치 제도가 저절로 복원될 것이라고 믿은 듯하다. 이러한 마음가짐은 아무리 보아도 너무 단순하다고 하지 않을 수 없다. 자칭 전통적인 로마의 자유의 수호자들은 그 이전 술라 이후의 40년 세월이 가져온 공화정 파괴의 역사를 아예 무시해버렸다. 실제로 카이사르의 장례식에서 폭동이 터져 나왔다. 일반 대중은 자신들의 영웅을 앗아간 상류계급을 향하여 분노를 터뜨렸다. 귀족들은 단일한 공동 전선을 형성하기는커녕, 정치권력을 잡기 위해 자기들끼리 갈등하기 시작했다. 그렇게 하여 아주 무서운 기세의 또 다른 내전이 카이사르 암살 직후에 발발했다. 이 시기에 이르러 공화국은 이제 회복이 불가능한 상태로 파괴되었다. 이 갈등의 잿더미에서 서서히 변형된 왕정—우리가 오늘날 로마제국이라고 부르지만 로마인은 여전히 공화정이라고 불렀던 것—이 생겨났고 이 정치 체제 아래에서 로마의 역사가 그 후 수 세기 동안 전개된다.

이 장을 끝내면서 문학과 조각의 음울한 사실주의를 일별해보는 것이 적절하리라 생각한다. 이 혼란스러운 시대의 예술 작품들이 스스로 자살을 꾀하고 있는 로마공화국의 서글픈 사회적·정치적 생활상의 긴장을 반영한 것은 그리 놀라운 일이 아니다. 그러나 역사가들은 예술가의 작품과 그 시대의 사건들이 명백하게 관련이 있다고 주장하는 것을 조심스럽게 여긴다. 무엇보다도 창작의 원천은 다양하기 때문이다. 그러나 그 당시의 문학이 공화정 후기의 재앙을 직접 반영한다는 점은 의심의 여지가 없다. 초상 조각가들 같은 다른 창조적 예술가의 작품에서도 우리는 그 시대의 소란스럽고 암울한 조건들과의 연계를 어렴풋이 느끼게 된다.

그 당시 사건들과 로마의 지도자급 인물들에 대한 언급이 카툴루스(기원전 84년경~54년)의 시에 등장한다. 카툴루스는 북부 이탈리아의 키살피나(알프스 산맥의 이탈리아 쪽, 곧 이탈리아 북부-옮긴이) 골 지역의 속주에 있던 고향 집에서 로마로 이주했다. 그의 집안은 고향에서 유수한 가문이어서 율리우스 카이사르가 그곳의 총독이었을 때 그를 집에 초대한 적도 있었다. 하지만 카툴루스는 이런 연고가 있다고 해서 그 시대의 정치인들을 풍자하면서 카이사르를 제외하지는 않았다. 그는 재치 넘치고 노골적인 시 속에서 정치가들의 성적 행동을 조롱하며 웃음거리로 삼았다. 카툴루스는 좀 더 영원한 주제, 특히 사랑에 대해서도 많은 시를 썼다. 그 당시 로마 시인들은 칼리마코스 같은 헬레니즘 시대의 우아한 그리스 시인을 모방하여 라틴어 시를 썼는데, 카툴루스는 이런 인기 높은 문학 스타일로 채택했다. 특히 유명한 연애시들은 유부녀인 레스비아를 향한 열정을 노래한 것인데, 그는 레스비아에게 지금 이 순간의 쾌락만 생각하라고 요청한다.

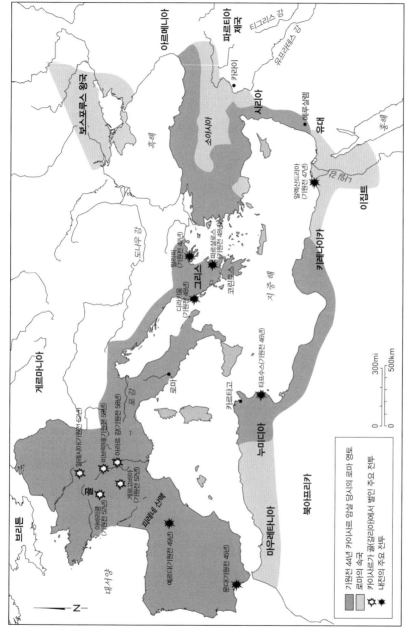

지도 6 | 공화정 말기의 로마 세계

브리튼

게르마니아

보스포루스 왕국

아르메니아

파르티아 제국

티그리스 강

유프라테스 강

소아시아

시리아

유대

흑해

도나우 강

포 강

로마

카르타고

누미디아

북아프리카

마우레타니아

키레나이카

이집트

지중해

홍해

알렉산드리아(기원전 47년)

에루살렘

갈리아

대서양

N

필리피(기원전 42년)

파르살루스(기원전 48년)

그리스

디라키움(기원전 48년)

코린토스

타프수스(기원전 46년)

문다(기원전 45년)

일레르다(기원전 49년)

아바리쿰
(기원전 52년)

게르고비아
(기원전 52년)

비브락테(기원전 58년)

아라르 강(기원전 58년)

알레시아(기원전 52년)

파리씨 산맥

로마의 속국

기원전 44년 카이사르 암살 당시의 로마 영토

카이사르가 갈리아에서 벌인 주요 전투

내전의 주요 전투

0   300mi

0   500km

나의 레스비아여, 우리 열렬히 삽시다, 엄숙한 노인들의 가치는 1원
어치도 안 된답니다. 태양은 졌다가 다시 뜨지요. 우리의 짧은 빛이
사그라들면 우리는 끝이 없는 밤을 잠자야 해요. 내게 천 번의 키스
를, 그리고 백 번 더, 그리고 천 번 더 키스해줘요….

– 카툴루스, 시 5

전통적인 도덕적 기준 따위는 신경 쓰지 말고 현재 이 순간을 살아야
한다는 카툴루스의 요청은 공화정 후기의 시대 분위기를 반영한다. 로마
의 혼란한 상황은 평범한 삶의 관심사를 무의미하게 만들었던 것이다.

수사학의 대가인 키케로의 산문 작품들도 당대의 사건들과 직접 관련
이 있는데, 그의 연설 58편이 그가 수정 출판한 버전으로 전한다. 그 웅
변과 명징성은 후대의 유럽 산문 작가들이 라틴어 문장을 작성할 때 따
라 하려고 했던 문장 스타일을 확립했다. 라틴어는 키케로 이후 천여 년
동안 유럽 전역에서 정부, 신학, 문학, 과학의 공용어였다. 키케로는 가족
과 친지에게도 많은 편지를 보내 정계의 내밀한 상황, 이익을 추구하는
그 자신의 동기에 대해서 솔직하게 논평했다. 현존하는 800통의 편지는
그의 정치 생활, 즐거움, 슬픔, 근심, 자부심, 딸에 대한 사랑을 생생하게
보여준다. 고대 세계의 인물치고 이처럼 개인적 자료가 방대하면서도 그
개인이 잘 드러나는 사람은 없다.

정치적 적수들이 위협하여 공직에서 잠시 물러나 있던 시기에, 키케로
는 정치학, 철학, 윤리학, 신학 저서들을 다수 집필했다. 키케로는 그리스
철학자들에게서 주로 영감을 얻어 그들의 사상을 로마의 생활로 각색했
다 또 이런 주제들을 다룬 글에서 그는 개개 인간성의 독특함을 깊이 이

해할 필요가 있다는 주장을 폈다. 그의 후마니타스^{humanitas}(인간성의 특징) 철학은 여러 갈래의 그리스 철학, 특히 스토아주의를 종합한 것이다. 남들을 관대하고 명예롭게 대해야 하고 자연법(여러 사회의 서로 다른 법률이나 관습과는 상관없이, 자연적으로 모든 사람에게 존재하는 권리)에서 나온 도덕적 약속을 반드시 지키는 생활을 이상으로 삼아야 한다고 가르쳤다. 이러한 이상은 후대의 서양 도덕철학에 강력하면서도 지속적인 영향을 미쳤다. 정치적 경력이 아니라 철학적 사상과 라틴어 문장이 키케로를, 고대 그리스와 로마의 아주 매력적인 이상을 후대에 전한 핵심 인물로 만들었다.

　시인 루크레티우스(기원전 94년경~55년)는 그 시대의 불확실성과 폭력성을 간접적으로 반영하는 저자의 사례이다. 그는 물질의 본성이 원자라는, 자그마한 불가분의 입자들로 구성되어 있다고 주장했다. 그의 장시《사물의 본성에 관하여》는 사람들이 죽음에 대해 갖고 있는 공포를 해결해주려 한다. 그의 말에 따르면 죽음은 '삶의 지속적인 상처'를 조장한다. 그의 시는 죽음이란 인간의 몸을 잠시 구성한 원자들의 결합이 분해되는 것을 의미한다고 가르친다. 죽음 이후에 영원한 처벌이나 고통은 없으며, 실제로 죽음 이후의 삶이라는 것도 없다. 인간의 영혼 역시 원자로 구성되어 있어서 죽으면 함께 사라지기 때문이다. 루크레티우스는 모든 사물을 원자의 결합으로 파악하는 이론을 그리스 철학자 에피쿠로스(기원전 341~270년)의 작품에서 빌려왔다. 이 철학자의 원자 이론은 기원전 5세기의 사상가 레우키포스와 데모크리토스에게서 유래한 것이다. 우리는 루크레티우스가 이 장시를 언제부터 쓰기 시작했는지는 모르지만, 정치적 폭력이 로마의 생활에 새로운 위협을 가하던 기원전 50년대에 그가 로마에서 이 작품을 집필하고 있었던 것은 확실하다. 루크레티우스 시대의 로마인들이 죽음이 어떤 독침도 가지고 있지 않다고 확신하고 싶어 한 데에는 그만한 이유가 있었던 것이다.

우리는 또한 로마의 흉상 조각의 음울한 사실주의 스타일에서 기원전 1세기, 폭력이 난무하던 시기의 가혹한 삶을 짐작할 수 있다. 이 시대의 작품으로 후대에 전해지는 많은 로마인 흉상들은 얼굴의 특징과 표현을 감추려 하지 않는다. 기다란 코, 뒤로 물러나는 턱, 깊은 주름, 대머리, 피곤하고 지친 표정 등이 흉상 조각에서 잘 드러난다. 로마 상류계급은 조상들의 데스마스크를 떠서 집 안에다 전시하는 전통이 있었는데, 이것이 아마도 이런 스타일의 흉상에 영향을 미쳤을 것이다. 그러나 대조적으로 이 시대의 여자 흉상은 일반적으로 이상화된 모습이고, 아이들의 흉상은 제정 초기까지는 제작되지 않았다. 흉상 속의 남자나 그 가족들이 돌로 된 석상의 대금을 지불했기 때문에, 이 사람들은 자신들의 신산한 삶이 표정에 드러나기를 바랐을 것이다. 이러한 사실주의에 대한 집착은 공화정 후기의 잔인한 정치 영역에 참여한 사람들이 겪은 고통을 반영하기 위한 의도였으리라고 어렵지 않게 상상해볼 수 있다. 이 시기를 살았던 사람들은 공화정의 드높은 가치와 이상이 최종적으로 파괴되는 것을 목격했다. 그들의 시대에는 새로운 이상이 등장했다. 로마의 지도자는 이제 아무리 많은 영광과 돈을 얻어도 부족했다. 그런 목표는 공동체에 대한 공공 봉사의 정신을 짓밟아버렸다. 그들의 얼굴에 나타난 긴장은 공화정의 파괴가 많은 로마인에게 가한 슬픔과 스트레스를 반영한다.

공화국에서 제국으로

로마제국—오늘날 로마공화국을 대체한 정부 제도를 가리켜 흔히 사용되고 있는 용어—은 핏속에서 태어났다. 기원전 44년에 카이사르가 암살된 후 14년간의 내전이 뒤따랐고, 마침내 옥타비아누스가 모든 정적들을 제거하고 승자로 부상했다. 몇 년 뒤인 기원전 27년—그가 아우구스투스라는 새 이름을 얻은 때와 같은 해—에 그는 폭력의 재발을 방지하는 새로운 정치 제도를 수립했다. 그는 자신은 공화정을 회복시키고 개선시켰을 뿐, 결코 군주가 아니라고 선언했다. 현대의 역사학자들은 로마제국의 정부를 위장된 군주제로 보면서 그 통치자들을 '황제emperor'라고 부른다. 아우구스투스의 통치 제도를 무엇이라고 부르든, 그가 1인 통치자, 즉 자신의 손에 권력을 집중시키고 전통적인 충성심의 가치관을 재발명함으로써 수십 년에 걸친 내전 상태를 종식시킨 것은 부정할 수 없는 사실이다. 그의 통치 제도 아래에서 시민들은 통치자 및 통치자의 가족을 곧 로마 국가의 구현체具現體로 보면서 충성을 바쳤다. 아우구스투

연대표(연대는 기원전과 기원후를 별도로 표기)

기원전 43	19세의 옥타비아누스가 원로원에게 강요하여 자신을 집정관으로 선언하게 함. 옥타비아누스, 레피두스, 마르쿠스 안토니우스가 2차 삼두체제를 구성하여 로마 정부를 지배.
기원전 42	삼두가 자칭 '해방자들'(율리우스 카이사르에게 대항한 반대자들)을 그리스의 필리피에서 진압함.
기원전 32	클레오파트라와 안토니우스의 동맹에 맞서기 위해, 옥타비아누스는 이탈리아와 서부 속주들의 주민들에게 개인적인 충성 맹세를 하도록 시킴.
기원전 31	옥타비아누스의 전단이 그리스 북서부 해안 근처인 악티움 해전에서 클레오파트라와 안토니우스의 해군을 격퇴함.
기원전 27	옥타비아누스가 '회복된 공화정'으로서 원수정을 수립함. 우리는 이 정체를 로마제국이라고 부름. 원로원은 그에게 아우구스투스('신들의 은총을 받는')라는 호칭을 수여하여 그를 영예롭게 함. 아우구스투스가 로마사에서 처음으로 로마 내에 병사들(근위대)을 주둔시킴.
기원전 19	베르길리우스가 죽음의 병상에서 《아이네이스》의 원고를 불태우라고 요구했으나 아우구스투스가 이 장시의 보존을 명령함.
기원전 8	아우구스투스가 시인 오비디우스를 음란한 시를 쓴 죄목으로 추방함.
기원전 2	원로원이 아우구스투스에게 '조국의 아버지'라는 명예로운 호칭을 부여함. 로마의 중심에 아우구스투스의 포룸이 개장됨.
기원후 9	바루스가 게르마니아에서 패배하여 3개 군단을 잃음. 이로써 아우구스투스의 북방 경략 계획이 종식됨.
기원후 14	아우구스투스가 41년간 원수('첫 번째 사람')—후대인은 로마 황제라고 부르는 자리—로 재직하다가 사망함.

스는 원로원, 관직의 사다리, 민회, 법정 등 로마 정부의 전통적 제도들을 유지하면서, 호칭만 없었을 뿐 사실상 황제로서 나라를 다스렸다. 그는

이런 새로운 현실을 감추기 위해 자신의 직함을 '왕'이나 '독재관'이 아니라 '프린켑스^{priceps}'(첫 번째 사람, 혹은 원수元帥)라고 불렀다(타키투스,《연대기》1.9). 아우구스투스는 공화국의 이러한 변모를 전통 속에 감추면서 정당화하려 했고, 이러한 변화는 과거의 제도를 존속 가능하고 또 존속해야 마땅한 방식으로 바꾸어놓은 것일 뿐이라고 설명했다.

아우구스투스는 '새로운 옛 공화국'을 점진적으로 확립해나갔다. 전통을 새로 만들어내는 것은 시간이 걸리기 때문이다. 그는 복수와 권력을 추구하면서 무자비한 행동도 마다하지 않는 젊은이로서 정치 경력을 시작했으나, 로마에 평화를 가져온 노인으로 그 경력을 마감했다. 그는 상비군을 창설했고, 로마군이 성공적으로 방어할 수 있는 로마 속주의 경계를 확정했으며, 수도 로마를 아름답게 꾸몄고, 화가와 조각가를 후원했으며, 도시 대중의 삶을 향상시켰고, 성공을 거둔 관대한 통치자라는 이미지를 널리 퍼트리기 위해 각종 선전 수단을 활용했으며, 상류계급을 유지시키기 위해 결혼과 자녀에 대한 로마인의 인식을 새롭게 형성하려 했다. 그가 이러한 변화들을 시도했기에, 역사가들은 로마제국 초기 몇십 년 동안을 가리켜 '아우구스투스 시대'라는 명칭을 붙였다. 여러 세기에 걸쳐 학자들이 그의 시대를 연구해왔지만 이러한 변화의 조치들을 수행한 아우구스투스의 동기를 정확하게 파악하는 데에는 아직도 어려움이 있다.

공화정의 '회복'

—

카이사르가 암살된 이후 로마의 실력자를 결정하기 위한 내전이 벌어졌다. 이 싸움이 곧 공화정이 제정으로 바뀌게 되는 역사적 배경을 제공한다. 이 싸움에서 권력의 경쟁자로 나선 3인은 노련한 장군들인 안토니우스와 레피두스와 옥타비아누스(아직 아우구스투스로 알려지기 이전의 이름)였다. 옥타비아누스는 카이사르의 조카의 열아홉 살 된 아들이었는데 군사적 경험은 전혀 없었으나, 카이사르의 양자라는 새로운 정체성 덕분에 카이사르를 사랑했던 사람들, 특히 카이사르의 병사들의 충성을 확보했다. 기원전 44년, 그리스에 유학 가 있던 옥타비아누스는 급히 로마로 돌아와 안토니우스와 레피두스를 상대로 경쟁을 벌였는데, 그렇게 할 수 있었던 배경은 양아버지의 병사들과 제대군인들의 지지였다. 병사들은 피살된 장군의 개인적 부富에서 자신들에게 충분한 보상이 돌아오리라 기대했다. 옥타비아누스는 이 군대를 이끌고 북부 이탈리아에서 안토니우스에게 대항하여 최초로 승리를 거두었으나 곧 군대를 돌려서 로마에 입성했다. 군대의 지지를 등에 업은 이 10대 소년은 전에 공직에 전혀 취임한 적이 없었는데도 기원전 43년에 자신을 집정관으로 만들어달라고 원로원에 요구했다. 폼페이우스의 경우와 마찬가지로, 원로원 의원들은 옥타비아누스를 두려워하여 관직의 사다리라는 오래된 전통을 무시하고 아주 예외직인 조치를 그에게 허용했다.

그 직후 옥타비아누스는 안토니우스, 레피두스와 힘을 합쳐서 이탈리아 내에 있는 다양한 정적들을 상대로 내전을 벌였다. 그들은 이른바 '해방자들'을 위시하여 모든 반대파를 물리쳤다. 기원전 43년 11월, 3인은 이른바 2차 삼두체제를 결성하고 원로원을 압박하여 이 체제를 국가 재건을 위한 공식 비상 체제로 인정하게 만들었다. 3인은 술라의 징벌 고시 전략을 활용하여 정적들을 무자비하게 숙청했고, 누구를 살해할지를 가지고 자기들끼리 거래를 하다가 서로의 가족을 배신하기도 했다. 이들은 기원전 42년에 그리스 북부의 필리피에서 벌어진 전투에서 '해방자들'의 군대를 진압했다. 안토니우스와 옥타비아누스는 서로 공모하여 레피두스에게 북아프리카의 총독 직을 주어 달래면서 그를 삼두체제에서 배제했다. 이렇게 하여 레피두스는 로마의 미래를 결정하는 데에는 아무런 실권을 갖지 못하게 되었다.

옥타비아누스와 안토니우스는 로마의 영토를 실질적으로 양분하여 나누어 가졌는데, 전자는 이탈리아와 서부 지역을, 후자는 부유한 땅인 이집트를 포함하여 지중해 동쪽 지역을 다스렸다. 그 후 세월이 흐르면서 두 사람은 점점 더 서로에게 적대적으로 대했다. 안토니우스는 이집트 여왕 클레오파트라 7세와 힘을 합쳤다. 그녀는 재치와 지성을 발휘하여 안토니우스를 동맹 겸 애인으로 만들었다. 이런 가공할 동맹에 대응하여, 옥타비아누스는 안토니우스가 이집트 여왕을 로마의 외국인 통치자로 만들려 한다고 비난하면서 로마인들을 규합했다. 옥타비아누스는 기원전 32년에 이탈리아 주민들과 서부 속주민들을 피보호자로 만들어 자신에게 충성 맹세를 바치도록 했다. 그리고 기원전 31년에 북서 그리스의 악티움 해전에서 안토니우스를 누르고 승리했다. 두 연인은 이집트로 달아나서 기원전 30년에 자살했는데, 클레오파트라는 왕권의 상징인 독사가 가슴을 물게 하여 스스로 목숨을 끊었다. 옥타비아누스는 자원이 풍부한 이집트 왕국을 점령함으로써 로마에서 경쟁자 없는 지도자 겸 가

도판 6-1 | 이 동전은 이집트 여왕 클레오파트라 7세와 로마 장군 마르쿠스 안토니우스를 보여준다. 옥타비아누스 (나중의 아우구스투스)는 이 장군을 기원전 31년 악티움 해전에서 물리쳤다. 알렉산드로스 대왕 이후 그리스 왕들 은 관습적으로 자신의 초상을 동전에다 새겼으나, 공화정 시대의 로마 지도자들은 율리우스 카이사르 이전에는 동전 에 초상을 새기지 않았다. 로마의 황제들은 전통적으로 자신의 초상을 동전의 앞면에다 새겼다. 사진 출처: Classical Numismatic Group, Inc./www.cngcoins.com.

장 부유한 개인이 되었다.

옥타비아누스는 충성스러운 정착촌들을 만들어내기 위해 제대군인들에게 땅을 분배한 후, 기원전 27년에 공화정이 이제 완전히 회복되었다고 공식적으로 선언했다. 그리고 이 순간부터 정부를 어떻게 운영할지는 순전히 원로원과 로마 인민이 결정할 문제라고 말했다. 이 전례 없는 상황에서 옥타비아누스가 엄청난 권력을 손에 쥐고 있다는 점을 감안하여, 원로원은 그에게 회복된 공화정을 보위保衛하는 데 필요한 조치를 뜻대로 해달라고 간청했다. 원로원 의원들은 옥타비아누스의 특별한 지위를 인정하기 위해 그에게 아우구스투스Augustus('신들의 은총을 받는')라는 명예로운 호칭을 수여했고 그는 이를 받아들였다. 옥타비아누스는 처음에는 자신을 로마의 제2의 창건자라고 생각하여 로물루스로 개명할 생각이었다. 하지만 그가 아무리 그 이름을 좋아한다 하더라도 로마의 초대 왕이었던 사람의 이름을 사용한다는 것은 정치적으로 너무 위험했다.

아우구스투스가 고안한 통치 제도는 오늘날 그의 직함이었던 프린켑스(원수)에서 따서 프린키파투스Principatus(원수정)라고 한다. '원수'를 자신의 직함으로 선택한 것은 탁월한 조치였다. 공화정 시대에 원수라는 명예 호칭은 가장 높은 지위를 가진 원로원 의원에게 부여되었는데, 다른 의원들에게 지도해달라는 요청을 받는 지도자를 가리켰다. 아우구스투스는 이 직함을 사용함으로써 공화국의 가장 귀중한 전통 중 하나를 이어가게 되었다. 더욱이 원로원이 공화정 시대에 누렸던 존경을 지속시키기 위해, 의원들의 요청이 있어야만 프린켑스로 복무하겠다고 고집했다. 그는 정기적으로 이 직위에 대한 공식 승인을 경신했다. 그리하여 실제 관직에는 취임하지 않으면서 집정관과 호민관이라는 두 가지 권력을 함께 부여받았다. 이런 식으로 해서 순종적인 원로원은 프린켑스에게 황제의 권력에 맞먹는 실권을 제공했다. 그러나 그들은 원수정이 공화정의 회복이고 또 공화정의 전통을 지킬 뿐만 아니라 더욱 향상시키는 제도라고 주장함으로써 그런 권력 양도의 본질을 위장했다. 통치의 의례 또한 전통을 답습했다. 아우구스투스는 만인지상萬人之上의 군주가 아니라 보통 시민처럼 옷을 입고 행동했다. 그의 새로운 권력은 시민들이 잘 알고 존중하는 용어들로 묘사되었으며, 그리하여 바뀐 것이 별로 없다는 인상을 풍겼다. 그러나 실제로 아우구스투스는 로마 정치의 근본적인 권력 구조를 변경했다. 이렇게 말하는 것은, 그 이전에 관리로서 집정관과 호민관의 권력을 동시에 휘두른 사람은 없었기 때문이다.

기원전 27년 이후 여러 해 동안 집정관과 기타 관리들의 선출, 원로원의 존속, 민회에서의 법률 통과 등으로 공화정의 외양은 그대로 유지되었다. 그러나 실제로 권력을 휘두르는 사람은 아우구스투스 한 명뿐이었다. 그가 군대와 국고를 통제했기 때문이다. 아우구스투스는 자신의 권력을 공고히 해줄 제도들을 새로 정립했다. 임시 조직이었던 시민군을 항구적인 상비군으로 바꾸었고, 제국의 세수로 상비군의 봉급을 지급했다. 또 군인들의 근무 연한을 설정하고 은퇴할 때 상당한 액수의 상여금 지급을 확정했다. 그는 추가로 필요한 비용을 염출하기 위해 상속세를 부과했다. 시민들에게서 직접 세금을 거두는 일은 로마의 역사에서 드문 일인데, 직접세는 부자들에게 재정적으로 크게 영향을 주었기에 부자들은 이런 조치에 크게 분개했다.

아우구스투스의 개혁 조치는 통치자가 곧 군대의 보호자 역할을 한다는 점을 분명히 했다. 병사들은 감읍하여 통치자의 말을 따르고 그를 보호했다. 그는 로마의 세력 판도를 넓히기 위해 오늘날의 독일 지역에 원정대를 파견했다. 그러나 이 원정대 3개 군단은 기원후 9년에 토이토부르크 숲에서 게르만족에게 처참한 매복을 당해서 전원 몰살되었다. 아우구스투스는 그토록 많은 병사를 잃은 일로 반란, 공격, 파괴 행위가 뒤따르지 않을까 두려워하며 절망했고, 여러 달 동안 면도도 이발도 하지 않고 로마의 저택 안을 배회하다가 문기둥에 이마를 쿵쿵 찧으며 전사한 원정군 사령관을 향해 고함을 질러댔다. "퀸크틸리우스 바루스, 나의 세 군단을 돌려다오!"(수에토니우스, 《아우구스투스의 생애》 23) 그는 영토 확장을 계속 추진하는 것은 위험하다고 판단하여, 제국의 기존 경계를 방어하는 일에 집중하도록 로마군에 지시했다. 후대의 황제들은 로마의 영토를 확대하여 전리품과 영광을 획득하는 꿈을 포기하지 않았으나, 설혹 상당한 새 땅을 얻었다 할지라도 그것을 오래 유지하고 다스린 황제는 아무도 없었다. 대부분의 로마군은 로마에서 멀리 떨어진 변경 지대에 위수하면서 내부의 반란이나 로마 경계를 침범하는 외부의 공격에 대비했다. 우리가 뒤에서 살펴보겠지만, 장기적으로 볼 때 군대를 이와 같이 변경을 지키는 대규모 방어 부대로 전환한 것은 로마제국의 재정적 안정에 엄청난 압박과 피해를 입히게 된다.

기원전 27년을 기점으로 하여 로마 역사에서 처음으로 아우구스투스는 수도 로마 내에 병사들을 주둔시켰다. 야전 사령관의 막사 가까운 곳에 머무는 경비병을 가리켜 프라이토리움praetorium이라고 했는데, 여기서 근위대 병사praetorian라는 말이 나왔다. 근위대는 제국의 주요 경비 부대였다. 물론 황제는 개인적 신변 호위병으로 아주 충성스러운 소규모 독일인 용병대를 곁에 두고 있었다. 근위대와 소규모 용병대는 이제 통치자의 우월성이 로마의 전통적 가치관을 숭상하는 도덕적 권위에서 나오지 않고 무력의 위협에 의해 보장된다는 사실을 분명하게 보여준다.

새로운 정치 제도의 안정성을 추진하기 위해서는 성공적인 지도자요 관대한 보호자라는 황제의 이미지를 널리 퍼뜨리는 것이 아주 중요했다. 아우구스투스는 이 목적을 달성하기 위해 동전 같은 자그마한 사물에서 부터 공공건물 같은 커다란 것에 이르는 여러 선전 수단을 널리 활용했다. 유일하게 공식 메시지를 널리 선전할 수 있는 수단인 동전은 오늘날의 입간판 혹은 범퍼 스티커에 나붙는 정치 구호 같은 역할을 했다. 아우구스투스의 동전들은 '자유의 회복자'와 같은 문구를 새겨서 시민들에게 그가 공화정을 회복했다는 사실을 상기시켰고, 또 '도로들이 건설되었다'와 같은 문구를 넣어 그가 고속도로를 건설하는 데 개인 돈을 지불했다는 사실을 강조했다.

아우구스투스의 로마 공공사업 계획은 부자들이 공공선을 위해 개인 돈을 사용했던 전통적인 의무의 실천을 상기시켰다. 그는 율리우스 카이사르에게서 물려받은 유산, 내전이 벌어진 동안에 몰수하여 거두어들인 재산, 이집트에서 승리하여 획득한 전리품 등 막대한 재산을 이용하여 거대하고 장식적인 건물들의 건설비를 후원했다. 이러한 건설 공사는 공공시설들을 개선했을 뿐만 아니라, 그보다 더 중요하게, 경건하고 배려심 깊고 관대한 황제라는 이미지를 널리 퍼뜨렸다. 아우구스투스의 사비로 새로 지어진 거대한 포룸(옛 로마 포룸 근처에 세워진 공공 광장)은 도시의 중심부에 있는데, 벽돌, 돌, 조각상 등으로 원하는 메시지를 널리 전파하는 그의 탁월한 솜씨를 여실히 보여준다. 기원전 2년에 공식적으로 개장된 아우구스투스의 포룸은 로마의 군신인 마르스, 로마의 사랑의 여신인 베누스(율리우스 가문에서 조상이라고 주장하는 신)를 모시는 신전의 중심부에 있다. 아우구스투스는 카이사르의 암살자 세력을 격파하는 데 도움을 준 신들에게 감사를 표시하기 위해 그 신전을 지었다. 그는 양아버지를 기념하기 위해 그 신전에 율리우스 카이사르의 칼을 전시했다. 2층짜리 주랑들은 신전에서 날개처럼 퍼져 나오는 형태였는데, 유명한 로마 영웅들의 조각상을 보호하는 동시에 시민들에게 깊은 영감을 주었다. 아우구스투스의 포룸은 종교적 예배와 상류계급 자제의 성인식 장소라는 실용적인 용도로도 쓰였다. 무엇보다도 그 포룸은 전쟁에서 로마를 보호한 신들, 자손들의 번창, 과거의 도덕적 교훈에 대한 존중, 공공의 목적을 위해 아낌없이 돈을 내놓는 이타심 등을 존중하는 황제의 헌신을 보여주었다. 아우구스투스는 팔라티움 언덕에 개인 저택을 지었고 거기서 잘 알려진 검소함과 수수함을 지키며 '평범한 시민'처럼 살았다. 후대의 황제들은 이 모범을 따르지 않고, 같은 언덕에 막시무스 원형 경기장을 내려다보는 거대한 왕궁을 지었다. 막시무스 경기장에서는 로마인들이 좋아하는 공공 오락 중 하나인 전차 경주가 20만 명이나 되는 관중 앞에서 개최되었다.

아우구스투스는 자신이 널리 알리고 싶어 했던 이미지를 잘 보여주는 아주 중요한 증거 문서 하나를 남겨놓았다. 그는 오랜 세월 통치하면서 자신의 업적을 기술하는 장문의 선언서를 작성했는데, 이것을 자신의 사후에 널리 출판되도록 명령했다. 그 문서는 제국 내의 여러 공공장소에 새겨졌다. 오늘날 '레스 게스타이'^{Res Gestae}(이루어진 일, 업적)로 알려진 이 문서에는 그가 로마의 지도자로서 한 일과 공동선을 위해 거대한 사재를 출연한 사실이 1인칭으로 서술되어 있다. 그는 자신의 파란만장한 경력이 공화국의 전통을 수호하기 위한 것이었다고 거듭하여 강조했다. 그의

도판 6-2 | 신들과 함께 있는 초대 로마 황제 아우구스투스를 묘사한 카메오(cameo). 아우구스투스 아래는 정복한 야만인들의 무기를 쌓아올리고 있는 로마 병사들이다. 상하로 된 이 이미지는 아우구스투스가 주장하는 지고한 신분과 그의 통치가 로마에 부여한 최고의 권력을 표현한다. Andreas Praefcke / Wikimedia Commons.

말에 따르면 다음과 같다. 10대 시절에 그는 사병을 조직하여 양아버지의 복수를 했고 공화국의 자유를 수호했다. 내전의 승자가 되어서는 독재관 직책을 제안 받았으나 거부했다. 그가 받아들인 직책은 원수 하나뿐이었다. 그는 인민을 돕기 위해 엄청난 사재를 출연했다. 그는 공식 권력이 아니라 전통적 가치를 따름으로써 얻은 엄청난 존경을 통하여, 국가 내에서 원수라는 지위를 획득했다.

역사가들은 아우구스투스의 동기가 무엇이었는지에 대하여 의견이 일치되지 않는다. 그가 공화국의 자유를 억압하는 데에만 몰두한 냉소적 폭군이라는 의견에서, 무정부 상태로 혼란에 빠진 세상을 안정시키기 위해 어쩔 수 없이 위장된 왕정을 부과한 선의의 개혁가라는 의견에 이르기까지 다양한 의견이 있다. 어쩌면 정답은 그가 전통에 얽매인 개혁가라는 주장일지도 모른다. 그가 당면한 문제는 로마의 정치 역사에서 새로운 것이 아니었다. 사회 내 평화에 대한 요구, 시민의 행동 자유를 보장하는 전통적 가치, 그의 개인적 야망, 이 세 가지 사이에서 균형을 잡는 문제였다. 아우구스투스의 해결안은 '프린켑스'의 의미를 재발명한 데에서 보이듯이, 변화를 추진하기 위해 전통적 가치를 활용하는 것이었다. 무엇보다도 그는 사회적 관계의 전통적 가부장주의, 곧 보호자-피보호자 관계를 정치에다 이식시켰다. 황제를 모든 사람, 특히 군대의 가장 중요한 보호자로 만들어서 그 도덕적 권위로 사람들의 삶을 지도했다. 이런 과정은 기원전 2년에 그가 '조국의 아버지'라는 로마 최고의 명예를 부여받으면서 절정에 도달했는데, 그 영예를 널리 알리기 위해 이 호칭을 새긴 동전이 주조되었다. 이것은 이제 로마는 아버지처럼 인민을 다스리는 통치자를 갖게 되었다는 뜻이었다. 가부장으로서 단독으로 가정을 다스리고, 엄격하지만 깊이 배려함으로써 자녀들에게 복종과 충성을 기대하고, 그에 대한 보답으로 그들을 먹여 살리는 그런 자상한 아버지. 이런 아버지 같은 통치자의 목적은 안정과 질서이지 정치적 자유는 아니었다.

아우구스투스는 중병을 여러 번 앓았지만 기원후 14년에 75세로 사망할 때까지 통치했다. 그런 장기 통치(41년) 덕분에 그가 로마 정부 내에서 실시했던 변화들은 항구적인 것이 되었다. 역사가 타키투스가 1세기 뒤에 말했듯이, 아우구스투스는 아주 오래 살았기에 그가 죽을 무렵에는 "살아남아서 공화정을 직접 본 사람은 거의 없었다"(《연대기》1.3). 아우구스투스는 장수長壽, 군대의 지지, 권력을 위장하기 위해 전통적 정치 용어 교묘하게 활용하기 등을 통하여 로마 사회에 안정을 회복시켰고 공화국을 제국으로 바꾸어놓았다.

아우구스투스 시대의 로마
—

아우구스투스는 관대한 통치자라는 이미지를 널리 퍼뜨리고 또 평민들의 삶을 개선시키는 조치를 취함으로써 새로운 정부의 합법성을 수립했다. 그 당시 가장 시급한 사회적 문제는 로마 시의 문제였다. 도시 인구가 100만이 넘었는데 그중 많은 이들이 먹을 것이 너무 없었다. 100만 명은 고대 세계로서는 엄청난 인구수이다. 유럽의 도시도 1700년대에 이르러서야 비로소 런던이 100만을 돌파했을 뿐이다. 그처럼 많은 사람이 로마 시에 산다는 것은 과밀화를 뜻했다. 거리에는 사람들이 넘쳐흘렀다. 후대의 로마 시민은 "한 사람이 팔꿈치로 나를 찌르고, 다른 사람은 막대기로 나를 건드린다. 내 다리에는 진흙이 달라붙고, 온 사방에서 거대한 발이 나를 짓누르려 한다"(유베날리스,《풍자시》3.245~248)라고 로마 시내를 걷는 소감을 적었다. 도로 정체를 완화하기 위해 낮 동안에는 수레와 마차를 거리에 나오지 못하도록 했는데, 이 금지 규정 때문에 밤이 되면 바퀴 축이 삐걱거리는 소리와 교통 정체에 갇힌 마부들의 외침으로 거리가 몹시 소란스러울 지경이었다.

대부분의 사람들이 '섬들insulae'이라고 불리는 소규모 다층 아파트 건물에서 살았다. 25 대 1 비율로 단독 주택보다 훨씬 더 많았던 이 아파트 건물 1층에는 주로 가게, 술집, 간단한 식당 등이 들어서 있었다. 아파트 외벽은 정치적 응원 구호, 도난당한 물건 반환 시의 보상, 개인적인 욕설, 음란한 노래, 각종 광고 등 온갖 낙서들이 장식하고 있었다. 아파트 건물의 층수가 높을수록 그 아파트 값은 싸졌다. 부유한 사람들은 주로 아래층에서 살았다. 아주 가난한 사람들은 제일 꼭대기 층에 있는, 하루 단위로 임대하는 방 한 칸에 살거나, 고철 조각으로 지은 판잣집에서 살았다. 일부 부유한 가정에는 수도관이 들어왔으나 대부분의 아파트 주민들은 도시에 설치된 수백 개의 공공 샘물에서 식수와 취사용 물을 양동이에다 길어 와서 높은 층까지 들고 올라가야 했다.

로마의 주민들은 매일 약 60톤의 인간 배설물을 쏟아냈기 때문에, 위생을 유지하는 것은 아주 심각한 문제였다. 대부분의 가정에는 별도의 화장실이 없었기에 주민들은 공중 화장실까지 걸어가거나 가정에서 양동이를 변기 대신 사용해야 했다. 아파트 주민들은 그 임시 변기에 든 배설물을 창밖으로 내던지거나, 양동이를 거리로 들고 나가서 인분을 수거하여 농부들에게 비료로 판매하는 사람에게 주어야 했다. 관리들은 인분이 도시의 주거 지역 밖에서 처리되도록 감독했으나, 관리 인원이 너무 적어서 그 규정을 정기적으로 단속할 수가 없었다. 에스퀼리아이Esquiliae 언덕에서는 고고학 발굴에 의해 수백 개의 구덩이가 발견되었는데, 거기에는 사람 시체, 동물 사체, 도심에서 그리 멀지 않은 곳에서 나온 온갖 하수 등으로 가득 차 있었다. 그 지역에는 이런 경고판이 붙어 있었다.

"가이우스의 아들 가이우스 센티우스는 사법행정관으로서, 또 원로원의 명령을 받들어서 경계 표석을 세움으로써 이 금지선을 만들었다. 이 선 안으로 쓰레기, 동물 사체, 사람 시체 등을 가지고 와서는 절대로 안 된다"(란치아니Lanciani, pp. 64~67). 도시를 청결하게 유지할 수 없으니 온 사방에서 파리들이 붕붕거리며 날아다녔고 주민들은 오염된 음식과 물 때문에 자주 배탈을 앓았다.

사람들은 청결을 유지하기 위해 공중목욕탕을 이용했다. 입욕료가 낮았기에 거의 모든 사람이 매일 목욕탕에 갈 수 있었다. 도시 안에 들어선 수십 개의 목욕탕 건물은 현대의 헬스클럽처럼 목욕과 체력 단련과 사교의 장이 되었다. 목욕탕 이용자들은 일련의 미지근하고 축축한 탕들을 지나서 마침내 사우나실로 들어갔다. 입욕자들은 그들이 선택한 냉탕 혹은 온탕에서 알몸으로 헤엄을 쳤다. 여자들도 공중목욕탕을 쉽게 드나들 수 있었다. 남녀는 각각 별도의 시간대에 별도의 탕에서 목욕을 했다.

모든 고대 도시들이 그러하듯이, 많은 목욕탕, 먹는 물을 제공하는 샘, 거리를 청결하게 유지하려는 관리들의 단속 등에도 불구하고 도시의 위생 상태는 불량했다. 목욕이 병든 사람에게 특히 좋다고 생각되었기에, 목욕탕은 전염병을 퍼트리는 장소가 되었다. 더욱이 정부가 하수도 시설을 건설하기는 했지만 하수가 제대로 처리되지 않고 티베리스 강으로 곧바로 흘러들었다. 하수를 위생적으로 처리하는 기술은 아예 존재하지 않았다. 사람들은 인간과 동물의 시체를 주기적으로 거리에 내버려서 독수리와 개의 밥이 되게 했다. 가난한 사람들만 이런 조건 때문에 피해를 보는 것은 아니었다. 한번은 유기견이 인간의 손을 입에 물고서 베스파시아누스(장래에 황제가 되는 인물)가 점심을 먹고 있는 식탁으로 가져왔다.

어디에서나 파리가 들끓었고, 기계식 냉장고가 없었던 시대인지라 사람들은 자주 위장과 내장의 질병을 앓았다. 그 당시 가장 인기 높은 장신구는 배탈을 예방해준다고 여겨지는 목걸이였다. 부유한 사람들도 이런 불편을 겪을 수밖에 없었지만, 그들은 산에서 가져온 눈으로 음료를 시원하게 한다거나 통풍이 잘 되는 집을 하인들에게 청소시키는 호사를 누렸다. 부자들의 집은 널찍한 마당과 정원을 가운데 두는 방식으로 건설되었고 높다란 담장이 사생활을 지켜주었다.

아우구스투스는 로마 인민들의 안전과 건강을 위해 할 수 있는 것은 다 했다. 그는 도시를 14개 지역 265개 동으로 나누었고, 예전 노예들을 '시민 감시단'의 지도자로 임명하여 교통 문제, 폭행과 강도, 화재 등을 감시하게 했다. 이 도시 관리들은 아우구스투스의 라레스Lares(조상신)를 기념하기 위해 거리에 세워진 제단에 희생을 바침으로써, 새로운 정부 체제에 대한 충성심을 구축했다. 그렇지만 인구가 과밀한 수도에는 예측할 수 없는 위험이 자주 찾아들었다. 아파트 꼭대기 층에 사는 주민들은 너무 가난하여 집 안 청소를 대신해줄 노예를 소유하지 못했다. 그들은 깨진 그릇이나 변기의 배설물을 창밖으로 마구 내던져서 멋모르고 그 아래를 지나가던 보행자들에게 투척물 세례를 퍼부었다. 한 시인은 이렇게 말했다.

로마에서 만찬장까지 걸어가기로 했는데, 유서를 미리 작성해두지 않았다면 당신은 어리석은 사람이다. 왜냐하면 열려 있는 창문 전부가 잠재적 재앙의 원천이기 때문이다.

— 유베날리스, 《풍자시》 3.272~274

'섬들'은 거리의 행인들뿐만 아니라 거주민들에게도 위험했다. 그런 건물은 늘 붕괴의 위험을 안고 있었기 때문이다. 로마의 토목 기술자들은 콘크리트, 벽돌, 돌을 내구적인 건축 자재로 사용하는 데에는 능했으나, 건축물이 어느 정도까지 하중을 견딜 수 있는지 측정하는 기술은 가지고 있지 않았다. 그러나 진짜 문제는 건설비를 줄이려고 혈안인 건설업자들이 시공 안전 기준 따위는 신경 쓰지 않았다는 점이다. 그래서 아우구스투스는 새로 짓는 아파트 건물의 높이를 70피트(약 2.1미터)로 제한하는 법령을 반포했다. 햇볕 잘 드는 언덕 꼭대기는 부자들의 집이 차지했고, 주로 낮은 곳에 지어지는 아파트 건물은 자주 홍수 피해를 입었다. 화재는 그보다 더 심각한 문제였다. 아우구스투스가 도시 대중에게 해준 많은 서비스 가운데 하나는 유럽사상 처음으로 로마에 공공 소방서를 설치한 일이다. 아우구스투스의 취미 중 하나는 로마의 비좁은 거리들에서 자주 터져 나오는 주먹다짐을 구경하는 것이었지만, 그래도 그는 로마 최초로 경찰서를 창설했다. 부자들은 경비원을 고용하여 그들 자신과 저택을 지켰다.

아우구스투스가 도시 대중에게 해준 가장 중요한 봉사는 그들에게 값싼 식량을 적절하게 공급한 일이었다. 그는 개인 돈을 투자하여 수입한 곡식을 가난한 사람들에게 풀어 식량 폭동을 미연에 방지했고, 그렇게 함으로써 보호자가 피보호자를 돌봐주는 로마의 가치를 존중하는 태도를 보여주었다. 정부가 저가나 무상으로 로마의 가난한 사람들에게 곡식을 배급하는 것은 수십 년 된 전통이었다. 아우구스투스의 배급 제도에서 이 곡식을 받아가는 사람은 총 25만 명이었다. 그런 남자들 중 상당수가 가족을 거느리고 있었으므로 통계상 70만 명 가까이 되는 사람들이 이런 곡식 배급 제도의 수혜자라고 추정할 수 있다. 가난한 사람들은 빵을 만들기에는 부적절한 이 곡식을 멀건 죽으로 만들어서 값싼 포도주와 함께 먹었다. 만약 그들이 운이 좋다면 콩, 부추, 약간의 고기 조각을 추가로 먹었을 것이다. 우리가 아피키우스Apicius의 오래된 요리 책[티베리우스 시대(기원후 14~37년)의 미식가인 아피키우스의 《요리에 관한 10권의 책》을 말한다 - 옮긴이]에서 배웠듯이, 부유한 사람들은 양념을 해서 튀긴 돼지고기나 새우를 비롯해 맛 좋은 요리를 먹었고, 때때로 꿀과 식초를 섞어 만든 달콤하고 시큼한 소스로 요리의 맛을 한층 돋우었다.

부유한 사람들은 점점 아이들을 키우기보다는 이런 사치품에 돈을 쓰는 것을 더 좋아하게 되었다. 아이를 키우는 비용과 고생이 높은 생활수준을 위협한다고 생각하여, 엘리트들은 자식을 충분히 낳으려 하지 않았다. 이런 사회 계급에서는 어린아이가 매우 희귀했기에, 아우구스투스는 세 명 이상의 자녀를 둔 부모에게 특별한 법적 혜택을 부여하는, 결혼을 지원하고 출산을 장려하는 법률을 통과시켰다. 그는 또 결혼 생활을 보호하기 위한 또 다른 시도로 간통을 중범죄로 만들었다. 그는 이 개혁안을 아주 진지하게 생각했기에 자신의 외동딸과 손녀딸이 혼외 성관계로 추문을 일으키자 이 둘을 추방시켰다. 그러나 그의 법령은 별 효과가 없었다. 유서 깊은 오래된 가문들은 제국 시대에 들어와 시들어갔다. 인구 통계에 따르면, 원로원 급 지위를 가진 가문들의 4분의 3에 해당하는 가문이 한 세대가 지나는 동안 사라졌다. 황제의 은총을 받은, 원로원 계급 아래의 새 사람들이 지속적으로 올라와서 그 자리를 메웠다.

노예들은 사회의 위계제에서 가장 밑바닥의 사다리를 차지했고 제국에 노동력을 제공했다. 그러나 로마법은 자유민이 된 옛 노예들에게 시민권을 부여했기에 이들의 후손은 돈을 모은다면 사회 엘리트의 구성원으로 올라갈 수 있었다. 이처럼 장기간에 걸쳐 사회적으로 출세할 수 있는, 상향 유동성은 노예들에게 희망을 주었고 그런 희망은 노예로 하여금 현재의 가혹한 생활 환경을 극복하게 하는 힘이 되었다. 많은 로마 평민들의 조상은 노예였기에 그들은 현재 노예인 사람들에게 동정을 보냈다. 이런 사실은 기원후 61년에 로마에서 발생한 다음과 같은 폭동 사건으로 잘 알 수 있다. 어떤 부유하고 저명한 사회 엘리트가 그의 노예에게 살해되었다. 그럴 경우 로마의 전통에 따르자면 그 엘리트 집안의 모든 노예를 살해해야 했다. 노예들이 그런 흉악한 범죄를 분명히 미리 알았을 텐데 만류도 하지 않고 밀고도 하지 않았다는 추정에 따른 조치였다. 그런데 그 살해된 엘리트는 아주 부유했기에 그의 집안에는 노예가 400명이나 있었다. 그처럼 많은 무고한 사람들을 사형에 처한다는 것은 너무하다는 항의가 터져 나왔다. 이 문제가 원로원에서도 논의되었는데 그 가혹한 전통은 그대로 준수되었다. 그러자 이 조치에 저항하여 대중들이 거리에 불을 지르고 관리들에게 돌을 던졌고, 네로 황제는 병사들을 동원하여 화난 시민 무리들을 처형 장소에 접근하지 못하게 했다(타키투스, 《연대기》 42~45).

농업과 제조업 분야의 노예 제도는 아주 가혹한 생활 환경을 의미했다. 그 분야의 노동자는 대부분 남자였지만, 여자들도 농촌 노동자들을 관리하는 반장의 조수 역할을 하기도 했다. 아풀레이우스는 제분 공장에서 일하는 노예의 비참한 모습을 소설에서 다음과 같이 생생하게 묘사했다.

그들의 남루한 옷에 숭숭 뚫린 구멍을 통해 매를 맞아 전신에 난 상처를 볼 수가 있다. 어떤 자는 허리춤만 겨우 가리고 있다. 그들의 이마에는 글자가 새겨져 있고 발목에는 쇳덩어리 족쇄가 달려 있다.

– 아폴레이우스, 《황금 당나귀》 9.12

　제분 공장보다 더 열악한 곳은 광산이었는데, 그곳의 십장들은 광부들을 위험한 환경 속에서 일하도록 강요하기 위해 계속 매질을 했다.

　가내 노예들은 육체적으로 좀 더 편안했는데, 특히 황실 가족이 소유한 많은 노예들이 그러했다. 일반적인 가정에서는 여자 노예보다 남자 노예가 더 많았으나, 가내 노예의 다수는 여자들이었고 주로 유모, 하녀, 주방 보조, 옷 만드는 사람 등으로 일했다. 남자 노예들은 주인의 일을 대신 돌보았고 때로는 이익의 일부를 상금으로 받기도 했다. 여자 노예들은 돈을 모을 기회가 적었다. 주인들은 때때로 남녀 노예 모두에게 성적 봉사에 따른 팁을 주었다. 대부분 남자들이 소유한 여자 노예 창녀는 때때로 충분한 돈을 벌어서 신체적으로는 그런대로 편안한 삶을 살았다. 충분히 돈을 모은 노예들은 간혹 자신들을 위한 노예를 돈 주고 사서 나름의 주종 관계를 형성하기도 했다. 남자 노예는 여자 노예를 짝으로 사들여 부부의 외양을 갖출 수는 있었으나, 적법한 결혼은 불가능했다. 그들과 그들 사이에서 태어난 자녀들은 모두 주인의 소유물이었다. 정말로 운이 좋은 노예의 경우, 충분히 돈을 모아서 주인으로부터 자유민의 권리를 사들이거나, 아니면 주인이 유서에다 면천시켜 주라고 명령하여 자유민이 되는 경우도 있었다. 비석에 새겨진 어떤 묘비명들은 주인이 노예에게 좋은 감정을 품고 있었음을 보여준다. 그렇지만 주인이 잔인할 경우, 가내 노예들도 아주 비참한 삶을 살아야 했다. 그들은 가혹한 대우에 대항할 아무런 방어 수단이 없었다. 학대받은 노예가 방어할 목적으

도판 6-3 | 이 모자이크에 묘사된 검투사들은 무장을 하고 있는데 전투 방식에 따라 서로 다른 무기를 들고 있다. 또 검투사들의 이름이 기록되어 있다. 가장 흥분되는 검투사 경기는 중무장을 했지만 걸음이 느린 투사와, 경무장이지 만 걸음이 빠른 투사가 벌이는 싸움이었다. Wikimedia Commons.

로 주인을 공격했을 때조차 그에 대한 징벌은 죽음이었다.

공적으로 가장 눈에 띄는 노예는 검투사들이었다. 이들은 공개적인 경쟁의 장소에서 무기를 들고 싸우는 남녀이다. 전쟁 포로나 단죄된 죄수들이 검투사 싸움을 하도록 강요되었으나, 자유민들도 보상과 명성을 얻고자 자발적으로 검투사 등록을 하기도 했다. 기원후 1세기 초에 원로원은 많은 시민들이 자발적으로 이 불명예스러운 직업에 등록하는 것을 보고 경악했다. 그리하여 20세 이하의 엘리트 계급 구성원들과 모든 자유민 여성은 검투사 경기에 참여하는 것을 금지했다. 아마도 검투사 아버지에게 훈련을 받았을 여자 검투사는 공화정 시대에 처음으로 검투사 경기에 나왔다. 그 후 그들은 계속 경기에 나왔으니, 셉티미우스 세베루스 황제(재위 기원후 193~211년)가 여자들의 출전을 성공적으로 금지시켰다.

검투사 쇼는 원래 호화스러운 장례 의례의 일부로 시작되었다. 이 싸움은 무척 인기가 높아서 제국 시대에 들어와서는 수만 명의 관객을 수용하는 대형 경기장에서 공식 축제의 연예 행사로 개최되었다. 로마에서 가장 유명한 경기장은 콜로세움^{Colosseum}인데 베스파시아누스 황제가 시작하여 그의 아들 티투스가 기원후 80년에 완공했다. 약 5만 명을 수용하는 이 원형 경기장은 네로 황제의 거대한 동상이 서 있던 자리에 지어졌다. 그 동상은 높이가 3미터가 넘어 거상(콜로수스^{colossus})이라는 이름이 붙여졌는데, 여기서 이 경기장의 이름이 유래했다.

검투사 경기는 죽을 때까지 싸우는 경우는 별로 없었다(단, 유죄 판결을 받은 죄수들끼리의 경기는 예외였다). 훈련된 검투사는 가치가 아주 높은 재산이었기 때문이다. 그런 검투사들 중 한 명을 죽여 없애는 것은 쇼의 흥행 주로서는 엄청난 손실이었다. 죽을 때까지 싸우는 아주 진귀한 경기에서 패배한 검투사가 아주 특별한 용기를 보였을 경우, 관중들은 살려주라고 함성을 질러댈 수 있었다. 경기 결과를 더욱 예측할 수 없도록 하기 위해, 검투사들은 서로 다른 종류의 무기를 가지고 싸웠다. 한 인기 높은 경기의 예를 들자면, '올가미 사나이'라는 가볍게 무장한 검투사는 올가미와 삼지창을 가지고 싸웠고, 반면에 상대방은 '어부'라고 하여 중장비를 가지고 경기에 임했다. 어부라는 이름이 붙여진 것은 그의 투구 꼭대기 모양이 물고기를 닮아서였다. 관중은 내기 돈을 크게 걸었고 그들의 함성은 요란했다. 한 비평가는 로마의 스포츠를 다음과 같이 맹렬히 공격했다.

보라, 쇼에 오는 저 군중을! 그들은 이미 제정신이 아니다. 아무 생각이 없고, 공격적이고, 내기에 건 돈에 대하여 소리친다! 그들은 다 똑같은 흥분, 똑같은 광기, 똑같은 목소리를 공유한다.

― 테르툴리아누스, 《구경거리에 대하여》 16

로마인들은 집 안의 바닥에 자그마한 채색 타일인 모자이크를 즐겨 깔았는데, 검투사들의 모습이 묘사된 경우가 많다. 이 모자이크를 보면 검투사 경기가 관중들에게 일으키는 강력한 감정적 반응을 잘 알 수 있다.

값비싼 검투사 쇼는 제국 시대에 들어와 엄청난 인기를 누렸다. 시민들이 보호자인 황제에게 이런 화려한 연예 행사를 기대했기 때문이다. 아우구스투스는 호화로운 축제에서 싸우는 검투사 5000쌍을 마련하는 자금을 댔다. 이 호화로운 행사의 프로그램은 전차 경주, 인공 호수에서의 모의 해전, 인간과 야수 사이의 싸움, 이국적인 아프리카산 맹수(이 맹수는 유죄 판결을 받은 죄수를 물어뜯어 사형을 대신 집행했다) 전시, 연극 공연 등을 포함했다. 무언극은 가장 인기 높은 연극이었다. 일상생활을 묘사한 이 연극은 여자 역에 여배우를 출연시켰는데, 로마의 관중에게 인기 높았던 노골적으로 성적인 익살극에도 여배우가 등장했다. 로마의 가장 큰 극장은 좌석이 아치형으로 위로 올라오면서 약 2만 명을 수용하는 시설이었는데 이름은 마르켈루스 극장이었다. 아우구스투스 황제가 죽은 조카의 이름을 따서 이 극장을 명명했다.

후대의 로마 황제들이 언제나 접근 가능한 통치자라는 아우구스투스의 모범을 버리고 일반 평민들과 거리를 두면서, 검투사 쇼, 전차 경주, 연극 공연 등에서만 일반 대중이 황제에게 불평을 말할 수 있었다. 그러나 이때에도 황제를 직접 만나는 것이 아니라, 그가 보낸 고위 관리들에게 불평을 간접적으로 말하는 정도였다. 가난한 사람들은 축제에서 여러 번 무상 곡식 배급이 제대로 안 된다면서 불만을 표시하기도 했다.

제국 초기의 교육, 문학, 조각

—

교육 제도와 교육의 목적은 아우구스투스 집권 초기에 바뀌었다. 동전, 건축물, 공공 연예 행사 등과 마찬가지로, 교육은 이제 변화된 정부 제도를 합법화하고 강화하는 목적에 봉사했다. 수사학은 교육의 핵심 과목이었으나, 이제 그 전통적인 정치적 비판은 제외되었다. 공화정 시대에 설득력 높은 연설 능력은 아주 강력한 무기였다. 그래서 사회적·군사적 배경이 없는 키케로 같은 인물도 웅변술 덕분에 정치적으로 출세할 수가 있었다. 그러나 이제 황제가 최고의 권력자였기에 공개적인 정치 토론이나 언론의 자유는 배제되었다. 이런 새로운 상황에서, 야심만만한 남자들은 개인적 법률 사건, 정부 관리의 재판, 다수의 공공 행사에서 황제를 인자하고 관대한 통치자로 칭송할 때와 같은 경우에만 그런 수사적 기술을 발휘할 수 있었다. 정치 비평은 너무나 위험한 일이 되었기에 수사학 훈련은 점점 정치와 멀어졌다. 학생들은 이제 국가 정책에 대한 연설을 배우기보다는, '강간 피해자를 위한 대안' '전염병의 치료'와 같은 주제를 가지고 영리한 웅변가로 보이는 방법을 배우는 데 주력했다. 당연히 그들은 정치적 문제에 대하여 솔직한 의견을 표명하는 것이 아니라, 청중의 이목을 끌 목적으로 과장된 수사를 사용했다(타키투스,《웅변가들에 대한 대화》35.5).

교육은 부유한 사람들의 특권이었다. 로마는 아직 공립 학교를 세우지 않았기에 가난한 사람들은 운이 좋으면 바쁜 부모로부터 기본적인 읽기와 쓰기를 배웠다. 심지어 부유한 사람들도 교육을 실용적 기술을 습득하는 수단으로 생각했지 인품 도야를 위한 지식 습득으로 보지는 않았다. 이제 정치가 아니라 돈을 버는 것이 남자들이 선호하는—혹은 안전한—사회적 경쟁 형태로 인식된 까닭이다. 기원후 1세기 중반에 나온 냉소적 문학 작품에 등장하는 한 인물은 이런 공리적인 교육관을 다음과 같이 분명하게 밝힌다.

> 나는 기하학, 문학 평론, 기타 그와 비슷한 쓰레기는 공부하지 않았습니다. 나는 공고판의 글자를 읽고, 백분율을 계산하고, 서로 다른 종류의 동전들의 무게와 단위와 가치 등을 배웠습니다.
>
> ― 페트로니우스, 《사티리콘》 58

로마인들의 이상은 어머니가 그 자녀를 가르치도록 요구했지만, 제정 시대에는 하인이나 고용된 교사들이 부유한 가정의 자녀들을 보살폈다. 아이들은 7세부터 11세까지 사설 초급 학교에 가서 읽기, 쓰기, 기본적인 산수 등을 배웠다. 어떤 아이들은 그 다음으로 3년 코스의 학교에 진학하여 문학, 역사, 문법을 배웠다. 그러나 오로지 소수의 학생들만이 수사학까지 공부했다.

상급 학교는 문학, 역사, 도덕철학, 법률, 변증법(어떤 논증의 모순점들을 파악하여 진리를 결정하는 것)을 가르쳤다. 수학과 과학은 실용적 목적이 있을 때 이외에는 별로 가르치지 않았다. 로마의 토목 기술자들과 건축가들은 수량 계산에 매우 뛰어났다. 부유한 남녀는 하인들에게 낭독을 시켜서 독서를 했다. 독서를 하려면 글자도 알아야 하지만 손재주도 좋아야 했다. 책이 한 페이지 한 페이지 넘기는 형태가 아니라, 파피루스와 동물 가죽으로 만든 연속적인 스크롤(족자)이었기 때문이다. 그래서 독서하는 사람은 한 손으로는 족자를 펼치고 다른 한 손으로는 족자를 말아야 했다.

문학과 조각은 아우구스투스 치하에서 새로운 방향을 잡아갔다. 황제와 저자 혹은 조각가 사이에 갈등이 없었던 것은 아니지만, 그들은 통치자의 적극적 이미지를 널리 알리는 데 협조했다. 이 시기에 많은 문학 작품이 꽃핀 까닭에 현대의 비평가들은 아우구스투스의 시대를 라틴 문학의 황금시대라고 부른다(반면에 역사가들은 기원후 2세기를 정치의 황금시대라고 부른다). 아우구스투스 자신도 시를 썼고 일단의 작가들과 예술가들에게 후원자 역할을 함으로써 문학과 예술이 꽃피는 데 도움을 주었다. 그가 좋아하던 작가인 호라티우스(기원전 65~8년)와 베르길리우스(기원전 70~19년)는 이 새로운 정부 제도를 지지했다. 호라티우스는 공적·개인적 주제를 다룬 짧은 시에서 유연한 리듬과 은밀한 유머를 구사하여 청중을 매혹시켰다. 악티움 해전에서 안토니우스와 클레오파트라를 쳐부순 아우구스투스의 승리를 노래하는 그의 시는 첫 행이 유명하다. "이제 술잔을 들어야 할 때다!"(《서정시》 1.37)

베르길리우스는 서사시 《아이네이스》로 후대에 가장 높은 인기를 얻은 아우구스투스 시대의 시인이다. 그는 황제를 기쁘게 하고 또 그에게 조언(아주 공손한 조언)을 하기 위해 이 서사시를 썼다. 호메로스의 서사시에서 영감을 받은 이 작품은 트로이 사람 아이네이스의 전설을 묘사하는데, 그는 로마인들의 먼 조상으로 통한다. 베르길리우스는 로마 국가의 위대함을 일방적으로 찬양만 하지는 않는다. 이 시인은 이야기에 등장하는 비극적인 죽음들을 통해 성공에는 엄청난 대가가 따른다는 점을 보여줌으로써 그 찬양을 적절히 조절한다. 따라서 《아이네이스》는 아우구스투스의 정치 및 사회 개혁에 따르는 이득과 손실의 복잡한 뒤섞임을 강조한다. 무엇보다도 이 서사시는 황제들이 따라야 할 도덕률을 제시한다. 그것은 정복된 자에게는 자비를 베풀어야 하고 오만한 자는 쳐부수어야 한다는 것이었다. 베르길리우스는 《아이네이스》의 일부를 아우구스투스와 그 가족들에게 낭독하여 큰 성공을 거두었다. 그는 기원전 19년 임종의 병상에서 친구들에게 이 서사시를 불태워달라고 요청했다. 자신이 수정을 끝내지 못했기 때문이었다. 그러나 아우구스투스는 이 서사시를 보존하라고 명령했다.

좀 더 독립적인 기질을 가진 작가들은 조심해야 했다. 역사가 리비우스(기원전 59~기원후 17년)는 방대한 로마사를 저술했는데, 아우구스투스와 그 지지자들의 무자비한 행위도 숨기지 않았다. 황제는 그의 솔직함을 나무랐으나 벌주지는 않았다. 리비우스의 역사서가 로마의 성공과 안전은 충성심과 자기희생이라는 전통적 가치를 유지하는 데 달려 있다고 분명하게 밝혔기 때문이다.

시인 오비디우스(기원전 43~기원후 17년)는 운이 나빴다. 조롱하는 재치가 가득한 그의 에로틱한 시편 《사랑의 기술》과 《사랑도 가지가지》는 황제의 도덕적 입법을 은근히 조롱하면서, 불법적인 사랑과 축제에서 유부녀를 만나는 방법을 반쯤은 농담조로 제시한다. 오비디우스의 《변신》은 기이한 초자연적 변신 신화들을 상상하는 작품인데, 사람이 동물이 되고 인성과 신성 사이에 혼동이 오는 등 사회의 위계질서를 자연스럽고 안정적인 것으로 받아들이는 전통을 파괴한다. 기원전 8년, 아우구스투스는 오비디우스를 흑해 쪽에 있는 황량한 마을로 추방함으로써 마음속의 불만을 냉담하게 표출했다. 오비디우스가 황제의 딸을 둘러싼 성추문과 연루되어서 이런 조치가 나온 것으로 추측되고 있다.

조각 또한 황제의 소원에 부응했다. 공화정 후기에 조각 흉상은 살육과 폭력이 난무하던 그 시절의 살벌한 현실을 반영이라도 하듯이 얼굴 표정이 아주 어둡다. 그러나 아우구스투스가 황제가 된 이후의 조각 작품들은 고전 그리스 예술이나 기원전 4세기에 리시포스가 만든 알렉산드로스 대왕 조각상을 연상시키는, 좀 더 이상화된 스타일을 보여준다. 프리마 포르타Prima Porta의 아우구스투스 조각상(현재 로마의 바티칸 박물관 소장), 혹은 '아우구스투스의 평화의 제단'을 장식하는 조각 패널(현재 테베레 강 옆의 박물관에 재건설) 같은 유명한 예술 작품들을 보면, 황제는 초조해 하거나 병든 모습(실제로 그는 종종 이런 상태에 있었다)이 아니라 편안하고 위엄 있는 모습을 하고 있다. 그를 기념하는 건축물이 그러하듯이, 아우구스투스는 조각 작품을 이용하여 자신감 넘치는 세상의 회복자라는 자신의 이미지를 투사했다.

새로운 제국 시대의 시가와 조각은 상당수가 널리 선전된 아우구스투스의 이미지를 반영하고 있다. 바로 전쟁으로 시달린 인민들에게 평화와 번영을 회복시킨 이타적이면서도 관대한 아버지의 이미지였다. 그는 이런 이미지가 로마인들을 설득하여 새로운 통치 방식을 받아들이기를 바랐고 또 그러한 변화에 들어간 감추어진 비용을 너무 신경 쓰지 말기를 원했다. 아우구스투스는 로마의 빈자들에게 실제로 관대한 보호자였다. 그는 부자들에게 상비군과 공공 토목 사업에 들어갈 돈을 기부하라고 요구하여 관철시켰다. 그러나 그의 관대한 겉모습 뒤에는 무자비함의 정맥靜脈이 어른거린다. 기원전 43년의 징벌 고시 때에 그는 많은 친구들뿐 아니라 친척들까지 살해되었다. 또 자신의 제대병사들에게 땅을 마련해주기 위해 벌인 몰수 작업 때문에 많은 사람들이 집을 잃었다. 어쩌면 '로마의 평화'를 보장해준 것은 군사령관 겸 보호자라는 지위에서 나오는 그의 권력이었을 것이다. 로마공화정의 가장 높은 이상이었던 공개 토론과 시민 공동의 의사 결정은 이제 가뭇없이 사라졌다. 그것은 제정 시대의 사회적·평화적 질서를 위해 치러야 할 대가였다.

율리우스-클라우디우스가문에서
제국의 황금시대까지

아우구스투스의 로마 정부 개혁으로 200년 동안은 비교적 평화롭고 안정적이었는데, 이 시기를 이름하여 '로마의 평화Pax Romana'라고 한다. 역사가들은 기원후 2세기를 로마제국의 황금시대라고 부른다. 그러나 사실상 왕정인 '회복된 공화정'은 엘리트들 내부에 치열한 갈등의 소지를 언제나 안고 있었다. 사실 아우구스투스 사후에 내전이 벌어질 것 같았다. 이 새로운 정부 제도에서는 정권을 어떻게 넘길 것인지 이양의 절차가 수립되어 있지 않기 때문이다. 아우구스투스는 공화정이 아직도 존재한다는 허구를 유지하고 있었으므로, 공인된 왕국에서처럼 통치권이 그의 후계자인 아들에게 자동적으로 넘어갈 수 없었다. 그렇지만 그는 로마의 다음 통치자를 지명하고 싶어 했고 자신과 가까운 사람을 통치자 자리에 앉혔다. 아우구스투스는 자신의 아들이 없어서 아내 리비아의 전부前夫 소생성인 아들인 티베리우스를 양자로 삼았다. 티베리우스는 뛰어난 군사 경력을 가진 것으로 유명했다. 아우구스투스는 원로원에 군대가 티베리우

연대표(모든 연대는 기원후)

14~37	율리우스-클라우디우스 가문의 첫 번째 로마 황제인 티베리우스가 사망(아마도 자연사)할 때까지 통치함.
23	티베리우스가 로마에 근위대를 위한 영구 주둔지를 건설함.
37~41	가이우스(칼리굴라)가 로마 황제로 군림하다가 살해됨.
41	근위대가 옛 공화정을 수복하려는 원로원의 시도를 봉쇄하고 클라우디우스를 황제로 옹립함.
41~54	클라우디우스가 로마 황제로 재위하다가 살해됨.
54~68	네로가 로마 황제로 재위하다가 자살함. 그의 죽음으로 율리우스-클라우디우스 왕조가 끝남.
69	베스파시아누스가 내전에서 승리하여 플라비우스 왕조를 세움. 황제로 재위하다가 79년에 자연사함.
70	베스파시아누스의 아들 티투스가 예루살렘을 함락시켜 4년간 벌어진 유대인의 반란을 진압함.
79~81	티투스가 황제로 재위하다가 자연사함.
79	베수비우스 화산이 폭발하여 이탈리아 남부의 폼페이와 헤르쿨라네움이 화산재 속에 파묻힘.
80	티투스가 로마의 콜로세움을 완공시킴.
81~96	베스파시아누스의 아들 도미티아누스가 황제로 통치하다가 살해당함.
96~180	5현제(네르바, 트라야누스, 하드리아누스, 안토니누스 피우스, 마르쿠스 아우렐리우스)가 통치하면서 로마제국의 정치적 황금시대가 이어짐.
113	트라야누스가 승리를 과시하는 조각상 기둥을 로마에 세움.
125	하드리아누스가 로마의 돔형 판테온을 완공.
2세기 후반	마르쿠스 아우렐리우스의 승리를 과시하는 조각상 기둥이 로마에 세워짐.

스가 다음 프린켑스가 되기를 바란다고 통보했다. 원로원 의원들은 초대 황제가 사망한 후에 이 추천안을 신중하게 승인했다. 이렇게 하여 아우구스투스 가문의 사람들—아우구스투스의 가계인 율리우스 가문과 티베리우스의 가문인 클라우디우스 가문을 합해서 율리우스-클라우디우스가[※] 라고 부르는 가계—이 그 후 50년에 걸쳐서 '프린켑스', 곧 황제의 지위에 올랐고, 언제나 원로원의 공식적인 승인을 받았다.

율리우스-클라우디우스 왕조(서로 친척 관계인 일련의 통치자들)의 목표는 사회적 불안정을 예방하고, 시민들의 충성심을 구축하고, 행정부의 운영 자금을 대는 것이었다. 이 황제들은 로마 시민과 현지 주민들이 섞여 사는 광대한 영토의 속주들을 통치했다. 따라서 황제들은 군대를 특별히 관리했고, 황제 가문의 안녕을 비는 종교 의식을 권장했으며, 현지인들의 자유를 되도록 많이 보장하면서도 로마의 법률과 문화를 보편적 기준으로 확립하려 했다. 제국의 신민들은 황제가 체제 순응적인 자신들에게 관대한 보호자가 되어주기를 바랐으나, 장거리 통신과 낮은 수준의 기술 문제로 황제들이 제국의 신민들을 잘 보살피는 데 한계가 있었다.

아우구스투스 이후 율리우스-클라우디우스 황실—티베리우스, 가이우스(칼리굴라), 클라우디우스, 네로—이 직면한 가장 큰 문제는 어떻게 하면 원수정을 평화롭고 번성하는 정치 제도로 만드는가 하는 것이었다. 아우구스투스의 모범 이외에는 길라잡이가 없었기에, 그들은 각자 알아서 로마의 영토를 외적으로부터 지키고, 엘리트들이 반역의 음모를 꾀하는 것을 막고, 시민들을 행복하게 해주고, 최고 권력에 따르는 개인적 유혹을 이겨내야 했다. 몇몇 황제는 다른 황제들보다 더 잘 통치하여, 네로의 시기에 이르러 로마인들은 이제 황실이 사라지고 그 자리에 공화정이

들어설 수도 있다는 생각은 하지 않게 되었다. 어떻게 이런 커다란 변화가 일어났는지 이해하기 위해, 아우구스투스 이후 율리우스-클라우디우스 황실의 통치를 간단히 살펴볼 필요가 있다.

로마제국의 황실
—

티베리우스(기원전 42~기원후 37년)는 기원후 14년 아우구스투스가 죽은 이후 23년 동안 권력을 잡았다. 그는 대를 이어 프린켑스가 될 자격이 가장 뛰어났기 때문이다. 티베리우스는 아우구스투스와 친척 사이인데다 장군으로서 혁혁한 전공을 세워 군대의 존경을 얻었다. 그는 아우구스투스의 후계자가 되어 황위에 오르기 위해 엄청난 개인적 대가를 치렀다. 티베리우스의 양아버지는 가족 간 유대를 강화하기 위해 티베리우스에게 그의 사랑하는 아내 빕사니아와 이혼하고 아우구스투스의 딸 율리아와 결혼하라고 강요했다. 이 정략결혼은 처참한 실패로 판명되었다. 티베리우스는 이 슬픈 사건으로부터 회복하지 못했고 황제가 되어서도 마지못해 통치에 임했다. 그는 자신의 운명을 너무나 비통하게 여겨, 생애 말년 10년 동안은 나폴리 근처의 카프리 섬 산상에 왕궁을 지어놓고 은퇴자처럼 살았고, 다시는 로마로 돌아가지 않았다.

티베리우스는 비통해 하는데다 로마 시민들에게 인기가 별로 없었지만, 그의 장기 통치는 제국이 필요로 하는 안정된 과도기를 창출했다. 황제와 엘리트가 통치와 관련해 확실히 타협하기 위해서는 제국에 그 정도의 시간이 필요했다. 사실상 군주로서 국가를 다스리면서도 황제는 제국

행정을 담당하는 관리, 군대의 사령관, 속주 내 현지 공동체의 지도자들과 재정적 협조자 등 상류계급의 협조가 필요했다. 황제와 상류계급 사이의 타협이 지속되는 한, 제국은 번창할 수 있었고 양측은 지위와 존경을 누릴 수 있었다. 한편으로 엘리트들은 집정관, 사법행정관, 원로원 의원, 고위직 사제 등 전통적 지위가 부여하는 특권을 누렸다. 다른 한편으로 황제들은 전에 민회가 가졌던 권력을 넘겨받아 이런 관직들의 임명을 마음대로 결정함으로써 우월한 지위를 대내외에 천명했다. 민회는 곧 황제의 소원을 추인하는 거수기가 되었고 마침내 유명무실한 기관으로 남았다. 요약하면, 제국의 정부는 상류계급 구성원들 사이의 협상에 의해 유지되었다. 기원후 23년에 티베리우스는 로마 도심 안에 근위대의 영구 주둔지를 건설하여, 필요할 때 그들이 황제를 더 쉽게 도울 수 있도록 했다. 티베리우스는 침상에서 자연사한 것처럼 보이지만, 질식사했다는 소문도 나돌았다. 그는 로마 시민들에게 너무나 인기가 없어서 그가 죽었다는 소식에 온 거리에서 기쁨의 함성이 터져 나왔다.

그 다음으로 율리우스-클라우디우스가의 황제가 된 가이우스는 흔히 칼리굴라(기원후 12~41년)로 알려져 있는데, 그에겐 치명적인 결함이 있었다. 그는 권력을 마구 휘두른데다 군사적 지도자 경력이 없었다. 티베리우스는 가이우스가 아우구스투스 여동생의 증손이어서 후계자로 지명했다. 가이우스는 즉위 초에는 아주 인기가 높았고 또 군인 생활이 어떠한지 어느 정도는 알았기에 스스로 노력만 했더라면 성공적인 황제가 될 수도 있었다. 칼리굴라는 '어린이용 군화'라는 뜻인데, 병사들이 어린아이 시절 그에게 붙여준 별명이었다. 군사령관이던 아버지를 따라 군부대 내에서 생활할 때 가이우스가 병사들의 가죽 군화를 모방한 작은 군화를 신고 다녀서 그런 별명이 생겼다. 그러나 불운하게도 그는 무제한의 권력에 반드시 동반되어야 하는 리더십의 개인적 능력이 결여되어 있었다. 그 대신 개인적 사치를 위해 무제한으로 돈을 써대는 욕망을 소유하고 있었다. 가이우스는 잔인하고 폭력적인 방식으로 통치를 하면서 개인적 변덕을 충족시키기 위해 국고를 과용했고, 부족한 돈을 거두어들이기 위해 로마의 가판대에서 파는 간이 음식에서부터 창녀들의 손님 접대에 이르기까지 세금을 부과했다. 칼리굴라는 무대에 올라 가수와 배우 연기를 했고, 모의 검투사 경기에도 등장했으며, 여자의 옷을 입거나 신들을 흉내 내는 옷을 입고서 대중 앞에 나타나기도 했다. 이런 식으로 그는 사회 엘리트들에게 기대되는 위엄 있는 행동이라는 가치를 깡그리 무시했다. 게다가 그는 여동생들과 성관계를 맺은 것으로 보인다. 이렇듯 그의 권력 남용 행위는 극단으로 나아갔다. 기원후 41년, 근위대 소속 병사 두 명은 칼리굴라가 자신들에게 가한 모욕에 복수하기 위해 그를 살해했다.

칼리굴라의 피살은 율리우스-클라우디우스 황실을 끝장내버릴 것 같았다. 가이우스는 아들이 없었고 그의 난폭한 행동은 주위의 모든 사람을 겁먹게 했기 때문이다. 그가 살해되었다는 소식이 알려지자, 일부 원로원 의원들은 이제 원래의 공화정과 진정한 자유를 회복할 때가 되었다고 선언했다. 그러나 근위대가 그 계획을 뒤엎었다. 그들은 황제를 옹립하여 자신들의 보호자로서 계속 남아 있기를 바랐던 것이다. 그래서 로마 시내의 근위대는 아우구스투스의 친척인 클라우디우스(기원전 10~기원후 54년)를 강제로 군부대로 데려가 원로원한테 그를 황제로 승인하라고 강요하여 관철시켰다. 당시 클라우디우스는 50세였고 제국을 통치할 수 있는 재목으로는 전혀 고려된 바 없는 사람이었다. 이처럼 원로원에

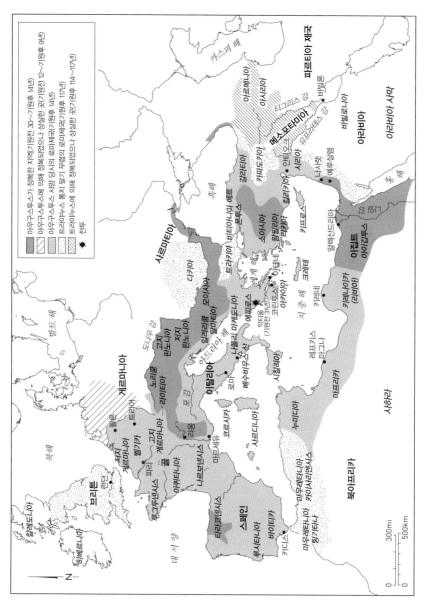

승인을 강요한 사건은, 로마 내의 근위대가 되었든 지방 속주의 위수부대가 되었든 이제 군대가 황제를 옹립하여 제정이 이어지길 원한다는 사실을 분명하게 밝혀주었다. 또한 진정한 공화정으로 돌아가려는 원로원의 희망은 실현될 가망이 전혀 없다는 점도 보여주었다.

클라우디우스는 전반적으로 통치를 잘 해내 사람들을 놀라게 했다. 그는 사상 처음으로 속주(트란스알파인 골Transalpine Gaul, 즉 오늘날의 프랑스 남동부 지방) 출신들을 원로원 의원으로 들어오게 함으로써 제국 행정에 중요한 선례를 남겼다. 이 개혁은 속주민들이 황제의 중요한 피보호자로서 성장할 수 있는 길을 열었다. 이들의 역할로 제국은 평화와 번영을 유지할 수 있었다. 클라우디우스는 또한 해방 노예를 힘 있는 행정직에 고용함으로써 제국의 정부를 바꾸어놓았다. 그들은 황제 덕에 그토록 크게 출세했기에 당연히 황제에게 충성을 바쳤다.

클라우디우스의 아내 아그리피나는 기원후 54년에 클라우디우스를 독살했다. 그녀의 전부 소생인 10대 아들 네로(기원후 37~68년)를 황위에 올리기 위해서였다. 네로는 칼리굴라와 마찬가지로 개인적 변덕을 충족시키는 일에 절대 권력을 남용했다. 통치에 필요한 군사 훈련이나 준비가 전혀 안 되어 있던 네로는 제국의 행정은 뒷전이고 음악과 연기에 관심을 쏟았다. 그는 거대한 공공 축제를 개최했고, 로마의 대중에게 현금을 나누어 주어 가난한 사람들에게 인기가 높았다. 그러나 기원후 64년에 로마 시내에 대화재가 발생하자, 그가 새로운 공공건물을 짓기 위한 자리를 만들려고 일부러 불을 냈다는 의혹이 널리 퍼졌다. 네로는 자신의 쾌락을 위해 돈을 엄청나게 써댔다. 그는 더 많은 돈을 거두어들이기 위해 부유한 남녀들에게 대역죄가 있다고 날조하여 처형한 후 그들의 재산을 몰수하기까지 했다. 그러자 놀라고 분노한 속주의 군사령관들이 그에게 등을 돌리고 반란을 일으켰고 많은 원로원 의원들도 거기에 가세했다. 근위대 사령관이 의원들을 매수하여 황제에게 등을 돌리자, 네로에게는 남은 방어벽이 없게 되었다. 체포와 처형을 두려워한 네로는 경악하며 소리쳤다. "죽다니! 나같이 위대한 예술가가!" 그 직후 네로는 한 하인에게 자기 목을 찌르게 하여 자살했다(수에토니우스, 《네로의 생애》 49).

네로는 자녀 없이 죽었기에 궁중에 후계자가 없었고, 그리하여 기원후 68년 황위를 노리는 여러 경쟁자들 사이에서 내전이 벌어졌다. '네 황제의 해'(기원후 69년)에 네 명의 경쟁자들 사이에서 싸움이 벌어졌는데 승자는 베스파시아누스 장군(기원후 9~79년)이었다. 그는 자신의 가문인 플라비우스가*를 율리우스-클라우디우스가의 뒤를 이을 황실의 가계로 확립했다. 이 새로운 체제의 정치적 정통성을 창조하기 위해, 베스파시아누스는 원로원을 압박하여 자신을 적법한 통치자로 승인하게 했고, 또 자신이 휘두르게 될 권력을 자세히 천명하도록 했다. 그 권력은 법으로 만들어졌고, 또 전임 원수들(이 목록에서 칼리굴라와 네로는 제외)이 확립한 권력의 전례에서 계승된 것이라고 대내외에 선언되었다. 베스파시아누스는 속주들의 충성을 장려하기 위해 그곳 엘리트들이 이른바 황제 컬트(황제와 그 가족의 안녕, 또는 때때로 황제 숭배 의식 등을 위해 전통적인 신들에게 희생 제물을 바치는 의례)에 적극 참여하도록 지시했다.

베스파시아누스는 황제 컬트를 추진하면서 동방 속주들의 현지 전통을 활용했다. 당대의 통치자를 신격화하는 것은 속주민들에게 정상적인 절차로 보였다. 그들은 기원전 4세기 후반의 알렉산드로스 대왕 시절까지 소급하여 여러 세기 동안 현지의 왕들을 신으로 모셔왔던 것이다. 황

도판 7-1 | 기원후 79년에 발생한 베수비우스 화산의 폭발로 보존된 헤르쿨라네움의 거리. 로마의 도시들에서 흔하게 발견되는 다층 건물과 발코니 딸린 집들이 거리의 양옆으로 들어서 있다. 위층의 창문과 베란다는 채광, 환기, 아래층 거리의 혼잡함과 냄새를 피하게 해주는 공간을 제공했다. © Giselle Aguiar.

제 컬트는 속주민들에게 황제의 장엄한 이미지를 전달하기 위한 수단이었다. 반면에 로마에서는 거대한 건축물과 화려한 조각 작품으로 그러한 황제의 이미지를 로마 시민들에게 전달하려 했다. 그 이미지를 구체적으로 묘사해보자면, 황제는 실제보다 큰 인물이고, 충성 어린 존경을 바칠 가치가 있으며, 그들의 후원자로서 온갖 은혜의 원천이라는 것이다. 황제 예배가 이미 아우구스투스 시절에 제국의 동부에서 잘 확립되어 있었기에, 베스파시아누스는 그것을 스페인, 남프랑스, 북아프리카의 속주들에서 집중적으로 추진했다. 그러나 이탈리아는 살아 있는 황제에게 바친 신전이 없었고, 전통적인 로마인들은 황제 컬트를 속주의 특이한 풍습이라며 경멸했다. 재치 있는 말로 유명한 베스파시아누스는 기원후 79년 죽어가는 자리에서 자신이 곧 신이라는 얘기를 회의적으로 여기며 이렇게 중얼거렸다. "불쌍하군, 나 자신이! 난 이제 신이 되려나 봐"(수에토니우스, 《베스파시아누스의 생애》23).

베스파시아누스의 두 아들 티투스(기원후 39~81년)와 도미티아누스(기원후 51~96년)는 왕조를 이으면서 미래의 황제들을 점점 더 사로잡게 될 두 가지 문제를 상대했다. 첫 번째 문제는 제국 전역에서 주민들의 삶을 향상시켜 사회적 불안정을 막는 것이었고, 두 번째는 변경 지역에서 외적의 침입으로부터 주민들을 보호하는 것이었다. 티투스는 기원후 70년 오늘날의 이스라엘 지역에서 4년 동안 벌어진 유대인의 반란을 진압하고 예루살렘을 함락시킨 것으로 유명해졌다. 그는 공격하는 와중에 유대교 의례의 중심인 유대 신전을 불태워 파괴했는데 이 신전은 그 후 다시는 재건되지 못했다. 짧은 재위 기간(기원후 79~81년) 동안에 티투스는 기원전 79년 베수비우스 화산의 폭발로 파괴된 여러 공동체에 구호대와 물품을 보냈다. 폭발하는 화산에서 뿜어져 나온 엄청난 화산재와 흙은 폼페이와 헤르쿨라네움의 이웃 도시들을 대부분 삼켜버렸다. 이 지역들은 수많은 사람들을 희생시키고 피난민으로 만든 이 재앙으로 후대에 독특한 문화유산으로 보존된다. 이 참사가 그 시대의 무수한 건축, 회화, 모자이크의 견본들을 시간 속에 동결시켰기 때문이다.

티투스는 또한 기원후 80년에 로마의 콜로세움 경기장을 완공시키고 관중용 거대한 차양을 설치함으로써 로마 시민들에게 호화로운 공공 연예 행사를 펼칠 수 있는 최신식 시설을 제공했다. 티투스가 자연사하자 그 동생 도미티아누스가 황위에 올라(재위 81~96년) 게르만 침입자들을 물리치기 위해 북쪽으로 라인 강과 도나우 강까지 군대를 이끌고 원정을 갔다. 게르만 민족의 침입은 그 후 수백 년 동안 로마제국을 괴롭히는 재앙의 신호탄이었다. 도미티아누스는 너무 오만하여 국내에서 증오의 대상이 되었다. 예를 들어 그는 글이나 말로 자신의 의사를 밝힐 때 "주인이며 신인 내가 너희에게 이것을 하라고 명하노라"라고 말했다(수에토니우스,《도미티아누스의 생애》13). 또 팔라티움 언덕의 황궁을 35만 제곱피트(약 1만 670킬로미터) 이상으로 확대하여 그 누구보다도 자신이 우월하다고 과시했다. 한 무리의 황실 내 음모자들은 황제가 자신들을 제거할까 우려하여 그를 살해했다. 그의 통치는 15년 만에 막을 내렸다.

제국의 황금시대의 황제들과 재정
—

이제 황제가 살해되면 그 다음에 등장하는 문제는 군대를 만족시키는 새로운 황제를 찾는 것이었지, 정부 제도를 완전히 개혁하는 문제가 아니었다. 역사가 타키투스(기원후 56~118년)가 썼듯이, 황제들은 날씨와 같은 존재였다. 화려한 것을 좋아하는 변덕과 지배하기를 좋아하는 탐욕은 한발이나 홍수처럼 참고 견뎌야 하는 것이었다(《역사》 4.74). 그 다음 다섯 황제들 치하에서는 한결 나은 정치적 환경이 조성되었다. 그들은 네르바(재위 96~98년), 트라야누스(재위 98~117년), 하드리아누스(재위 117~138년), 안토니누스 피우스(재위 138~161년), 마르쿠스 아우렐리우스(재위 161~180년)였다. 역사가들은 이들의 통치 시대를 가리켜 제국의 정

도판 7-2 | 마르쿠스 아우렐리우스 황제가 로마에 세운 승전 기둥에 새겨진 병사들의 모습. 제국 초기의 로마군이 사용했던 무장을 들고 있다. 전투와, 캠프, 행군을 하는 제국 군대의 모습을 역동적으로 보여주기 위해 기둥에 돌아가면서 연속적으로 군대의 모습을 조각했다. Barosaurus Lentus / Wikimedia Commons.

치적 황금시대라고 부르는데 이들이 근 100년 동안 평화와 안정을 조성했기 때문이다. 물론 '평화'는 로마의 역사에서 상대적인 용어이다. 트라야누스는 치열한 원정전을 벌여 로마의 영토를 북쪽으로는 도나우 강을 건너 다키아(오늘날의 루마니아)까지 넓혔고, 동쪽으로는 메소포타미아(이라크)까지 확장했다. 하드리아누스는 2차 유대인 반란을 진압하면서 예루살렘을 군사적 식민지로 만들었다. 아우렐리우스는 외적의 침입으로부터 도나우 강 유역을 지키기 위해 여러 해 동안 야전 생활을 하며 비참한 세월을 보냈다.

그렇지만 '5현제' 시절이 황금시대라는 표현은 합리적인 서술이다. 공화정 후기나 율리우스-클라우디우스 가문의 살육의 역사와 비교하면 상대적 평화를 성취한 셈이다. 이 다섯 통치자는 암살이나 음모 없이 황위를 승계했다. 실제로 앞의 네 황제는 아들이 없었기에 성인을 입양하는 로마의 전통에 입각하여 가장 훌륭한 후계자를 선정했다. 또한 적정한 국가 수입이 세금을 통해 지속적으로 들어왔고, 군대는 복종했으며, 해외의 무역은 최고조에 도달했다. 중국 측 기록에 따르면, 로마 황제 마르쿠스 아우렐리우스 재위 시기에 한 무리의 로마 상인들이 황제의 문안 인사를 가지고 한漢나라 왕실에 도착했다고 되어 있다(쇼프Schoff, pp. 276~277). 5현제 시기는 기원전 2세기 이후 로마의 역사에서 내전이 없었던 가장 긴 시기이다.

기원후 2세기의 평화와 번영은 충성스럽고 효율적인 군대, 속주 행정과 징세에서 속주 엘리트들이 발휘한 공공 정신, 방대한 제국 영토 안에서 통일성을 갖게 해주는 공통된 법률과 문화의 보급, 자식을 많이 낳는 건강한 주민 등에 의존했다. 로마제국의 영토가 워낙 넓었고 오래전부터 지속된 조상들의 독특한 생활양식이 지속되었기 때문에, 황제들은 이런 요소들에 대하여 생각만큼 통제권을 크게 발휘할 수 없었다.

이론상 로마의 군사적 목표는 무제한적인 영토 확장이었다. 베르길리우스는 《아이네이스》(2.179)에서 신들의 왕인 유피테르의 말을 빌려 이 개념을 표현했다. 유피테르는 로마인들에게 '제한 없는 통치'를 약속한다. 그러나 실제로 제국의 영토는 아우구스투스가 확립한 지중해 일원의 땅 이상으로 확대되지는 못했다. 트라야누스가 메소포타미아를 정복하기는 했지만 하드리아누스는 방어하기가 너무 어렵다며 그 땅을 포기했다. 황제들은 대체로 기존 판도의 방어에 집중하고 치안 유지를 강조했을 뿐, 정복 사업은 꿈꾸는 데 그쳤다.

이 시기에 대부분의 속주들은 안정되고 평화로웠으며 군대의 주둔을 필요로 하지 않았다. 율리우스 카이사르의 시절에 로마의 통제에 거의 자살적 광분으로 저항했던 골 지방도, 당시의 목격자 발언에 따르면, "1200명의 병사로 치안이 유지되었다. 이것은 제국 내의 도시 개수에도 못 미치는 숫자이다"(요세푸스, 《유대 전쟁》 2.373). 대부분의 로마 군대는 제국의 북부와 동부 가장자리에 주둔했다. 강력하고 적대적인 외적들이 그 경계 지역 너머에서 살았고 또 그곳이 중심부로부터 멀리 떨어져 있어서 현지 주민들의 제국에 대한 충성도가 약했기 때문이다.

이제 로마는 정복 전쟁을 벌이지 않았기에 군대의 유지비를 대기가 어려워졌다. 과거에 성공적인 해외 전쟁은 번영의 동력이었다. 승전은 전리품, 배상금, 전쟁 포로의 노예 매매 등으로 엄청난 액수의 자본을 가져다 주었기 때문이다. 또 정복된 지역이 속주로 지정되면 그 지역에서 추가 세수가 발생했다. 그런데 이제는 정부의 수입을 늘릴 기회가 없는데 상비군의 충성심을 유지하려면 정기적으로 급료를 지불해야 했다. 군대의 보호자라는 의무를 수행하기 위하여 황제들은 특별한 행사 때는 정기 급료 이외에도 두둑한 상여금을 지불했다. 이런 재정적 보상은 군인 경력을 바람직한 것으로 만들었고, 군 입대는 자유민 남자 시민들에게만 허용되었다. 로마군은 비非시민으로 구성된 보조 부대를 두었는데, 이들은 기병, 궁수, 창수 등으로 활약했다. 보조병들은 로마 지휘관 밑에서 근무하면서 라틴어와 로마의 관습을 익혔다. 그들은 제대하면 로마 시민권을 받았다. 이런 식으로 해서 군대는 공통적인 생활양식을 퍼트리는 수단이 되었다.

제국 정부와 방위의 주된 수입원은 속주들의 농토에 부과하는 세금(이탈리아는 면제)이었다. 속주 정부를 유지하는 비용은 상대적으로 많이 들지 않았는데, 관리들의 수가 제국이 관할하는 지역에 비하여 많지 않았기 때문이다. 수백 명에 불과한 로마 관리들이 약 5000만 명이 넘는 인구를 다스렸다. 공화정 때와 마찬가지로, 지방총독은 40명 정도 되는 소수의 관리들을 데리고 속주를 다스렸다. 로마에서 황제는 황실 내 관리들을 상당수 거느렸으나, 로마 시 자체는 시장prefect이라는 관리가 다스렸다.

징세 제도가 제대로 작동하기 위해서는 지방 엘리트들의 공공 봉사가 필수적이었다. 제국의 수입은 이 상류계급 구성원들에게 절대적으로 의지했다. 그들은 시협의회(쿠리아curia)의 무급 관리(쿠리알레스curiales)로 일하며 의무적으로 세금을 징수했다. 이처럼 탈중앙화한 제도 속에서 이 부유한 사람들은 매해 정해진 세액을 중앙 정부에 송금하는 책임을 개인적으로 졌다. 만약 부족분이 생기면 자신들의 호주머니에서 그 차액을 메워 넣어야 했다. 제국 초기의 황제들은 대체로 세금 인상을 억제했다. 티베리우스는 지방총독들의 세금 인상 요구를 거부하면서 이렇게 말했다. "내 양들의 털을 깎으라고 했지, 껍질을 벗기라고는 하지 않았어"(수에토니우스, 《티베리우스의 생애》32). 그러나 세월이 흘러가면서 정부에 더 많은 수입이 필요해졌고 속주의 엘리트들은 인상된 세금을 내느라 심한 압박을 느꼈다.

엘리트들의 징세 책임은 관리직을 값비싸게 만들었지만, 특권을 얻을 수 있을 뿐 아니라 황제에게 영향력을 미칠 수 있는 자리였기에 많은 속주 엘리트들이 기꺼이 그 비용을 떠안으려 했다. 어떤 관리는 보상으로 황제 컬트의 사제직에 임명되었는데, 이런 일은 남녀 모두에게 적용되는 영예였다. 쿠리알레스는 자기네 지역에 대한 특별 지원 요청, 가령 지진이나 홍수가 일어났을 때 황제가 구호 작업 요청을 들어주리라 기대했다.

제국의 이러한 재정 제도는 보호자-피보호자 제도의 전통에 뿌리를 둔 덕분에 그 기능을 발휘할 수 있었다. 현지의 사회 엘리트들은 현지 공동체의 보호자인 동시에 황제의 피보호자이기도 했다. 보상으로서 사회적 지위를 부여하는 이런 가치 제도에 부응하는, 부유하며 공공 정신이 투철한 속주민들이 있는 한 제국은 개인의 안락보다는 공동체의 가치를 더 중시하는 로마인의 오랜 이상을 바탕으로 잘 돌아갈 수 있었다. 하지만 이 제도는 점점 더 압박을 받게 된다. 국방비가 자꾸만 늘어났기 때문인데, 이는 제국 변경의 외적들이 가해오는 위협으로부터 국가를 지켜야할 필요성이 점점 더 커지는 사정을 반영한다.

제국의 황금시대에 나타난 안정과 변화

—

로마제국은 역사가들이 '로마화Romanization'(비로마인의 로마 문화 수용)라고 부르는 과정에 의해 지중해 세계를 크게 바꾸어놓았지만, 영향을 미친 지역은 균일하지 않았다. 제국의 속주들은 아주 다양한 민족을 포괄했는데, 이들은 서로 다른 언어를 말하고, 서로 다른 관습을 준수하고, 뚜렷이 다른 양식의 옷을 입고, 다양한 신들을 예배했다. 오지의 농촌 지역은 생활과 관습의 안정성이 그대로 유지되었다. 로마의 정복이 이런 지역의 사람들에게는 별로 영향을 미치지 못한 탓이다. 그러나 새로운 도시들이 많이 들어선 여러 지역에서는, 로마의 영향에 의한 변화를 쉽게 찾아볼 수 있었다. 이러한 공동체들은 황제들이 속주 전역에 하사한 제대군인들의 정착촌으로 시작해서 성장했거나, 아니면 로마군의 주둔 부대를 중심으로 그 주위에 자발적으로 생겨났다. 이러한 정착촌들은 특히 서유럽이 형성되는 데 큰 영향을 미쳤고, 라틴어(그리고 라틴어에서 파생한 다른 언어들), 로마의 법률, 관습을 그 지역에 단단히 심어놓았다. 독일의 서쪽 변경에 가까운 트리어나 쾰른 같은 저명한 현대 도시들은 로마의 도시로서 출발했다. 시간이 흐르면서 속주들과 로마제국의 중심인 이탈리아 사이의 사회적·문화적 구분은 희미해졌다. 마침내 속주에서 황제도 배출했다. 집안이 스페인에 정착해서 살았던 트라야누스가 그 첫 번째 사례이다.

로마화는 속주민들의 생활수준을 높여놓았다. 많은 도로와 교량을 건설하여 수송 체계가 향상되었고 장거리 수도교가 도시에 신선한 물을 공급했다. 로마의 상인들은 유럽에 수입할 물품을 찾기 위해 인도와 중국 같은 원거리 시장과 직접적인 상업 교류를 시도했으며, 이에 따라 자연히 무역량이 증가했다. 이런 국제 무역에 부과된 과세는 제국 정부의 중요한 수입 원천이 되었다. 로마 군대가 확보해준 평화로운 조건 속에서 속주들의 농업도 번창했다. 속주에 군대가 주둔할 경우, 군대 납품은 농부와 상인에게 새로운 일거리를 가져다주었다. 속주민들은 이전보다 로마제정 아래에서 더 잘 살았기에 로마화를 쉽게 받아들일 수 있었다. 게다가 로마화는 문화적으로 일방통행이 아니었다. 골, 브리튼, 북아프리카 같은 서부 속주들에서, 속주민들과 로마인들의 상호작용은 새로운 혼합 전통을 낳았는데 특히 종교와 예술 분야에서 두드러졌다. 이러한 과정은 로마 문화와 현지 문화의 점진적인 융합을 가져왔으므로, 정복자의 생활양식을 속주민들에게 일방적으로 강요하는 방식은 아니었다.

로마화는 동부 속주들에는 별로 영향을 미치지 못했다. 이 지역은 그리스와 서아시아의 특성을 그대로 간직했기 때문이다. 로마인들은 이 지

도판 7-3 | 이 거대한 돌다리는 몇 킬로미터 떨어진 산속의 샘물에서 신선한 물을 골(오늘날의 프랑스)의 대규모 도시에 공급하는 수도관을 떠받치고 있다. 토목 기술자들은 수도교의 물매를 정확하게 계산하여 물이 일정하면서도 관리 가능한 속도로 산간에서 계속 흘러내려 도심에까지 이르도록 했다. Ad Meskens/Wikimedia Commons.

역을 기원전 2세기와 1세기에 점진적으로 접수했을 때 이곳의 안정된 도시 문화가 수천 년 동안 번창해왔음을 알게 되었다. 이집트의 알렉산드리아나 시리아의 안티오크 같은 거대한 도시들은 그 크기와 화려함에서 로마와 어깨를 겨루었다. 사실 이 도시들에는 부유한 사람들이 사는 단독 주택들이 더 많고 고층 공동주택 단지는 적었으며, 화려하고 웅장한 신전들도 로마 못지않게 많았다. 동부의 사회 엘리트들은 현지 언어와 관습을 유지하면서 속주 통치의 근간인 '황제는 보호자, 속주는 피보호자'라는 원칙을 쉽게 받아들였다. 그들은 로마인들이 도착하기 전에 이미 오래전부터 그들 왕국의 특징이었던 이런 가부장적 제도에 익숙한 상태였다. 제국을 다스리는 데에는 이러한 현지의 비로마인 엘리트의 적극적인 협력이 안정과 번영에 필수적인 요소였다.

따라서 로마제국 동부의 여러 지역에서는 일상생활이 전통적인 현지 모델에 따라 영위되었다. 황제들 자신도 로마의 문명을 반드시 외국인들에게 전파해야 한다는 전도사와 같은 생각은 하지 않았다. 그들은 자신들을 일차적으로 법과 사회 질서의 수호자라고 생각했다. 따라서 동부 속주들이 사회적 안정에 기여하고 내부 평화를 유지해준다면, 오랜 전통을 가진 동부 지역의 민간 생활과 정부 제도가 예전처럼 운영되는 데 반대하지 않았다.

번잡한 동부 도시들에서는 그리스의 문화와 언어가 생명력을 계속 유지하면서 그 언어로 된 문학의 발전에 기여했다. 새로운 문학의 추세는 특히 그리스어 산문에서 잘 드러났다. 카리톤이나 아킬레우스 타티오스 같은 기원후 2세기 저자들은 낭만적인 모험소설을 집필했고 그런 이야기들은 오락으로서 지속적으로 인기를 누렸다. 루키아누스(기원후 117~180년)는 멍청한 사람들, 사기꾼, 오래된 신들을 맹렬하게 조롱하는 풍자와 환상의 이야기를 집필했다. 수필가이자 철학자인 플루타르코스(기원후 50~120년)는 그리스 지도자와 로마 지도자를 나란히 맞세워서 그들의 성격을 비교 연구하는 전기를 썼다. 플루타르코스의 저서는 날카로운 도덕의식과 호감 가는 일화 덕분에 그 후 여러 세기에 걸쳐 애독되었다. 예컨대 셰익스피어는 여러 희곡을 플루타르코스의 전기에 바탕을 두고서 집필했다.

라틴 문학도 함께 번성했다. 학자들은 기원후 1세기 후반과 2세기 초를 가리켜 '순은 시대Silver Age'라고 이름 붙였는데, 이는 아우구스투스 치하의 문학 황금시대에 버금갈 정도로 많은 걸작을 제작한 시기를 칭송하는 명칭이다. 이 시대의 가장 유명한 라틴 저자들은 날카로운 재치,

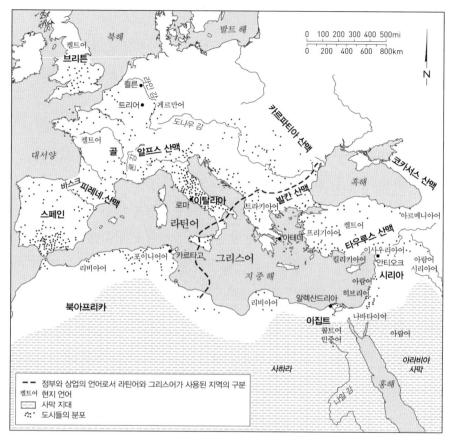

지도 8 | 로마 세계에서 사용된 언어

활력, 상상력을 동원하여 글을 썼다. 역사가 타키투스는 율리우스-클라우디우스 왕조의 역사를 신랄하게 비판하면서 아우구스투스의 잔인함과 그 후계자들의 개인적 약점을 폭로했다. 풍자 시인 유베날리스(기원후 65~130년)는 허세 부리는 로마인과 탐욕스러운 속주민들을 꼬집는 동시에, 도시에서 빈털터리로 살아가는 생활의 품위 없음을 한탄했다.

아풀레이우스(기원후 125~170년)는《황금 당나귀》라는 소설을 펴내 독자들을 깜짝 놀라게 했다. 이 작품은 당나귀로 변신한 남자를 다룬 소설인데, 그는 자상한 이집트 여신 이시스의 구원으로 몸과 영혼을 다시 회복한다.

제국의 첫 몇 세기 동안 대규모 건축물이 로마에 많이 지어졌다. 황제들이 대규모 건물이 대중의 호의를 얻게 해주고 또 성공적이고 자상한 통치자의 이미지를 널리 선전한다고 생각하여 토목 공사에 열을 올렸기 때문이다. 예를 들어 기원후 1세기에 도미티아누스 황제는 대규모 유흥 장소를 제공하기 위해 육상 경기를 할 수 있는 달리기 트랙이 있는 경기장을 지었다. 육상 경기보다 더 인기 있는 것은 연극에서 무언극에 이르는 극예술이었는데, 이런 연극들이 로마의 행사 달력을 빼곡하게 채웠다.

황제를 기념하기 위한 기념물 중 후대에 전해진 가장 인상적인 사례는 기원후 2세기 황금시대에 나왔다. 이것은 판테온^{Pantheon}이라고 불리는 거대한 돔형 건물이었다. 판테온은 '모든 신들'이라는 뜻인데, 이 건물의 정확한 기능이 무엇이었는지는 아직도 불명확하다. 도미티아누스의 경기장과 마찬가지로, 판테온은 '마르스의 들판(캄푸스 마르티우스)'이라는 로마 중심지 바로 옆에 건설되었다. 하드리아누스 황제는 기원후 118년부터 125년 사이에 불타버린 건물들의 폐허 위에 이 신전을 짓게 했다. 이 건물에 있는 원형 홀의 직경은 그 돔의 높이(근 4.6미터)와 같아서 내부 공간이 완벽한 반원형이었다. 로마의 토목 기술자들이 이 건물의 외부 벽돌 구조를 아주 두텁고 촘촘하게 연결되도록 해놓아, 근 2000년 동안 별 손상을 입지 않고 그대로 서 있었다. 하드리아누스는 또한 로마 외곽(오늘날의 티볼리 시 근처)에 아주 화려한 별장을 지었다. 이 별장의 무수한 방,

수많은 조각상, 건축 디자인 등은 그가 여러 차례 거행한 제국 순회 여행에서 보았던 그리스와 로마 세계의 유명한 기념품들을 회상하기 위한 것들이었다. 당시 로마제국에서는 그림도 아주 인기가 높았으므로, 당연히 이 별장에는 많은 그림이 있었을 것으로 추정된다. 그러나 다른 곳에서와 마찬가지로, 세월은 그림처럼 유기적 물질로 만들어진 예술적 창작물들을 파괴해버렸다.

거대한 건축물의 조성과 관련해서 하드리아누스는 전임자인 2세기 초의 황제 트라야누스의 모범을 따랐다. 성공적인 장군이었던 트라야누스는 기원후 113년에 다키아인들(로마인은 이들을 '야만인'이라고 불렀는데 이들은 제국의 북쪽 지역인 도나우 강 근처에 살았다)을 상대로 거둔 승전을 널리 알리고자 로마의 포룸 근처에다 높다란 조각 기둥을 세웠다. 이 돌기둥은 높이가 거의 4미터에 육박하는데, 그 내부를 파내서 나선형 계단을 만들었고, 꼭대기에는 황제의 조각상이 세워져 있었다(나중에 이 조각상은 성 베드로 상으로 대체되었고 오늘날까지 그대로 서 있다). 기둥 바깥쪽에는 전쟁 준비와 전투를 비롯해 전쟁의 상황을 자세하게 묘사한 조각 작품들이 기둥을 칭칭 감싸면서 위로 올라가는 형태였다. 이 기둥은 말하자면 황제의 승전을 알리기 위해 만든 일종의 교육용 영화 슬라이드인 셈이다. 이 조각에 새겨진 이미지들은 로마 군인들과 그들이 사용했던 장비를 생생하게 알려주는 가장 좋은 증거이다. 로마에서 가장 잘 보존된 기념물인 이 기둥은 역시 트라야누스가 지은 대형 포룸의 끝 쪽에 서 있다. 이 거대한 공공 광장에는 건축물 단지가 포함되어 있었는데, 특히 바실리카^{basilica}(법정 송사를 위한 만남의 장소)는 로마에서 세워진 것 중에 최대 규모였다. 바실리카의 다층 설계에는 높이 25미터가 넘는 내부 천장도 포함되어 있다.

트라야누스의 포룸 옆에 자리한 언덕에는, '트라야누스의 시장'이라고 알려진 일련의 건물들이 들어서 있었는데, 세 개의 서로 다른 높이에 조성된 거리들 때문에 마치 미로 같은 상업용 공간이었다.

신선한 물을 수도로 무한정 공급하기 위해 지어진 수도교들은 로마 시민들에게 큰 혜택을 가져다준 건축물의 범주에 들어간다. 로마 최초의 수도교는 기원전 2세기에 지어졌는데 그 이후로 황제들은 공공 급수 체계를 크게 확장해왔다. 수도교는 아치형 다리 위에 수도관을 설치하여 몇 킬로미터를 뻗어나가게 함으로써, 로마 인근의 언덕들에서 끌어온 물을 도시 내에 있는 무수한 중간 저수貯水 샘과 연결시켰다(많은 샘들이 오늘날에도 작동한다). 수도교는 또한 전 구간을 중력에 의해 물이 흐르게 함으로써 물의 흐름을 일정하게 유지했다. 이 물의 원천은 가난하든 부유하든 로마의 모든 시민에게 안전한 식수를 공급했고, 공중목욕탕의 욕조를 채울 물, 공중 화장실을 세척할 물을 제공했다. 황제들은 또한 로마 서쪽에 있는 해안 도시인 오스티아의 항구를 계속 개발하여 도시에 식량이 꾸준하게 들어오게끔 조치했다. 일부 건물은 아직도 여러 층이 보존되어 있어, 고대 로마의 항구에서 이루어졌던 수출입의 상행위가 얼마나 번성했는지를 말해준다.

오비디우스의 성적으로 음란한 시에 분노했던 아우구스투스와는 다르게, 그의 후계자들은 음란한 문학이 자신들의 주요 관심사인 사회 질서에 위협이 된다고 보지 않았다. 그러나 그들은 법률은 아주 중요하다고 생각했다. 실제로 로마인들은 법률을 통해 사회에 안정을 부여하는 능력을 자랑스럽게 여겼다. 베르길리우스가 표현했듯이, 그들의 임무는 '평화의 틀 내에서 법과 질서를 확립하는 것'(《아이네이스》 6.851~853)이었다. 로마법의 원칙과 관습은 현대 유럽의 법체계에 크나큰 영향을 끼쳤다. 로마법의 가장 큰 특징은 공정함이라는 원칙을 인정하는 것인데, 설사 해당 법조문을 무시한다 하더라도 그 결과 '선량하고 공정한 것'을 성취하는 편이 더 낫다는 관점이다. 법률 사상가들은 이러한 원칙에 힘입어, 상호 유익한 거래에서 양측의 의도가 그들이 맺은 계약의 조문보다 더 중요하다는 주장을 폈다. 또 증명의 부담은 피고가 아니라 원고가 지는 것이 맞는다고 주장했다. 트라야누스 황제는 의심만으로 유죄라고 판단해서는 안 된다고 판결했다. 무고한 사람이 유죄 판결을 받는 것보다는 차라리 유죄인 사람이 처벌을 받지 않는 편이 더 낫다는 얘기다.

로마인들은 사회 질서의 확립을 갈망했기에, 사람들 사이의 구분을 공식적으로 규정하고 부와 지위에 따라 계급을 나누는 법체계를 원했다. 언제나 그러했듯이, 엘리트는 인구의 극소수였다. 약 5만 명 중 한 명이 로마 사회의 가장 높은 지위인 원로원 의원 계급에 들어갈 정도의 돈을 가지고 있었다. 위계제에서 그 다음인 기사는 1000명 중 한 명꼴이었다. 그들은 의복에 각자 다른 자주색 띠를 둘러서 지위를 널리 과시했다. 세 번째로 높은 계급은 속주 도시들의 현지 관리였다.

사회적 엘리트가 아닌 사람들은 멸시보다 더 큰 불이익을 당했다. 공화정 시절부터 시작된 저 오래된 '훌륭한 사람들'과 '비천한 사람들'의 구분은 원수정 아래에서 더욱 강화되었다. 기원후 3세기에 이르러 그 구분은 로마법 체계 내에서 완벽하게 인정되었다. 법은 이러한 구분을 제도화했는데, 모든 사람을 위한 질서정연한 삶은 이런 구분에 바탕을 두고 있다고 여겼기 때문이다. '훌륭한 사람들'이라고 하면 원로원 의원, 기사 계급, 쿠리알레스, 제대군인 등이었다. 그 외의 모든 사람(단, 사람이 아니라 재산으로 간주되었던 노예는 예외)은 '비천한 사람들'이었는데 이들이 훨씬 더 수가 많았다. 인구의 과반을 차지한 이 두 번째 집단은 재판에서도 열등한 지위 때문에 불이익을 받았다. 동일한 범죄라도 법은 이들에게 더 가혹한 징벌을 부과했다. 사형이 언도된 '비천한 사람들'은 십자가형에 처해지거나 수많은 관중 앞에서 야생 동물에게 잡아먹히는 방식으로 형이 집행되었다. '훌륭한 사람들'은 거의 사형 선고를 받지 않았다. 설혹 사형에 처해진다 하더라도 칼을 사용하는 단두형처럼 좀 더 빠르고 위엄 있는 처분을 받았다. '비천한 사람들'은 설사 시민권자라고 할지라도 범죄 여부를 조사받을 때 고문을 당했다. 로마인들은 이런 차별 대우를 공정하다고 여겼다. 어떤 사람의 높은 지위는 그가 달성한 높은 공로의 반영이라고 보았기 때문이다. 상류계급 출신의 속주 총독인 소 플리니우스는 이런 생각에 대해 다음과 같이 말했다. "공평함보다 더 불공평한 것은 없다"(《서한집》 9.5).

주민들이 건강하게 자손을 번식하는 것은 제국의 안정과 번영에 가장 중요한 사항이었다. 따라서 자녀 출산은 결혼 생활의 가장 큰 관심사였다. 소 플리니우스는 세 번째 아내인 칼푸르니아의 할아버지에게 이런 보고서를 보냈다. "당신의 손녀가 유산을 했다는 사실을 알면 당신은 매우 슬플 것입니다. 그녀는 어린 여자여서 자신이 임신했다는 사실을 알지 못했습니다. 그 결과 필요 이상으로 신체 활동을 많이 했고 중병에 걸려 쓰러짐으로써 무지에 대한 높은 대가를 치렀습니다"(《서한집》 8.10). 로마인들은 유산을 가정의 비극일 뿐만 아니라 사회의 손실이라고 생각했다.

고대의 의학은 항생제나 방부 처리 외과술이 아직 없었기 때문에 건강한 출산에는 별로 도움을 주지 못했다. 당시 의사들은 감염이나 내출혈을 막을 수가 없어서 출산 중에나 출산 후에 생기는 합병증으로 산모가 죽을 수도 있었다. 또 외과 수술이나 신체 검사를 위한 정교한 의료 기기도 아직 없었다. 의사들은 미생물에 의해 질병이 전염된다는 사실을 알지 못했고 생식의 과정에 대해서도 단단히 오해를 하고 있었다. 산부인과 의사들은 생리 직전 혹은 직후가 임신의 최적기라며 잘못 권장하기도 했다. 그리스 의학에서와 마찬가지로, 치료약은 주로 식물과 기타 유기 물질을 바탕으로 한 탕약이었다. 이런 자연 요법 중 일부는 효과가 있었으나 대체로 기껏해야 위약僞藥에 지나지 않았다. 가령 전차 경주를 하다가 부상을 당한 전차 기수에게 주었던 약은 멧돼지 똥을 식초에 끓인 탕약으로, 심리적 효과를 주는 위약일 뿐이었다. 많은 의사들이 그리스나 기타 속주 출신의 해방 자유민이었고 통상적으로 비공식적 교육을 받은 사람들이었다. 사람들은 의사를 사회적 지위가 낮은 직업으로 보았는데, 황제나 상류계급의 사람들을 치료하는 의사는 다르게 보았다.

예전과 마찬가지로, 여자들은 10대 초반에 결혼했기에 아이를 낳을 수 있는 시간적 여유가 많았다. 많은 아이들이 어려서 죽었기에 가정은 후대를 잇기 위해 가능하면 아이를 많이 낳으려고 했다. 11세에 결혼한 병사의 아내 베투리아의 묘비명은 이와 관련한 전형적인 이야기를 들려준다. 이 비명은 그녀를 찬양하는 송시의 형태로 되어 있다.

여기에 27년을 산 내가 누워 있네. 나는 같은 남자와 16년간 결혼 생활을 유지했고 여섯 아이를 낳았는데 그중 다섯은 나보다 먼저 갔네.

– 《라틴어 묘비명 모음집Corpus Inscriptinum Latinarum》 3.3572

=《라틴 비문의 노래Carmina Epigraphica Latina》 558

결혼은 서로 잘 알지 못하는 남녀가 중매로 맺어졌지만, 남편과 아내는 가정이라는 공동의 파트너십에 헌신하면서 서로를 존경하고 사랑했다. 푸주한 루키우스 아우렐리우스 헤르미아는 아내의 묘비명을 세우고, 죽은 아내가 사후에 말하는 형식으로 이런 시를 적어 넣었다.

살아서 나의 이름은 아우렐리아 필레마티움이었네. 나는 순결하고, 겸손하고, 사람들을 잘 모르고, 내 남편에게 충실했네. 아, 슬프다, 나처럼 해방 자유민인 남편을 내 뒤에 남겼네! 그는 나에게 부모 이상이었네. 내가 일곱 살일 때 그는 나를 품에 안았네. 마흔 살에 나는 죽음의 힘 앞에 쓰러졌네. 남편은 내가 모든 임무를 성실하게 수행한 덕에 번창했네.

– 《라틴어 묘비명 모음집》 1.2.1221=《라틴어 묘비명 선집Inscriptiones Latinae Selectae》 7472

결혼 후 출산을 강조한 것은 여성들에게 수많은 건강상의 위험을 안겨주었으나, 결혼도 하지 않고 아이도 낳지 않는 로마의 여자는 사회적으로 실패한 인생으로 여겨졌다. 아이가 태어나면 어머니와 하인들이 아이들을 돌보았다. 남에게 양육을 맡길 여유가 있는 여자들은 유모를 두고 갓난아기에게 정기적으로 수유를 하도록 했다. 고대의 전통에 따라 로마인들은 계속하여 영아 유기(불완전하거나 원하지 않는 아기를 포기하는 것)를 했는데, 남아보다 여아가 더 많았다.

공공 기관이든 개인이든, 출산을 지원하기 위해 최선을 다했다. 황제들은 가난하여 양육이 어려운 집안의 아이들을 재정적으로 지원했다. 부유한 사람들은 그들 공동체의 어린아이들을 때때로 입양했다. 북아프리카의 어떤 남자는 남아 300명과 여아 300명이 성인이 될 때까지 양육할 수 있는 지원금을 내놓았다. 남아와 여아를 차별하는 가치관은 복지 정책에서도 분명하게 드러났는데, 남아들이 여아보다 훨씬 더 많은 지원을 받았다. 그러나 인간이 아무리 개입한다 해도 삶의 가혹한 현실에 별반 영향을 미치지 못했고, 제국은 언제나 전염병의 파괴력 앞에서 취약했다. 따라서 로마인들이 사람의 운명은 궁극적으로 신들의 무릎 위에 있다고 믿은 것은 그리 놀라운 일이 아니다.

8
예수 그리스도와 제정 초기의 위기

로마제국은 여러 신을 숭배하는 다신교부터 새로 도입된 황제 컬트, 유대교의 일신교에 이르기까지 다양한 형태의 종교를 수용했다. 거의 모든 사람이 신성의 힘을 믿었고 또 신성이 사람들의 일상생활에 영향을 미친다고 생각했으나, 구체적인 종교적 믿음과 실천으로 들어가면 엄청난 다양성이 존재했다. 기원후 1세기에 들어와 이러한 다양성은 기독교가 유대교 내부의 분열 종파로 시작되면서 더욱 복잡해졌다. 당시 유대인들은 로마제국의 속주 정책에 따라 자신들의 종교를 실천하는 것이 허용되었다. 기독교의 등장은 고대 로마의 역사적 사건 중에서 후대의 세계에 가장 장기적인 변화를 몰고 온 사건이 된다.

처음에는 비교적 소수의 집단이 이 새로운 종교적 움직임을 받아들였다. 그리고 여러 세기가 흐르자 기독교인의 수는 셀 수 없이 늘어났다. 새로운 신앙을 믿는 사람들은 끊임없는 의심과 적개심에 직면했다. 신약성경의 거의 모든 저서에서 기독교인이 직면한 거센 저항을 언급하는 것

연대표(모든 연대는 기원후)	
30	예수가 예루살렘에서 처형됨.
64	네로 황제가 로마에 발생한 대화재를 두고 기독교인들을 비난함.
65(?)	타르수스의 바울이 로마에서 처형됨.
112(?)	로마 속주의 총독인 플리니우스가 황제 컬트에 희생을 바치기를 거부하는 소아시아의 기독교인들을 처형함.
2세기 중반	로마 황제들이 중부 유럽의 제국 북쪽 경계를 침범해온 게르만 야만족들과 교전함.
2세기 후반	여사제 프리스카와 막시밀리아가 종말론적 메시지를 설교함.
193~211	셉티무스 세베루스가 황제 자리에 올라, 군대의 봉급을 지불하느라고 국고를 탕진함.
203	페르페투아가 카르타고에서 기독교 순교자로 처형됨.
212	셉티미우스 세베루스의 아들인 카라칼라가 노예를 제외한 거의 모든 사람에게 로마 시민권을 부여하여 정부의 세금 징수액을 높이려 함.
249(?)	오리게네스가 철학자 켈수스의 기독교 비판을 논박하기 위하여 《켈수스에 대한 반론》을 집필함.
3세기 중반	제국이 내전, 야만족의 침략, 경제적 어려움, 전염병 등으로 위기에 빠짐.
260	발레리아누스 황제가 시리아에서 페르시아 사산 왕조의 통치자인 샤푸르 1세에게 포로로 잡힘.
260~268	갈리에누스 황제가 기독교인들에 대한 공격을 중지시키고 교회 재산을 돌려줌.

을 보면 이를 잘 알 수 있다. 비록 점진적이긴 했으나 기독교인의 수는 계속해서 늘어났다. 점점 더 많은 사람들이 예수 그리스도의 카리스마 넘

치는 인생 이야기, 예수가 인류의 구원자라는 기독교인들의 믿음, 기독교인들의 사명감, 그들이 발전시킨 공동체의 강력한 유대감 등에서 깊은 영감을 얻었기 때문이다. 또 다른 힘의 원천은 이 새로운 종교가 여자와 노예도 신자로 받아들인 것이다. 그 덕분에 기독교는 모든 계층의 주민을 포섭 대상으로 삼을 수 있었다.

새로운 종교는 예수(기원전 4~기원후 30년)의 삶과 가르침에 바탕을 두었다. 그러나 기독교의 배경은 그보다 훨씬 오래전부터 내려온 유대인의 역사 속에 깃들어 있다. 예수의 고향 땅에서 로마인들이 가혹한 통치를 하자 유대인들은 불안한 상황에 처했고, 속주 정부는 반란이 일어나지 않을까 우려했다. 예수의 생애는 이런 불안한 분위기에서 전개되었고, 그의 처형은 평화와 사회 질서에 위협이 되는 요소를 즉각 제거하려는 로마 당국의 의지를 보여주는 사건이었다. 예수 사후, 예수의 신실한 추종자들과 타르수스의 바울(기원후 5~65년)은 예수의 가르침을 알고 실천하는 것이 곧 구원의 원천이라는 메시지를 설교하면서, 유대인 공동체를 넘어 지중해 동쪽 끝 지역의 비유대인들에게도 그 가르침을 전파했다. 이렇게 하여 기독교는 더 넓은 세계, 그렇지만 환영받지 못한 세계로 첫발을 내디뎠다.

로마의 통치자들이 볼 때 기독교는 크나큰 문제 거리였다. 기독교인들은 국가에 대한 충성심과 공공 봉사라는 전통적인 로마의 가치보다는 자신들의 신앙에 대한 개인적 헌신을 더 높이 평가하는 듯이 보였기 때문이다. 기원후 3세기에 심각한 정치적·경제적 위기가 제국에 들이닥쳤을 때, 황제들은 전통적인 방식으로 그 위기에 대응했다. 즉, 누군가의 행동이 로마를 향한 신들의 분노를 촉발했다고 생각한 통치자들은 그 누군가를 찾아내고자 했다. 신들을 화나게 해서 공동체에 해악을 가져온 자로서 징벌받아 마땅한 대상은 바로 기독교인들이었다.

기독교의 기원
—

기독교의 발생은 유대인의 역사에 깊이 뿌리를 두고 있다. 외부 세력의 탄압이라는 쓰라린 경험을 한 유대인들은 신의 정의와 관련하여 가장 까다로운 질문을 제기했다. 공정한 하느님이 어떻게 사악한 자들을 번영하게 하고 의로운 자들을 고통받게 내버려둘 수 있는가? 예수 탄생 근 200년 전에 셀레우코스 왕조의 안티오코스 4세(재위 기원전 175~164년)가 엄청난 박해를 가하자, 유대인들은 장기적인 유혈 반란을 일으켰다. 이런 절망적인 분투는 유대인들로 하여금 그들 나름의 종말론^{apocalypticism}('감추어진 것의 드러남')을 개발하도록 만들었다. 이 세계관에 따르면, 사악한 힘들(신적인 것도 있고 인간적인 것도 있음)이 현재의 세상을 통제하고 있다. 그러나 이 가증스러운 체제는 곧 끝나게 되어 있다. 하느님과 그의 대리인들이 구원자, 즉 '기름 부음을 받은 자'를 지상에 보내 악의 세력과 큰 싸움을 벌여서 그 세력을 정복하는 계획을 곧 드러내 보일 터이기 때문이다. 이어 최후의 심판이 실시되어 사악한 자에게는 영원한 징벌을 내리고, 의로운 자에게는 영원한 보상을 베푼다. 이러한 내용을 담은 종말론은 엄청난 인기를 누렸는데, 특히 로마의 통치를 받고 있던 유대 속주에 사는 유대인들 사이에서 그러했다. 마침내 이 사상은 유대인뿐만 아니라 기독교인과 무슬림에게도 영감을 주었다.

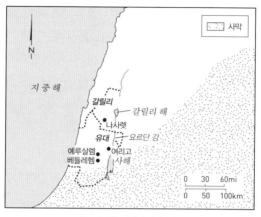

지도 9 | 예수 시대의 팔레스타인

　기원전 4년, 예수 탄생의 시기에 종말론적 동경은 유대 지역에 살고 있
던 많은 유대인들의 상상력을 사로잡았다. 그들은 로마 통치하의 정치
상황에 불만을 품었는데, 그들 사이에서도 이런 고난의 시절에 유대교가
어떤 입장을 취해야 하는지를 두고 의견이 분분했다. 어떤 유대인들은
로마 지배자들에게 복종하는 쪽을 선호했고, 어떤 유대인들은 비유대적
세계와 그 정신적 타락을 거부해야 한다고 주장했다. 로마인들이 승인한
현지의 유대인 통치자는 헤롯 대왕(재위 기원전 37~4년)이었다. 그는 그리
스풍의 생활 방식을 노골적으로 선호하면서 유대인의 율법을 무시했다.
그래서 그가 가장 성스러운 유대인의 사당인 예루살렘 대성전을 웅장하
게 재건축했는데도 현지 유대인들에게 인기가 없었다. 헤롯 사후에 10년
동안 사회적 불안이 지속되자, 아우구스투스는 로마에서 행정관을 직접
파견하여 현지 지도자들을 감독하게 하고 높은 세금을 부과함으로써 유
대인들을 징벌했다. 그리하여 예수의 시대에 이르러, 예수의 고향 땅은
폭발하기 일보 직전의 화약통 같은 상태였다.

예수는 티베리우스 황제(재위 14~37년) 시대에 고향 지역인 갈릴리에서 교사 겸 치료사로서 경력을 시작했다. 기원후 70년과 90년 사이에 집필된 신약성경의 복음서들은 그의 생애를 전하는 최초의 기록이다. 예수 자신이 글로 써놓은 것은 없고, 그의 말과 행동에 대한 다른 사람들의 기록은 다양하면서도 논쟁적이다. 예수는 직접적인 가르침이 아니라 이야기와 비유를 통하여 사람들의 생각을 유도하는 방식으로 가르쳤다. 따라서 가는 곳마다 그를 둘러싸고 활발한 토론이 벌어졌다.

4복음서는 예수가 세례자 요한에게서 세례를 받는 것으로 공적 생애의 스토리를 시작한다. 당시 요한은 이 세상에 대한 하느님의 최종 심판이 곧 다가올 것이니 회개하면서 준비하라는 메시지를 가르쳤다. 요한은, 헤롯 대왕의 아들이며 로마의 지지를 받은 유대 지도자 헤롯 안티파스(헤롯 안디바)에 의해 처형당했다. 안티파스는 요한의 종말론적 가르침이 폭동을 사주할까봐 두려워했다.

요한의 사후에 예수는 하느님의 나라가 곧 도래할 테니 그때를 대비하여 정신적으로 준비하고 있어야 한다고 가르치면서 선교를 이어갔다. 예수는 메시아라는 호칭을 받아들이긴 했으나, 그의 복잡한 종말론은 로마인들에게 즉각 반란을 일으키라고 가르치지는 않았다. 대신에 그는 하느님의 진정한 나라는 지상에 있지 않고 천상에 있다고 계시했다. 그 나라에서 구원을 받는 길은 누구에게나 열려 있으며, 어떤 사람의 사회적 지위나 뚜렷한 죄악과는 무관하게 구원을 얻을 수 있다고 강조했다. 그는 여성과 가난한 사람들도 신자로 환영했고, 현지의 농촌 지방을 돌아다니면서 가르침을 펼쳐갔다. 하느님이 그분의 자녀인 인류를 사랑하고 또 인류가 서로 사랑해야 할 책임이 있다는 예수의 가르침은, 유대교의 종교적 가르침과 일치했다. 이런 점은 랍비 힐렐(기원전 30년부터 기원후 9년 사이에 활동)의 성경 해석에서 확인할 수 있다.

현지 언어인 아람어와 그리스어를 알았을 것으로 보이는, 교육받은 유대인인 예수는 좀 더 큰 영향력을 행사하려면 도시로 나가야 한다고 생각했다. 그래서 그는 설교의 경력을 시작한 농촌 마을들을 떠나서 갈릴리 지역의 주요 읍과 도시로 진출했다. 그의 놀라운 치료술과 퇴마술, 강력한 가르침은 일약 화제를 불러일으켰다. 그의 명성은 관계 당국의 이목을 끌었고 당연히 그가 정치권력을 노린다고 생각했다. 예수가 유대인의 반란을 사주할지 모른다고 두려워한 로마 총독 폰티우스 필라테(본디오 빌라도: 기원후 26~36년에 통치)는 기원후 30년에 예수의 십자가형을 명령했다. 십자가형은 로마가 다스리는 지역에서 평화를 위협하는 자에게 내려지는 통상적인 처벌이었다.

로마가 처형한 다른 반란 용의자들의 운명과는 대조적으로, 예수의 영향력은 오히려 사후에 더욱 크게 커졌다. 예수의 추종자들은 하느님이 기적적으로 그를 죽음에서 부활시켰다고 보고했다. 그들은 또 다른 유대인들을 상대로, 예수가 약속된 메시아이므로 그가 곧 지상에 돌아와 이 세상을 심판할 것이며 하느님의 나라를 세울 거라고 설득해나갔다. 그 당시 이런 이야기를 믿은 사람들은 새로운 종교를 열겠다는 생각은 하지 않았다. 그들은 스스로를 독실한 유대교도라고 생각했고 유대 율법을 계속 준수했다.

획기적인 변화는 타르수스의 바울이 개종하면서 일어났다. 로마 시민권을 가진 독실한 유대인이었던 바울은 그전에는 예수를 메시아로 받아들이는 사람들을 박해했었다. 그러다가 종교적 환시를 보았고 그것을 예수의 직접적인 계시라고 해석했다. 이렇게 하여 바울은 신자, 혹은 이 새로운 종교의 신자들을 가리키는 명칭인 '크리스천Christian'(크리스트의 추종자)이 되었다. 바울은 예수의 죽음을 인류의 죄악에 대한 최종적 희생으로 받아들이는 것이 곧 하느님의 눈에 의로운 사람으로 보이는 유일한 방법이라는 사실을 최대한 많은 사람들에게 가르치는 것을 소명으로 여겼다. 예수를 하느님으로 받아들이고 그의 가르침을 따르는 사람들은 내세에서 구원을 얻을 수 있다는 주장이었다. 바울의 가르침과 유대 이외의 지역 사람들에게 자신의 사상을 전파하려는 그의 끈질긴 노력 덕분에 기독교는 새로운 종교로 우뚝 설 수 있었다.

바울은 윤리적 행동, 특히 성적 부도덕을 피하고 그리스-로마 신들을 예배하지 말라고 가르쳤으나, 유대인 율법의 모든 조문을 따라야 할 필요가 없다는 것도 가르쳤다. 기독교를 유대인 공동체 밖으로 전파하려 했던 그는 시리아, 소아시아, 그리스의 비유대인들을 겨냥하여 전도 사업을 펼쳤다. 그는 이교도들의 개종을 한결 수월하게 하기 위해, 이 종교에 들어온 남자들은 유대교의 성인식인 할례 의식을 치를 필요가 없다고 가르쳤다. 이러한 교리와, 신자 모임에서 유대교의 식사 규정과 축일들을 준수할 필요가 없다는 가르침은 예루살렘에서 여전히 살고 있던 예수의 추종자들과 갈등을 일으켰다. 이들은 크리스천(기독교인)이 유대교 율법을 따라야 한다고 생각했다. 바울은 기독교인들이 자유민과 노예의 구분을 비롯해 현재 세계에서 통용되는 일상생활 속의 전통적 사회 규칙은 준수해야 한다고 가르쳤다. 그러나 그가 제국의 동부에 있는 여러 속주에 나타나서 논쟁과 소란을 일으키자, 로마 당국은 그를 소요를 일으키는 범죄자로 간주하고 체포하여 기원후 65년경에 처형했다.

바울의 선교 사업은 이 시기에 유대인 공동체를 괴롭히던 커다란 소요의 일단일 뿐이었다. 로마에 대한 증오가 극에 달한 유대인들은 마침내 기원후 66년에 반란을 일으켰고 처참한 결과를 맞았다. 티투스 황제는 기원후 70년에 유혈이 낭자한 예루살렘 포위 작전을 펼쳤고 그 과정에서 유대인의 성전을 방화하여 파괴했다. 이어 티투스는 대다수 도시 주민들을 노예로 팔아넘겼다. 조상 의례의 중심지인 성전이 사라지자, 유대인들은 그들 종교의 실천 방식을 새롭게 구축했다. 이런 대참사의 여파로 바울이 시작했던 유대교와 기독교 사이의 거리두기는 더욱 힘을 얻었고 마침내 별도의 새로운 종교가 탄생했다. 바울이 이 운동에 미친 영향은 그가 남긴 편지 열세 통으로 잘 알 수 있다. 신약성경에 들어간 스물일곱 편의 기독교 문서 중에는 그 열세 통의 편지가 전부 포함되어 있다. 예수를 따르는 사람들은 이 문서가 유대교 성경(현재 구약성경이라고 부르는 것)과 똑같은 권위를 갖고 있다고 보았다. 바울 같은 선교사가 사람들이 많이 사는 도시에서 전도를 했기에, 기독교 신자 모임은 비유대인이며 도시에 사는 중산층 남녀 사이에서 생겨났다. 이에 비해 부유한 사람들이나 가난한 사람들의 수는 적었다. 이 신자 모임에는 남자는 물론이고 여자도 책임자 자리를 맡을 수 있었다. 실제로 신약성경은 신자 모임의 첫 번째 우두머리가 여자라고 밝혀놓았다.

새 종교 앞에 놓인 도전

—

기독교는 유대교에서 독립하여 새로운 종교가 되기 위해 심각한 도전들을 극복해야 했다. 황제들은 기독교인들을 성가시고 짜증나는 존재로 여겼다. 그들은 유대인들과는 다르게, 조상 전래의 전통 종교를 믿지 않고 새로운 신앙의 길을 걸어갔기 때문에 로마법 아래에서 특별 대우를 누릴 수가 없었다. 로마인들은 다른 관습이나 믿음이라 하더라도 오래 지속된 것이면 전통적으로 존경해왔지만 신흥 종교에는 깊이 의구심을 품었다. 로마인들은 또 기독교인들을 경멸했는데, 기독교인들의 신성한 구세주인 예수가 정부에 의해 범죄자 선고를 받고 십자가형에 처해졌다는 이유 때문이었다. 기독교인들의 예배 절차도 로마인들에게 적개심을 불러일으켰다. 그 의식이 식인 행위와 성적 혼음으로 이어진다고 널리 오해를 받았던 탓이다. 기독교인들은 예수의 몸을 먹고 그의 피를 마시는 의식을 예배의 핵심 행사로 여기면서 이것을 사랑의 축제라고 불렀는데, 여기서 그런 오해가 생겨난 것이다. 간단히 말해서, 로마인이 볼 때 기독교인은 전통적 사회 질서를 어지럽히는 위협적이고 위험한 존재였다. 로마의 관리들은 기독교인들이 정치적 파괴 세력이라는 의심이 들면 그들을 대역죄로 기소할 수도 있었다. 특히 황제 컬트에 참가하기를 거부하는 태도가 그런 의심을 뒷받침했다.

따라서 로마 관리들이 기독교인들을 가리켜 공공의 재앙이라고 비난한 것은 합리적인 처사였다. 기원후 64년에 로마의 상당한 지역이 불타버리자 네로는 기독교인을 방화범으로 몰아 처벌했다. 타키투스는 네로의 처분을 이렇게 묘사한다.

네로는 기독교인들에게 야생 동물의 껍질을 뒤집어씌우고서 개들에게 질질 끌려 다니다가 죽게 했다. 혹은 십자가에 매달아놓고 그들의 몸에 불을 붙여서 밤에 불빛을 제공하도록 했다.

― 타키투스, 《연대기》 15.44

역설적이게도 기독교인에게 가해진 이런 가혹한 처벌은 로마 주민들에게 약간의 동정을 불러일으켰다. 이 박해 이후 로마 정부는 오로지 간헐적으로만 기독교인들을 박해했다. 그들의 종교를 명시적으로 금지한 법률은 없었지만 기독교인은 로마 관리의 만만한 희생물이었다. 관리들은 공공질서를 유지한다는 명목으로 얼마든지 그들을 징벌할 수 있었다. 소아시아에 지방총독으로 나가 있던 플리니우스의 조치는 기독교인들이 처했던 곤경을 잘 보여준다. 기원후 112년경, 총독은 이 새 종교를 믿는다고 고발된 몇몇 사람들에게 진정으로 기독교인이냐고 물으면서 그렇다고 대답한 사람들에게 그 종교를 재고해달라고 요청했다. 총독은 그 종교를 부정하거나 앞으로 그 종교를 믿지 않겠다고 말한 사람에게는 황제 컬트에 희생을 바치고 그리스도에게 욕설을 퍼붓게 한 다음, 자유롭게 풀어주었다. 그리고 신앙을 끝까지 고집한 사람들은 처형했다.

공적인 관점에서 볼 때, 기독교인들은 그 종교가 사회적 소요를 일으킨다면 그 종교를 지킬 권리가 없었다. 그러나 트라야누스 황제가 플리니우스에게 보낸 편지가 분명히 밝혀주듯이, 황제들은 기독교인들을 끝까지 색출하여 박해하는 정책을 펼치지 않았다. 기독교인들이 공식 희생 제의에 참가하기를 거부하거나, 비기독교인들이 그들에 대해 불평하는 것을 사법 당국이 주목할 때에만 기독교인들은 정부의 근심거리가 되었다. 보통 로마인들은 대다수가 기독교인들에게 적개심을 느꼈는데, 그들을 그대로 놔두면 전통적인 로마 종교의 신들이 모든 로마인에게 분노

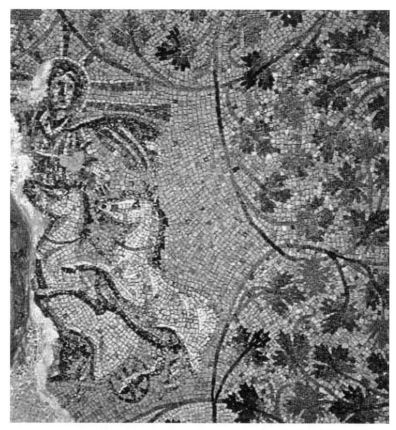

도판 8-1 | 전차를 타고서 하늘로 달려가는 그리스도를 묘사한 모자이크. 전통적인 태양신 묘사에 입각하여, 그의 머리에서 후광이 내뻗치는 모습으로 그려져 있다. 초창기 기독교인들은 그리스와 로마 종교의 회화 전통에서 빈번하게 영감을 얻어와 사용했다. Wikimedia Commons.

를 터트릴지 모른다고 우려했기 때문이다. 무엇보다도 기독교인들이 황제 컬트를 거부하는 것이 가장 큰 우려 사항이었다. 기독교인들은 오래된 신들의 존재를 부정하고 황제는 신적인 존재가 아니라고 보고 있는데, 이런 태도가 신들의 분노를 촉발하여 신들이 자연재해로 로마에 징벌을 내릴 것이 틀림없었다. 북아프리카 출신의 기독교 학자인 테르툴리아우스(기원후 160~220년)는 이러한 두려움을 다음과 같이 묘사했다. "만약 티베리스 강에 홍수가 나거나 나일 강이 범람하지 않으면, 또 가뭄, 지진, 기근, 전염병이 발생하면, 모든 사람이 즉각 소리쳤다. '기독교인들을 사자獅子에게 보내자!'"(《변명》40)

테르툴리아누스와 유스티누스(기원후 100~165년) 같은 지식인들은 정부 당국의 적개심에 대응하여, 로마는 기독교인들을 두려워할 필요가 없다면서 자신들의 종교를 옹호했다. 두 저술가는 다음과 같은 주장을 폈다. 기독교는 부도덕과 파괴 행위를 널리 퍼트리는 것이 아니라 고상한 도덕률과 권위에 대한 존경을 가르친다. 이 종교는 외국의 미신이 아니며, 유대교와 그리스 사상의 가장 좋은 특징들을 종합한 진짜 철학이다. 따라서 로마라는 다양화 세계에 적합한 종교이다. 테르툴리아누스가 지적한 바와 같이(《변명》30), 기독교인들은 황제를 신으로서 예배하지는 않지만, "황제들의 안전을 위해 진정한 신에게 기도를 올린다. 또 우리는 황제들의 복 많은 삶, 안전한 통치, 황실 가족의 안위, 용감한 군대, 충성스러운 원로원, 덕성스러운 주민, 평화로운 세계 등을 위해 기도한다."

기독교인들에 대한 공식적인 박해는 새 종교를 진압하겠다는 당초의 의도와는 정반대의 효과를 가져왔다. 테르툴리아누스가 말한 것처럼, "순교자들의 피는 교회의 씨앗이었다"(《변명》50). 일부 기독교인들은 공식 재판과 박해를 신앙의 증인witnesses[그리스어로는 martyrs(순교자)]이 될 기회로 여겼다. 그들은 죽으면 곧바로 천국으로 올라간다는 확신을 갖고 있었으므로 지독한 고문을 용감하게 견뎌냈다. 어떤 사람은 도리어 순교자가 되고자 애썼다. 안티오크의 주교 이그나티우스(기원후 35~107년)는 이제 가장 눈에 띄는 세력이 된 로마의 기독교 신자 집단에 자신이 체포

되면 황제에게 사면을 간청하지 말아달라고 요구했다. "내 몸이 경기장의 야생 동물을 위한 먹이가 되게 하십시오. 나는 그 동물들을 통해 하느님께로 올라갈 것입니다. 나는 하느님의 밀로서 야수의 이빨에 의해 빻아져야 합니다. 그리하여 나는 그리스도의 순수한 빵 안에서 발견될 것입니다"(《로마인들에게 보내는 편지》4).

남자들은 물론이고 여자들도 순교자가 되겠다는 결단을 내렸다. 기원후 203년, 부유한 스물두 살의 유부녀 비비아 페르페투아는 카르타고의 한 감옥에서 처형을 기다리면서 갓난아기에게 젖을 먹였다. 그녀는 황제의 건강과 안전을 위해 신들에게 동물을 희생으로 바치라는 요구를 거절했다는 이유로 사형 선고를 받았다. 어느 날 아침, 간수가 그녀를 도시의 대광장으로 끌고 갔다. 그곳에는 군중들이 모여 있었다. 지방총독이 그녀의 목숨을 살려주기 위해 마지막으로 공개적으로 시도한 일을 페르페투아는 자신의 일기에 이렇게 기록해놓았다.

나의 아버지가 내 아들을 안고 와서 소리쳤다. "희생 제의를 수행해라. 네 아이를 불쌍하게 여겨라!" 이어 총독이 말했다. "너의 늙은 아버지를 생각해봐라. 네 어린아이에게 연민을 보여라! 황실 가족의 안녕을 위한 희생을 바쳐라!" 나는 대답했다. "나는 거절합니다." "너는 기독교인인가?" 총독이 물었다. "그렇습니다." 나의 아버지가 계속하여 내 마음을 바꾸어놓으려 하자, 총독은 아버지를 땅바닥에 내팽개치고 매질을 하라고 지시했다. 나는 아버지에게 죄송한 마음이 들었다. 그들이 마치 나를 매질하는 것 같았다. 나는 연세 높은 아버지가 너무나 불쌍했다.　　　　　－《성녀 페르페투아와 펠리키타스의 수난》6

이어 페르페투아의 처형이 집행되었다. 야생 황소의 뿔에 받힌 다음, 검투사의 칼에 찔려 죽음으로써 그녀는 자신의 신앙을 지켰다. 그녀는 나중에 성인으로 추증되었다. 페르페투아와 같은 이야기들은 순교자들의 용기를 보여주고 다른 기독교인들에게 영감을 주어, 비기독교인들이 가하는 박해를 꿋꿋이 견디게 해주었다. 순교자들은 또한 새로운 신자들을 끌어들였고, 이 신흥 종교의 정체성을 수립하는 데 도움을 주었다. 이런 신앙의 힘 덕분에 기독교 신자들은 어떠한 고난도 이겨내는 영적인 힘을 얻었다.

1세기의 기독교인들은 그들이 살아 있는 동안 예수가 다시 지상에 돌아와 최후의 심판을 내려주기를 기대했다. 이러한 희망이 이루어지지 않자, 2세기에 이르러 기독교인들은 세상의 급박한 종말을 기다리는 종말론적 유대교 분파에서 장기간 존속할 수 있는 새로운 종교로 변신하고자 했다. 그러기 위해 그들은 신자 모임들 사이의 유대감을 형성하고, 가끔 분열을 일으키는 신자 집단들 사이에서 질서와 단합을 도모하고, 신자 모임에서 여성들의 역할에 대한 의견 불일치를 포함하여 그들의 새 종교에 대한 다양한 믿음을 절충시키는 지도자를 갖춘 조직들을 만들어내야 했다.

기독교인들은 질서와 단합을 이루어내기가 어려웠다. 그들은 무엇을 믿어야 하고, 어떤 삶을 살아야 하는지를 두고 끊임없이 제각각 다른 주장을 펼쳤고 맹렬한 의견 불일치를 보였다. 가장 치열한 논쟁은 다음의 문제에 관한 것이었다. 하느님이 그들을 사랑한 것처럼, 그들끼리도 서로 연민과 동정으로 사랑함으로써 하느님의 사랑을 닮아가라는 명령을 어떻게 실천해야 하는가? 어떤 사람들은 악을 피하려면 일상적 세계로부터 벗어날 필요가 있다고 주장했다. 다른 사람들은 직업과 일상적 삶을 유지하면서도 그리스도의 가르침대로 살아갈 수 있다고 믿었다. 많은 기독교인들이 종교적 신념을 위반하지 않은 채 군 복무를 할 수 있을지 의문을 품었다. 군대는 정기적으로 그 후원자 컬트에 참여할 것을 요구했기 때문이다. 이러한 딜레마는 과연 기독교인이 황제의 충실한 신민이 될 수 있는가 하는 의문으로 이어졌다. 이러한 문제들에 대한 논쟁은 여러 신자 모임에서 치열하게 벌어졌다. 기원후 2세기에 이르러, 신자 모임은 골에서 아프리카와 메소포타미아에 이르기까지 지중해의 광범위한 지역에서 생겨났다.

위계제의 우두머리로서 권위를 갖추고 교리와 행동의 문제를 결정해줄 주교를 임명한 일은, 이런 신자 모임 내의 의견 불일치에 대응하기 위해 가장 중요한 제도적 발전이었다. 이 위계제는 신흥 종교의 상이하고 경쟁적인 분열을 효과적으로 다스리기 위해 고안되었다. 또 초기 기독교에서 중요한 가치였던 신자들 사이의 '영적 교감'을 추진하는 일도 주교의 몫이었다. 주교는 무엇이 정통(주교 회의에서 결정된 진정한 교리)이고 무엇이 이단heresy('개인적 선택'을 의미하는 그리스어에서 나온 말)인지 정의하는 권한을 가졌다. 가장 중요하게도, 주교들은 누가 영성체와 '주님의 만찬' 같은 성사에 참여할 수 있는지를 결정했다. 많은 기독교인들은 영생을 성취하려면 이런 성사에 반드시 참석해야 한다고 생각했다. 성사에서 배제된다는 것은 곧 구원을 받지 못한다는 뜻이었다. 사실 여러 다른 도시의 주교들이 참석하는 회의(주교 회의)는 교회의 조직 내에서 최종 권위가 되었다. 이같이 느슨한 조직이 초창기 가톨릭교회가 되었다.

기독교인들은 교회와 그 위계제에서 여성들이 어떤 역할을 수행해야 하는지를 두고도 의견이 일치되지 않았다. 아주 초창기 신자 모임에서 여성들은 지도자 역할을 맡았고 이런 창의적인 제도는 로마 정부가 기독교를 의심하는 데 일조했다. 그러나 주교들이 선택되기 시작하면서 여성들은 하급 지위로 격하되었다. 이런 강등에는 기독교인 여성은 기독교인 남성에게 복종해야 한다는 바울의 사상이 반영되어 있다. 바울은 노예들은 주인에게 복종해야 한다는 그 당시의 사상을 재확인했다.

일부 신자 모임들은 여성의 이런 강등을 받아들이는 데 오랜 시간이 걸렸다. 그리하여 기원후 2세기와 3세기의 일부 신자 모임에서는 여전히 여성이 권위 있는 자리를 차지했다. 예를 들어 2세기 후반의 여사제 프리스카와 막시밀리아는, 천상의 예루살렘이 곧 소아시아에 내려올 것이라는 몬타누스의 종말론적 메시지를 선언했다. 2세기 기독교인들은 테클라 같은 독실한 신자의 문서 기록에서 여성이 지도자로서 적절하다는 영감을 얻었다. 테클라는 젊은 시절, 바울의 설교와 교회 창설 작업에 합류하고 싶어서 저명한 귀족 남자와의 약혼을 파기했다. 테클라는 용감한 여성이어서 결혼하지 않는 딸 때문에 번민하는 어머니의 슬픔까지도 이겨냈다. "내 딸은 창에 갇힌 거미처럼 저 남자의 말에 사로잡혀 있구나. 딸애는 새로운 욕망과 끔찍한 열정에 의해 통제되는구나"(《바울과 테클라 행전》9). 지도자 자리가 더 이상 주어지지 않았을 때에도 많은 여성들이 교회에 봉사하기 위해 독신 생활을 선택했다. 그리스도에 대한 헌신의 증거로서 순결을 지키겠다고 약조한 이 여성들은 성욕을 남성의 통제로부터 벗어나게 함으로써 그들 자신의 신체에 대한 통제권을 확보했다. 또한 신에게 특별히 가까운 여인이라는 사실은 그들에게 특별한 지위를 부여했다. 영적 충만을 위해 아내와 어머니라는 전통적 역할을 거부함으로써, 독신 여성 기독교인들은 바깥세상에서 그들에게 일반적으로 부여하지 않는 독립과 권위를 어느 정도 성취했다.

전통 종교와 철학
—

기독교라는 새 종교에서도 그러했지만, 그리스-로마 종교의 오래된 다신교에도 다양한 사상과 의례가 있었다. 예수의 사망 이후 200년이 지났는데도 종교를 믿는 사람들의 압도적 다수가 다신론자로서 다양한 신들과 여신들에게 예배했다. 제국의 성공과 번영은 오래된 신들이 공동체를 총애하고 보호한다는 증거이며, 또 황제 컬트도 제국의 안전에 기여한다는 것이 다신론자들 사이에 일치된 의견이었다.

고대 로마의 전통 종교가 갖고 있던 종교적 신념과 의례는 인간 생활에 영향을 미치는 모든 신에게 예배를 바침으로써 예배자들과 공동체에 신들의 은총을 얻는 것이 목적이었다. 이러한 신들로는 유피테르와 미네르바 같은 국가 컬트에서 중심이 되는 신들부터 숲, 강, 샘에 사는 현지의 정령들까지 다양했다. 기원후 3세기에 황제들은 태양을 제국의 지고한 신으로 숭배하는 의례를 공식적으로 도입함으로써 고대 이집트의 파라오를 흉내 냈다. 새롭고 다양한 종교적 컬트가 등장하여 인기를 얻자 제국의 다양한 종교들이 그 컬트의 전통과 뒤섞였다. 이란의 신 미트라는 아침 햇살의 신이자, 추종자들에게 윤리적 행동과 진실한 거래를 요구하는 초인적 영웅으로서 상인과 군인들 사이에 많은 추종자를 확보했다. 미트라교는 여자들은 배제했는데, 이러한 제약은 신자 수를 확충하는 데 불리한 요소였다.

이집트 여신 이시스의 컬트는 전통 종교가 신자들에게 종교적 체험을 제공하는 방식을 잘 보여준다. 그 체험은 강력한 개인적 정서를 환기시키고 도덕적인 생활양식을 요구했다. 이시스 예배는 아우구스투스 시대에 이르러 로마인들을 매혹시켰다. 아우구스투스는 이시스교가 클레오파트라의 종교라고 하여 탄압하려 했으나, 이시스가 고통당하는 신자들을 일일이 보살피는 자비로운 여신이라는 명성이 널리 알려져 인기가 높았기 때문에 탄압할 수가 없었다. 이시스는 사랑을 베푸는 어머니의 이미지였고 회화에서는 그녀의 아들을 간호하는 모습으로 등장한다. 이집트 사람들은 이런 말까지 했다. 굶주리는 백성들을 위해 그녀가 눈물을 흘리기 때문에 나일 강이 매해 범람하여 그 땅에 풍작을 가져다준다고. 이시스 컬트의 중심 교리는 그녀의 남편 오시리스의 죽음과 부활이다. 이와 유사하게 이시스는 신자들에게 죽음 이후의 삶에 대한 희망을 안겨준다. 이시스 컬트는 남녀 모두에게 개방되어 있었다. 이탈리아의 폼페이에서 발견되어 후대에 전해진 벽화는, 이시스 의례에서 의식을 집전하는 하얀 피부와 검은 피부의 사람들을 보여준다. 이로써 이시스 예배가 발원한 이집트의 인구가 다양했음을 알 수 있다.

이시스는 신자들에게 도덕적으로 행동하는 것을 의무로 삼기를 요구했다. 누구나 읽을 수 있게 높이 세워진 비명들은 이시스가 이룬 문명화의 업적을 칭송함으로써 그녀의 높은 기준을 드러낸다. "나는 참주들의 통치를 분쇄했다. 나는 살인을 종식시켰다. 나는 여자들이 남자의 사랑에 몸을 맡기게 했다. 나는 정의가 황금이나 순은보다 더 강력한 힘을 발휘하게 했다"(버스타인[Burstein], no.112). 아풀레이우스 소설의 주인공은 이

도판 8-2 | 이 로마 조각상은 제국 내에서 아주 인기 높았던 컬트인 이집트 여신 이시스를 묘사한 것이다. 여신은 예배에서 사용되는 성물을 들고 있다. 예배자들은 이 여신을 구원과 보호의 원천으로서 소중하게 여겼다. 또한 신성한 힘을 지닌, 자상하게 보살펴주는 어머니로 생각했다. Marie Lan-Nguyen / Wikimedia Commons.

시스에 의해 고통, 굴욕, 부도덕으로부터 구제되었는데, 여신 덕분에 정신적으로 소생한 후에 느낀 강렬한 기쁨을 이렇게 표현했다. "오, 인류를 보호하는 거룩하고 영원한 수호자여! 언제나 인간을 사랑하고 축복해주시는 분이여! 당신은 부드러운 어머니의 사랑으로 비참한 인간의 고통을 보살펴주십니다. 낮이든 밤이든 그 어느 순간이든, 당신의 축복이 없는 때가 없습니다"(《황금 당나귀》 11.25). 다른 전통적 컬트들은 예배자들에게 도덕적으로 올바른 삶을 살라고 요구했다. 소아시아의 마을에서 나온 비명들은 평범한 사람들의 죄, 가령 성적 위반에 대한 고백을 기록했다. 이러한 죄에 대하여 현지의 신은 가혹한 참회를 부과했다. 이런 식으로 해서 다신교 신앙은 신자들에게 도덕적 삶을 유도했다.

로마제국에서는 종교만이 삶의 유일한 안내자는 아니었다. 많은 사람들이 철학적 원칙들도 인간 존재의 본질을 이해하면서 잘 사는 방법을 가르쳐준다고 믿었다. 그리스 철학자 제논^{Xenon}(기원전 335~263년)의 가르침에서 유래한 스토아주의는 로마인들에게 가장 인기 있는 철학이었다. 스토아주의의 가치관은 무엇보다도 자기단련을 강조한다. 철저하게 개인적인 이 윤리관은 통제를 벗어난 광포한 행동의 여지를 남겨두지 않는다. 가령 기원후 1세기에 스토아주의의 저자 세네카는 분노를 통제하는 요령을 설파한 도덕적 논문에서 이렇게 말했다. "해로운 정서가 이미 머릿속에 들어온 후에 통제하려들기보다는 아예 영혼 속으로 들어오지 못하도록 미리 막는 것이 더 쉽다"(《분노에 관하여》 1.7.2). 스토아주의의 가르침에 따르면, 이성과 자연, 신성을 구현하는 단 하나의 창조적 힘이 우주를 인도한다. 인간은 이 우주적 힘의 본질에 참여하고 또 그 본질에 따라 살아감으로써 행복과 인내를 발견한다. 마르쿠스 아우렐리우스 황제는 제국의 추운 북쪽 변방에 군사 원정을 나가 있을 때 집필한 저서 《명상록》에서 사람들이 서로를 위해 존재한다는 스토아학파의 믿음을 다음과 같이 명백하게 표현했다. "다른 사람들을 더 좋게 만들거나, 아니면 그들을 참고 견뎌야 한다"(《명상록》 8.59). 또 아우렐리우스는, 인간은 자연 질서의 한 부분으로서 사회에서 지켜야 할 의무가 있다고 거듭하여 강조했고, 인간의 도덕적 행위가 곧 그런 자연 질서에 부합한다고 가르쳤다. 스토아학파 철학자 무소니우스 루푸스는 이 원칙은 남녀 불문하고 진실이라고 주장했고, 남녀 모두에게 철학 교육을 시켜야 한다고 주장했다.

특히 플라톤(기원전 429~347년)의 사상에 뿌리를 둔 철학 체계들은 기독교 지식인들에게 그들의 신앙을 수호해보라며 도전을 걸어왔다. 예를 들어 기원후 176년경에 켈수스는 플라톤에게서 배운 자신의 사상이 담긴 광범위한 내용의 기독교 비판서를 펴냈다. 그의 논문 《진정한 교리에 대하여》는 교육받은 비기독교인들이 이 신흥 종교에 대해서 알고 있는 바와 그들이 이 종교를 거부하는 다양한 이유를 제시해놓았다. 켈수스의 논증이 보여주듯이, 비기독교인들은 그 시대에 유포된 기독교의 기본 사상을 이해하기가 어려웠고, 그런 만큼 '정통'과 '이단'을 비롯해 서로 경쟁하는 복잡한 기독교 사상들에 대해서는 더더욱 이해하기가 어려웠다. 켈수스는 기독교를 비판하면서 기독교인들이 벌인 사악하고 부도덕한 행동에 대한 비난에는 주목하지 않았다. 당시에 그런 유형의 중상과 비방이 널리 퍼져 있었지만 그는 무시한 것이다. 그 대신 철학적 논증에 집중했다. 가령 영혼의 비물질성을 가르친 플라톤의 가르침을 심판의 날에 죽은 자들의 신체가 부활한다는 기독교인의 믿음과 대비시켰다. 간단히 말해서, 켈수스는 부도덕성보다는 기독교인의 지적 결핍을 비난했다.

켈수스의 저서는 지적·철학적 바탕 위에서 기독교에 엄청난 도전을 제기했기에 상당한 악명을 얻었다. 그 영향력은 너무나 강하고 지속적이어서 출간하고 70년이 지난 후까지도, 잘 알려진 교사이며 철학자인 오리게네스(기원후 185~255년)가 켈수스의 논증을 반박하기 위해 《켈수스에 대한 반론》을 집필할 정도였다. 오리게네스는 기독교가 올바른 삶의 안내자로서 진실할 뿐만 아니라 전통 철학보다 우월하다고 주장했다.

그러나 이와 동시에 전통적인 종교 사상은 플로티누스(기원후 205~270년)의 저작에서 매우 뛰어난 지적 결실을 맺었다. 플로티누스의 정신 철학 spiritual philosophy은 플라톤의 철학을 바탕으로 새로운 교리를 발전시켜서 신플라톤주의로 일컬어지는데, 이 사상은 전통적 신앙의 신자들은 물론이고 교양 높은 기독교인들에게도 크게 영향을 미쳤다. 신플라톤주의의 종교적 교리는 이러하다. 인간의 존재는 추상적·보편적 선^善으로부터 흘러나오는데, 인간은 그 선으로 되돌아가려고 노력해야 한다. 또한 기독교에서 하느님의 '사랑'이 삼라만상을 만들어냈다고 가르치는데, 이는 곧 사람이 그 사랑에서 생겨났다는 뜻이다. 플루티누스는 그 '사랑' 대신에 선이 이 세상의 시작점이라고 본다. 이런 식으로 해서 개인들은 존재의 진정한 의미를 표현하는 전체와 합일^{合一}을 이룬다. 기독교인이라면 하느님이라고 부를 법한 전체와의 신비한 결합은 지적 생활과 개별적 도덕이라는 자기단련을 꾸준히 해나갈 때 비로소 가능하다. 이처럼 신플라톤주의는 정신적 순수성을 강조함으로써 강력한 호소력을 얻었다.

스토아주의, 이시스 숭배, 신플라톤주의, 이런 전통적 철학과 종교의 구체적 발현은 기독교와 함께, 좋을 때나 나쁠 때나 가리지 않고, 사람들에게 길잡이와 위안과 희망을 제공했다. 기원후 3세기에 이르러 사려 깊은 사람들은 가혹한 고대 생활에서 살아남는 데 도움이 되는 선택지를 여러 가지 갖고 있었다. 이런 다양한 사상 체계들이 추종자들을 얻기 위해 진지한 경쟁을 벌였다는 사실은 종교 발달의 역사가 복잡했음을 알려준다. 특히 기독교가 그러한데, 이 종교에 대해서는 오늘날까지 보존되어 있는 사료들에서 그런 점을 잘 알 수 있다.

기원후 3세기의 위기
—

기원후 3세기에 들어와 제국 전역의 많은 로마인들은 살기가 팍팍해졌다. 일부 지역은 다른 지역에 비해 고통을 덜 받긴 했지만 여러 가지 재앙이 겹쳐 정부와 사회에 위기가 닥쳐왔다. 외부 민족들이 오랫동안 제국의 북쪽과 동쪽 변경에서 침략을 감행해오자 황제들은 군대의 규모를 키워야 했다. 그에 따라 군인의 봉급과 군수품 지출이 늘어났는데 이것이 제국의 재정에 심한 압박을 가했다. 군대는 이제 성공적인 정복전을 벌이지 않았기 때문에 국고에 돈을 채워주는 덧셈이 아니라 돈을 가져가는 뺄셈의 원천이 되었다. 비군사적 경제도 충분히 확대되지 않아 이 차액을 벌충해줄 재원을 마련해주지 못했다. 간단히 말해서, 황제들의 자금 수요는 제국의 징세 제도가 뒷받침할 수 없을 정도로 빠르게 늘어났다. 이러한 차이는 국방 문제에 위기를 가져왔다. 황제들은 군대에 인건비를 대고 장비를 지급하기 위해 더 많은 돈을 거둬들이려는 계획들을 필사적으로 세웠는데, 이런 조치들이 경제에 피해를 입혔고 또 제국이 제공하는 안전에 대한 일반 대중의 믿음을 파괴했다. 그 결과 생겨난 불안을 틈타서 야심만만한 장군들이 전에 공화국을 파괴했던 범죄를 되풀이했다. 즉, 수하의 군대를 사병처럼 부리면서 권력을 장악하러 나선 것이다. 내전이 3세기 중반에 수십 년간 벌어지면서 또다시 로마를 황폐하게 만들었고 정부의 원수정 제도를 불안정하게 만들었다.

국방을 염려하던 황제들은 기원후 1세기의 도미티아누스 치세 이래로 침략자들을 물리치기 위해 원정을 손수 지휘했다. 가장 공격적인 침략자들은 북쪽으로부터 도나우 강과 라인 강을 건너와 그 일대의 속주들을 공격한 게르만 민족들이었다. 이 침략자들은 안토니누스 피우스의 통치 기간(기원후 138~161년)에 파괴적인 공격을 하기 시작했고 이어 마르쿠스 아우렐리우스 시대(기원후 161~180년)에 더욱 강하게 압박을 가해왔다. 이 느슨한 조직의 전사 집단은 로마군을 상대로 계속 전투를 벌이다 보니 엄청난 군사적 결집력을 갖추게 되었다. 이러한 변화로 그들은 좀 더 효율적인 조직이 되었고 엄청난 군사적 도전의 바탕을 다지게 되었다. 그들은 결국 군사적 힘을 바탕으로 4세기와 5세기에 로마제국의 존속을 위협하게 된다.

황제들은 게르만 전사들이 지닌 막강한 전투력을 존중하여, 그들을 로마군의 보조 병사로 채용하여 다른 침략자들을 막아내게 할 목적으로 변경 지대에다 정착시키기 시작했다. 이처럼 외국 병사들을 동원하는 것은 국가 방위의 핵심 요소가 되었다. 그러나 이런 방침은 게르만인들에게 로마 생활의 편안함과 번영을 날마다 누리게 하는, 의도하지 않은 결과를 가져왔다. 세월이 흐르면서 이들 '야만족'은 제국의 영토 내에서 영구히 눌러앉고 싶어 했다. 이러한 흐름은 차례로 장기적인 변화의 패턴을 작동시켰고, 마침내 제국의 형태와 구조를 영구히 바꾸어놓게 된다. 이것은 근대 유럽 민족 국가들의 영토적 윤곽을 미리 보여주는 예고편이 되었다.

황제들은 정규군과 보조군의 규모를 키움으로써 점증하는 침략의 위협에 맞서고자 했다. 기원후 200년경에 로마군은 아우구스투스 시절에 비하여 병력이 10만 명 더 증강되어 총 병력 수는 35만 내지 40만을 헤아렸다. 병사들을 만족시키려면 정기적인 봉급 지급을 보장하는 것이 중요했다. 병사의 생활은 그만큼 고달팠기 때문이다. 끊임없이 훈련을 하는 것은 물론이고, 다섯 시간 내에 40파운드(약 18킬로그램) 무게의 짐을 나르고 중간에 강을 만나면 헤엄쳐 갈 수 있을 정도로 신체가 강건해야 했다. 그리고 행군 도중에는 매일 밤 요새와 비슷한 캠프를 설치해야 했기에 병사들은 어디를 가나 단숨에 나무 성벽 도시를 건설할 만큼 짐을 항상 휴대했다. 로마 병사들이 움직이는 모습을 보고서 한 작가는 이렇게 보고했다. "보병들은 짐을 잔뜩 실은 노새와 별반 다르지 않았다"(요세푸스, 《유대 전쟁》3.95). 로마군을 지원하기 위해서는 엄청난 양의 군수품이 필요했다. 변경 지대의 한 임시 요새에서 고고학자들은 1만 개의 쇠못을 발견했는데 그 무게가 10톤에 이르렀다. 그 정도의 임시 주둔 요새를 세우고 강화하려면 27킬로미터 길이의 판자와 나무가 아울러 필요했다. 또 병력 5000~6000명 규모의 군단을 위한 텐트를 세우려면 5만 4000피트의 송아지 가죽이 있어야 했다.

설상가상으로 인플레이션이 물가를 상승시켰다. 제국 초기에 인플레이션이 발생한 주된 이유는 역설적이게도 장기간 지속된 '로마의 평화'였다. 이 평화는 비교적 정체되어 있던 로마 경제의 물품과 서비스 생산이 더 증가하도록 부추겼다. 시간이 흘러가면서 일부 황제들은 가장 중요한 형태의 공식 화폐, 곧 황제의 이름을 새긴 은화의 가치를 떨어뜨려 올라간 가격에 대응했다. 말하자면 은화의 액면 가치는 그대로 둔 채 동전 주조에 귀중한 은을 덜 사용하는 방식이었는데, 그것이 결국 화폐의 본질적 가치를 낮춘 것이다. 이런 수법을 사용하여 황제들은 동일한 양의 귀금속을 가지고 더 많은 현찰을 만들어낼 수 있기를 바랐다. 물품과 서비스를 사들이는 정부 비용을 낮추기 위한 이런 조치는 곧 참담한 실패로 끝났다. 영악한 상인들은 가치가 떨어지는 은화의 차액을 보충하기 위해 가격을 더 올렸고, 이것이 가격의 초인플레이션을 가져왔다. 기원후 2세기 말에 이르자 이러한 압박 요소들이 제국의 수지 균형에 항구적인 적자를 기록하게 만들었다. 그렇지만 병사들은 자신들의 보호자인 황제가 높은 보수를 지불해주기를 바랐다. 그리하여 이제 제국 정부의 전면적 재정 위기가 언제 터져 나올지 모르는 무대가 마련되었다.

셉티미우스 세베루스 황제(기원후 145~211년)와 그의 두 아들 카라칼라와 게타는 재정적 재앙을 벼랑 끝까지 몰아붙였다. 세베루스 가문의 이 황제들은 군대를 만족시키기 위해 국고를 완전히 탕진했다. 게다가 두 아들의 살인적인 경쟁심과 무분별한 지출은 제국을 한층 더 불안정하게 만들었다. 세베루스는 북아프리카의 레프키스 마그나^{Lefcis Magna}(오늘날의 리비아)의 카르타고인 가문에서 태어난 노련한 장군이었다. 그는 마르쿠스 아우렐리우스의 아들 코모두스가 살해되어 로마에 위기가 발생한 기원후 193년에 황권을 잡았고, 그 후 몇 년에 걸친 내전기에 경쟁자들을 모두 제압했다. 세베루스는 자신의 군대를 위한 돈과 가족을 위한 명예를 얻기 위해 제국의 동쪽 끝과 서쪽 끝인 메소포타미아와 스코틀랜드에서 각각 정벌전을 벌이며 제국의 전통적인 꿈을 적극적으로 추진했다. 그러나 불운하게도 이런 정벌전은 제국의 예산 결손을 메워줄 만큼 충분한 이익을 올려주지 못했다.

군인들은 엄청난 생활고에 빠졌다. 인플레이션이 사실상 급료가 없는 것과 마찬가지 상황을 만들어버렸기 때문이다. 오래된 군대 규정에 따라 기본 보급품과 군복에 들어가는 비용을 급료에서 공제하고 나면 그들에게는 집으로 가져갈 돈이 남아 있지 않았다. 그래서 군인들은 자신들의 보호자인 황제가 정기적으로 상여금을 지급해주기를 기대했다. 세베루스는 이런 기대를 채워주기 위해 엄청난 양의 돈을 썼고 장기적으로 군인들의 급료를 3분의 1 이상 올려주어 그들의 생활 조건을 향상시키기로 결정했다. 이런 임금 인상은 이미 확대된 군대의 규모를 감안할 때 엄청난 것이었고 인플레이션을 더욱 가속화했다. 자신의 군사 정책이 가져온 끔찍한 재정 위기에 대하여 세베루스는 전혀 신경 쓰지 않았다. 기원후 211년, 죽어가는 병상에서 세베루스는 두 아들에게 이런 조언을 했다. "너희 두 형제는 사이좋게 지내고, 병사들을 부유하게 만들고, 그 외의 사람들은 신경 쓰지 마라"(카시우스 디오, 《로마사》 77.15).

세베루스의 두 아들은 세 가지 조언 가운데 마지막 두 가지에만 신경을 썼다. 카라칼라(기원후 188~217년)는 동생 게타를 살해하고 단독 황제 자리를 확보했다. 카라칼라의 난폭하고 방탕한 통치는 로마 황금시대의 평화와 번영을 끝장냈다. 그는 병사들의 봉급을 40~50퍼센트 인상했고 로마 역사상 최대 규모의 공중목욕탕을 위시하여 도시 곳곳에 엄청난 건축 공사를 실시하여 거액의 돈을 썼다. 카라칼라의 지나치게 방탕한 소비는 세금 징수의 책임을 진 속주의 지방 관리들에게 견딜 수 없는 압박을 가했고, 점점 늘어나는 세금을 납부해야 하는 속주 주민들에게 엄청난 고통을 안겨주었다. 한마디로 그는 제국의 예산을 파탄 냈고 그 후 수십 년 동안 지속되는 파괴적인 인플레이션의 길을 닦았다.

기원후 212년에 카라칼라는 예산 위기를 해결하기 위해 저 유명한 조치를 취했다. 즉, 노예를 제외한 제국 내 거의 모든 남녀에게 로마 시민권을 부여한 것이다. 오로지 시민만이 상속세와 노예 해방 수수료를 내기 때문에, 시민 인구의 증가는 곧 세입의 증대를 의미했고 거기서 나온 돈은 대부분 군사비로 지출될 예정이었다. 하지만 카라칼라에게는 제아무리 과도한 조치도 충분하지 않았다. 그의 측근들은 그가 정신이상이 되었다고 속닥거렸다. 한번은 그의 어머니가 과도한 조치들을 꾸짖자 그는 칼을 뽑아 들며 이렇게 말했다. "걱정하지 마세요. 내가 이걸 갖고 있는 한 돈이 마르는 일은 없을 겁니다"(카시우스 디오, 《로마사》 78.10). 217년에 카라칼라의 근위대 대장이 황제를 살해하고 자신을 황제라고 선포했다.

세베루스 황실의 통치 기간 동안에 인간적·자연적 재앙이 겹치면서 로마제국의 위기는 3세기에 꼭짓점에 도달했다. 무엇보다도 제국 정부의 재정 위기가 심화하면서 정치적 불안정이 뒤따랐다. 3세기 중반, 근 70년 동안 일련의 황제들과 참칭 황제들이 권력을 두고 쟁투했다. 이 무정부 상태에 가까운 수십 년 동안에 근 30명이 황위를 주장하고 나섰고 어떤 때는 여러 명이 동시에 황위 쟁탈전을 벌였다. 황위에 오를 수 있는 유일한 자격은 군대를 호령할 수 있으며, 국가가 아닌 황제에게 충성하는 군대에 물질적 보상을 해줄 수 있는 능력이었다.

3세기 중반에 이어진 내전 상태는 주민과 경제에 엄청난 피해를 입혔다. 불안정한데다 초인플레가 겹쳐 제국의 많은 지역 사람들의 삶이 고단해졌다. 농민들은 전시에 정상적인 영농 절차를 지킬 수 없었기에 풍년을 기대할 수 없었다. 또한 서로 싸우는 군대들이 식량을 얻기 위해 농민들의 곡식을 징발해갔다. 시협의회 관리들(쿠리알레스)은 자주 바뀌는

도판 8-3 | 사산 왕조의 샤푸르 1세가 기원후 260년에 로마 황제 발렌스의 항복을 받아들이는 장면을 묘사한 카메오. 사산 제국은 그 당시 로마제국 및 중국 제국과 더불어 세계에서 가장 강대한 국가로 꼽혔다. Marie Lan-Nguyen / Wikimedia Commons.

황제들의 가혹한 세금 징수 요구에 시달렸다. 현지 엘리트들은 지속적인 재정 압박 때문에 더는 공동체를 지원하려 하지 않았다.

　외적들이 이런 혼란을 틈타서 동쪽과 북쪽 변경에서 쳐들어왔다. 페르시아 사산 왕조의 왕인 샤푸르 1세가 기원후 260년 시리아에서 발레리아누스(재위 기원후 253~260년)를 포로로 잡음으로써, 로마제국의 행운은 바닥을 쳤다. 강인하고 노련한 아우렐리아누스 황제(재위 270~275년)도 방어 작전만 간신히 수행할 정도여서 이집트와, 시리아 팔미라 여왕의 전사(戰士)인 제노비아에게서 소아시아를 되찾았을 뿐이다. 아우렐리아누스는 게르만 민족들의 갑작스러운 공격을 막아내기 위해 로마를 17킬로미터가 넘는 길이의 거대한 성벽으로 둘러쌌다. 게르만 민족들은 이미 북쪽 변경 지대를 통과하여 이탈리아로 들어오고 있었다. 아우렐리아누스가 세운 성벽은 로마의 언덕들을 구불구불 누비며 지나가는데, 어느 한 지점에 로마에서 가장 기이한 기념물 하나를 그 품안에 안고 있다. 그것은 바로 기원전 1세기 말에 로마의 부유한 관리 C. 케스티우스가 자신의 무덤으로 축조한, 전면이 대리석으로 되어 있는 피라미드이다. 아우렐리아누스 성벽의 일부 구간과 탑들과 문들은 오늘날에도 로마 거리의 여러 지점에서 우뚝 솟아 있는 모습이 보인다. 대표적인 지점으로는 아피아 길로 들어서는 초입인 포르타 산 세바스티아노Porta San Sebastiano가 있다.

3세기 중반에 파괴적인 지진과 맹독성 전염병이 지중해 일대를 휩쓸었고 이것이 로마의 위기를 더욱 악화시켰다. 식량 공급이 점점 더 불안정해지자 인구가 크게 줄어들었고, 내전으로 병사와 민간인 모두가 죽었으며, 전염병이 넓게 퍼져나갔다. 인구 감소는 곧 군대 병력의 감소를 의미했다. 그렇지 않아도 로마군의 방위 능력과 내부 속주 방위군의 효율성은 정치적·재정적 혼란으로 심각하게 악화되어 있었다. 따라서 제국의 더 많은 변경 지역이 침략에 노출되었고, 경제 조건이 악화하면서 유랑하는 도둑 떼들이 제국 안에서 점차 창궐했다. 이런 여러 문제점들이 치명적으로 뒤섞이자, 제국은 이제 붕괴의 가장자리로 내몰렸다. 이 무렵 로마인들은 정부를 정상적으로 추스르고 사회의 해체를 막으려면 그들의 가치관을 재정립하고 정치 제도를 바꾸어야 했다.

전통 로마 종교를 믿는 사람들은 이런 끔찍한 시대를 전통적인 방식으로 설명했다. 국가의 신들이 화가 났다. 무엇 때문에? 한 가지 명백한 가능성은 기독교인이 점점 늘어난다는 사실이었다. 기독교인들은 로마 신들의 존재를 부정했고 신들을 예배하는 행사에 불참했다. 그래서 데키우

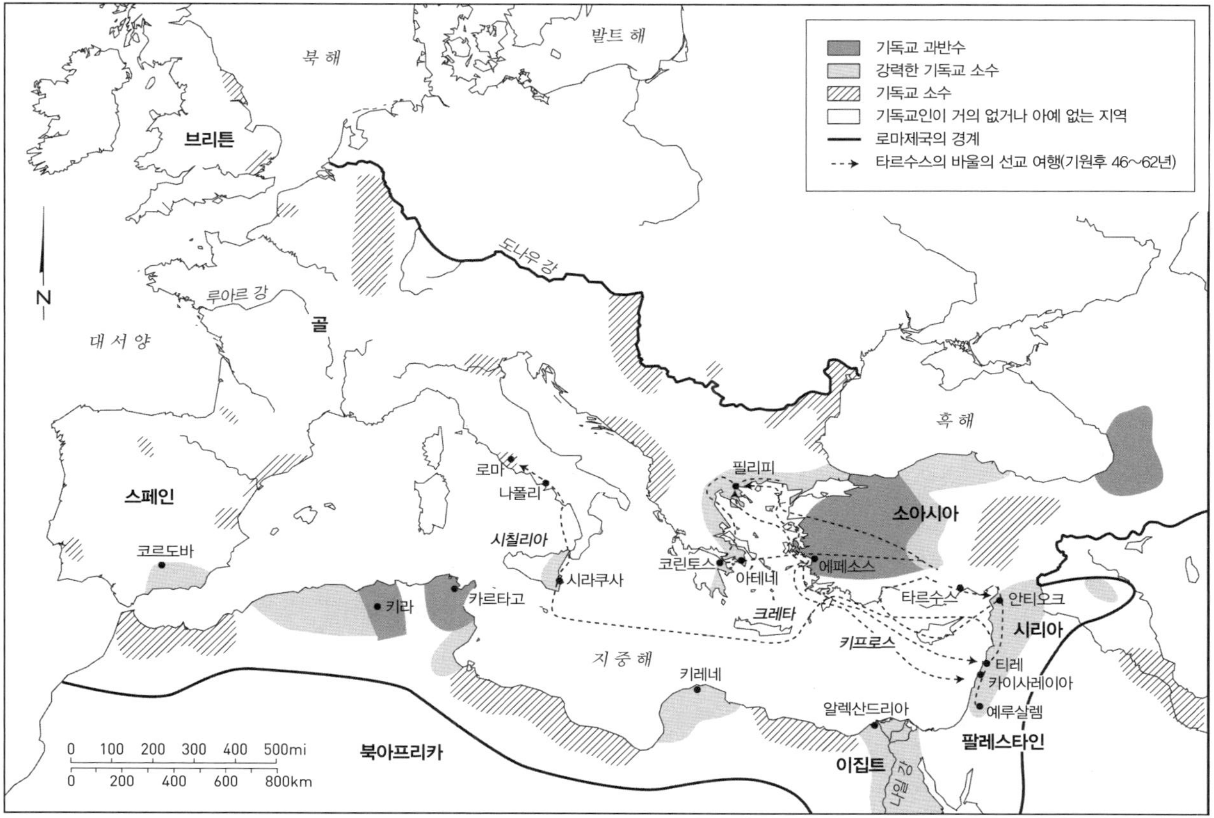

지도 10 | 기원후 3세기 후반의 기독교 인구

범례:
- 기독교 과반수
- 강력한 기독교 소수
- 기독교 소수
- 기독교인이 거의 없거나 아예 없는 지역
- 로마제국의 경계
- 타르수스의 바울의 선교 여행(기원후 46~62년)

지도상의 지명:
북 해, 발트 해, 도나우 강, 흑 해, 소아시아, 시리아, 안티오크, 티레, 카이사레이아, 예루살렘, 팔레스타인, 요단 강, 키프로스, 알렉산드리아, 이집트, 크레타, 키레네, 필리피, 에페소스, 콜로사이, 코린토스, 아테네, 몰타, 지 중 해, 로마, 나폴리, 시칠리아, 시라쿠사, 카르타고, 카라, 북아프리카, 대 서 양, 스페인, 코르도바, 루아르 강, 골, 브리튼

0 100 200 300 400 500mi
0 200 400 600 800km

스 황제(재위 기원후 249~251년)는 이 오염된 집단을 제거하여 신들의 호의를 되찾기 위해 사상 처음으로 난폭하면서도 조직적인 박해를 가하기 시작했다. 데키우스는 제국 내의 모든 주민에게 신들에게 바치는 희생제의에 참가하여 국가의 안녕에 충성심을 바치라고 명령했다. 이 희생제의를 거부한 기독교인들은 처형되었다. 새 황제는 자신이 로마의 수호 컬트와 자유를 수호하는 사람이라고 선언했다. 다신론자들은 조상 숭배 의례가 로마에 그 자유를 가져다주었다고 생각했다. 한 이탈리아 도시의 주민들은 새 황제의 이런 선언을 지지하면서 데키우스를 '신성한 의례와 자유의 회복자'라고 칭송하는 공공 비석을 세웠다(배브콕^{Babcock}, 1962). 박해를 당하는 쪽 사람인 키프리아누스는 이교를 믿다가 기독교도가 되어 카르타고의 주교 자리에까지 올라갔는데, 기독교인들에게 적그리스도의 손에 순교를 당할 준비를 하라고 촉구했다(《서한집》55).

이런 광범위한 박해는 제국의 위기를 더욱 가속화한 내전, 경제적 실패, 전염병을 중단시키지 못했다. 갈리에누스 황제(재위 기원후 260~268년)는 기독교인들에 대한 박해를 중지하고 주교들에게 몰수당한 교회 재산을 다시 돌려주도록 함으로써 제국에 종교적 평화를 회복시켰다. 이 정책은 3세기의 나머지 기간 동안 기독교인과 제국 정부 사이의 긴장을 누그러뜨렸다. 그러나 기원후 280년대에 이르러 제국이 재정적으로나 정치적으로나 심연의 가장자리에서 비틀거리고 있다는 사실은 누구도 부정할 수 없었다.

9

제정 후기의 기독교 박해와 수용

놀랍게도 제국은 당초 시작했던 것과 똑같은 방식으로 다시 안전을 도모했다. 즉, 새로운 권위주의 리더십의 형태를 도입했는데, 이번에는 공화정共和政을 대체한 원수정元首政을 다시 전제정專制政으로 대체했다. 디오클레티아누스(재위 기원후 284~305년)는 황제가 되자 원수정을 좀 더 노골적인 전제적 통치 형태로 바꾸어놓음으로써 제국을 위기로부터 구해냈다. 디오클레티아누스는 로마 황제 자리에 오른 뒤 놀라운 리더십의 역량을 발휘하여 중앙 집중적인 정치적·군사적 권위를 다시 확립했다. 그가 시행한 행정 및 재정 개혁은 제국의 형태와 재정 상태를 크게 바꾸어놓았으나, 그가 행한 기독교 박해는 이 신흥 종교가 기원후 4세기에 로마제국의 공식 종교로 올라서는 것을 막지 못했다. 4세기에 이르러 로마 역사는 현대의 학자들이 '제정 후기'라고 부르는 연대기상의 시기에 돌입하게 된다.

콘스탄티누스 황제가 4세기 초에 기독교로 개종한 것은 로마사의 전

284~306	디오클레티아누스가 로마 황제로 재위하면서 전제정을 확립하여 3세기의 정치적 위기를 종식시킴.
285	안토니우스가 이집트 사막에서 혼자 사는 기독교 수도자가 됨.
301	디오클레티아누스가 가격과 임금을 통제하여 인플레이션을 잡아보려 했으나 성공하지 못함.
303	디오클레티아누스가 '신들의 평화'를 회복하기 위해 기독교인들을 대대적으로 박해하기 시작함.
306~337	콘스탄티누스가 로마 황제로서 통치함.
312	콘스탄티누스가 로마의 밀비우스 다리 전투에서 승리하고 자신을 기독교인이라고 선언함.
313	콘스탄티누스가 종교적 관용 정책을 선언함.
321	콘스탄티누스가 일요일을 '주의 날'로 지정함.
324~330	콘스탄티누스가 고대 비잔티움의 터에 새로운 수도인 콘스탄티노플(오늘날의 이스탄불)을 건설함.
325	콘스탄티누스가 기독교 교리에 대한 분쟁을 종식시키기 위해 니케아 종교회의 소집.
349	로마의 성 베드로 바실리카 완공.
361~363	율리아누스 황제가 전통적인 다신교를 국가의 지도적 종교로 회복시키려 했으나 실패함.
382	'승리의 여신'상이 로마의 원로원에서 철거됨.
386	아우구스티누스가 기독교로 개종.
391	테오도시우스 황제가 이교도의 희생 제의를 금지시키고 기독교를 공식 국교로 정립함.
415	이교도 철학자인 히파티아가 알렉산드리아에서 기독교인들에게 살해됨.

환점으로 인식된다. 그는 제국을 점진적인 기독교화의 길 위에 올려놓았다. 기독교화는 이 신흥 종교가 제국의 국교로서 공식적으로 인정되고 대다수 주민에게 받아들여진 과정을 의미한다. 로마제국의 기독교화 과정은 느리면서도 긴장으로 가득했다. 콘스탄티누스의 종교 관용 정책으로 사람들의 생각이 바뀌지는 않았다. 그들은 여전히 그들 자신과 다르게 예배하는 사람들이 잘못되었고 위험하다고 생각했다. 기독교인들은 전통적인 신자들이 우상 숭배자이며 무신론자라고 생각한 반면에, 전통적 신자들은 기독교인들이 공식 국가 컬트의 신들을 무시하여 제국을 보호해주는 그 신들의 분노를 불러일으키지나 않을까 우려했다.

제국 구하기
—

디오클레티아누스가 제국 내에서 그처럼 엄청난 경력을 쌓으리라고는 누구도 예상하지 못했다. 그는 발칸 반도에 있는 달마티아의 척박한 지역 출신인데 교육을 받지 못한 군인으로 경력을 시작했다. 하지만 용기와 지능을 발휘하여 군대 내에서 계속 승진하여 마침내 284년에 군대의 지원을 업고서 황제로 등극했다. 그는 로마 세계가 일찍이 경험하지 못했던 가장 전제적인 통치 체제를 부과함으로서 3세기의 위기를 종식시켰다.

디오클레티아누스는 군대의 지원에 의존하여, 자신을 원수가 아니라 도미누스dominus('주인'이라는 뜻으로, 노예가 주인을 부를 때 사용하는 호칭)로 인정하라고 공식적으로 선언했다. 이런 이유로 역사가들은 디오클레티아누스 이후의 로마 정부 체제를 전제정(도미나투스^{Dominatus})이라고 부른다. 전제정은 노골적인 독재 정치 체제—통치자가 절대 권력을 선언하고 행사하는 것—이므로 황제와 로마 엘리트 사이의 권력 공유라는 겉치레를 아예 제거해버렸다. 원로원 의원, 집정관, 기타 공화정의 다른 흔적들(정부를 가리켜 '공화국'이라고 하는 것을 포함)은 계속 유지되었으나, 이러한 과거의 잔재들은 새로운 전제 군주제에 전통적인 정치적 합법성의 외양을 부여하기 위한 겉치레였을 뿐이다. 전제정의 황제들은 사회의 낮은 계층 사람들 중에서 능력과 황제에 대한 충성심 위주로 발탁하여 제국의 관리로 임용했다. 예전처럼 상류계급 출신을 고위 행정가로 자동으로 임명하는 것은 억제되었다.

'주인'인 황제는 지고한 신분을 과시하기 위해 새로운 방법을 개발했다. 전제정의 황제들은 평범한 일상복을 입었던 아우구스투스의 선례를 포기하고 보석 달린 화려한 옷을 입었고, 번쩍거리는 왕관을 썼으며, 궁정 신하들과 각종 의례로 자신을 둘러쌌다. 또 '주인'과 보통 사람들의 차이를 보여주기 위해 황궁의 대기실과 통치자가 접견하는 내실 사이에 베일을 걸어 공간을 갈라놓았다. 위계제를 강조하는 제국 정부의 관리들은 '가장 완벽한'과 같은 장엄한 호칭을 자신들에게 부여했고, 특별한 신발과 허리띠로 지위를 강조했다. 그 스타일과 과장된 선전 측면에서 보면 전제정의 황궁은 원수정 시대의 궁전보다는 천 년 전 페르시아의 '위대한 왕'이나, 그 당시 페르시아 사산 왕조의 왕이 거주하던 왕궁을 훨씬 더 많이 닮았다. 고대 페르시아의 관습에 따라, '주인'에게 특혜를 바라는 사람은 노예처럼 주인의 발 앞에 몸을 던지고 황금과 보석이 달린 자의※※의 자락에 입을 맞추어야 했다. 전제정의 건축물들은 막강한 전제

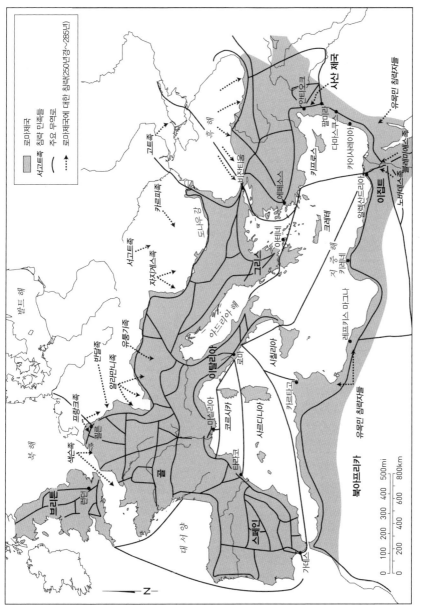

지도 11 | 기원후 3세기 로마제국의 위기

군주의 이미지를 고스란히 반영한다. 디오클레티아누스가 로마에 공중 목욕탕을 지었을 때, 그 건물의 우뚝 솟은 아치형 천장과 돔은 다른 목욕탕보다 더 웅장했으며 면적은 양옆의 길이가 무려 90미터에 달했다.

전제정은 그 통치를 합법화하기 위해 신학적 틀도 개발했다. 만인지상인 황제의 특별한 지위를 표시하기 위해 종교적 언어가 사용되었다. 예를 들어 '에트 데우스^{et deus}'('그리고 하느님')라는 호칭이 '주인' 뒤에 붙어서 지고한 영예를 드러내는 식이었다. 디오클레티아누스는 요비우스^{Jovius}라는 호칭도 채용하여 그 자신이 로마의 주신인 유피테르^{Jupiter}의 후예임을 선언했다. 200년 전 플라비아누스 황실의 도미티아누스 황제가 그 자신을 '주인 겸 하느님'이라고 부르려고 했을 때, 이런 오만함의 과시는 황제에 대한 여론을 나쁘게 만들었다. 그러나 이제 이런 호칭들이 일상적인 것이 되었다. 황제들은 신민들에게 완전한 존경과 외경을 요구했으며, 지상의 제국 정부는 신들의 위계제를 그대로 모방한 것이라고 과시했다.

전제정의 황제들은 법률과 범죄에 대한 처벌에서 절대 군주로서 권력을 가장 강력하게 행사했다. 황제의 말은 곧 법이었다. 공화정의 민회들은 이제 법률 제정의 원천이 아니었다. 황제들은 외부 세계와 단절되어 있는 소수의 개인 참모들에게만 의존했고, 예전의 통치자들이 전통적으로 남들의 의견을 들었던 것과는 다르게, 엘리트들의 조언을 거의 구하지 않았다. 더욱이 현 체제를 유지해야 한다는 생각 때문에 범죄 처벌의 수준을 잔인할 정도로 높였다. 331년에 콘스탄티누스 황제는 관리들에게 "그들의 탐욕스러운 손을 거두라"라고 명령하면서, 적발된 관리는 칼로 양손을 베어 처벌할 것이라고 말했다(《테오도시우스 법전》 1.16.7). 중범죄자들은 가죽 부대에 뱀들과 함께 집어넣어 강물에 던져서 익사하게 했다. 젊은 여자의 보호자가 그 여자를 잘못 보호하여 남자 애인과 성관계를 맺었을 경우, 그 보호자의 입에 녹인 납을 넣어 처벌했다. 법적으로 '비천한 사람들'이라고 규정되는 주민 대다수에게는 아주 가혹한 처벌이 내려졌으나, 일반적으로 '훌륭한 사람들'은 가혹한 처벌을 모면했다. 이런 식으로 해서 전제정의 독재 정치는 주민들 중에 가난한 사람들과 부유한 사람들의 구분을 더욱 강화했다.

디오클레티아누스는 자신을 전제 군주로 만드는 데에는 성공했으나, 제국이 너무 크고 방대해서 하나의 중심지에서 행정을 펼치고 방어를 담당할 수 없겠다고 결론을 내렸다. 그래서 그는 제국의 단합을 유지하기 위해 제국의 통치를 세분하기로 결정했다. 디오클레티아누스는 아주 과감한 개혁을 단행했다. 그것은 바로 제국의 영토를 둘로 분할하여 서로마제국과 동로마제국에 각각 하나씩 행정 본부를 두는 것이었다. 하지만 이러한 구분이 공식적으로 승인된 것은 아니었다. 그는 이 두 지역을 다시 둘씩 나누어, 서로 협력하여 제국을 통치하기 위해 네 명의 '파트너'를 임명했다. 각 파트너는 별도의 통치 지역과 수도와 군사력을 보유했다. 파트너들 사이의 분열을 예방하기 위해 최고 선임 파트너—이 경우 디오클레티아누스—가 황제로서 통치하고 나머지 세 명의 공동 황제들은 그에게 충성을 바치기로 되었다. 이 4황제제tetrarchy의 목적은 제국 정부가 종종 소요가 발생하는 제국의 긴 국경선들로부터 멀리 떨어진 로마에서 고립되는 것을 막고 또 후계 황제를 질서정연하게 지정함으로써 내전을 막으려는 것이었다.

통치 지역을 네 군데로 나눈 조치는 1000년 동안 제국의 수도였던 로

도판 9-1 | 이 조각상은 디오클레티아누스 황제가 제국을 효율적으로 다스리기 위해 도입한 제도인 4황제제의 네 황제를 보여준다. 공동 황제들이 크기나 스타일 면에서 유사하게 묘사된 것은 디오클레티아누스가 바라는 동료 황제들 간의 긴밀한 유대감과 인화를 상징한다. Giovanni Dall'Orto / Wikimedia Commons.

마의 명성을 종식시켰다. 디오클레티아누스는 황제에 즉위한 지 20년이 되어갈 때까지 이 고대의 도시를 방문하지 않았다. 그는 각 지역의 수도를 군사령부로서 유용한지 여부를 감안하여 선정했다. 그리하여 북부 이탈리아의 밀라노, 도나우 강 국경 근처의 시르미움, 라인 강 국경 근처의 트리어, 소아시아의 니코메디아가 선택되었다. 이탈리아는 제국의 한 부분으로서 다른 속주들과 동등한 자격으로 동일한 세금 제도의 지배를 받았다. 단, 로마 시만은 예외였다. 이 조치는 로마의 전통적 우위를 보여주는 마지막 흔적이었다.

디오클레티아누스의 제국 구제 조치에는 엄청난 자금이 필요했다. 하지만 3세기의 초인플레이션으로 그런 자금을 마련하는 것은 녹록한 일이 아니었다. 가장 큰 비용의 발생 원인은 군대의 규모를 25퍼센트 더 증강한 일이었다. 그는 입법자의 권한을 활용하여 재정 상황을 향상시키는 두 가지 개혁 조치를 일방적으로 명령했다. 하나는 임금과 가격의 통제였고, 다른 하나는 새로운 과세 제도였다.

임금과 가격 제한이 나온 배경은 이러했다. 디오클레티아누스는 제국의 여러 지역에서 전례 없는 수준의 인플레이션이 발생하자, 그 원인을 정부 조치—동전의 대규모 가치 절하—에서 찾지 않고 개인 사업가들의 탐욕 탓으로 돌렸다. 가격이 자꾸 인플레이션이 되자 사람들은 무슨 물건이든 사재기를 하려 했고 이런 행위가 가격을 더욱 상승시켰다. "서둘러! 자네가 갖고 있는 내 돈을 빨리 사용하게. 가격이 어떠하든 나와 있는 물건들을 그 돈으로 사들이게." 어떤 관리는 또 다른 가치 절하 계획이 있다는 사실을 알아내고서 황급히 자기 노예에게 이렇게 편지를 써 보냈다(로버츠와 터너^{Roberts and Turner}, vol. 4, pp. 92~94, 파피루스 no. 607). 기원후 301년에 디오클레티아누스는 인플레가 가장 심한 지역에서 정교한 임금 및 가격 통제 제도를 부과함으로써 인플레를 잡으려 했다. 그는 이 조치를 '상업의 불공정'을 예방하기 위한 것이라고 말했다. 그가 내린 '최고가격령'은 식량, 운송, 기타 분야에서 아주 탐욕스러운 악덕업자가 가격을 의도적으로 올리고 있다는 인식에서 나온 것이다. 그리하여 황제는 사재기를 금지시키는 한편, 약 천 가지에 달하는 물품과 서비스에 대하여 법적으로 부를 수 있고 지불할 수 있는 가격에 제한을 두었다(프랭크Frank, vol. 5, pp. 305~421). 그러나 이 칙령은 곧 휴지 조각이 되었다. 상인들과 노동자들은 협력하기를 거부했고, 정부 관리들은 칙령을 위반하면 추방 혹은 사형이라고 위협했는데도 이 새로운 규칙을 단속할 능력이 없었다.

조세 제도도 개혁되어야 했다. 정부가 인플레를 잡을 능력이 없자 제국의 가치 절하된 동전과 그런 동전으로 징수된 세금이 거의 무가치해졌기 때문이다. 따라서 세수를 증가시키는 방법은 딱 한 가지만 남아 있었다. 그것은 세금을 돈과 함께 물품으로도 받는 것이었다. 디오클레티아누스와 그 뒤에 황위에 오른 콘스탄티누스는 '현물' 과세를 늘렸는데, 이는 더 많은 시민들이 통화가 아니라 물품이나 서비스로 세금을 내야 한다는 뜻이었다. 물론 동전으로도 계속 세금을 냈으나, 현물 납세가 기원후 4세기 말까지 정부 수입의 더 큰 원천이 되었다. 그러나 4세기 말에 이르러서는 제국 관리들의 징수를 더 용이하게 하도록 납세를 황금이나 순은으로 하게 했다.

현물 세금은 대부분 늘어난 병사들을 지원하는 데 들어갔다. 보리, 밀, 고기, 소금, 포도주, 식물성 기름, 말, 낙타, 노새 등은 군대의 식량이나 역축役畜으로 사용되었다. 지방에 따라 그 액수가 달라지기는 했지만, 세금의 주요 원천은 생산성에 따라 평가된 토지세와 개인들에게 부과되는 인두세였다. 하지만 제국의 영토가 너무 넓고 행정 인력은 소수여서 각 지방의 전통적 편차를 극복할 수 없었기 때문에 이 세제 개혁은 균일하게 적용되지 못했다. 어떤 지역에서는 12세부터 65세까지의 남녀 모두가 세금 전액을 냈는가 하면, 어떤 지역에서는 여자들은 세액의 절반을 내거나 납부하지 않아도 되었다. 도시의 노동자들은 재산세와 인두세만 냈으나 그들은 아무런 보수 없이 정기적으로 공공사업 공사에서 일을 해야 했다. 그들이 하는 일은 도시의 하수도를 청소하는 일에서 망가진 집을 보수하는 일에 이르기까지 다양했다. 상점 주인에서 창녀에 이르기까지 도시에서 사업체를 소유한 사람들은 여전히 현금으로 납세했다. 원로원 의원 계급에 속한 사람들은 통상적인 세금은 면제되었으나 특별 부과세는 납부해야 했다.

디오클레티아누스의 재정 개혁은 자유를 제한하고 부자들과 빈자들 사이에서 공동체적 가치를 손상시킴으로써 해로운 사회적 결과를 가져왔다. 상인들은 이익을 올리고 장사를 계속 하려면 위법 행위를 해야 했고, 정부는 징세를 촉진하기 위해 지속적으로 고압적인 제한 조치를 내렸다. 농업 생산이 안정되고, 노동자들이 직장을 유지하고, 도시 엘리트들이 공공 봉사를 계속 수행할 때에만 황제들은 주민들로부터 더 많은 세금을 짜낼 수 있었던 것이다. 따라서 제국의 법률은 노동자들에게 현재 있는 위치에서 계속 일하고, 그 일거리를 자녀에게 물려주라고 강요했다. 소작농들(콜로니^{coloni})은 한 지주의 농장에서 다른 지주의 농장으로 이동할 자유를 완전히 상실했다. 남자 소작농들, 그리고 여자도 세금을 내야 하는 지역에 사는 소작농들의 아내들은 이제 법적으로 특정 농토만 경작해야 했다. 또 그들의 자녀는 가정에 할당된 농토를 영원히 경작해야 했다. 시간이 흐르면서 다른 많은 필수적 직종, 가령 곡식 운송, 제빵, 군속軍屬 등도 직업 이동이 불가능해졌고 대를 이어 물려주어야 했다. 세수를 늘리려는 황제들의 노력은 가난한 사람들 사이에서 불만을 일으켜 사회적 불안을 가져왔다. 농지에 대한 세율이 마침내 총 생산량의 3분의 1 수준에 도달하자 견딜 수 없는 부담에 분노한 농촌 사람들이 일부 지역에서 반란을 일으켰는데, 특히 기원후 5세기의 스페인이 좋은 사례이다.

황제들은 도시와 읍의 자산가 계급에게도 부담스러운 규정을 선언했다. 이 엘리트 사회-경제 계급 출신의 남자들과 일부 여자들은 전통적으로 쿠리알레스(무급 시협의회 관리)로 봉사하면서 공동체를 지원하기 위해 개인 돈을 썼다. 그들이 재정적으로 책임지는 일로는 수도水道 체계를 유지하는 일부터 군대의 식량을 책임지는 일까지 다양했으나, 돈이 가장 많이 들어가는 의무 사항은 세금 징수액의 모자라는 차액을 대신 채워 넣는 것이었다. 황제들이 점점 더 많은 세금을 요구하자 이 일은 매우 부담스러운 의무가 되었고, 3세기의 위기가 작동시켰던 쿠리알레스의 재정적 안정을 더욱 악화시켰다.

수백 년 동안 제국의 안녕은 사회적 엘리트들의 자발적인 공공 정신에 의존해왔다. 이들은 이탈리아와 속주의 여러 읍에서 쿠리알레스 지위를 맡으면서 공공 봉사 활동으로 이웃들에게 존경을 받았다. 그러나 재정적 압박이 커지면서, 부유한 사람들이 피를 빨리는 가혹한 의무에서 벗어나기 위해 공공 근무를 회피하면서 이 좋은 전통은 붕괴되었다. 당초의 공공 근무라는 취지가 너무나 왜곡되어서 이제 경범죄를 저지른 사람들에게 부과되는 징벌 중 하나가 쿠리알레스 업무가 되었다. 마침내 제국 정부는 쿠리알레스가 의무를 회피하는 사태를 막기 위해, 쿠리알레스들이 태어난 고향 마을에서 다른 곳으로 이사하는 것을 금지하는 정책을 발표했다. 쿠리알레스들은 이제 여행을 하려 해도 허가를 받아야 했다. 이 법률이 반포되자, 엘리트 계급에 속하는 사람들은 사회적 연줄을 이용하여 황제에게 탄원하거나, 뇌물을 주어 고위 관리를 매수하거나, 쿠리알레스 의무에서 면제되는 직업(군대, 제국의 행정, 교회 등)을 잡음으로써, 공공 봉사에서 적극적으로 빠지려고 했다. 매우 절망적인 상태에 빠진 쿠리알레스들은 전통적인 업무를 더는 수행할 수 없게 되자 집과 재산을 버리고 도주했다. 이처럼 더 많은 세금을 짜내기 위해 압착기를 들이대는 식으로 개인의 자유를 제한하자, 부유한 로마인들이 오랫동안 자발적으로 지켜왔던 공동체의 가치는 마침내 붕괴되고 말았다.

신의 호의 다시 얻기

—

재앙을 종교적으로 설명하는 로마의 전통을 따라, 디오클레티아누스는 신들의 분노가 제국 내에 심각한 위기를 가져왔다고 결론을 내렸다. 로마의 안전과 번영이 달려 있다고 생각되는 신의 호의를 다시 얻기 위해 디오클레티아누스는 과거에 로마에 권력과 미덕을 가져다주었던 종교를 따르라고 시민들에게 촉구했다. 그는 공식 선언에서 이렇게 말했다.

> 불사의 신들의 섭리에 따라, 탁월하고 현명하고 올바른 사람들은 선량하고 진실한 원칙들을 지혜롭게 수립했다. 이러한 원칙들에 반대하거나 새로운 종교를 위해 오래된 종교를 내던지는 것은 잘못된 일이다.
>
> — 하이엄슨Hyamson 15.3, pp.131~133

이 칙령은 3세기의 이란 예언자 마니가 세운 마니교 신자들을 겨냥한 것이었지만, 신흥 종교인 기독교 역시 새 종교가 제국에 분란을 가져오는 요인이라는 디오클레티아누스의 신념 때문에 아주 난폭하면서도 전면적인 박해를 받게 되었다. 디오클레티아누스는 기독교인들이 전통 로마 종교에 적개심을 가지고 있다고 비난하면서 기원후 303년에 '대박해'로 알려진 전면적인 핍박을 전개했다. 그는 기독교인들의 재산을 몰수하고, 관직에서 그들을 추방하고, 그들의 교회를 철거하고, 그들의 경전을 불태우게 하고, 공식 종교 의례에 불참한 자들을 처형했다. 예전과 마찬가지로 박해 정책은 지역에 따라 다르게 집행되었다. 황제의 명령을 집행하는 현지 관리들의 행동을 효과적으로 단속할 방법이 없었기 때문이다. 서로마제국의 경우, 1년 후에 박해가 중단되었으나 동로마제국은 10년간이나 지속되었다. 순교자들에 대한 공식 처형은 너무나 잔인하여 다신론자 이웃들의 동정을 살 정도였다. 그래서 대박해는 디오클레티아누스의 목적과는 정반대의 결과를 가져왔다. 그는 종교 개혁을 통해 사회의 안정을 회복시키려 했으나 도리어 사회의 평화와 질서를 파괴했을 뿐이다.

디오클레티아누스의 계승자인 콘스탄티누스(재위 기원후 306~337년)는 그 자신이 기독교로 개종함으로써 제국의 종교사를 영원히 바꾸어놓았다. 사상 처음으로 로마의 통치자가 이 신흥 종교에 대한 지지를 선언했고, 그리하여 기독교는 그 후에 전 세계의 모든 종교를 통틀어서 가장 많은 신자를 확보하게 된다. 100년 전 북부 메소포타미아의 작은 왕국인 오스로에네Osrhoëne의 통치자인 아브가르 8세가 기독교로 개종한 바 있었지만, 이제 로마제국의 황제가 이 종교를 지지하고 나선 것이다. 콘스탄티누스는 디오클레티아누스가 그 종교를 박해했던 것과 똑같은 이유로

도판 9-2 | 이 동전은 콘스탄티누스 황제와 그리스도를 상징하는 로고를 그린 전투 깃발을 보여준다. 그리스도의 상징은 P 자와 X 자를 위아래로 겹쳐놓은 것인데, 이 두 글자는 그리스어로 xpistos(그리스도)의 앞 두 글자이다. 이 로고는 오늘날에도 기독교의 상징으로 사용되고 있다. 사진 출처: Classical Numismatic Group. Inc./www. cngcoins.com.

기독교를 수용했다. 그렇게 하면 제국과 자신을 위하여 신의 호의를 다시 얻을 수 있을 거라는 희망을 품은 것이다. 콘스탄티누스는 디오클레티아누스 뒤를 이어 황제가 되기 위해 벌인 내전에서 기독교 신이 자신에게 지원을 약속해주는 꿈을 꾸었다. 콘스탄티누스의 전기 작가인 에우세비우스는 이 일을 다음과 같이 보고했다.

> 콘스탄티누스는 하늘에서 예수의 십자가를 보았고 그 십자가는 이런 말로 둘러싸여 있었다. '이 표시와 함께 너는 승리를 거두리라!'
>
> – 《콘스탄티누스의 생애》 1.28

콘스탄티누스가 312년에 로마의 밀비우스 다리에서 벌어진 전투에서 경쟁자들을 누르고 승리를 거두자, 그는 기독교 신의 기적적인 힘이 승리를 가져다주었다고 선언했다. 이어 그는 자신을 기독교인 황제로 선언했다. 몇 년 뒤 콘스탄티누스는 유명한 아치(개선문)를 세웠는데 이 구조물은 오늘날에도 콜로세움 근처에 서 있다. 황제는 이 아치의 일정한 부분에 조각 장식을 덧붙여 만인지상이라는 지고한 신분을 과시했다. 자기 뒤에는 신적인 힘이 있다는 콘스탄티누스의 주장은 로마 황제들이라면 늘 하던 얘기였다. 단지 황권을 기독교의 신과 결부시켰다는 점만 달랐을 뿐이다.

콘스탄티누스는 기독교로 개종하기는 했지만 전통적인 로마 종교를 불법으로 선언하지도 않았고 또 자신의 개인적 신앙을 공식적인 국교로 만들지도 않았다. 그 대신에 종교적 관용을 선포했다. 이 정책은 313년에 선포된 '밀라노 칙령'에서 가장 잘 드러난다(락탄티우스,《박해받은 사람들의 죽음에 관하여》48). 반세기 전에 갈리에누스 황제가 선언한 사상을 바탕으로 한 이 칙령은 모든 사람이 자유롭게 종교를 선택할 수 있다고 선언했고, '최고의 신성'이 제국을 보호한다고 말했다. 이 애매모호한 용어는 기독교인과 전통 신자들을 모두 만족시키기 위한 말이었다. 콘스탄티누스가 볼 때, 종교적 관용은 신들의 호의를 다시 얻고 사회적 불안을 예방하기 위해 가장 현명한 선택이었다.

콘스탄티누스는 아직도 기독교인보다 훨씬 많은 전통 종교 신자들이 화나지 않게 하는 동시에 새로 선택한 종교를 진흥시키기 위해 많은 노력을 기울였다. 예를 들면 로마 주교의 주교좌성당이 되는 성 요한 라테란 바실리카의 건설을 개시했고 또 성 베드로에게 봉헌된 대규모 바실리카도 짓기 시작했다(이 건물은 수십 년 동안 건설한 끝에 349년에 완공되어 이후 천 년이 넘도록 기독교 예배의 중심지로 존속했으나 16세기에 들어와 해체하고 그 자리에 현재의 바티칸 대성당이 들어섰다). 콘스탄티누스는 또한 디오클레티아누스의 대박해 때 몰수되었던 기독교인의 재산을 전부 돌려주었다. 그리고 몰수된 재산을 경매에서 사들인 비기독교인들을 달래기 위해 국고를 열어 그들의 손실액을 보전해주었다. 321년에 콘스탄티누스는 '주의 날Lord's Day'을 관공서의 공식 업무와 제조업 모두 휴무하도록 하는 거룩한 날로 정하고서 예리하게도 그날을 일요일Sunday과 일치하도록 했다. 이렇게 하자 다신론자들은 한 주의 특정한 날 하루를 휴무일로 지정하여 고대 신인 태양sun을 숭배하도록 하는 조치라고 생각하게 되었다. 콘스탄티누스의 아치에는 그의 승리에 신의 도움이 결정적이었다고 쓰여 있긴 하지만 기독교의 신이 명시적으로 언급되지는 않았다. 콘스탄티누스는 324년부터 330년까지 고대 비잔티움 자리(오늘날 터키의 이스탄불)에 새로운 수도 콘스탄티노플을 건설할 때 그 도시에 전통적인 신들의 조각상을 다수 건립했다. 가장 두드러진 사실은 그가 대제사장이라는 고대의 관직을 그대로 유지함으로써 로마의 전통을 존중했다는 것이다. 이 종교적 관직은 아우구스투스 이래 모든 황제가 맡아왔던 것이다. 이처럼 콘스탄티누스는 자신이 공개적으로 선택한 신앙의 정치적 파급 효과와 관련해서는 조심스러운 균형 잡기 정책을 취했다. 제국의 인구 중에서 다신론자가 기독교인보다 훨씬 많다는 사실을 잘 알고 있었기 때문이다.

새로운 공식 종교

이 시기에 이르러, 후대에까지 전해진 로마사의 증거들은 기독교와 관련된 것들이 그 이전보다 더 많다. 이런 점은 제국의 기독교화가 강력한 정서적 반응을 불러일으켰음을 알려준다. 왜냐하면 보통 사람들이 종교에 대하여 아주 열렬한 믿음을 갖고 있었기 때문이다. 이들이 어찌할 수 없는 위험으로 가득한 이 세상에서 개인적으로나 공식적으로나 가장 큰 희망을 안겨주는 것은 종교였다. 이 점과 관련하여, 전통 종교의 신자들이나 기독교인들이나 다소 유사한 믿음을 공유했다. 예를 들어 두 집단은 혼령과 악마가 일상생활에 지속적으로 영향을 미친다고 생각했다. 그래서 어떤 사람들은 이 두 종교를 모두 수용하는 것이 가장 안전하다고 여겼다. 가령 이교도의 숲의 신인 파우누스 예배 의례에서 사용된 은 숟가락에는 물고기가 새겨져 있었는데, 물고기를 뜻하는 그리스어ICHTHYS는 '예수 그리스도, 하느님의 아들이며 구세주'를 뜻하는 그리스어 문구의 앞 글자만을 따서 조합한 글자와 같아서 기독교의 상징으로 널리 사용되었다(존스 앤 포터Johns and Potter, no.67, pp. 119~121).

일부 전통적 종교의 신념과 기독교가 서로 중복되는 측면이 있기는 하지만, 다신론자와 기독교 신앙의 커다란 차이를 메워주지는 못했다. 그들은 신은 하나인가, 아니면 다수인가 하는 문제, 또는 신성은 인간 세상에 관심이 있는가, 없는가 하는 문제로 맹렬하게 논쟁했다. 다신론자들은 여전히 빈번하게 벌어지는 축제에 참석했고 다른 많은 신들에게 희생을 바쳤다. 그들은 이런 의문을 품었다. 이런 즐거운 예식 행사가 왜 신성의 힘과 개인적으로 접촉하고 싶어 하는 모든 사람의 동경을 만족시키지 못하는가?

전통적 신자들이 풀지 못한 또 다른 의문은 다음과 같은 것이었다. 로마의 통치를 뒤집어엎지도 못했을 뿐 아니라 평범한 범죄자처럼 처형당한 예수가 어떻게 세상의 구원자인가? 이와는 대조적으로, 전통적인 신들은 그 신자들에게 세계적인 제국을 내려주었다. 게다가 이시스 여신 컬트와 스토아주의 같은 철학은 오로지 마음과 영혼이 순수한 사람들만이 제자가 될 수 있다고 가르쳤다. 그런데 이와는 달리 기독교인들은 불순한 자들도 받아들였다. 다신론자들은 이런 사실에 당황하여 의문을 품었다. 왜 기독교인들은 공인된 죄인들과 기꺼이 어울리려고 하는가? 아무튼 다신론자들은 기독교인들만이 유일한 종교적 진리를 가지고 있다는 얘기를 믿을 수 없었다. 철학자 포르피리오스(기원후 234~305년)는 '영혼의 해방에 이르는 단 하나의 보편적 길'을 설파하는 교리는 아직까지 발견되지 않았다고 설파했다(아우구스티누스, 《신국론》 10.32).

종교적 변화가 아주 천천히 이루어졌다는 사실은 그 당시의 전통 종교가 얼마나 완강하게 버텼는지 짐작케 한다. 특히 사회 최상위 계층으로 갈수록 저항은 더욱 강고했다. 율리아누스 황제(재위 기원후 361~363년)는 집안의 기독교 신앙에 저항하면서 다신교를 주도적인 종교로 회복시키려 했다. 매우 경건한 사람이었던 율리아누스는 그리스의 철학사상과 일치하는 지고한 신성을 믿었다.

> 하늘의 최고 높은 아치에서 땅의 가장 낮은 경계에 이르기까지, 이 신성하고 아름답기 그지없는 우주는 지속적인 신의 섭리에 의해 서로 연결되어 있으며, 태어나지 않고도 영원히 존재하며, 또 영원히 사멸하지 않는다.
>
> — 율리아누스, 연설 4.132C

그러나 율리아누스의 정책은 실패했다. 많은 사람들이 보기에 그의 종교 사상은 너무 추상적이었고 그의 공식 이미지는 너무 현학적이었다. 그가 안티오크에서 많은 청중을 놓고 연설을 했을 때 사람들은 그의 메시지에는 귀를 기울이지 않고 그의 철학자풍의 턱수염을 조롱했다. 그렇지만 이 '배교자' 황제는 나름의 숭배자들을 거느리고 있었다. 가령 상류 계급 출신의 장교이며 역사가인 안티오크의 암미아누스 마르켈리누스가 좋은 사례이다. 그는 자신의 시대를 자세하게 기술한 역사서에서 갈등으로 점철된 율리아누스의 치세를 기록했다. 그 과정에서 이 역사가는 궁정과 전장에서의 개인적 경험을 잘 활용하여 혼란스러운 시대를 아주 생생하게 묘사했다.

기독교인 황제들은 다신교에 대한 공식적 특혜와 재정 지원을 서서히 제거함으로써 전통 종교를 억제했다. 328년에는 수 세기 동안 로마의 원로원 청사에 서 있었던 고대의 신 '승리(니케)'의 제단과 신상을 제거하는 아주 상징적인 조치가 있었다. 신들에게 올리는 동물 희생에 정부 보조를 끊은 것은 더욱 치명적이었다. 로마 시장이라는 명예로운 직위를 맡고 있던 이교도 원로원 의원 심마쿠스(기원후 340~402년)는 종교적 다양성을 침해하는 이런 조치에 반론을 제기했다. 새로운 종교에 대한 최후의 공개적 반론을 펴면서 그는 이렇게 주장했다. "우리는 모두 우리 나름의 생활양식과 예배 방식을 가지고 있다. … 저 광대한 신비는 단 하나의 길로 접근할 수 있는 것이 아니다"(《보고서Relatio》3.10).

기독교가 제국 정부의 지원을 받고 또 그 종교적·사회적 가치가 널리 알려지면서 점점 더 많은 신자들이 몰려들었다. 그들은 기독교인들이 이 세상에서 구축한 강력한 공동체 정신에 매혹되었고, 사후 세계에서 구원을 약속한다는 점에도 마음이 끌렸다. 이 시기의 기독교인들은 어디로 여행하거나 이사를 해도 현지의 신자 모임으로부터 따뜻한 환대를 받았다. 기독교는 가난한 사람, 과부, 고아 들을 보살피는 자선 사업을 강조함으로써 개종자들의 마음을 사로잡았다. 구체적인 예를 들면, 3세기 중반에 로마의 신자 모임은 1500명의 과부와 가난한 사람들을 지원했다. 기독교인들이 서로에게 행한 환대, 동료애, 박애는 아주 중요한 자선 행위였다. 그 당시 사람들은 조언이나 실질적인 도움을 얻고자 할 때에는 대부분 친구와 친척에게 의존했기 때문이다. 기독교인들은 사람들의 도움이 필요할 때마다 손을 내밀어 도와주었던 것이다. 국가가 후원하는 사회봉사는 드문데다가 제한되어 있었다. 이제 군인들도 기독교로 개종하고서 군대에 복무하는 것을 편안하게 여겼다. 전에 기독교인 병사들은 군사적 맹세를 저버림으로써 군기 문제를 일으킨 바 있었다. 기원후 298년, 마르켈루스라는 보병 장교는 군 복무를 거부하여 군사 재판에 회부되었는데 그때 이렇게 말했다. "주님인 그리스도를 위하여 싸우는 기독교인은 이 세상의 군대에서 싸우면 안 된다"(《마르켈루스 행전》 4). 그러나 황제들이 기독교인이 되자 기독교인 병사들은 그리스도의 일에 복무한다고 하면서 자신들의 군사적 의무를 정당화할 수 있었다.

기독교는 391년에 국교로 지정되면서 전통적 다신교를 공식적으로 대체했다. 테오도시우스 황제(재위 기원후 379~395년)는 전임 황제들이 실패한 지점에서 성공을 거두었다. 그는 동물 희생을 금지시켰고 설혹 개인이 자기 돈을 내서 그렇게 하겠다고 해도 엄금했다. 그는 대제사장이라는 직함도 거부했고, 살아 있는 동물을 죽여서 그 내장을 살피면서 점을 치는 행위를 대역죄로 다스리겠다고 선언했으며, 모든 이교도 신전들을 폐쇄하거나 몰수했다. 아테네의 저명한 파르테논을 포함하여 많은 신전들이 곧 기독교의 교회로 바뀌었다. 그렇지만 테오도시우스는 기독교로의 개종을 의무화하지는 않았고 비기독교 학교들을 폐쇄하지도 않았다. 아테네에서 플라톤의 철학을 가르치던 아카데메이아는 그 후로도 140년을 더 존속했다. 심마쿠스와 같은 유능한 비기독교인들은 기독교인 황제 아래에서 계속하여 정부 관리로 활약했다. 그러나 전통 종교 신자들은 이제 기독교 신을 예배하는 군주제로 변모한 제국에서 국외자의 신분이 되었다. 다신론자들은 그 후로도 오랫동안 존속하면서 개인적인 방식으로 자신들의 종교를 실천했다. 이렇게 하려면 눈치 빠른 이웃들이 많은 도시보다는 농촌 오지가 더 적합했다. 이런 이유로 기독교인들은 전통 신자들을 파가니pagani('시골 촌뜨기'라는 뜻의 라틴어. 이 말에서 '이단'을 가리키는 영어 'pagan'이 나왔음)라고 불렀다.

기독교인과 이교도 사이의 갈등은 특히 정치적 영향력을 놓고 불거졌을 때 폭력을 야기했다. 예를 들어 415년 이집트의 알렉산드리아에서, 그 당시의 가장 유명한 여성 학자이며 이교도였던 히파티아가 기독교 군중에 의해 교회 안에서 갈가리 찢겨 죽었다. 그녀는 수학과 플라톤 철학을 잘 가르쳐서 명강사로 평판이 높았다. 이런 명성 덕분에 그녀는 알렉산드리아를 담당하는 로마 행정관(그도 이교도였음)에게 영향력을 행사할 수 있었는데, 이 점이 알렉산드리아 주교 키릴의 시기를 불러일으켰다. 소문에 따르면, 키릴이 부하들에게 대중 선동을 하라고 은밀하게 지시했고 그 결과 히파티아가 살해당했다고 한다(소크라테스, 《교회의 역사》 7.15).

유대교는 기독교를 공식적으로 국교로 삼은 황제들에게 특별한 문제를 제기했다. 다른 이교도들과 마찬가지로, 유대교인들은 새 국교를 거부했다. 그렇지만 유대인들은 특별 대우를 받을 자격이 있었다. 예수는 유대인이었고, 예전 황제들은 유대인이 그들의 종교를 지키도록 허용했었다. 이런 점은 하드리아누스 황제가 예루살렘을 로마 식민지로 재편한 후에도 변함이 없었다. 따라서 황제들은 유대인에게 그들의 종교를 실천하도록 허용하되, 그 신자들에게 점차 법적 제약을 세게 가하는 것으로써 절충했다. 예를 들어 황제 칙령은 유대인들의 관직 취임을 금지시키면서도 쿠리알레스의 재정적 부담을 떠안도록 했는데 그러면서도 그 지위에 따르는 명예로운 대접은 거부했다. 게다가 유대인은 개별적으로 해마다 제국 국고에 특별 세금을 내야 했다. 6세기에 이르러 로마법은 유대인들이 유언장을 작성하거나, 상속을 받거나, 법정에서 증언하는 것을 금지했다.

이 같은 사태 전개는 장기적으로 유대인을 후대의 유럽사에서 이류 시민으로 전락시켰으나 그들의 신앙을 억누르지는 않았다. 소수의 유대인들이 여전히 살고 있던 팔레스타인에서는 장엄한 예배당(시너고그)들이 계속 존재했다. 그러나 대부분의 유대인들은 제국의 도시들과 동쪽의 농촌 지역으로 이산되었다. 이 시기에 유대의 전통과 법률을 연구하는 학문이 번창하여, '팔레스타인 탈무드'와 '바빌론 탈무드'라는 학식 높은 텍스트와 '미드라시Midrash'라는 경전 논평서가 발간되었다. 이러한 종교학 저서들은 후대에 유대인의 생활과 실천의 기초를 놓았다.

기독교가 로마의 공식 국교로서 계속 성장하는 데에는 여성 신자들의 기여가 핵심적 요소였다. 여자들은 쿠리알레스 업무 이외에는 공직에서 배제되었기 때문에 더 적극적으로 교회 일에 참여했다. 저명한 기독교 신학자인 아우구스티누스는 세례를 받은 여자의 비非세례자 남편에게 보낸 편지에서, 기독교의 교세를 강화하는 데 여자들의 역할이 중요하다고 인정했다.

오, 세례의 모든 부담을 두려워하는 너희 남자들이여! 당신들의 여자들은 가볍게 당신들을 뛰어넘는다. 순결하고 헌신적인 그들이 교회에 있기에 교회가 성장하는 것이다.

– 아우구스티누스, 《서한집》 2*

일부 여자들은 신자 모임에 자기 재산을 내놓거나, 그리스도에게 헌신하기 위해 결혼을 포기함으로써 높은 명성과 지위를 얻었다. 독신을 선언한 처녀나 재혼을 거부한 과부는 이렇게 하여 고액 기증자와 마찬가지로 존경받는 여성의 반열에 올랐다.

기독교는 공식적인 지휘 체계를 점점 더 굳건하게 하는 데 지속적으로 성공을 거둠으로써 한결 강해졌다. 이제 모두 남자가 차지한 주교들의 권위를 바탕으로 한 엄격한 조직이 여자들이 지도자로 참여했던 과거의 느슨하고 민주적인 구조를 전면적으로 대체했다. 국가의 지원을 받는 새로운 교회에서 주교의 권력은 점점 커져, 규모가 작기는 하지만 황제의 권력과 비슷해졌다. 제정 후기의 주교들은 거의 군주나 다름없이 신자들을 다스렸고, 신자들의 구성을 결정하고 또 그들의 재정을 통제했다.

로마, 콘스탄티노플, 알렉산드리아, 안티오크, 카르타고 등 대도시의 주교들은 동료들 중에서도 더 강력한 지도자가 되었다. 예를 들어 카르타고 대주교는 그 주변의 지역에서 근무하는, 적어도 100명은 되는 지역 주교들을 감독했다. 각 지역별 주교 회의는 새로운 주교를 임명하거나 현지에서 발생하는 교리상의 분쟁을 해결하는 데 최고 권위를 행사했다.

로마 주교는 마침내 서로마제국에서 교회의 최고 지도자로 등극했다. 이 주교는 마침내 '교황pope'('아버지'를 의미하는 그리스어 'pappas'에서 온 말)이라는 호칭을 쓰게 되었고, 오늘날에도 로마 가톨릭 교회의 수장으로 군림한다. 교황들은 신약성경에 나오는 다음 문장(예수가 사도 베드로에게 한 말)에 자신들의 권위를 기대고 있다.

"너는 베드로이다. 내가 이 바위 위에 내 교회를 세울 것이다. … 나는 너에게 하늘나라의 열쇠를 주겠다. 그러니 네가 무엇이든지 땅에서 매면 하늘에서도 매일 것이고, 네가 무엇이든지 땅에서 풀면 하늘에서도 풀릴 것이다."

– 〈마태복음〉 16:18~19

베드로Peter라는 이름은 그리스어와 아람어에서 '바위'를 의미하고 또 베드로가 로마의 초대 주교로 간주되기 때문에, 후대의 교황들은 성경의 이 문장이 자신들에게 지고한 지위를 부여해준다고 주장했다.

국교가 된 기독교의 신앙과 실천

기독교가 공식적인 지위를 얻었다고 해서 신앙과 실천의 일치가 이루어진 것은 아니었다. 교리를 둘러싸고 정통과 이단에 대한 논쟁이 끊이지 않았다. 황제들은 정통 교리를 단속하는 최종 권위자가 되었고, 논쟁이 가열되어 무질서나 폭력이 벌어질 것 같으면 무력을 사용했다.

성부, 성자, 성령의 3위에 관한 복잡한 신학적 문제는 아주 치열한 의견 불일치를 가져왔다. 알렉산드리아의 아리우스(기원후 260~336년)의 이름에서 나온 아리우스파는 성부가 무無에서 아들 예수를 창조하여 그에게 특별한 지위를 부여했다고 주장하여 엄청난 파장을 일으켰다. 이렇게 되면 예수는 성부에 의해 창조된 존재가 되므로 그분과 함께 영원한 존재가 될 수 없었고, 또 예수 자신의 힘으로 신성한 것이 아니라 성부가 아들인 예수에게 신성함을 부여한 셈이 되었다. 아리우스파는 보통 사람들에게 호소했다. 아들이 아버지에게 복종하는 것은 인간의 가정생활을 닮았기 때문이다. 아리우스는 민요를 이용하여 자신의 견해를 널리 알렸고 사람들은 어디에서나 신학 논쟁에 몰두했다. 한 관측통은 콘스탄티노플의 생활을 묘사하면서 이렇게 말했다.

"당신이 가게 주인에게 잔돈을 요구하면, 그는 태어난 자와 태어나지 않은 자에 대해서 말할 겁니다. 빵 값이 얼마냐고 물으면 그 대답은 '아버지가 상급자이고 아들은 하급자요'입니다. 만약 공중목욕탕에서 '내 목욕물이 준비되었느냐?' 하고 물으면 그 대답은 '성자는 무에서 나왔소'일 것입니다."
    – 니사의 그레고리우스Gregorius Nyssenus, 〈성자와 성령의 신성에 관하여On the Deity of the Son and the Holy Sprit〉, J. P. 미뉴J. P. Migne, 《그리스의 교부신학Patrologia Graeca》, vol. 46, col. 557b

많은 기독교인들이 예수가 이처럼 강등된 데에 분노했기에 콘스탄티누스는 질서를 회복하기 위해 개입해야 했다. 325년에 그는 아리우스파와 관련한 분쟁을 해결하고자 220명의 주교를 소환하여 니케아 종교회의를 열었다. 주교들은 성부와 성자가 '하나의 실체이며' 공동으로 영원하다고 선언했다. 이 당시 기독교 신앙은 너무나 유동적이어서 콘스탄티누스는 그 뒤로도 이 문제에 관하여 두 번이나 마음을 바꾸었고 이단의 주장은 계속되었다. 나중에 제국의 영토 안에 들어와 살게 된 게르만 민족들의 다수가 아리우스파 기독교로 개종했다.

신앙에 대한 의견 불일치는 이보다 훨씬 더 복잡했다. 예를 들어 428년에 콘스탄티노플의 주교가 된 네스토리우스는 그리스도가 역설적이게도 신성과 인성이라는 두 가지 별도의 존재를 육화했다고 주장했다. 그러나 정통 교리는 그리스도가 양성(신성과 인성)을 갖춘 단 하나의 존재라고 보왔다. 교회 당국에 의해 추방된 네스토리우스파 기독교인들은 페르시아로 이주하여 그곳에서 비기독교 통치자들의 지원을 받았다. 이들이 세운 공동체는 오늘날에도 아라비아, 인도, 중국 등에 존속하고 있다. 이와 마찬가지로, 그리스도에게는 신성이라는 하나의 성질밖에 없다고 보는 단성파單性派들은 6세기부터 이집트, 에티오피아, 시리아, 아르메니아에서 독립 교회를 세웠다.

또한 도나투스파는 기독교 논쟁이 얼마나 맹렬했는지를 잘 보여준다. 4세기 북아프리카의 주교 도나투스의 추종자들은 디오클레티아누스의 대박해 때 순교를 피하기 위해 제국 정부에 협력한 자들은 신도 모임에 다시 받아줄 수 없다고 주장했다. 양측의 악감정은 극악할 지경에 이르러 가정을 파괴할 정도였다. 어떤 가정의 아들은 어머니를 이렇게 위협했다. "나는 도나투스파에 가담하여 당신의 피를 마시겠어요"(아우구스티누스, 《서한집》 34.3).

아우구스티누스(기원후 354~430년)는 서방 교회의 정통 교리를 종교적 진리로 확립한, 아주 중요한 사상가이다. 북아프리카에서 기독교인 어머니와 이교도 아버지 사이에서 이교도로 태어난 그는 수사학 강사로서 경력을 시작했다. 386년에 그는 어머니 모니카와 밀라노의 강력한 주교 암브로시우스의 영향으로 기독교로 개종했다. 395년에는 고향 땅의 주교가 되었다. 그는 교회 경력보다는 저서들 덕분에 높은 명성을 얻게 되었다. 아우구스티누스의 저서들은 그의 사후 천 년 동안 서방 기독교권에서 성경 다음으로 영향력 있는 교리 교과서가 되었다. 아우구스티누스는 종교와 철학에 대하여 많은 글을 남겼는데 이를 두고 후대의 학자는 이렇게 말했다. "당신의 저작을 모두 읽었다고 말하는 사람은 거짓말을 하는 것입니다"(세비야의 이시도레Isidore of Seville, 〈노래Carmina〉, J. P. 미뉴,《로마의 교부신학Patrologia Latina》, vol. 83, col. 1109a).

아우구스티누스는 《신국론》에서 일상생활 속에서 진정한 가치를 찾으려 하는 사람들은 착각하는 거라고 말했다. 하느님의 천상의 도시에서의 삶만이 의미가 있다는 것이다. 또 지상의 존재는 그 속성상 불완전하기 때문에 무정부 상태(아나키)를 막기 위해서는 세속의 법률과 정부를 필요로 한다. 원죄의 교리(적어도 기원후 2세기부터 신학적 논쟁의 주제로 떠올랐다)는 인간은 유전적으로 도덕적 질병을 앓고 있기 때문에 그 의지가 파괴적인 힘으로 변질될 수밖에 없다고 가르친다. 아우구스티누스의 주장에 따르면, 이 타고난 타락이 엄연히 존재하고 있으므로 정부는 악을 억제하기 위해 강압적인 힘을 사용한다. 그런데 인류가 에덴동산에서 타락하여 추방된 이래 인간 생활의 혼란에 도덕적 질서를 부여하려면 민간 정부가 반드시 필요하다. 따라서 국가는 사람들에게 강제로 교회와 일치를 이루도록 할 권리가 있다. 만약 필요하다면 그 과정에서 무력을 사용할 수도 있다.

아우구스티누스는 또 이런 주장도 폈다. 사회 질서는 너무나 소중하므로 노예제라는 태생적으로 나쁜 제도도 선의 원천으로 만들 수 있다. 사회 무질서가 가져오는 대혼란보다는 사형과 노예제가 덜 나쁜 악이다. 따라서 기독교인들은 황제에게 복종하고 또 정치 생활에 참여할 의무가 있다. 군인들도 황제의 명령을 따라야 한다. 반면에 고문과 사형은 도덕적으로 올바른 정부에서는 존재할 수가 없다.

아우구스티누스는 또 성행위는 인간을 자동으로 죄악에 빠지게 하므로 모든 신체적 쾌락을 멀리하는 금욕 생활이 유일하게 순수한 생활이라고 주장했다. 그는 이런 생활이 얼마나 어려운지 개인적 체험으로 잘 알고 있었다. 자전적 작품인 《고백록》에서 그는 성적 욕망과 종교철학 사이에서 깊은 갈등을 겪었다고 고백했다. 그는 여러 해 동안 자연적인 충동에 따라 행동했고 정부에게서 아들을 낳는 등 빈번하게 혼외정사를 벌였는데, 오랜 명상 생활 끝에 기독교인으로서 순결을 지키겠다고 맹세하는 내적 힘을 얻을 수 있었다고 한다.

이렇듯 아우구스티누스는 성적 금욕이 기독교인의 최고 덕목이라고 생각했다. 아담과 이브가 에덴동산에서 하느님의 명령에 불복함으로써, 하느님이 인간의 의지와 인간의 열정 사이에 만들어놓으신 원초적인 완벽한 조화를 영원히 깨뜨렸다는 것이다. 하느님은 이 말 안 듣는 자녀들을 징벌하시면서 성적 욕망을 아주 파괴적인 힘으로 만들어서, 인간이 자신들의 의지로 그 힘을 완벽하게 통제하지 못하게 했다. 아우구스티누스는 하느님의 계획 안에서 결혼의 가치는 재확인했지만, 사랑하는 부부 사이의 성행위도 인류가 은총으로부터 추락한 저 울적한 사실을 상기시킨다고 말한다. 따라서 부부는 '후회하는 마음으로 마지못해' 생식 행위에 임해야 하며, 생식이 성교의 유일한 이유가 되어야 한다고 말했다(《신약성경에 대한 설교》 1.25). 부부는 아이를 낳기 위한 사회적 책무를 이행하는 동안에도 성교의 쾌락을 느껴서는 안 된다는 이야기이다.

이 교리는 순결을 가장 높은 수준의 도덕적 가치로 격상시켰다. 성경학자 히에로니무스(기원후 348∼420년)의 말에 따르면, 이런 흠결 없는 삶을 사는 것은 '날마다의 순교 행위'이다(《서한집》 108.32). 섹스의 포기는 명예 훈장이 되었는데, 이런 점은 심플리키아라는 39세의 로마 기독교인 여자의 비문이 잘 보여준다. "그녀는 자식 생산에 신경 쓰지 않았고, 육체의 유혹을 발아래로 짓밟았다"(《비문의 해L'Année épigraphique》, 1980, no.138, p. 40).

이처럼 스스로 선택한 거룩함은 여성들에게 교육을 비롯한 여러 가지 특혜를 안겨주었고, 그리하여 그들은 히브리어와 그리스어를 배워 성경을 원어로 읽을 수 있었다. 4세기에 이르면 동정은 기독교의 아주 중요한 미덕으로 인정되었다. 그리하여 신자 모임에서 사제와 주교에게 독신을 요구하기 시작했다. 이러한 요구는 극적인 변화를 의미했다. 동정은 로마 사회에서 결혼 전의 여자에게만 요구하는 미덕이었기 때문이다.

기독교의 금욕주의는 수도원주의monasticism에서 절정에 이르렀다. 수도자monk('단독자'를 의미하는 그리스어 'monos'에서 온 말)와 수녀nun('결혼하지 않은 늙은 여자'를 의미하는 라틴어 'nonna'에서 온 말)는 하느님에 대한 헌신을 보여주기 위해 속세에서 물러나 극단적인 자기부정의 생활을 했다. 다신교와 유대교도 전통적으로 고행하는 소수의 사람이 오래전부터 있었으나, 기독교 수도원주의의 특별한 점은 그 금욕적 생활과 그에 따르는 영웅적 지위를 선택하는 사람이 많았다는 것이다. 그들은 가정과 신자 모임을 떠났고, 섹스를 포기했으며, 끊임없이 예배를 바쳤고, 거칠기 짝이 없는 옷(때때로 남녀 공용)을 입었다. 또 그들이 보고한 가장 어려운 일, 즉 아사를 피할 정도로만 소식을 했다. 수도원 생활은 끊임없는 정신적 투쟁의 삶이었고, 이 종교적 고행자들은 섹스보다는 풍성하고 맛 좋은 음식 꿈을 더 자주 꾸었다고 한다.

최초의 기독교 수도자들은 이집트에서 나왔다. 이처럼 급격한 생활 방식의 변화를 선택한 초창기 인물로는 부유한 농부였던 안토니우스(기원후 251~356년)가 있다. 285년의 어느 날, 그는 한 부유한 젊은이에게 가진 것을 모두 팔아 가난한 자들에게 나눠 주라고 한 예수의 말씀(〈마태복음〉 19:21)에 관한 설교를 듣고서 전 재산을 갑작스레 처분했다. 그리고 자기 여동생을 처녀들의 공동체에 집어넣고서 자신은 거의 평생을 사막에서 은수사hermit로 살았다. 그는 이런 식으로 하느님에게 영웅적 경배를 바치면서 다른 사람들에게도 가혹한 고행의 생활을 선택하도록 모범을 보였다. 그는 나중에 성인으로 추증되었다.

수도원주의는 여러 가지 이유로 사람들을 매혹했다. 무엇보다도 보통 사람들을, 고대 그리스의 전통적인 종교적 의미로 영웅(놀라운 업적을 거둔 인간은 사후에 살아 있는 사람들을 돕는 능력을 보유하게 된다)이 되게 했다. 기독교 고행자가 되는 것은 순교의 영광을 대신하는 일이었다. 그 당시 콘스탄티누스의 개종으로 순교가 한층 더 어려워졌기 때문이다. '성스러운 여자들'과 '성스러운 남자들'은 경건한 고행의 업적으로 사람들에게 크나큰 주목을 받았다. 시메온(기원후 390~459년)은 높다란 원주 위에서 30년 동안 살면서 그 원주 아래에 모인 사람들에게 설교를 했다. 이집트의 기독교인들은 살아 있는 영웅인 수도자와 수녀의 고행과 경건함이 나일 강의 연례 범람을 가져온다고 믿었다. 예전에는 고대 파라오들의 신통력이 이런 현상을 일으킨다고 생각했는데 말이다. 매우 거룩하다는 명성을 얻은 기독교 고행자들은 심지어 사후에도 영향력을 행사했다. 그들의 유물(신체 혹은 의복)은 예배자들에게 보호와 치유를 가져다주는 귀중한 원천이었다.

초창기의 수도자와 수녀는 혼자 혹은 소수의 집단으로 살아갔으나, 기원후 320년이 되면서 대규모 단성單性 공동체들이 나일 강 연안을 따라 생겨났다. 많은 기독교 고행자들이 함께 살면서 영웅적 거룩함으로 나아가는 고된 길에서 서로를 격려했다. 어떤 수도원 공동체들은 군대와 같은

도판 9-3 | 시나이 산에 있는 성 카타리나 수도원. 모세가 불타는 떨기를 보았다는 장소에 지어졌다. 6세기에 지어진 이 수도원은 아직도 운영되고 있다. ccarlstead / Wikimedia Commons.

규율을 부과했으나, 외부 세계와의 접촉을 허용했다는 점이 특이했다. 어떤 공동체들은 외부 세계와의 소통을 차단하기 위해 완벽한 자급자족을 지향했다. 카이사레이아의 '위대한' 바실(기원후 330~379년)은 수도자들은 사회에서 좋은 일을 해야 한다는 경쟁적인 전통을 열어젖혔다. 예를 들어 그는 수도자들에게 병자를 돌보는 등 외부 세계에 나가 자선 활동을 하라고 요구했다. 이런 실천 덕분에 수도원에 부속된, 비#군사적 병원이 최초로 설립되기에 이르렀다.

수도원 공동체에 부과되는 고행의 강도는 장소에 따라 상당히 달랐다. 경건한 행동으로 명성 높은 제대군인인 투르의 마르탱(기원후 316~397년)을 따르는 사람들은 고행으로 유명한 집단을 조직했다. 그러나 좀 덜 엄격한 수도원 행동 규정이 후대의 예배 전통에 더 많이 영향을 미쳤다. 작성자인 중부 이탈리아 누르시아의 베네딕트(기원후 480~553년)의 이름을 딴 '베네딕트 규칙'은 날마다 일곱 번의 기도, 성경 봉독, 육체노동을 가르쳤다. 이 규칙은 하루를 일곱 부분으로 나누어, 각 부분마다 미사 없이 기도와 성경 봉독을 의무적으로 수행하도록 요구했다. 일곱 부분으로 된 성무일과聖務日課의 각 부분에는 반드시 예배가 들어가야 했는데, 이를 가리켜 전례典禮, liturgy라고 했다(전례는 글자 그대로의 의미는 '공식적인 일'인데 여기서 뜻이 확대되어 교회의 예배 행사를 가리키게 되었다). 이집트와 시리아 수도원의 가혹한 규정들과는 다르게, '베네딕트 규칙'은 수도자들을 외부 세계와 고립시키지도 않고 또 수면, 적당한 음식, 따뜻한 옷을 박탈하지도 않는다. 이 규칙은 수도원장에게 전면적인 권한을 부여하지만, 원장은 공동체에 소속된 수도자들, 심지어 가장 어린 구성원의 말까지 다 들어본 다음에 중요한 문제에 대해 결정을 내리라고 지시한다. 수도원장은 규정 위반이 있으면 수도자들에게 시정을 요구할 수 있고, 이 요구에 불응할 경우에만 매질을 가할 수 있었다.

여자 수도원 옆에 있는 남자 수도원의 수도자였던 히에로니무스는 어린 딸을 수도원에 보내기로 한 어머니에게 이런 조언을 했다. "딸아이를 수도원에서 키우십시오. 그 아이에게 거짓말을 하느님에 대한 공격으로 여기게 하고, 세상을 모르게 하고, 천사 같은 생활을 하도록 하고, 육체 속에 있지만 육체가 없는 것처럼 행동하게 하고, 모든 인간이 그녀 자신과 같다고 생각하게 하십시오"(《서한집》 107.13). 그는 또 이런 말도 덧붙였다. 그 딸아이가 처녀로서 성년에 도달하면 목욕을 하지 말게 하라는 것이었다. 그래야 남들에게 그녀의 나신을 보이지 않고 또 따뜻한 물에 몸을 담가 육체적 쾌락을 느끼지 않게 된다는 것이다. 딸을 이처럼 봉헌하면 하느님이 그 보상으로 아들을 많이 낳게 해줄 거라고, 히에로니무스는 약속했다.

5세기 초에 이르러 많은 성인成人들이 의무와 사회적 제약을 피하기 위해 수도원 공동체에 들어갔다. 부모들은 하느님에 대한 봉헌으로써 자녀들을 수도원 공동체에 바쳤으나, 때로는 육아의 실제적 부담과 비용을 피하기 위해 바치기도 했다. 성인 남자들은 군 복무를 피할 목적으로 수도원에 들어가기도 했다. 여자들은 자신들의 야망과 자유에 대한 외부 세계의 제약을 우회하기 위해 수도원에 들어가기도 했다. 히에로니무스는 이런 현상에 대해 잘 설명했다. "[수도자로서] 우리는 사람들의 성별이 아니라 성품에 따라 그들의 미덕을 평가합니다. 우리는 지위와 부를 포기한 사람들이 가장 큰 영광을 얻을 수 있는 사람이라고 생각합니다"(《서한집》127.5). 이런 열린 마음 덕분에 수도원은 이 혼란한 세상에서 하느님을 섬기고 내세에서 축복의 구원을 얻으려 하는 많은 성인 신자들을 지속적으로 받아들일 수 있었다.

10

야만족의 이동과 제국의 운명

로마제국의 정치적 운명은 4세기에 들어와 영원히 바뀌었다. 먼저 콘스탄티누스가 제국 정부와 권력의 중심부를 이탈리아에서 제국의 동쪽 지역으로 이동시켰다. 이어 4세기 말에 제국은 두 지역으로 분할되어 서로마제국과 동로마제국을 수립했다. 서로마제국의 경우, 게르만 민족들의 이동이 로마의 속주 정부를 새로운 게르만 왕국으로 대체함으로써 사회적·문화적·정치적으로 그 지역을 변모시켰다. 제국의 영토 내에 들어온 이 새로운 주민들은 로마인들과 나란히 이웃하여 살았고, 서로 다른 민족 집단들은 전통을 그대로 지키면서도 로마인의 문화를 일부 받아들이기도 했다. 5세기에 들어와 서로마제국 내에서 새로운 체제가 힘을 키웠고 또 그에 따라 로마 당국의 힘이 약해졌는데, 많은 역사학자들은 이런 현상을 가리켜 '로마제국의 쇠망'이라고 말했다.

그러나 비교적 최근에 들어와, 학자들은 이같이 바뀐 상황을 새롭게 평가하여 정치적·사회적 변모라고 부른다. 이러한 변모는 훨씬 후대에

연대표(모든 연대는 기원후)

4세기 후반	로마제국이 동로마와 서로마로 갈라져 각각 다른 황제가 다스림. 훈족의 공격이 중부 유럽을 공포의 도가니로 만듦.
376	서고트족이 발렌스 황제에게 훈족을 피해 로마제국 영토 안으로 들어올 수 있게 해달라고 간청함.
378	서고트족이 아드리아노플(오늘날의 유럽 쪽 터키) 전투에서 발렌스 황제를 굴복시킴.
404	서로마의 황제인 호노리우스가 로마 대신 라벤나를 서로마의 수도로 삼음.
406	반달족이 골(오늘날의 프랑스) 지방의 로마제국을 침략하여 스페인까지 밀고 감.
410	알라리크 지휘하의 서고트족이 로마를 점령하고 약탈함.
418	서로마제국이 서고트족에게 골 지방에서 왕국을 수립하도록 허용함.
429	반달족이 로마제국의 북아프리카 지역을 장악.
455	반달족이 로마를 공격하여 약탈.
476	서로마제국의 마지막 황제 로물루스 아우구스툴루스가 야만족 용병대장 오도아케르에 의해 폐위됨.
527~565	유스티니아누스가 동로마제국의 황제가 되어 서유럽의 게르만 왕국들에 대항하여 싸우면서 옛 제국을 회복하려 함.
529	아테네에 있는 플라톤의 아카데메이아가 천 년을 존속해오다가 폐쇄됨.
532	테오도라 황후가 콘스탄티노플의 니카 폭동 때 유스티니아누스를 설득하여 도망치지 못하게 함.
538	유스티니아누스가 콘스탄티노플에 '신성한 지혜' 교회(하기아 소피아)를 개장.
540년대	전염병으로 유스티니아누스 제국의 주민 3분의 1이 사망함.

유럽의 특징을 만들어내는 아주 중요한 민족적 구분의 근본적인 배경을 형성했다. 반면에 야만족의 이동에 의한 사회 파괴를 모면한 동로마제국은 다른 운명을 맞이했다. 전통적으로 각기 다른 다양한 언어를 구사하는 다양한 민족을 다스리던 동로마제국은 스스로를 고대 로마의 후예라고 지칭하면서 1000년을 더 존속했다. 동로마제국의 문학은 고전 고대의 전통을 보존하는 데 도움을 주었고 또 미래 세대들이 과거에서 배울 만한 교훈을 안겨주었다.

서로마제국의 변모

디오클레티아누스의 4황제제는 오래 존속하지 못했지만 제국을 나누어서 통치한다는 원칙은 살아남았다. 콘스탄티누스는 통치 초기에 장기간의 내전을 승리로 이끈 후에 제국의 권력을 통합하여 단독 황제로 올라섰다. 그는 자신의 가문 이외의 사람이 '공동 황제'에 오르면 반역할까 우려하여 4황제제를 폐지했다. 그러나 통치 말년에 이르러서는 제국의 통치에 한 명의 황제로는 부족하다는 점을 마지못해 인정했다. 그래서 그는 세 아들을 공동 후계자로 지정하고 그들이 권력을 잘 공유하여 디오클레티아누스의 개혁이 가져온 안정을 그대로 존속시키기를 희망했다. 그러나 황제의 사후에 세 아들이 벌인 유혈적인 경쟁은 통합 제국을 유지할 수 없게 만들었다. 형제들의 세력은 발칸 반도와 그리스의 서쪽 경계를 따라 남북으로 그어진 경계선을 따라 제국을 분할했다. 4세기 말에 이르러 제국은 마침내 두 개의 제국으로 최종적으로 공식 분할되었고,

각 제국에는 황제가 별도로 존재했다. 표면적으로 두 황제는 협력했으나, 실제로는 이제 서로마제국과 동로마제국이 각각 별도의 역사적 노정을 밟게 되었다.

두 제국의 분할은 수도를 따로 갖고 있다는 점에서 한층 분명해졌다. 흑해 입구에 있는 콘스탄티노플('콘스탄티누스의 도시'라는 뜻)은, 324년에 콘스탄티누스가 그리스의 비잔티움이라는 도시를 '새로운 로마'로 '재건'한 후 동로마제국의 수도가 되었다. 그는 군사적·상업적 가능성을 고려하여 이 도시를 선택했다. 그 도시는 무역로와 군대 이동로가 결집되어 있어서 쉽게 요새화할 수 있는 반도에 있었다. 콘스탄티누스는 로마의 영광을 되살리고 로마의 정치적 합법성을 천명하기 위해 이 재건된 도시에 포룸, 황궁, 전차 경주장, 무수한 전통 신들의 조각상을 세웠다. 동로마제국의 황제들은 콘스탄티누스의 '새로운' 도시를 그들의 권부로 삼았다.

서로마제국의 수도를 선정하는 데에도 지리가 중요한 역할을 했다. 404년 호노리우스 황제(재위 기원후 395~423년)는 이탈리아 북동 해안에 있는 도시인 라벤나를 영구히 수도로 삼았다. 이 도시는 성벽과 주위의 습지가 지상 공격을 막아주었고, 바다에 가까이 붙어 있어서 포위 공격을 당할 경우 해상 수입으로 아사를 면할 수 있다는 이점이 있었다. 새로운 수도로 확정되자, 라벤나에는 화려한 다채색 모자이크를 자랑하는 대규모 교회들이 생겨나기 시작했다. 그러나 그 규모나 화려함에서는 콘스탄티노플의 상대가 되지 못했다. 로마는 이제 장기간에 걸친 쇠락의 길로 들어섰고, 마침내 아주 빈한한 마을 수준으로 영락했는데, 그런 모습은 여러 세기 전 초창기 고대 로마인들이 살았던 원래의 모습을 연상시켰다.

북쪽의 '야만인들'(그들의 다른 언어, 복장, 관습 때문에 로마인들에게는 이렇게 보였다)은 가난과 공포 때문에 민족적 이동을 하기 시작했다. 몇몇 역사가들은 이런 움직임을 '이동migration'이라고 보기를 거부한다. 인종적으로 단합을 이룬 민족의 조직적이고 대규모적인 움직임에만 그 용어를 쓸 수 있다는 이유에서다. 제국의 경계 밖에서 살았던 4세기의 게르만 야만인들은 확실히 인종적으로 다양했고 정치적·사회적 집단으로서도 유동적이었다. 그렇지만 이들 민족 집단이 한 지역에서 다른 지역으로 옮겨간 것을 '이동'이라고 부르는 것은 타당해 보인다. 처음에 이 민족들은 훈족의 무자비한 공격에 겁을 집어먹고 피란민 신세로 로마의 영토로 이동해 왔다. 야만인들은 자신들의 삶을 적극 향상시키려 했기에 자신들의 고향 지역 너머에 있는 로마 속주들의 비교적 안전하고 편안한 생활에 동참하고 싶어 했다. 그러나 4세기 후반에 이르러 야만인들의 유입은 제국 정부의 눈으로 볼 때 거의 홍수 수준으로 불어났다.

로마 황제들은 3세기의 위기에 대응하여, 로마군의 줄어든 병력을 보충하기 위해 북쪽에서 전사들을 다수 충원함으로써 제국의 영토 내로 야만인들이 이동하는 현상을 촉진시켰다. 4세기 후반에 이르러서는 많은 여자들과 아이들이 이들의 이동에 합류했다. 이들은 사전에 잘 준비된 침략의 형태로 유입된 것이 아니라 목숨을 건지기 위해 도망쳐 온 사람들이었다. 이들 게르만 민족은 훈족이 침략해 오자 현재의 동유럽, 도나우 강 북쪽에 살던 전통적인 고향 땅에서 도망쳐 왔던 것이다. 남자, 여자, 아이로 이루어진 이들 무리는 로마의 국경을 넘어서 들어와 로마 땅 안에서 무단 침입자의 무리를 이루어 거주했다. 이들이 살아남을 가능성은 아주 어두웠다. 그들은 정치적·군사적 통일성도 없었고, 무엇을 해야

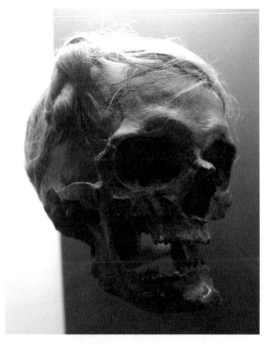

도판 10-1 | 게르만족 야만인의 이 두개골은 머리카락을 틀어 올려 묶은 스타일을 보여준다. 이 상투는 그가 속한 무리의 정체성을 보여주는 표식이다. 오늘날에도 그렇지만, 고대 사회에서도 사람들이 머리카락 모양을 유지하는 방식은 그들의 복장 못지않게 사회적 신분을 드러내는 한 방편이다. Bullenwächter / Wikimedia Commons.

할지 뚜렷한 행동 계획도 없었으며, 정체성을 공유한다는 유대감도 없었다. 기껏해야 느슨하게 조직되어 있는 이 집단들(혹은 그들 중 일부)이 사용하는 다양한 언어의 뿌리가 게르만어라는 것이 유일한 공통점이었다.

　게르만 민족들은 훈족의 접근에 공포를 느꼈다. 사납기 그지없는 이 전사들은 먼저 중앙아시아의 광범위한 지역에서 여러 세기 전에 약탈자로서 등장했다. 과거의 학자들은 후대의 훈족이 중국 제국의 국경을 어지럽히다가 서쪽으로 격퇴된 흉노족의 후예라고 생각했으나(사마천, 《사기》110), 오늘날의 학자들은 이런 의견에 확신을 갖지 못한다. 훈족은

390년대에 헝가리 평야 깊숙이 진출하여 남쪽의 발칸 반도를 공격하기 시작했다. 훈족은 말을 잘 타는 유목민 전사였고, 광범위한 지역에 걸쳐서 기병 공격을 펼쳤다. 그들이 말을 다루는 기술은 가히 전설적이었다. 그들은 전속력으로 달리면서도 무거운 활을 쏠 줄 알았고 마상에서 며칠을 나기도 했다. 그들은 말 등에서 잠을 잤으며, 양쪽 허벅지 사이와 역축의 등에다 날고기 간식을 휴대했다. 훈족 전사들의 외양은 적들을 겁먹게 했다. 어릴 적부터 양 볼에 판자를 묶어놓아 길쭉해진 두상, 장식용 흉터로 요란한 얼굴, 정교한 문신들이 꿈틀거리는 팔뚝으로 적들에게 공포감을 안겨주었다.

동로마제국의 황제들은 훈족에게 거액의 뇌물을 주어 제국의 영토에 들어오지 못하게 했다. 그러나 이 유목민들은 유랑하는 생활양식을 바꾸기로 결정했다. 훈족 지도자는 스스로 영주가 되어 도나우 강 북쪽의 로마 영토 밖에서 제국을 건설하는 데 협력했다. 그들은 현지의 농민들을 굴복시켜서 잉여 농산물을 강탈했다. 훈족의 가장 야심찬 지도자인 아틸라(재위 기원후 440~453년)는 지배 판도를 알프스 산맥에서 카스피 해까지 확장했다. 452년 아틸라는 병력을 이끌고 로마의 성문 앞까지 쳐들어왔으나 교황 레오 1세가 돈을 주어 그들을 물리쳤다. 453년에 아틸라가 사망하자, 훈족은 그렇지 않아도 취약한 정치적 단결력을 잃어버렸고 곧 역사의 페이지에서 사라진 나라가 되었다. 그러나 이 무렵 제국은 이미 막대한 피해를 입은 상태였다. 훈족이 야만족의 이동을 촉진시켜 서로마제국의 모습을 크게 바꾸어놓은 것이다.

국경을 건너 로마제국의 땅 안으로 처음 건너온 게르만 야만족은 서고트족Visigoth이었다. 훈족의 침략으로 황폐해진 서고트족은 376년 발렌

도판 10-2 | 테오도시우스 황제가 동료 엘리트 구성원들과 함께 이 기둥에 묘사되어 있다. 아래쪽은 무릎을 꿇고 애원하는 야만인들이다. 도판 6-2의 카메오와 마찬가지로, 이러한 기념물은 황제의 높은 지위, 그가 동료 로마인들을 위해 확보한 외국인들에 대한 지배권을 표현한다. Marsyas/Wikimedia Commons.

스 황제(재위 기원후 364~378년)에게 발칸 반도로 이주해서 살게 해달라고 요청했다. 서고트족은 그들의 전사가 로마군으로 들어가 훈족에 대항하여 국경을 지키는 조건으로 이주 허락을 받았다. 그러나 피란민을 보호할 책임이 부과된 로마 관리들이 부패하고 무능하여 피란민들을 보호해주기는커녕 착취한 바람에 피란민들은 거의 굶어 죽을 지경에 이르렀다. 관리들은 심지어 개들에게 먹이를 줄 테니 그들 중 일부를 노예로 팔아넘기라고 강요했다. 도저히 참을 수 없게 된 서고트족은 반란을 일으켰다. 378년에 그들은 아드리아노플(오늘날의 유럽 쪽 터키)에서 발렌스 황제를 굴복시키고 살해했다. 그들은 황제를 포함하여 로마군의 3분의 2를 몰살시켰는데, 거대한 시체 더미에 파묻힌 황제의 시체는 발견되지 않았다. 발렌스의 후계자인 동로마제국 황제 테오도시우스 1세는 서고트족과의 거래를 재협상해야 했다. 이 황제가 양보한 사항들은 장래에 다른 이동하는 무리들이 제국 내에 정착할 때 똑같이 요구하는 조건이 되었다. 구체적으로 말하면, 제국 내에 영구히 정착할 권리, 고유의 법률 아래에서 왕국을 수립할 자유, 제국 국고에서 거액의 연례 보조금 지급하기 등이었다. 황제들은 이들을 제국 수호의 의무를 맹세한 동맹federates이라고 선언함으로써 간신히 체면을 유지했다.

그러나 곧 이런 협정에 따른 비용을 지불할 능력이 없음을 깨달은 동로마 황제들은 새로 유입되는 민족들을 서쪽으로 강제로 이동시킴으로써 위기를 모면하려 했다. 야만인들을 서로마제국으로 보내는 것은 동로마제국이 지속적으로 견지한 전략이었다. 그리하여 동로마 황제들은 피란민들에게 지급하던 보조금을 끊어버리고 서쪽으로 이동하지 않으면 전면전을 벌이겠다고 으름장을 놓았다. 서고트족은 분노했으나 따를 수밖에 없었다. 그리하여 서로마제국과 서고트족은 그 뒤로 예전과 같은 관계가 될 수 없었다. 410년에 이 야만인들은 로마를 점령함으로써 세상을 놀라게 했다. 서고트족의 지휘자 알라리크가 도시의 황금, 순은, 동산動産, 외국 노예 등을 요구하자, 로마인들은 이렇게 물었다. "그렇다면 우리에게 무엇이 남는가?" "당신네들의 목숨." 야만인 장군이 대답했다(조시무스, 《새 역사》 5.40).

이제는 너무 쇠약해서 침략자들을 물리칠 수 없게 된 서로마제국 정부는 418년에 마지못해 그들이 남서부 골(오늘날의 프랑스)에 정착하는 데 동의했다. 황제는 그들을 동맹이라고 부름으로써 또다시 체면치레를 했다.

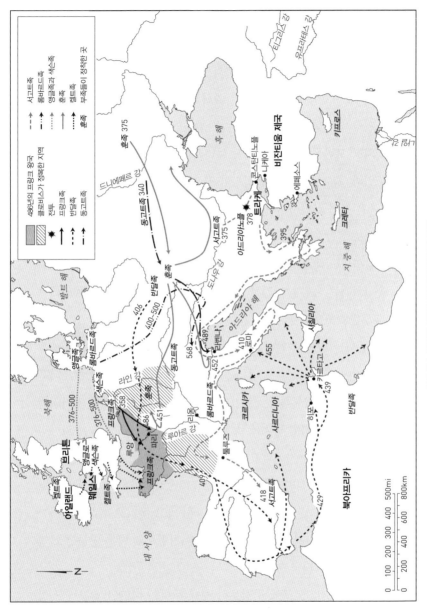

지도 12 | 4세기와 5세기 게르만족의 이동과 침입

서고트족은 이 새로운 환경에 적응하기 위해 게르만 민족들이 전에 시도하지 않았던 조치를 실시했다. 즉, 그들은 국가를 조직했다. 서고트족은 전에는 느슨하게 민주적이면서 인종적으로 다양한 부족 사회였으나, 이제 예전의 로마 속주를 점령하고서 조직을 갖춘 왕국으로 변모했다. 또 뚜렷한 민족적 정체성, 성문법, 다양한 경제 활동 등을 확립했다. 그들이 따른 정치적 모범은 당시로서는 딱 하나뿐이었는데 바로 로마제국의 정부 제도였다. 즉, 왕과 사회 엘리트의 상부상조를 강조하는 왕국이었다. 서고트족은 전에 로마 정부가 이 지역에서 거두어들였던 세수를 차지함으로써 새로운 국가를 재정적으로 지원했다. 그들은 또 골 지방의 지주들에게 부동산의 지대를 납부하라고 강요했다. 이러한 새로운 행정 조직이 아주 유익하다는 사실을 발견한 서고트족은 그 이후 100년 안에 스페인까지 세력 판도를 확대했다.

로마인들도 야만인 후원자들에게 경의를 표하기만 하면 서고트 엘리트의 구성원이 될 수 있었다. 예를 들어 리옹 시의 귀족이었던 시도니우스 아폴리나리스(기원후 430~479년)는 서고트족 왕에게 특혜를 얻어내기 위해 의도적으로 주사위 놀이에서 져주기까지 했다. 서고트족은 로마인들과 접촉하면서 그들 자신의 민족적 정체성에 강렬한 자의식을 갖게 되었다. 정체성을 주장하기 시작하면 늘 그러하듯이, 의상과 장식품이 이런 목적에 잘 부응했다. 서고트족은 튜닉을 입고 올리브유로 단장하는 로마인들과 구분하고자 바지를 입고 동물성 지방으로 만든 방향성 화장품으로 머리카락을 단장했다.

서로마제국이 서고트족에게 양보한 사례는 다른 야만인 집단마저 힘으로 로마의 영토를 점령하여 나름의 새로운 정체성을 추구하게끔 만들었다. 이런 상황을 보여주는 가장 난폭한 사례는 406년에 발생했다. 훈족을 피해 도망쳐 온 반달족의 무리가 라인 강을 건너 로마 영토로 들어왔다. 이 대규모 집단은 골에서 스페인 해안에 이르는 넓은 지역을 휘젓고 다녔다. 현대 용어 '반달vandal'은 '재산의 파괴자'라는 뜻인데, 반달Vandal족의 파괴적 행위를 영원히 기억하는 용어이다. 429년, 8만 명의 반달족이 북아프리카로 항해하여 그곳의 로마 속주를 점령하면서 동맹으로 남겠다는 맹세를 깨뜨렸다. 반달족은 원래의 지주들에게 정기적으로 지대를 지불하면서 농토를 경작하게 하는 대신, 그 토지를 아예 몰수해버림으로써 북아프리카인들에게 엄청난 고난을 안겨주었다. 그들은 양곡과 식물성 기름 등 현물로 중앙 정부에 바치는 북아프리카의 세금을 몰수함으로써 서로마제국을 더욱 약화시켰다. 455년에는 로마를 약탈함으로써 서로마제국이 과거에 누렸던 영광의 핵심적인 상징을 파괴했다. 반달족은 또한 지중해를 노략질할 목적으로 해군을 설립함으로써 동로마제국의 양곡 보급을 축소시켰다.

소규모 집단들도 허약해진 서로마제국의 땅덩어리를 대규모 민족 집단이 강탈하는 파괴적 상황을 이용했다. 후대 유럽 역사에 비추어 볼 때 상당히 소규모였던 집단은 앵글로–색슨Anglo-Saxon족이다. 현재의 덴마크 출신인 앵글족과 북서부 독일 출신인 색슨족으로 구성된 이 집단은 로마군이 서고트족을 상대로 이탈리아를 방어하기 위해 소환된 후인 440년대에 브리튼을 침공했다. 그들은 원주민인 켈트족과 거기에 남아 있던 로마 주민들에게서 땅을 빼앗아 브리튼에 왕국을 건설했다. 그리고 서서히 앵글로–색슨 문화가 브리튼 섬 동쪽 지역의 현지 전통을 대체했다. 이 지역의 켈트족들은 고유의 언어와 기독교를 대부분 상실했고, 웨일스와 아일랜드에서만 그대로 유지되었다.

　5세기 후반에는 동고트Ostrogoth족이 이탈리아에 왕국을 건설했는데, 이로써 새로운 게르만 정부들은 예전 서로마제국을 분할하는 과정을 완결했다. 서로마제국의 황제들이 리더십을 발휘하지 못하자 동고트족이 이탈리아를 접수했다. 5세기 초의 황제들은 전임자들과 마찬가지로 제국 중심부의 군사적 방어를 돕기 위해 많은 게르만 지휘관들을 채용했다. 5세기 중반에 이르러 게르만 장군들은 황제가 되려고 각축을 벌이는 로마인들의 권력 투쟁을 이용하여 누가 황위에 오를지를 결정해주는 권력 중개인 노릇을 했다. 그들이 황제를 옹립했으므로 당연히 황제를 퇴위시킬 수도 있었고, 이렇게 하여 서로마제국의 황제는 그들이 마음대로 부리는 꼭두각시가 되었다. 이런 식으로 해서 황위에 오른 서로마제국의 마지막 황제는 로물루스 아우구스툴루스였는데, 그의 이름은 기이하게도 로마제국의 건설자인 최초의 황제 아우구스투스를 연상시킨다. 476년, 급료를 둘러싼 분쟁 끝에 게르만 용병대장 오도아케르는 로물루스 아우구스툴루스를 폐위시켰는데, 어린 나이임을 불쌍하게 여겨서 연금을 주어 나폴리 근처에서 유배 생활을 하도록 했다. 오도아케르는 이어 자신을 독립적인 왕으로 선언했고, 이렇게 하여 500년에 걸친 서로마제국의 로마인 황제들은 대가 끊기게 되었다. (서)로마제국은 마침내 정치적 의미로 '멸망'했다. 그렇지만 오도아케르는 전통에 대한 존중과 권위에 대한 희망을 보여주고 싶어서 기존의 원로원과 집정관을 존속시켰다. 그는 동일한 정신에 입각하여 콘스탄티노플에 사절을 파견하여 동로마제국의 황제에게 존경을 표시하는 한편, 협력할 용의가 있음을 밝혔다. 술수를 의심한 동로마 황제는 동고트족의 왕 테오도리쿠스를 고용하여 오도아케르를 진압하게 했다. 그러나 테오도리쿠스는 왕위 찬탈자를 살해한 후 이탈리아에 게르만 왕국을 건설함으로써 고용인의 뜻을 배반했다. 테오도리쿠스는 526년 사망할 때까지 이제 서로마의 수도로 자리 잡은 라벤나에서 동고트족의 왕국을 다스렸다.

오도아케르와 마찬가지로, 테오도리쿠스와 동고트족 귀족들은 제국의 사회적 엘리트의 호화로운 삶을 즐기려 했지 파괴할 생각은 없었다. 동로마제국은 테오도리쿠스의 왕국을 인정하기를 거부했으나, 테오도리쿠스는 다른 게르만 통치자들과 마찬가지로 자신의 통치에 힘을 싣고자 로마의 과거를 답습하려 애썼다. 그는 새 왕국에 지위를 부여함으로써 제국의 유서 깊은 전통을 보존하고 싶어 했다. 그리하여 원로원과 집정관 자리는 폐지되지 않고 그대로 남았다. 그 자신 아리우스파 기독교인이었던 테오도리쿠스는 콘스탄티누스의 모범을 따라 종교적 관용 정책을 폈다. 가령 그는 이탈리아 도시인 제노아에 사는 유대인들의 종교를 아주 싫어했지만 그들의 종교적 자유는 허용했다. "나는 당신들이 유대교 예배당을 보수하는 것을 허가한다. 그렇지만 나를 칭송하라. 나는 길 잃은 사람들의 기도를 비난할 것이다. 나는 당신들에게 종교를 강요할 수 없다. 그 누구에게도 그의 의사에 반하여 신앙심을 갖도록 강요할 수 없기 때문이다"(카시오도루스, 《잡다한 것들》 2.27).

서로마의 전통을 종합하다

—

야만족 왕국들이 서로마제국 정부를 대체한 것—이것이 결국 유럽의 정치적 변모를 가져온다—은 아주 중요한 사회적·문화적 변모도 함께 가져왔다. 야만족 신참자들과 예전의 로마 속주민들은 두 전통을 잘 종합함으로써 새로운 생활양식을 창조했다. 어떤 변화들은 우연하게 발생했으나 다른 것들은 의도적이었다. 한 가지 사례로, 서고트족의 왕 아타울푸스(재위 기원후 410~415년)는 로마의 귀족 여성과 결혼했는데 다양한 전통을 통합하려는 목표를 명시적으로 밝혔다.

처음에 나는 로마의 이름을 지우고 그들의 땅을 고트 제국으로 만드는 등 아우구스투스가 전에 했던 일을 하고 싶었다. 그러나 고트족의 자유로운 야만성은 법률의 통치를 받아들이지 않으리라는 것을 나는 잘 알고 있었고, 법률이 없는 국가는 국가가 아니다. 이렇게 하여 나는 영광으로 가는 또 다른 길을 선택했다. 즉, 로마의 이름을 고트족의 활기로 되살리는 것이었다. 나는 미래 세대가 나를 로마 회복의 창업자로 기억해주기를 기도한다.

– 오로시우스, 《이교도들에게 대항한 역사 전7권》 7.43.4~6

서고트족의 사례가 보여주었듯이, 신참자들은 그들의 새로운 땅과 신민들을 다스리기 위해 상당히 엄격한 사회 구조를 개발했다. 그들이 북동부 유럽에서 가져온 당초의 사회적·문화적 전통은 남들을 통치하기에 알맞은 것이 아니었다. 그들은 북동부 유럽의 고향 땅에서는 소규모 정착촌에서 살았고 소규모 농토 경작, 목축, 쇠의 야금 등에 경제를 의존했다. 그들은 왕국을 다스려본 경험이 없었다. 그들의 원래 사회에서는, 가정의 가부장적 제도 이외에는 권위와 정체성의 계통이 아주 느슨하게 정의되어 있었다. 또 가정은 부계와 모계를 바탕으로 한 혈족 관계의 씨족으로 구성되어 있었다. 씨족의 구성원들은 서로 평화를 유지하리라 기대되었다. 이웃 씨족의 구성원에게 폭력을 가하는 것은 최악의 범죄였다. 씨족들은 다시 모여서 더 큰 규모의 부족을 형성했고, 이 부족들은 다시 규모가 더 크지만 조직이 느슨하고 유동적인 다민족 연합체를 구성했다. 이 연합체에는 비非게르만족도 참여할 수 있었다. 서로 다른 집단들은 일차적으로 의상, 머리 모양, 보석, 무기, 종교적 컬트, 전승된 이야기들을 가지고 서로를 구분했다.

자유민인 남자 전사들의 민회가 야만인들의 유일한 전통적 정치 조직이었다. 그들의 지도자가 한 역할은 대체로 종교적·군사적 임무에 국한되어 있었다. 씨족과 부족과 연합체는 종종 내부 갈등을 겪었고 빈번하게 서로 난폭한 싸움을 벌였다. 이제 게르만 집단들은 이런 조직 전통을 거부하고 위계제와 행정 기구를 갖춘 왕국을 건설했다. 새로운 체제를 수립하면서 로마의 모범을 따른 것이다. 그러나 야만족 왕국들은 로마제국의 황금시대에 구가된 초창기 로마 속주 정부의 규모와 서비스에 필적하지는 못했다. 게르만 왕국들은 규모가 그보다 훨씬 작았고 일부 지역에 한정되었으며, 예전 로마 속주들의 많은 지역이 그들의 통제 밖에 있거나 그 밖의 다른 중앙 권위의 밖에 있었다.

로마법은 안정된 사회를 구축하려는 게르만 왕들의 사업에서 가장 중요한 전례였다. 야만인들은 로마 영토 밖에서 살던 시절에는 성문법을 개발하지 않았다. 게르만 군주들은 이제 그들 자신뿐만 아니라 로마인들까지 다스리는 군주제로 변모했기에 치안 유지를 위한 사법 제도에 봉사하는 법전을 제정했다. 서고트족 왕들은 게르만 역사에서 처음으로 성문

법전을 개발했다. 라틴어로 집필되고 로마법 전통에서 크게 영향을 받은 이 법전은 벌금과 보상금을 분쟁 해결의 주요 수단으로 삼았다.

야만족의 법전에서 다음과 같은 발전이 나타난 것은 프랑크족이 서고트족을 제압하고 골을 접수하면서부터였다. 프랑크족 전사들은 4세기 초부터 로마군에서 복무했다. 그 당시 로마 정부는 이 민족을 험준한 북부 국경 지역(오늘날의 네덜란드)에 배치했다. 프랑크족의 왕 클로비스(재위 기원후 485~511년)는 동로마제국의 도움을 받아 507년에 서고트족 왕을 쓰러뜨렸다. 동로마 황제는 클로비스에게 명예 집정관이라는 호칭을 하사했다. 클로비스는 로마의 모범을 따르며 왕국을 안정시켰다. 그는 골에 거주하는 로마인 엘리트들 및 주교들과 좋은 관계를 유지하여 이들이 왕과 주민들 사이에서 중개인 역할을 하도록 했다. 그는 또한 성문법을 강조했다. 라틴어로 반포된 그의 법전은 구체적인 범죄에 대하여 명확한 처벌을 규정함으로써 사회의 안정을 촉진했다. 특히 개인들과 가문들 사이의 불화와 복수를 해소하기 위해 벌금 제도를 공식화했다.

이 제도에서 가장 돋보이는 부분은 속죄금wergild인데, 살인자가 범죄에 상응하는 만큼 내놓아야 하는 벌금을 가리킨다. 이런 벌금의 대부분은 피해자의 가족에게 지급되었으나, 왕도 그 돈의 3분의 1 정도를 가져갔다. 또 보상금이 차등적으로 부과된 점은 프랑크족 왕국에 사는 사람들의 신분 범주에 가치의 차등이 있었음을 보여준다. 임신 가능한 나이의 여자, 12세 미만의 소년, 왕의 측근 남자 등을 살해하면 금화 600냥이라는 엄청난 보상금을 물어야 했는데 이 돈이면 소 600마리를 살 수 있었다. 가임기가 지난 여성(구체적으로 60세 이후로 규정), 젊은 여자, 자유민으로 태어난 남자는 200냥으로 평가되었다. 평범한 노예는 35냥이었다.

클로비스의 새 국가는, 역사가들이 프랑크족의 전설적인 창업자 메로베크를 기념하여 메로빙거 왕국이라고 부르는데, 오랜 세월이 지난 뒤에 등장하는 근대 프랑스의 예고편이다. 이 왕조는 200년간 지속되었는데 이는 서방의 대다수 게르만 왕국보다 오래간 것이다. 이토록 오래 버틴 것은 메로빙거 왕국이 게르만족의 군사력과 로마의 사회적·법적 전통을 훌륭하게 결합시킨 덕분이다.

서로마제국을 정치적으로나 문화적으로나 변모시킨 게르만족의 이동은 그 경제도 바꾸어놓았으나, 제국을 강화하는 방식으로 그렇게 된 것은 아니었다. 반달족이 골의 많은 읍들을 난폭하게 휩쓸면서 그곳의 도시 공동체들은 크게 위축되었다. 경제 활동은 점점 더 농촌 지역으로 옮겨 갔고 그 과정에서 도시와 더욱 단절되는 경향을 보였다. 농촌 지역에서 부유한 로마인들은 넓은 장원에 큰 집을 지었고 그 땅에 농노처럼 속박된 소작농들을 투입했다. 이 장원들은 필요한 물품을 모두 자체 생산하고, 공격으로부터 자신들을 보호하고, 관계 당국으로부터 일정한 거리를 유지하는 등 자급자족의 단위로 운영되었다. 농장 소유주들은 외부와 격리되기를 원했기에 시청 근무, 세금 징수, 공공 봉사 등 로마 정부의 전통적 핏줄 노릇을 했던 역할들을 기피했다. 로마 속주 정부의 마지막 흔적마저 사라져버리자, 새로운 왕국들은 제국의 행정과 봉사의 내적 구조를 완벽하게 복원할 정도로 발달하지 못했다.

이러한 변화들이 서로 상승 작용을 일으키자 상황은 점점 더 어려워졌다. 공공 봉사 정신에 입각하여 내던 보수 비용을 엘리트들이 더는 대지 않게 되자, 교역의 기반 시설인 다리와 교량이 보수되지 않아 퇴락해갔다. 자급자족하는 귀족들은 장원에 틀어박혀서 로마든 게르만이든 세금 징수 업무로 중앙 정부를 지원하는 업무에 흥미를 보이지 않았다. 그들은 대단한 부자였기에 그들 자신과 성채 같은 장원을 충분히 돌볼 수 있었다. 그중에서도 특히 거부의 귀족은 과거 서로마제국의 어떤 한 지역에서 나오는 연간 세수보다 더 큰 수입을 올렸다. 하지만 그들은 침략자들의 목표물이 되었고 자연히 심각한 위험에 직면하게 되었다. 어떤 장원들은 망해버렸고 어떤 장원들은 몇 세대를 버텼다. 서유럽이 무역으로 연계된 도시들을 바탕으로 문명을 일으키기까지는 그로부터 500년이 더 흘러야 했다. 하지만 이러한 사실만으로도 서로마제국에서 일어난 변화가 얼마나 큰 규모였는지를 충분히 알 수 있다.

동로마제국의 운명

—

동로마제국은 서로마제국에 닥쳐온 거대한 변화를 피해 갔다. 이 제국은 서쪽 제국에 비하여 경제적으로 건전했고 정치적으로도 훨씬 오랫동안 단합된 상태를 유지했다. 현대의 역사가들은 때때로 동로마제국을 비잔티움 제국이라고 부르는데, 이는 그 수도인 콘스탄티노플의 옛 이름에서 나온 것이다. 그러나 당시의 사람들은 결코 이 용어를 사용하지 않았다. 콘스탄티노플의 황제들은 무력과 외교, 뇌물 등을 적절하게 이용하여 게르만 민족들의 이동이 자기네 영토를 침범하지 않고 서쪽으로 흘러가도록 했고, 동쪽으로는 페르시아의 사산 왕조가 공격해 오는 것을 봉쇄했다. 그들은 가산 왕조의 아랍인들을 동맹으로 삼아, 유프라테스 강에서 시나이 반도에 이르는 방대한 땅을 방어하고 늘 장거리 무역이 펼쳐지는

'향료길Spice Road'의 동서 카라반 루트를 보호했다. 이런 식으로 동로마제국의 황제들은 고대 전통과 신민들을 대체로 안정시키고 유지했다. 7세기에 들어와 동로마제국은 이슬람 군대의 침공으로 상당히 넓은 영토를 잃었으나, 그래도 동쪽 수도에서 근 천 년을 버텨냈다.

동로마제국 황제들은 그들 자신이 원 로마제국을 계승하고 야만족의 관습에 맞서서 그 문화를 수호한다고 생각했다. 시간이 흘러가면서 그들은 1차 언어로 그리스어를 사용했으나 그래도 그들 자신과 신민들을 '로마인'이라고 불렀다. 6세기에 들어와 동로마제국은 서쪽에서는 이미 사라져버린 경제적 활기를 되찾았다. 제국의 사회적 엘리트들은 동아시아에서 낙타 카라반이나 원양 항해선으로 수입한 비단, 보석, 후추 같은 값진 향료 등의 사치품을 즐겼다. 콘스탄티노플, 안티오크, 알렉산드리아 등 제국의 주요 도시 시장에는 동서를 왕래하는 상인들로 넘쳐났다. 공중으로 크게 솟아오른 교회들은 제국의 신성한 보호자인 하느님에 대한 헌신과 믿음을 증명했다. 동로마 황제들은 전임자들이 예전에 로마제국에서 했던 것처럼, 통치에 대한 대중의 지원을 규합하기 위해 대규모 종교 축제와 오락 행사를 개최했다. 이런 활기 넘치는 행사가 치러지는 날에는 가난한 사람이나 부자나 할 것 없이 도시의 대광장이나 원형 극장이 터져나갈 듯이 가득 찼다. 전차 경주는 호응이 가장 뜨거웠다. 예를 들어 콘스탄티노플의 주민들은 청색당과 녹색당이라는 경쟁적 파벌로 나뉘어 있었는데, 그들이 좋아하는 전차 기수가 사용하는 깃발 색깔을 따라 이름을 붙인 것이다. 이처럼 열성적인 팬들이 그런 스포츠의 경쟁심과 종교적 의견 불일치를 뒤섞으면서 분쟁을 촉발한 것으로 추측되는데, 청색당은 기독교 정통파 교리를 선호했고 녹색당은 단성파 신앙을 지지했다.

　동로마 황제들은 로마 문명의 건강과 장수를 지원하기 위해 전통을 유지해야 한다고 믿었다. 그래서 그들은 '로마의 특성'을 보존하기 위해 최선을 다해야 한다고 생각했다. 특히 게르만 민족들과의 접촉이 서로마제국에서 그랬던 것처럼 자신들의 제국을 '야만화'하지 않을까 우려했다. 서로마 황제들과 마찬가지로, 그들은 게르만족과 훈족 용병들을 많이 고용했으나 이 전사들의 관습이 제국의 주민들에게 영향을 미치지 못하게 하려고 애썼다. 민족적 정체성을 지키려는 노력과 관련하여 복장이 가장 큰 문제로 떠올랐다. 따라서 제국의 규정은 수도의 주민들이 게르만 풍습의 복장을 착용하지 못하게 했다. 즉, 바지, 무거운 장화, 동물 털로 만든 옷 등을 착용하지 말고 맨다리, 샌들 혹은 가벼운 신발, 겉옷 등 로마 전통 복장을 착용하라고 요구했다.

　그 어떤 것이 되었든, 단일한 '로마의 특성'을 유지한다는 것은 실제로는 무망한 요구였다. 지중해 세계가 늘 그러했듯이, 동로마제국은 다언어와 다문화를 특징으로 하는 나라였기 때문이다. 동로마제국을 여행하는 사람들은 다른 많은 언어들을 들었고, 다양한 스타일의 복장을 보았으며, 다양한 민족 집단을 만났다. 다양함을 특징으로 하는 이 지역에서 일상적 공통 언어는 그리스어였으나, 정부 문서와 군사 통신에는 라틴어가 계속 사용되었다. 비잔티움의 신민들은 대체로 고유의 현지 습관을 유지했으나, 일부는 민족적 정체성을 새롭게 정립했다. 예를 들어 가산 왕조의 아랍인들은 열렬한 단성파 기독교인이 되었고, 고대 그리스인들처럼 향연에서 포도주를 마셨으며, 병사에게 로마군과 같은 복장을 입혔으나, 기마행렬, 축제, 시 낭송회 같은 오래된 관습도 유지했다.

'로마의 특성'은 분명 기독교를 포함했으나, 교리 문제를 두고 빈번하게 벌어지는 치열한 논쟁은 기독교인들을 분열시키고 사회를 혼란에 빠트렸다. 황제들은 교회 당국과 힘을 합쳐 정통 교리를 강제로 부과하려 했으나 부분적으로 성공을 거두었을 뿐이다. 어떤 때는 비정통파 신자들이 압박을 피하기 위해 제국을 떠났다. 황제들은 이단자들을 설득하여 정통 교리와 교회 위계제로 돌아오게 할 때 칼보다는 말을 더 선호했지만, 설득이 먹혀들지 않을 때에는 무력을 사용했다. 그들은 길 잃은 영혼을 구제하고 제국의 종교적 순수성과 신들의 호의를 확보하려면 이처럼 극단적인 조치를 취해야 한다고 믿었다. 기독교인 황제들에 의한 기독교인 박해는 단일한 정체성을 지향하는 정책이 빚어낼 수 있는 혼란스러운 결과를 잘 보여준다.

동로마제국의 사회는 계속하여 서로마의 특징인 가부장제를 유지했으나, 지중해 동부 지역의 방식에서 나온 몇 가지 다른 전통들도 가미했다. 대다수 여자들은 가정 이외의 지역에서는 남자들과의 접촉을 최소화했다. 법률은 여자들이 유언할 때 증인을 서는 일 등을 포함하여 공공 기능을 수행하는 것을 금지했다. 여자들은 아버지와 남편의 권위에 승복하고 또 겸손함을 드러내기 위해 그들의 머리카락(얼굴까지 가리지는 않았다)을 베일로 가렸다. 기독교 신학자들은 성욕과 생식을 제약할 때 로마의 전통을 초월하여 더 엄격한 입장을 취했기에 이혼이 더욱 어려워졌고 과부들의 경우 재혼하면 경멸을 당했다. 또 성범죄에 무거운 법적 처벌을 가하는 것이 정상적인 관행이었다. 그렇지만 주로 수입이 없어서 절망적인 상태로 내몰린 여자들이 대부분인 창녀들은, 예전과 마찬가지로 동로마 도시들의 거리와 여관에 아주 많이 있었다. 그들은 굶어 죽지 않으려면

도판 10-3 | 밝게 빛나는 이 모자이크는 궁정 신하들로 둘러싸인 유스티니아누스 황제와 테오도라 황후를 묘사한 것이다. 부부는 신에게 봉헌물을 바치고 있다. 라벤나의 산 비탈레(San Vitale) 교회 벽면 높은 곳에 붙여진 이 모자이크는 황실이 아주 부유하며, 로마인을 보호해준 하느님을 경배하고 봉헌을 아끼지 않는다는 사실을 강조한다. Wikimedia Commons.

법을 위반해야만 했다.

황실의 여인들은 이러한 규칙의 예외적 존재였다. 그들은 당시의 가난한 여성들은 꿈도 꾸지 못할 높은 지위를 획득했다. 유스티니아누스 황제의 아내인 테오도라는 통치 왕조 내에서 여자들이 행사할 수 있었던 영향력을 잘 보여준다. 비록 비천한 가문 출신이었지만(그녀는 곰 사육사의 딸이었고 그 후 평판이 의심스러운 극장 배우를 지냈다), 테오도라는 영향력과 부에서 그 누구에게도 뒤지지 않았다. 그녀를 잘 아는 동시대의 한 인물은 그녀를 이렇게 평가했다. "그녀는 동시대의 어느 누구보다도 지능이 우월했다"(리디아의 요한네스, 《로마 국제의 행정관 직에 관하여》 3.69).

548년에 암으로 때 이른 죽음을 맞이할 때까지, 테오도라는 정부 정책의 결정에서부터 위기 사태시에 남편의 의지를 북돋는 일에 이르기까지 남편이 하는 통치의 모든 측면에서 간섭했다. 그녀의 우뚝한 지위와 영향력은 전통적인 사상을 가진 사람들, 특히 제국 관리이면서 역사가인 프로코피우스를 당황하게 만들었다. 그는 오늘날 《비밀 역사》라고 불리는 역사서를 집필하여, 문란한 성생활에서부터 유급 배우로서 무대 위에서 연기한 성적 노출증에 이르기까지 테오도라의 파격적인 행동을 비난했다. 그의 이러한 주장이 진실인지 여부는 알 수 없다. 프로코피우스의 역사서는 유스티니아누스 부부의 잔인함과 불공정을 남편 못지않게 아내 탓으로 돌리면서, 제국의 최고 통치자가 내보인 비행과 수치스러운 개인적 행동에 맹비난을 퍼부었는데, 그 내용의 정확성에 대해 치열한 논쟁이 벌어졌고 오늘날까지도 지속되고 있다.

동로마제국의 정부는 부에 따라 공공 서비스를 차별화하여 빈부 간의 사회적 분열을 더욱 악화시켰다. 사람들은 복잡한 관료 제도 때문에 상업적 허가에서 법적 고충 처리에 이르기까지 일상생활의 무수한 측면에 관련된 서류들과 수수료를 수없이 내야 했다. 그런 허가를 받으려면 담당 관리의 귀를 사로잡을 수 있어야 했다. 돈과 지위를 가진 사람들은 그런 과정이 수월했다. 그들은 사회적 연줄을 이용하여 담당 관리를 만날 수 있었고 부를 이용하여 수수료를 지불할 수 있었기에 일이 재빨리 처리되도록 했다. 특별 대우를 바라는 것이든, 행정 관리들이 본연의 임무를 하도록 독촉하는 것이든, 부자들은 그 제도를 움직일 수가 있었다.

그러나 이와는 대조적으로, 돈이 별로 없는 사람은 아주 불리한 입장에 놓였다. 정부 관리들이 본연의 임무를 수행하면서도 정기적으로 두둑한 수수료를 요구했는데 그걸 맞춰줄 돈이 없었기 때문이다. 대출 이자율이 아주 높았기 때문에, 가난한 사람들은 중요한 업무를 진척시키기 위해 정부 관리들에게 돈을 쥐어주려면 큰 빚을 져야 했다. 이러한 제도가 존속할 수 있었던 것은 황제들이 그 덕에 제국에서 벌인 토목 공사에 지불할 돈을 아낄 수 있었기 때문이다. 황제들은 정부 관리들이 이처럼 공인된 금품 갈취 제도를 통해 수입을 보충한다는 사실을 잘 알고 있어서, 국가 관리들에게 한심할 정도로 낮은 봉급을 지불했다. 예를 들어 6세기의 행정관인 '리디아의 요한네스'는 관직에 취임한 첫해에 민원인들에게서 받은 수수료가 연봉의 30배나 되었다고 보고했다. 행정 제도가 무제한적인 탐욕에 의해 붕괴되는 것을 막기 위해 황제들은 관리들이 뜯어낼 수 있는 수수료의 상한가를 기재한 공식 목록을 반포했다. 그러나 전반적으로 살펴볼 때, 이런 행정 제도는 가난한 신민들에게 엄청난 적개심을 불러일으켰고, 정복과 영광을 추구하는 황제들의 야심찬 계획에 대한 대중의 지지를 사전에 파괴하는 일이 되었다.

유스티니아누스의 통치
—

과거의 로마제국을 소생시키려고 마지막으로 시도한 황제는 유스티니아누스(기원후 482년경~565년)이다. 그는 로마법을 조직하여 문서화한 학문적 업적과 콘스탄티노플에 세운 대규모 건물들로 높은 명성을 얻은, 가장 유명한 동로마제국 황제이다. 자그마한 발칸 반도의 읍에서 라틴어를 사용하는 가정에서 태어난 그는, 제국 정부 내에서 급속히 출세하여 기원후 527년에 자신의 숙부를 이어 황위에 올랐다. 유스티니아누스는 통치 기간 동안에 서쪽의 게르만 왕국들을 진압하려는 군사적 원정전을 개시했고, 아우구스투스 당시의 제국을 되살리려고 노력했다. 그의 목적은 역사의 물결을 되돌려서 서쪽의 옛 로마 영토를 수복하는 것이었다. 아우구스투스와 마찬가지로, 유스티니아누스는 로마의 권력과 영광을 '회복'시키기를 동경했다. 그는 또 게르만 왕국들의 세수 원천을 다시 빼앗아 오고, 동로마제국의 해상 양곡 수송로도 회복시키고 싶어 했다. 이 수송로는 북아프리카의 반달족 해군에 의해 끊어진 상태였다. 처음에 그는 소규모의 값싼 군대로 재정복을 성취하려 했으나, 통치 후반에 이르러서는 서쪽에 상당한 군사적 재정을 지원했다. 유스티니아누스의 장군들은 마침내 이탈리아, 달마티아 해안, 시칠리아, 사르디니아, 코르시카, 남부

스페인의 일부 지역, 북아프리카의 서부 지역 등을 야만인 정복자들로부터 빼앗았다. 이러한 승리는 잠시나마 옛 제국의 영토를 대부분 수복한 듯한 인상을 주었다(그러나 스페인과 골의 대다수 지역은 야만인의 통제 아래에 있었다). 유스티니아누스의 영토는 대서양 동부에서 시작하여 동쪽으로 멀리 메소포타미아의 국경까지 뻗어 있었다.

불운하게도 유스티니아누스의 군사적 승리는 장기적으로 볼 때 재앙으로 판명되었다. 그것은 서로마제국의 기반 시설과 주민들에게 큰 피해를 입혔고 군사비 지출로 동로마제국의 국고를 텅 비게 했다. 서쪽에서 벌인 고트족과의 전쟁은 대규모로 죽음과 파괴를 퍼트렸다. 유스티니아누스가 서부 전쟁을 지원하고 또 군대가 출동하여 본국 방어가 허술한 동로마제국을 메소포타미아의 사산 왕조가 공격해 오지 못하도록 뇌물을 주려고 이미 과부하인 주민들에게서 세금을 더 짜내면서, 동로마도 큰 피해를 입었다. 세금 부담은 경제를 휘청거리게 만들었고 농촌 지역에서 도적 떼들이 들끓는 요인이 되었다. 가난과 도적 떼로부터 벗어나기 위해 농촌의 많은 사람들이 수도로 몰려들었다.

이런 여러 가지 압박 요소들은 사회적 폭력을 촉발했다. 제국의 세금 제도는 너무 무거워서 인기가 없었고 관리들의 세금 징수 방식은 너무 악랄하여 마침내 532년에 수도에서 대규모 폭동이 발생했다. 나흘간에 걸친 니카 폭동〔군중들이 그리스어로 '니카Nika(이기자)!'라고 소리쳐서 이런 이름이 붙었다〕이 일어났을 때, 끊임없는 시가전이 벌어졌고 노략질이 극심하여 콘스탄티노플의 대부분이 잿더미가 되었다. 이 대재앙은 유스티니아누스를 겁먹게 하여 그는 통치를 포기하고 도시에서 달아나려 했다. 그가 막 도망치려고 하는데, (프로코피우스에 의하면) 테오도라가 이런 말로 남편을 엄중하게 꾸짖었다. "한번 태어난 이상 아무도 죽음을 피할 수 없어요. 그러나 황제의 자의를 입은 사람이 도망친다는 것은 참을 수 없는 일이에요. 나는 자의를 벗지 않겠어요. 나를 만나러 온 사람들이 나를 그들의 주인이라고 말하지 않는 날은 차라리 안 보고 싶어요"(프로코피우스, 《전쟁의 역사》1.24.36). 아내의 말에 부끄러움을 느낀 유스티니아누스는 도망칠 생각을 포기하고 거리로 나가 폭동을 진압하라고 군대에 명령을 내렸다. 군대는 경기장에 가두어놓은 폭동 가담자 3만 명을 몰살함으로써 그 사태를 진정시켰다.

이 시기에 자연재해가 비잔티움 제국의 혼란을 더욱 악화시켰다. 기원후 540년대에 벼룩에 의해 전염된 끔찍한 전염병이 제국 인구의 3분의 1을 죽였다. 그처럼 많은 사람이 사망하자 군대의 병력을 충원할 수가 없었고 값비싼 용병을 고용하게 되었다. 또한 무수한 농가를 황폐하게 만들어 식량 공급과 세수의 원천을 크게 축소시켰다. 이러한 인구 감소와 재정 위기는 장기적으로 제국을 눈에 띄게 약화시켰다. 후대의 비잔티움 황제들은 유스티니아누스의 정복전을 이어갈 재원이 없었고, 서쪽에서는 새로운 게르만 왕국들이 출현했으며, 마침내 오래된 로마제국은 최종적으로 둘로 쪼개어졌다.

유스티니아누스의 통치 기간에 주민들에게 가해진 재정 압박은 사회적 불안을 불러왔다. 황제는 예전의 다신론 황제 혹은 기독교인 황제들과 똑같은 목적으로 법적·종교적 개혁을 실시했다. 그 목적은 위계제와, 황제와 신민들에 대한 신의 은총을 바탕으로 사회 질서를 수호한다는 것이었다. 많은 문제들이 체제를 위협했기 때문에 유스티니아누스는 간절히 사회 안정을 원했고 그에 따라 제국 통치의 전제적 성격을 공개적으로 강조하면서 그 자신이 하느님과 가까운 존재라는 사실을 널리 선포했다. 예를 들어 그는 절대 권력이라는 목적을 추진하기 위해 원로원 의원들이 알현하러 올 때 자신과 테오도라의 신발에 입을 맞추게 했다. 또한 신격화라는 목적을 추진하기 위해 기독교 사회의 안정된 통치를 보여주는 화려한 상징들을 그리라고 화가들에게 주문했다. 라벤나의 산 비탈레에 있는 그의 교회를 장식하는 번쩍거리는 모자이크는 황제의 역할을 아주 극적인 모습으로 보여준다. 유스티니아누스는 우주의 한 중심에서 고대 히브리 족장인 아브라함 및 그리스도와 함께 어깨를 나란히 하고 서 있다. 더욱이 유스티니아누스는 황제가 '살아 있는 법'이라고 선언했다. 그는 로마인들이 도래하기 전에 그 지역에 있었던 예전 왕국들로까지 소급되는 법철학을 되살린 것이다.

유스티니아누스가 수도에서 벌인 토목 공사는 그의 최고 권력과 신앙심의 이미지를 잘 전달한다. 그중에서도 가장 웅장한 것은 콘스탄티누스의 '신성한 지혜' 교회(하기아 소피아$^{Hagia\ Sophia}$)를 재건한 일이었다. 황궁을 마주보고 있는 이 교회는 유스티니아누스가 황권과 교회권을 동시에 갖고 있다는 것을 보여준다. 건축 기사들은 새로운 설계도를 작성하여 거대한 건축물을 지었는데, 특히 이 교회의 돔은 직경 107피트(32.6미터)에 높이는 지상으로부터 160피트(48.7미터)에 달했다. 내부 벽들은 4에이커(약 16제곱킬로미터) 넓이의 황금 모자이크들이 반사하는 빛으로 태양처럼 환하게 빛났다. 각양각색의 수입 대리석들은 그 번쩍거리는 효과를 더욱 높여주었다. 후대의 전승에 따르면, 유스티니아누스는 538년에 완공된 이 걸작 교회에 처음 발을 들여놓는 순간, 이렇게 선언했다. "이런 작품을 완성할 수 있도록 내게 허락해주신 하느님, 영광 받으소서! 솔로몬이여, 나는 당신을 정복했도다!"《소피아 성전의 완공에 대한 무명 인사의 이야기 Anonymi Narratio de aedificatione Templi S. Sophiae》 28) 황제는 히브리인의 유명한 고대 왕이 지은 예루살렘의 신전보다 더 화려한 신전을 지었다고 주장한 것이다. 유스티니아누스의 건설 사업은 후대의 사람들에게 그가 그토록 얻고자 했던 영광을 구체적으로 상기시키는 증거물이 되었다.

중앙 정부의 전제 정치는 점점 더 수도권에 집중되었고 그리하여 속주들에 피해를 주게 되었다. 더욱 심각하게는, 제국 도시들의 자율성을 축소한 것이다. 현지 지방 의회들은 통치를 중단했고, 대신 제국 관리들이 그 임무를 떠맡았다. 속주의 엘리트들은 그 지역에 부과된 세금을 완납하겠다고 다짐했으나, 그들은 이제 현지의 중요한 사업들을 결정하는 반대급부를 얻지 못했다. 이제 제국 정부가 의사 결정과 사회적 지위를 비롯해 모든 것을 결정했다. 속주에 사는 자산가로서 권력과 특혜를 바라는 사람들은 제국의 중앙 정부에 합류해야만 그런 야망을 성취할 수 있다고 생각했다.

유스티니아누스는 자신의 권위를 더욱 강화하기 위해 제국의 법률을 법전으로 묶어서 지난 여러 세기 동안 이전 황제들이 시행해온 혼란스러운 법적 결정의 덩어리들에 일정하고 균일한 형태를 부여했다. 학자들의 집단은 수백만 자에 달하는 규정들을 축약하여 《로마 법전》을 만들었다. 이 법령집은 여러 세기에 걸쳐 유럽의 법학자들에게 크나큰 영향을 미쳤다. 황제가 구성한 법학자 팀은 학생들을 위한 교과서인 《법학제요》도 편찬했는데, 이 책은 현대에 이르기까지 법률 학교의 필수 독서 목록에 계속해서 올랐다. 유스티니아누스가 법학자들로 하여금 법률의 원칙과 조항을 다룬 이런 저서를 편찬하게 한 일은 그가 서유럽에 남긴 가장 지속적인 유산이 되었다.

유스티니아누스는 또한 제국의 안전을 확보한다는 신성한 의무를 완수하기 위해 제국의 종교적 순수성을 보장하는 조치를 취했다. 이전의 다신론자 혹은 기독교인 황제들과 마찬가지로, 그는 세상을 보호하는 신성한 힘이 종교적 범죄자들의 존재 때문에 분노하게 되면 제국이 온전하게 번영하지 못한다고 생각했다. 그리고 황제인 자신이 그런 범죄자들이 누구인지 결정했다. 황제는 이교도들을 단속하는 법률을 강력하게 실시하면서 그들에게 세례를 받든지, 아니면 토지와 공식 직위를 내놓으라고 강요했다. 그는 또 자신이 생각하는 정통파 교리를 수용하지 못하는 다른 기독교인들도 매우 적극적으로 숙청했다. 종교적 순수성을 추구하는 과정에서 로마 역사에서 처음으로 남자들의 동성애 관계를 불법으로 규정했고, 회개하면서 그런 성적 취향을 바꾸지 않는 자는 화형대에서 불태워 죽이는 징벌을 부과했다. 예전에 아예 존재하지 않았던 것은 아니었던 동성 간 결혼은 342년에 공식적으로 금지되었다. 동성애 관계를 맺은 남자들에 대한 민간 사회의 제재는 유스티니아누스 시대 이전까지는 부과되지 않았던 것이다. 여자 동성애자의 법적 지위는 남자에 비해 덜 분명하다. 유부녀가 동성애 관계를 맺었을 때에는 간통으로 간주되었고 그런 이유로 범죄가 되었다.

이교도들, 기독교 이단자들, 동성애자들에 대한 법적 제재와 무력의 사용은 하느님에게 공식적으로 헌신하는 황제의 신앙심, 경건하고 성공적인 통치자로서 후대에 알려지기를 바랐던 황제의 마음을 보여준다. 이러한 동기는 고대의 역사까지 거슬러 올라갈 정도로 오래된 것이나, 한 가지 의도되지 않은 효과는 그것이 민중들 사이의 일체감을 더욱 파괴했

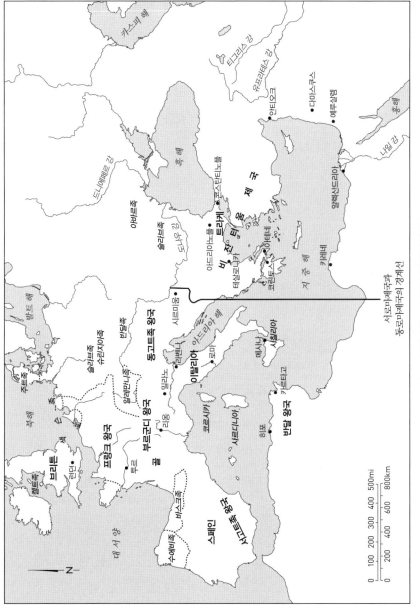

지도 13 | 6세기 초 로마 세계의 민족들과 왕국들

카스피 해

티그리스 강

유프라테스 강

다마스쿠스

예루살렘

안티오크

나일 강

알렉산드리아

흑 해

아바르족

슬라브족

드네프르 강

도나우 강

트라케

아드리아노플

콘스탄티노플

비 잔 티 움 제 국

지 중 해

키레네

테살로니카

코린토스

아테네

서로마제국과
동로마제국의 경계선

발트 해

북 해

슬라브족

반달족

수린지아족

일레만니족

동고트족 왕국

이탈리아

시르미움

라벤나

아드리아 해

라베나

밀라노

파비아

로마

시칠리아

메시나

시라쿠사

반달 왕국

카르타고

히포

주트족

슈에비족

앵글 색 슨 족

켈트족

브리튼

런던

프랑크 왕국

파리

부르군디 왕국

갈리아

투르

리옹

대 서 양

코르시카

사르디니아

바스크족

수에비족

스페인

서고트족 왕국

N

| 0 | 100 | 200 | 300 | 400 | 500mi |
| 0 | 200 | 400 | 600 | 800km |

10 야만족의 이동과 제국의 운명 | 333

다는 것이다. 그렇지만 유스티니아누스 이후의 황제들은 '한계 없는 제국'을 추구한다는 로마의 사명을 유지하기 위해 힘껏 싸웠다. 하지만 그들은 그런 싸움에서 성공할 만한 재원이 부족했다. 7세기와 8세기에 또 다른 신앙인 이슬람이 그와 유사한 목적을 달성하기 위해 군대를 동원하여 공격해 오자 동로마제국은 그들에게 영토를 빼앗기기 시작했고 결국에는 그 영토를 회복하지 못했다.

고전 문학의 보존
—

나중에 밝혀진 바이지만, 동로마제국이 후대에 가장 지속적으로 기여한 부분은 옛 로마제국의 영토를 회복하려 했던 일이 아니었다. 그보다는 훨씬 이전 시대의 문헌에 대한 지식과, 그 지식을 알 수 있는 다수의 구체적인 텍스트들을 후대를 위해 보존한 일이다. 의도했던 것이든 아니든, 이러한 조치의 효과는 지속되었다.

제국의 기독교화는 고전 그리스 문학—희곡에서 역사서, 철학 저서, 장편 소설 등에 이르기까지—을 위태롭게 만들었다. 이러한 작품들은 모두 이교도의 창작품이었기 때문이다. 그 위험은 적극적인 검열 행위보다는 잠재적인 무관심에서 오는 것이었다. 기독교인들이 저자가 되면서 그들은 아주 열정적으로 방대한 분량의 저서를 써냈는데, 이런 저서들이 그 시대의 가장 중요한 문학으로서 그리스와 로마의 오래된 텍스트들을 밀어냈다. 이러한 상황에서 고전 텍스트의 보존을 격려한 한 가지 요소는 엘리트 기독교인이 교육과 문학 교육에서 그리스와 라틴의 이교도적 모델을 따른 일이었다. 동로마제국에는 이 지역의 원래 문화인 그리스어 문화가 주도적인 세력으로 남았지만, 그래도 라틴 문학도 계속해서 읽혔다. 제국의 행정은 두 언어를 공동으로 사용했고 공식 문서와 법률은 라틴어(그리스어 번역을 첨부)로 집필되었기 때문이다. 콘스탄티누스의 아들인 콘스탄티우스 2세 황제는 정부 관리가 되고자 하는 자는 고전 문학을 잘 알아야 한다는 포고문을 발표했다. 정부 관리라는 편안한 자리에 들어가는 데 이런 의무 규정이 있었으므로, 각 가정에서는 아들들에게 교육 초기부터 고대의 저명한 이교도 저자들을 배우게 했다. 네게브 사막(이집트 국경 근처에 있는 오늘날의 이스라엘)의 네세나^{Nessana}라는 마을에서, 고고학자들은 한 학생이 작성한 베르길리우스의 《아이네이스》 라틴어 단어장을 발견했다. 아마도 동로마제국의 정부 관직에 들어가고자 한 현지 아랍 소년의 것이었을 것이다.

유스티니아누스의 이탈리아 전쟁으로 라틴어를 구사하는 학자들이 신변 안전을 위해 콘스탄티노플로 도망쳐 오면서, 동로마제국의 라틴어 학문이 크게 진작되었다. 이 학자들은 그렇지 않았더라면 사라져버렸을 많은 저작을 보존하는 데 도움을 주었다. 서쪽은 고대의 학문을 보존하는 데 그리 유리한 환경이 아니었기 때문이다. 단, 카시오도루스(기원후 490~585년)의 경우는 예외이다. 그는 이탈리아의 수도자들을 재정적으로 지원하여, 낡아서 못 쓰게 된 옛날 수고본手稿本들을 살리기 위해 그 내용을 복사하도록 시켰다. 그의 저서 《제도》는 고전 학문을 살려온 전통에 대한 존경심을 품고 있다. 이 책에서 그는 우수한 교육을 받은 사람이 읽어야 할 저서들을 열거하는데, 이러한 안내에는 고대의 세속적 텍스트들뿐만 아니라 기독교 경전과 문헌도 포함되어 있다.

고전 문학의 상당수가 오늘날까지 남아 있게 된 것은 그것들이 교육받은 기독교인들의 교과서로 활용되었던 덕분이다. 기독교인들은 기독교 이전의 고전들을 정부 관직에 들어가기 위한 기본 지식으로 여기고 학습했다. 사실 당시의 모든 야망 있는 학생들은 관직에 오르기를 원했다. 기원후 360년으로 소급되는 제국의 칙령은 이렇게 요구한다.

인문학을 오래 공부해왔고 또 문장이 아주 세련되어서 그의 펜 끝에서 멋진 말이 유창하게 흘러나오는 사람, 이런 사람이 아니고서는 일급 관직에 오르지 못할 것이다.

– 《테오도시우스 법전》 14.1

고전 문학의 지식이 보존된 데에는 고전 수사학의 원칙이 기독교 신학을 설명하는 데 가장 효과적이었던 점도 작용했다. 4세기 후반에 밀라노 주교였던 암브로시우스는 젊은 사제들을 위한 기독교 윤리의 체계적 설명서를 집필할 때, 위대한 고전 연설가인 키케로를 의식적으로 흉내 냈다. 신학자들은 기독교 이단자들의 교리를 논박하기 위해 플라톤이 개발한 대화 형식을 차용했고, 찬양 일색의 전기라는 이교도적 전통은 인기 높은 성인전 분야에서 그대로 살아남았다. 마찬가지 방식으로, 기독교 예술가들은 회화, 모자이크, 부조浮彫 등에서 자신들의 믿음과 정서를 전달하기 위해 이교도 전통을 차용했다. 예를 들어 후광이 머리를 둘러싸고 있는 그리스도를 묘사한 저명한 모자이크는 빛나는 태양을 신으로 여기는 이교도 그림에서 영감을 얻은 것이다(도판 8-1 참조).

기독교 문헌의 팽창은 기술 혁신을 촉진했고 그 영향으로 고전 텍스트들의 실물을 보존하는 데 도움이 되었다. 전통적으로 필경사들은 얇은 동물 가죽이나 파피루스로 만든 종이 위에다 책들을 필사했다. 그런 다음, 그 가죽이나 종이를 풀로 이어 붙인 뒤에 앞부분과 뒷부분에 쇠막대를 달아 두루마리를 만들었다. 독자들은 독서를 하려면 두루마리를 펼쳐야 해서 여간 불편한 것이 아니었다. 기독교인들은 독서의 편의를 위해 점점 더 코덱스codex의 형태로 텍스트를 생산하는 추세를 따라갔다. 코덱스란 책장을 단단히 묶은 책 형태를 가리킨다. 마침내 코덱스가 로마 세계에서 단행본 생산의 표준적 형태가 되었다. 코덱스는 잘 상하지 않을 뿐 아니라, 긴 작품을 담기에는 불편한 두루마리보다 많은 내용을 효과적으로 담을 수 있어서 문학의 보존에 도움이 되었다. 이러한 기술 혁신 덕분에 효율적인 형태로 복제된 고전 텍스트들의 존속 가능성이 더욱 높아졌다.

동로마제국의 교육과 수사학 훈련을 위해 고전 그리스어와 라틴어 텍스트의 중요성이 점점 더 높아졌는데도 불구하고 고대의 지식들이 후대에 전달되는 것은 전쟁으로 사분오열된 세상 탓에 여전히 위태로웠다. 폭력이 난무하는 서쪽에서 고대 그리스어 지식은 급격하게 자취를 감추었다. 그 결과 호메로스의 《일리아스》와 《오디세이아》를 원서로 읽을 줄 아는 사람은 거의 사라지게 되었다. 지난 십수 세기에 걸쳐 우수한 문학 교육의 전통적 기반이었던 작품이 이처럼 홀대를 받았다. 고전 라틴어는 그보다 나은 대접을 받아서, 아우구스티누스나 히에로니무스 같은 학자들은 고대 라틴 문학에 정통했다. 그러나 이들도 그리스어와 라틴어 고전 문학이 너무나 유혹적이어서 경건한 기독교인에게는 해롭다고 생각했다. 실제로 히에로니무스는 독실한 기독교인이 아니라 충실한 키케로 추종자라는 이유로 심판의 날에 비난을 받는 악몽을 꾸기도 했다.

천 년 전에 플라톤에 의해 아테네에 설립되었던 아카데메이아는 529년에 문을 닫았다. 이는 이 시기에 고전 학문을 존속시키기가 얼마나 어려운 일이었는지를 생생하게 보여준다. 유스티니아누스가 직접 아카데메이아의 문을 닫으라고 지시했는지는 불분명하다. 이 학원은 신플라톤주의 철학을 가르쳤고 일부 기독교인들은 그 가르침이 매혹적이고도 유익하다고 생각했다. 하지만 황제가 이 학교의 반反기독교 성향 교장인 다마스키오스가 한 말에 격분하여 그를 페르시아로 임시 추방 조치한 것은 확실하다. 여하튼 옛 로마제국의 기독교 이전 시대와 너무 깊이 연결되는 것은 분명 위험한 일이었다.

언제나 그렇듯이, 제국의 정책—결국 황제의 개인적 소망에 지나지 않는 것을 '정책'이라고 부르기엔 너무 거창하지만—의 단속은 제국 내 지역에 따라 들쭉날쭉했다. 알렉산드리아의 신플라톤주의 학교에는 아무런 조치도 취해지지 않았다. 아마도 이 고등 교육 기관의 교장인 요한네스 필로포누스Johannes Philoponus('일을 사랑하는 사람')가 기독교인이라는 점이 중요하게 작용했을 것이다. 그렇지만 이교도의 과거에서 나온 사상들이 이 학교 교과의 핵심을 이루었다. 필로포누스는 기독교 신학뿐만 아니라 아리스토텔레스의 저작에 대해서도 논평서를 썼다. 공간과 조망의 관념에 대한 필로포누스의 몇몇 사상은 천 년 뒤에 등장하는 갈릴레오의 사상을 예고하는 것이었다. 그는 지적 탐구를 부단히 이어가 후기 로마 세계가 발전하는 데 유익한 가능성의 하나가 된, 옛것과 새것의 종합을 성취했다. 그는 6세기 이집트에서 살았던 로마제국의 기독교도 신민이었고, 오래전에 이교도들이 설립한 학교의 교장을 지냈으며, 앞을 내다보는 학문의 일환으로 고대 그리스 철학자들의 저작을 연구했다. 필로포누스의 이야기는 이 고대 로마 개설서를 끝내면서 거론하기에 아주 알맞은 사례이다. 그의 생애는 고대의 오래된 인간 체험에 깃들인 지식으로부터 배우는 것은 언제 어디서나 가치 있는 일이고 또 개인적으로도 만족을 준다는 점을 분명하게 밝혀준다.

역자 후기

　이 책은 국내에 잘 알려진 《고대 그리스사》의 저자 토머스 R. 마틴(1947 ~)이 2012년에 펴낸 《고대 로마사》를 완역한 것으로, 기원전 753년부터 기원후 565년 유스티니아누스의 사망에 이르기까지 약 1300년의 시기를 다루고 있다. 통상 로마제국이라고 하면 476년 서로마제국의 멸망까지를 말하는데, 이 책은 동로마제국의 유스티니아누스 황제가 예전의 로마제국을 회복하려고 시도한 마지막 황제였기 때문에 그의 통치 시기까지를 다루었다. 이것은 미국 고대사학계의 관행으로, 미국에서 나온 대다수 로마사 입문서들이 이런 시대 구분을 한다. 로마사는 길게 쓰자면 '케임브리지 고대사'(전14권)의 로마사처럼 여덟 권 분량으로 쓸 수도 있고, 짧게 쓰자면 옥스퍼드 대학에서 나오는 '아주 짧은 입문서' 시리즈의 《로마제국》처럼 200자 원고지 500매 분량으로 쓸 수도 있다. 여기 번역한 이 책은 참고 문헌을 포함하여 원고지 1500매 정도 되는 중간 크기로, 최신 학계의 정보를 모두 담고 있으며 현재 시중에 나와 있는 관련 서적들 중에서는 최신의 것이다.

　통상 서술이라고 하면 쇼잉showing(구체적 사건과 사례를 제시하면서 서술)과 텔링telling(사건과 사례를 요약하는 방식), 두 가지 방법이 있는데, 원고지 1500매 범위 내에서 1300년의 역사를 개괄적으로 다루어야 하는 탓에 저자는 후자의 방식을 취했다. 가령 왕정 시대의 사비니 여인들 납치 사건, 공화정 시대의 킨킨나투스 이야기, 왕정을 멸망시킨 계기가 되었던 루크레티아 이야기 같은 중요한 사건들도 모두 두세 줄로 처리했다. 이런 서술 방식은 학생들이나 일반 교양인들에게 호소한다고 본다. 학생들은 너무 자세한 설명으로 인한 지루함을 느끼지 않아서 좋고, 일반 교양인들은 이미 알고 있는 내용을 간결한 요약으로 다시 상기할 수 있으니 좋은 것이다.

저자가 이처럼 개요를 중시하는 것은 독자들에게 고대의 1차 사료를 직접 읽도록 유도하기 위한 것이다. 개요를 모르고서 1차 사료를 먼저 읽는 것은 대략적인 서울 지리도 모른 채 교보문고나 덕수궁을 찾아가겠다고 하는 것이나 마찬가지이기 때문이다. 그러나 개요를 말한다고 해서 무슨 황제 뒤에 무슨 황제가 나왔고, 무슨 사건 뒤에 무슨 사건이 벌어졌다는 식의 인물이나 사건의 백화점식 나열을 지향하지는 않는다. 역사서는 사실들의 나열이 아니라 그 사실들을 해석하는 서술이 되어야 하기 때문이다. 그리하여 저자는 이 책에서 3대 핵심 질문을 중심으로 로마사의 전개 과정을 서술해나간다.

첫째, 공화정 시대에 로마가 지중해 전역을 석권했는데 그 배경은 무엇인가?

둘째, 번성하고 화려한 세계 최강의 제국이 쇠망의 길을 걸어가게 된 이유는 무엇인가?

셋째, 종교로서는 후발 주자인 기독교가 어떻게 하여 로마제국의 국교로 공인될 수 있었는가?

로마가 지중해 세계의 최강자로 부상할 수 있었던 것은 왕정을 폐지하고 공화정으로 전환한 후, 로마 사회의 모든 지도자가 선공후사의 정신에 입각하여 오로지 '레스 푸블리카res publica'(인민들의 것; 인민들의 일; 공화국)의 안녕과 복지에 매진한 덕분이었다. 이처럼 공적인 영광을 추구하는 과정에서 상류계급은 개인적 미덕의 수행을 위해, 평민들은 국가의 높은 명성을 위해 공화국에 기여했다. 그들은 이탈리아 내의 다른 민족 정복이나 해외 정복을 부도덕한 침략 행위로 여기지 않았다. 오히려 국가를 지키고 명예를 드높이기 위해 싸운다고 말하기를 좋아했고 그것을 진심으로 믿었다.

이러한 공화국 사랑의 태도는 리비우스의《로마 시 창건 이래의 로마 역사》제9권 17~20섹션에서 개진된 알렉산드로스 대왕과 로마 장군 비교론에서 잘 살펴볼 수 있다. 리비우스는 알렉산드로스가 동쪽 인도로 진출하지 않고 서쪽으로 눈을 돌려 공화정 시대의 로마를 공격했더라면 어떤 결과가 나왔을까, 하는 상당히 흥미로운 추측을 내놓는다. 그가 이런 추측을 한 것은 당시의 상무적이고 공동체 지향적인 로마 장군들의 선공후사 정신을 말하기 위함으로, 개인의 힘이 아무리 강해도 뚜렷한 목적을 공유하는 집단의 힘을 결국에는 이기지 못한다고 주장하기 위해서였다. 리비우스는 알렉산드로스가 로마를 침공했더라면 페르시아의 다리우스를 격파한 것처럼 일회전으로 끝나지는 않았을 거라고 판단한다. 그러니까 일회성은 결코 지속성을 이기지 못한다는 뜻이다. 로마공화정은 1년에 두 명씩 집정관을 뽑아서 지도자들을 계속 공급하고 또 비상 시기에는 독재관을 옹립하는 구조를 갖추고 있어서, 한 번의 패전으로 로마가 망하는 일은 없었을 것이라고 말한다. 또 당시 대왕의 나이가 30대 초반이었다는 점을 예로 들면서, 전쟁이 장기화하면 더더구나 대

왕이 로마를 이기지 못했을 것이라고 보았다. 그리고 아무리 영웅이라도 나이가 들면 범인凡人으로 전락하는 경우가 많다며 키루스와 폼페이우스의 사례를 들었다. 그러니까 장기전으로 간다면 몇 차례 로마 원정에 나섰어야 했을 알렉산드로스는 결국 힘이 빠져서, 지속적으로 공급 가능한 킨킨나투스 같은 로마의 장군들을 이기지 못했을 것이라는 얘기이다. 이처럼 개인보다는 공동체를 더 중시했으니 그 조직의 힘이 단단해지는 것은 자연스러운 일이고 그 결과 국가의 힘이 점점 부강해져서 결국 지중해 세계를 제패했다는 말이다.

제국 쇠망의 원인遠因은 마리우스와 술라 같은 장군들의 사례에서 찾아볼 수 있다. 마리우스는 병사들을 개인의 소유물로 만들어 엄청난 권력을 획득한 나쁜 장군의 선례였다. 이것 때문에 그 후에 나온 장군들, 가령 술라, 폼페이우스, 카이사르, 옥타비아누스 등은 결국 공화국에 큰 타격을 입히고 말았다. 마리우스 이후에 등장한 장군들은 공화국의 오래된 전통을 지지하지 않고 개인적 힘에 의존하여 권력을 탈취하는 데 몰두했다. 이들 중 가장 나쁜 사례가 술라인데, 그는 사리사욕을 지나치게 추구한 나머지 자신의 군대를 이끌고 로마 시로 쳐들어가 내전을 벌였다.

술라는 과거의 전통을 사랑하고 신과 공동체를 두려워한 영웅이 아니라, 권력에만 집착하면서 돈과 군대로 이 세상을 지배할 수 있다고 믿은 범인이었다. 이런 개인들의 등장은 공화국이 멸망해가는 과정과 밀접한 관계가 있다. 공화국의 세력 판도가 팽창하여 부가 커지면서 그에 따라 부에 대한 개인적 욕심이 공공의 복리를 앞서게 된 것인데, 이것은 결국 인간이란 무엇인가, 하는 근본적인 문제와 연결된다. 인간은 잘 기억하는가 하면, 반대로 잘 잊어버린다. 자신을 선善이라고 생각하는가 하면,

때로는 악이라고 비판한다. 남이 자신의 행복을 책임져주겠다고 하면 불쾌하게 생각하면서도 남이 실패하는 곳에서 성공하고 싶어 하며, 개인들 사이의 협동을 강조하면서도 남들보다 뛰어나기 위한 개인적 노력을 숭상한다. 자아를 소아와 대아로 구분하여 대아를 따라야 한다고 가르치면서도 실제로는 소아적으로 행동하는 경우가 많다. 이런 양면적 심리를 갖고 있기 때문에 과거의 어리석은 일을 다시 되풀이하는 경향이 있다. 다시 말해 로마인들은 왕정을 그토록 싫어했으면서도 개인의 이기심이 작용하여 결국에는 다시 왕정(구체적으로 말하면 제정)으로 돌아가는 어리석음을 저지른 것이다.

로마인이 영웅에서 범인으로 전락하기 시작한 것은 공화정 말기부터이고 그것이 극치에 이른 것은 아우구스투스 시기이다. 돈으로 사람을 지배할 수 있다는 어리석은 생각을 품었으니 제국이 그때 이후 그 돈 때문에 망한 것은 너무나 당연한 일이었다. 이런 점은 공화정이 붕괴된 이후 제정을 유지하는 과정을 살펴보면 더욱 분명하게 알 수 있다. 공화정 후기를 거쳐 제정 시대에 들어와서는 오로지 군대의 힘으로만 그 넓은 제국을 유지하려 했으니 처음부터 무리가 될 수밖에 없었다. 군대를 유지하려면 군비를 증강하고 군인의 보수를 올려줘야 했는데, 그러다 보니 국가 재정에 심한 압박이 왔고, 그것을 해결하기 위해 과도한 세금을 물리니 사회 불안으로 이어졌고, 그 벌어진 틈을 타고 게르만 민족들이 침범하여 제국을 멸망시킨 것이다.

기독교가 로마 국교로 올라서게 된 이유에 대해서, 저자는 예전에 다신교를 믿었던 것과 마찬가지로 신의 호의를 얻어서 국가를 보위하려는 욕구가 주된 사유였다고 판단한다. 이어서 저자는 기독교가 로마제국의 존속에 큰 도움을 주었다는 입장을 취한다. 여기에는 반론도 있다. 가령 에드워드 기번(1737~1794년)의 《로마제국 쇠망사》는 로마제국이 쇠망한 이유 중 하나로 기독교를 들었다. 고대 로마의 강건한 상무 정신 대신에 기독교의 어리석고 온유한 심성이 득세하는 바람에 나라가 허약해졌다는 것이다. 기번은 원시 기독교인들의 배타적인 열광, 저승에 대한 즉각적인 기대, 기적 사역에 대한 주장, 엄격한 미덕의 실천, 원시 교회의 행정 구조 등, 기독교가 독특한 조직력을 발휘하여 제국 내의 제국을 형성함으로써 한 집안 두 살림 체제로 가면서 로마제국을 더 심하게 쇠망하게 했다고 주장한다.

하지만 토머스 마틴은 기독교가 국교로 인정되기 이전에는 다소 파괴적 측면도 있었지만, 국교 승인 이후에는 오히려 로마 세계를 지탱해주는 힘이 되었다고 본다. 로마제국이 멸망한 것은 기독교 때문이 아니라 공룡과 같은 제국의 행정 구조와 그 구조를 지탱할 수 없게 한 재정적 어려움, 그리고 그 허약한 제국의 정정政情을 파고든 야만족의 침입 때문이라는 것이다. 따라서 로마제국은 콘스탄티누스 대제 이후 기독교의 도움을 받지 않았더라면 더 빨리 멸망했을 것이고, 나아가 그리스-로마 문명도 제대로 보존되지 못했을 것이라는 주장을 편다. 2~5세기의 기독교 호교론자들이 모두 그리스-로마의 수사학과 논리학을 동원하여 기독교 옹호에 나섰는데 그 과정에서 자연스럽게 고전 고대의 문헌들이 보존되었다는 것이다. 또 야만족이 로마 세계로 침입해 왔을 때 기독교 신자들은 있는 힘을 다해 저항했으며, 야만족에게 정복당한 이후에는 그들을 가르쳐서 문명화하는 데 기여했다고 본다. 저자의 입장을 요약하면, 기독교는 로마제국 당시에도 제국의 쇠망을 늦추어주는 힘이었을 뿐만 아니라 그 이후에도 강한 영향력을 발휘했고, 나아가 현재까지도 서양 사회를 구축하는 데 엄청난 기여를 했다는 것이다.

이러한 로마사의 전개 중 앞의 두 가지 주제(번영과 쇠망)는 오늘날 우리에게 반면교사가 된다. 우리는 20세기 후반에 두 번이나 장군들이 국가권력을 찬탈한 사건을 지켜보았다. 그들은 구국의 일념으로 거사를 일으켰다고 말했지만, 세월이 흐르고 보니 그게 결국 개인의 권력 욕구를 충족시키기 위한 것에 지나지 않았다. 또한 개인의 수준에서 살펴보아도 언행이 일치하지 않는 경우는 얼마든지 있다. 가령 입으로는 국민의 의무를 철저히 이행하겠다고 말하지만, 행정부 고위직 임명을 위한 국회 청문회에 나온 사람들 중에 군대를 제대로 갔다 온 사람이 거의 없다. 선장으로서 배를 잘 지키고 승객들을 보호해야 할 사람이 해상 사고가 나면 제일 먼저 탈출해버린다. 공인이나 사인이나 가릴 것 없이 겉으로는 원칙을 말하면서 속으로는 변칙을 구사하는 것이다. 이처럼 표리부동한 사람이 많을수록 국가는 쇠망의 길로 나아가게 된다. 특히 쇠망이라는 것은 번영을 전제로 하는 것이므로 과거 우리들의 아버지 세대가 힘들게 이룩한 현재의 경제적 번영이나 정치적 발전을 계속 유지하려면 우리는 이런 쇠망의 기미를 면밀히 경계하면서 감시해야 할 것이다. 바로 이런 이유 때문에 다른 나라의 역사서가 순전히 남의 얘기로 끝나지 않는 것이다.

이 책을 읽으면 로마사에 대해 더 알고 싶은 마음이 든다. 저자가 제시하는 로마사의 윤곽이 머리에 쏙 들어올 정도로 간명하여 어떤 사건이나 사람에 대하여 궁금증이 깊어지기 때문이다. 가령 로마공화정 최고의 애국적 인물인 킨킨나투스(미국의 도시 '신시내티Cincinnati'는 이 사람의 이름을 가져와 명명된 것이다)에 대해서 알게 되면 그의 활약상을 조금 더 자세히 알고 싶어지고, 공화정 파괴자 마리우스와 술라에 대해서 읽으면 공화정의 어떤 상황이 이런 인물들을 배출했는지가 궁금해지는 식이다. 저자는 책 뒤에 자세한 〈추천 도서〉를 제시하여 로마사를 본격적으로 연구하려는 학자들이 참고할 수 있게 배려했다. 그러나 일반 교양인으로서 로마사를 좀 더 알고자 하는 독자들은 앞에서도 말한 것처럼 개요서를 읽은 다음에는 직접 1차 사료로 들어가는 것이 좋은데, 리비우스의 《로마 시 창건 이래의 로마 역사》, 타키투스의 《연대기》와 《역사》, 그리고 1차 사료는 아니지만 그에 못지않은 고전 대접을 받는 기번의 《로마제국 쇠망사》를 읽기를 권한다. 리비우스의 책은 현재 국내에 번역되어 있지 않으나, 이 책을 논평한 마키아벨리의 《로마사 논고》는 10여 년 전에 국내에 번역되어 애독되고 있으며, 타키투스와 기번의 책은 국내에 번역본이 나와 있다. 기번은 특히 타키투스를 존경하여 제정 초기의 로마사(아우구스투스에서 네로에 이르는 시기)는 위대한 타키투스가 이미 서술했다고 하여, 그 이후 시점부터 《로마제국 쇠망사》를 써나갔다. 또한 로마사는 그리스사와 상호작용하는 부분이 많으니, 토머스 마틴의 명저 《고대 그리스사》도 함께 읽을 것을 권한다.

이종인

추천 도서

아래의 추천 도서들은 모두 영어로 집필된 것인데, 로마사를 다룬 방대한 국제적 참고 문헌들 가운데에서 선정한 것이다. 이 도서들은 이 주제를 처음 접하는 독자들의 필요와 흥미에 맞추기 위한 것이다. 이 목록은 1차 사료(고대의 저자들과 고대 사료들의 모음집)와 2차 사료(현대의 연구서들)를 순서대로 싣고 있다. 현대 연구서들 중 어떤 저서들은 독자들이 로마사에 대해 입문서 이상의 지식을 갖고 있다는 점을 전제로 하고 있다. 그런데도 여기에 포함시킨 것은 꾹 참고 읽어나갈 용의가 있는 독자들은 그 책들의 해석적 결론을 충분히 이해할 수 있으리라고 보기 때문이다.

영역본이 나와 있는 고대의 텍스트들과 이 개설서의 본문에서 괄호 속에 인용된 고대 저서들의 현대어판도 여기에 열거했다.

고대의 사료들

이 목록에 실린 저작들의 제목은 모두 영역본의 것이다. 그 제목은 때때로 원서 제목을 축자역하지 않은 것도 있다. 번역본은 가독성, 때로는 가격 등을 감안하여 선정되었다.

Acts of Paul and Thecla. In J. K. Elliott, *The Apocryphal New Testament: A Collection of Apocryphal Christian Literature in English Translation*. Oxford: Clarendon Press, 1993.

Ammianus Marcellinus. *The Later Roman Empire: A.D. 354~378*. Trans. Walter Hamilton. New York: Penguin, 1986.

Apicius. *Cookery and Dining in Imperial Rome*. Trans. Joseph Dommers Vehling. Mineola: Dover, 1977.

Appian. *The Civil Wars*. Trans. John Carter. New York: Penguin, 1996.

Apuleius. *The Golden Ass*. Trans. P. G. Walsh. Oxford: Oxford University Press, 2008.

Athanasius. *The Life of Antony and the Letter to Marcellinus*. Trans. Robert C. Gregg. New York: Paulist Press, 1980.

Athenaeus. *The Learned Banqueters*. Trans. S. Douglas Olson. 7 vols. Cambridge, Mass.: Harvard University Press, 2006~2010.

Augustine. *City of God*. Trans. Henry Bettenson. New York: Penguin, 2003.

_____. *Confessions*. Trans. Henry Chadwick. Oxford: Oxford University Press, 2009.

_____. *Letters. The Works of St. Augustine: A Translation for the 21st Century*. Vol. 4. *Letters 211~270, 1*~29**. Brooklyn: New City Press, 2005.

_____. *Sermons on Selected Lessons of the New Testament*. In *A Select Library of Nicene and Post-Nicene Fathers of the Christian Church*. Vol. 6. New York: The Christian Literature Co., 1888.

Augustus. *Res Gestae Divi Augusti: Text, Translation, and Commentary*. Trans. Alison E. Cooley. Cambridge: Cambridge University Press, 2009.

Babcock, Charles L. "An Inscription of Trajan Decius from Cosa." *American Journal of Philology* 83 (1962): 147~158.

Caesar, Julius. *The Civil War*. Trans. J. M. Carter. Oxford: Oxford University Press, 2008.

_____. *The Gallic War*. Trans. Carolyn Hammond. Oxford: Oxford University Press, 2008.

Cassiodorus. *Variae*. Trans. S. J. B. Barnish. Liverpool: Liverpool University Press, 1992.

Cassius Dio. *The Reign of Augustus*. Trans. Ian Scott-Kilvert. New York: Penguin, 1987.

_____. *Roman History*. Trans. Earnest Cary. 9 vols. Cambridge, Mass.: Harvard University Press, 1914~1927.

Catullus. *The Complete Poems*. Trans. Guy Lee. Oxford: Oxford University Press, 2009.

Celsus. *On the True Doctrine: A Discourse Against the Christians*. Trans. R. Joseph Hoffman. Oxford: Oxford University Press, 1987.

Cicero. *Letters to Quintus and Brutus; Letter Fragments; Letter to Octavian; Invectives; Handbook of Electioneering*. Trans. D. R. Shackleton Bailey. Cambridge, Mass.: Harvard University Press, 2002.

_____. *The Nature of the Gods*. Trans. P. G. Walsh. Oxford: Oxford University Press, 2008.

_____. *On the Good Life*. Trans. Michael Grant. New York: Penguin, 1971.

_____. *On Government (Against Verres II.5, For Murena, For Balbus, On the State III, On Laws III, Brutus, Philippics IV, V, X)*. Trans. Michael Grant. New York: Penguin, 1993.

_____. *On Obligations: De Offi ciis*. Trans. P. G. Walsh. Oxford: Oxford University Press, 2008.

_____. *Political Speeches*. Trans. D. H. Berry. Oxford: Oxford University Press, 2009.

_____. *The Republic and The Laws*. Trans. Niall Rudd. Oxford: Oxford University Press, 2008.

_____. *Selected Letters*. Trans. P. G. Walsh. Oxford: Oxford University Press, 2008.

Cyprian. *On the Church: Select Letters. St. Cyprian of Carthage*. Trans. Allen Brent. Crestwood: St. Vladimir's Seminary Press, 2006.

Dionysius of Halicarnassus. *Roman Antiquities*. Trans. Earnest Cary. 7 vols. Cambridge, Mass.: Harvard University Press, 1937~1950.

Eusebius. *The Church History*. Trans. Paul L. Maier. Grand Rapids: Kregel, 2007.

_____. *Life of Constantine*. Trans. Averil Cameron and Stuart G. Hall. Oxford: Oxford University Press, 1999.

Gaius. *Institutes*. Trans. W. M. Gordon and O. F. Robinson. London: Duckworth, 1997.

Herodian. *History of the Roman Empire since Marcus Aurelius*. Trans. Edward C. Echols. Berkeley: University of California Press, 1961.

Horace. *The Complete Odes and Epodes*. Trans. David West. Oxford: Oxford University Press, 2008.

_____. *The Satires of Horace and Persius*. Trans. Niall Rudd. New York: Penguin,

2005.

Ignatius of Antioch. *The Epistles of St. Clement of Rome and St. Ignatius of Antioch.* Trans. James A. Kleist, S.J. Westminster, MD.: The Newman Bookshop, 1946.

Jerome. *Letters and Select Works. A Select Library of Nicene and Post-Nicene Fathers of the Christian Church.* Second series, vol. 6. New York: The Christian Literature Co., 1893.

John the Lydian. *De Magistratibus: On the Magistracies of the Roman Constitution.* Trans. T. F. Carney. Lawrence: Coronado, 1971.

John Philoponus. *Against Aristotle, on the Eternity of the World.* Trans. Christian Wildberg. London: Duckworth, 1987.

Josephus. *The Jewish War.* Trans. G. A. Williamson. Rev. ed. New York: Penguin, 1981.

Julian. *The Works of the Emperor Julian.* Trans. Wilmer Cave Wright. 3 vols. Cambridge, Mass.: Harvard University Press, 1962~1980.

Justinian. *The Digest of Justinian.* Ed. Alan Watson. Rev. ed. 4 vols. Philadelphia: University of Pennsylvania Press, 2009.

_____. *Justinian's Institutes.* Trans. Peter Birks and Grant McLeod. Ithaca: Cornell University Press, 1987.

Juvenal. *The Satires.* Trans. Niall Rudd. Oxford: Oxford University Press, 2008.

Lactantius. *Divine Institutes.* Trans. Anthony Bowen and Peter Garnsey. Liverpool: Liverpool University Press, 2003.

Lives of the Later Caesars: The First Part of the Augustan History, with Newly Compiled Lives of Nerva and Trajan. Trans. Anthony Birley. New York: Penguin, 1976.

Livy. *The Early History of Rome: Books I~V of From the Foundation of the City.* Trans. Aubrey de Sélincourt. New York: Penguin, 2002.

_____. *Hannibal's War (Books Twenty-One to Thirty of From the Foundation of the City).* Trans. J. C. Yardley. Oxford: Oxford University Press, 2006.

_____. *Rome and Italy, Books VI~X of From the Foundation of the City.* Trans. Betty Radice. New York: Penguin, 1982.

_____. *Rome and the Mediterranean, Books XXXI~XLV of From the Foundation of the City.* Trans. Henry Bettenson. New York: Penguin, 1976.

Lucan. *Civil War.* Trans. Susan Braund. Oxford: Oxford University Press, 2008.

Macrobius. *Saturnalia*. Trans. Robert A. Kaster. Cambridge, Mass.: Harvard University Press, 2011.

Marcus Aurelius. *Meditations*. Trans. Martin Hammond. New York: Penguin, 2006.

Origen. *Contra Celsum*. Trans. Henry Chadwick. Cambridge: Cambridge University Press, 1980.

Orosius. *Seven Books of History Against the Pagans*. Trans. A. T. Fear. Liverpool: Liverpool University Press, 2010.

Ovid. *The Erotic Poems*. Trans. Peter Green. New York: Penguin, 1982.

_____. *Metamorphoses*. Trans. A. D. Melville. Oxford: Oxford University Press, 2009.

Perpetua. *What Would You Die For? Perpetua's Passion*. Ed. Joseph J. Walsh. Baltimore: Apprentice House, 2006.

Petronius. *The Satyricon*. Trans. P. G. Walsh. Oxford: Oxford University Press, 2009.

Pliny the Younger. *Complete Letters*. Trans. P. G. Walsh. Oxford: Oxford University Press, 2009.

Plotinus. *The Essential Plotinus: Representative Treatises from the Enneads*. Trans. Elmer O'Brien. Indianapolis: Hackett, 1964.

Plutarch. *The Fall of the Roman Republic*. Trans. Rex Warner. New York: Penguin, 2006.

_____. *The Makers of Rome*. Trans. Ian Scott-Kilvert. New York: Penguin, 2004.

_____. *Roman Lives*. Trans. Robin Waterfield. Oxford: Oxford University Press, 2009.

Polybius. *The Histories*. Trans. Robin Waterfield. Oxford: Oxford University Press, 2010.

Procopius. *History of the Wars, Secret History, and Buildings*. Trans. H. B. Dewing. 7 vols. Cambridge, Mass.: Harvard University Press, 1914~1940.

Procopius. *The Secret History*. Trans. G. A. Williamson and Peter Sarris. Rev. ed. New York: Penguin, 2007.

Sallust. *Catiline's Conspiracy, The Jugurthine War, Histories*. Trans. William W. Batstone. Oxford: Oxford University Press, 2010.

Seneca. *Moral and Political Essays*. Trans. J. F. Procopé and John M. Cooper. Oxford: Oxford University Press, 1995.

Sima Qian. *Records of the Grand Historian: Han Dynasty II*. Trans. Burton Watson. Rev. ed. Hong Kong: Columbia University Press, 1993.

Socrates. *Church History*. A Select Library of Nicene and Post-Nicene Fathers of the Christian Church. Second series, vol. 2. New York: The Christian Literature Co., 1890.

Suetonius. *Lives of the Caesars*. Trans. Catharine Edwards. Oxford: Oxford University Press, 2009.

Symmachus. *Prefect and Emperor: The Relationes of Symmachus, A.D. 384*. Trans. R. H. Barrow. Oxford: Clarendon Press, 1973.

Tacitus. *Agricola and Germany*. Trans. Anthony Birley. Oxford: Oxford University Press, 2009.

_____. *Agricola, Germany, and the Dialogue on Orators*. Trans. Herbert W. Benario. Norman: University of Oklahoma Press, 1991.

_____. *The Annals: The Reigns of Tiberius, Claudius, and Nero*. Trans. J. C. Yardley. Oxford: Oxford University Press, 2008.

_____. *The Histories*. Trans. W. H. Fyfe and D. S. Levene. Oxford: Oxford University Press, 2008.

Tertullian. *Apology, De spectaculis*. Trans. T. R. Glover. Cambridge, Mass.: Harvard University Press, 1931.

The Theodosian Code and Novels, and the Sirmondian Constitutions. Trans. Clyde Pharr. Princeton: Princeton University Press, 1952.

Valerius Maximus. *Memorable Deeds and Sayings: A Thousand Tales from Ancient Rome*. Trans. Henry John Walker. Indianapolis: Hackett, 2004.

Vegetius. *Epitome of Military Science*. Trans. N. P. Milner. 2d. ed. Liverpool: Liverpool University Press, 1996.

Velleius Paterculus. *The Roman History: From Romulus and the Foundation of Rome to the Reign of the Emperor Tiberius*. Trans. J. C. Yardley and Anthony A. Barrett. Indianapolis: Hackett, 2011.

Vergil. *The Aeneid of Vergil*. Trans. Sarah Ruden. New Haven: Yale University Press, 2009.

Zosimus. *New History*. Trans. Ronald T. Ridley. Canberra : Australian Association for Byzantine Studies, 1982.

고대의 사료 모음집들

Beard, Mary, John North, and Simon Price, eds. *Religions of Rome*. Vol. 2. Oxford : Oxford University Press, 1998.

Burstein, Stanley M., trans. *The Hellenistic Age from the Battle of Ipsos to the Death of Kleopatra VII*. Cambridge : Cambridge University Press, 1985.

Campbell, Brian, ed. *The Roman Army 31 BC~AD 337: A Sourcebook*. London : Routledge, 1994.

Cherry, David, ed. *The Roman World: A Sourcebook*. Malden : Blackwell, 2001.

Dillon, Matthew and Lynda Garland, eds. *Ancient Rome: From the Early Republic to the Assassination of Julius Caesar*. London : Routledge, 2005.

Drew, Katherine Fischer, trans. *The Laws of the Salian Franks*. Philadelphia : University of Pennsylvania Press, 1991.

Frier, Bruce W. and Thomas A. J. McGinn, eds. *A Casebook on Roman Family Law*. Oxford : Oxford University Press, 2004.

Grubbs, Judith Evans, ed. *Women and the Law in the Roman Empire: A Sourcebook on Marriage, Divorce and Widowhood*. London : Routledge, 2002.

Futrell, Alison, ed. *The Roman Games: A Sourcebook*. Malden : Blackwell, 2006.

Hope, Valerie M., ed. *Death in Ancient Rome: A Sourcebook*. London : Routledge, 2007.

Hyamson, H. *Mosaicarum et romanarum legum collatio*. London : Oxford University Press, 1913.

Kraemer, Ross Shepard, ed. *Women's Religions in the Greco-Roman World: A Sourcebook*. Oxford : Oxford University Press, 2004.

Lee, A. D., ed. *Pagans and Christians in Late Antiquity: A Sourcebook*. London : Routledge, 2000.

Levick, Barbara, ed. *The Government of the Roman Empire: A Sourcebook*. London : Routledge, 2000.

Lewis, Naphtali and Meyer Reinhold, eds. *Roman Civilization: Selected Readings*. 3d. ed. Vol. 1 : *The Republic and The Augustan Age*. Vol. 2 : *The Empire*. New York :

Columbia University Press, 1990.

Maas, Michael, ed. *Readings in Late Antiquity: A Sourcebook*. 2d. ed. London:
Routledge, 2010.

MacMullen, Ramsay and Eugene N. Lane, eds. *Paganism and Christianity, 100~
425 C.E.: A Sourcebook*. Minneapolis: Fortress, 1992.

Mahoney, Anne, ed. *Roman Sports and Spectacles: A Sourcebook*. Newburyport:
Focus, 2001.

Musurillo, Herbert, trans. *The Acts of the Christian Martyrs*. Oxford: Clarendon
Press, 1972.

Pollitt, J. J., ed. *The Art of Rome, c. 753 B.C.~A.D. 337*. Cambridge: Cambridge
University Press, 1983.

Ridley, Ronald T. *History of Rome: A Documented Analysis*. Rome: L'Erma di
Bretschneider, 1987.

Roberts, C. H. and E. G. Turner, eds. *Catalogue of the Greek and Latin Papyri in
the John Rylands Library, Manchester*. 4 vols. Manchester: Manchester University
Press, 1911~1952.

Sage, Michael M., ed. *The Republican Roman Army: A Sourcebook*. London:
Routledge, 2008.

Shelton, Jo-Ann, ed. *As The Romans Did: A Sourcebook in Roman Social History*. 2d.
ed. Oxford: Oxford University Press, 1998.

Warmington, E. H., trans. *Remains of Old Latin*. 4 vols. Cambridge, Mass.:
Harvard University Press, 1956~1961.

현대의 연구서들

Adkins, Lesley and Roy A. Adkins. *Handbook to Life in Ancient Rome*. Oxford:
Oxford University Press, 2004.

Ando, Clifford. *Imperial Ideology and Provincial Loyalty in the Roman Empire*.
Berkeley: University of California Press, 2000.

_____. *The Matter of the Gods: Religion and the Roman Empire*. Berkeley:
University of California Press, 2008.

Badian, Ernst. *Foreign Clientelae (264~70 B.C.)*. Oxford: Oxford University Press,
1958; reprint with corrections, 1984.

Barrett, Anthony. *Caligula: The Corruption of Power*. New York: Simon and Schuster, 1990.

Beard, Mary. *The Roman Triumph*. Cambridge, Mass.: Harvard University Press, 2007.

Bennett, Julian. *Trajan: Optimus Princeps*. London: Routledge, 2001.

Birley, Anthony R. *Marcus Aurelius, A Biography*. New Haven: Yale University Press, 1987.

_____. *Hadrian: The Restless Emperor*. London: Routledge, 1997.

_____. *Septimius Severus: The African Emperor*. London: Routledge, 1999.

Bishop, M. C. and J. C. N. Coulson. *Roman Military Equipment: From the Punic Wars to the Fall of Rome*. Oxford: Oxbow Books, 2006.

Bonfante, Larissa, ed. *Etruscan Life and Afterlife: A Handbook of Etruscan Studies*. Detroit: Wayne State University Press, 1986.

Boswell, John. *Same-Sex Unions in Premodern Europe*. New York: Villard Books, 1994.

Bowersock, G. W., Peter Brown, and Oleg Grabar, eds. *Late Antiquity: A Guide to the Postclassical World*. Cambridge, Mass.: Harvard University Press, 1999.

Bradley, Keith. *Slavery and Society at Rome*. Cambridge: Cambridge University Press, 1994.

Brown, Peter. *The World of Late Antiquity: AD 150~750*. New York: W. W. Norton, 1971.

Brown, Peter. *The Body and Society: Men, Women, and Sexual Renunciation in Early Christianity*. New York: Columbia University Press, 1988.

Browning, Robert. *Justinian and Theodora*. Rev. ed. London: Thames and Hudson, 1987.

Brunt, P. A. *The Fall of the Roman Republic and Related Essays*. Oxford: Oxford University Press, 1988.

Cameron, Alan. *The Last Pagans of Rome*. Oxford: Oxford University Press, 2010.

Champlin, Edward. *Nero*. Cambridge, Mass.: Harvard University Press, 2003.

Clarke, John R. *Roman Life 100 B.C. to A.D. 200*. New York: Harry H. Abrams, 2007.

Conte, Gian Biagio. *Latin Literature: A History*. Trans. Joseph B. Solodow, rev. Don Fowler and Glenn W. Most. Baltimore: The Johns Hopkins University Press, 1994.

Cornell, Tim. *The Beginnings of Rome: Italy and Rome from the Bronze Age to the Punic Wars(c. 1000~264 B.C.)*. London: Routledge, 1995.

Crawford, Michael H. *Roman Republican Coinage*. 2 vols. Cambridge: Cambridge University Press, 1974; reprint with corrections, 2001.

Crossan, Dominic and Jonathan L. Reed. *In Search of Paul: How Jesus' Apostle Opposed Rome's Empire with God's Kingdom*. New York: Harper, 2005.

Cruse, Audrey. *Roman Medicine*. Stroud: Tempus, 2004.

De Jong, Mayke. *In Samuel's Image: Child Oblation in the Early Medieval West*. Leiden: Brill, 1996.

Dennison, Matthew. *Livia, Empress of Rome: A Biography*. New York: St. Martin's, 2011.

DiMaio, Michael, Jr. and Richard Weigel, eds. *De Imperatoribus Romanis: An Online Encyclopedia of Roman Emperors*: http://www.roman-emperors.org/.

Dodge, Hazel. *Spectacle in the Roman World*. London: Duckworth, 2011.

Dupont, Florence. *Daily Life in Ancient Rome*. Trans. Christopher Woodall. Malden: Blackwell, 1989.

Dyson, Stephen L. *Rome: A Living Portrait of an Ancient City*. Baltimore: The Johns Hopkins University Press, 2010.

Earl, Donald C. *The Moral and Political Tradition of Rome*. Ithaca: Cornell University Press, 1967.

Eckstein, Arthur M. *Rome Enters the Greek East: From Anarchy to Hierarchy in the Hellenistic Mediterranean, 230~170 B.C.*. Malden: Blackwell, 2008.

Edmondson, Jonathan, ed. *Augustus: Edinburgh Readings on the Ancient World*. Edinburgh: Edinburgh University Press, 2009.

Elsner, Jas. *Imperial Rome and Christian Triumph: The Art of the Roman Empire, A.D. 100~450*. Oxford: Oxford University Press, 1998.

Erdkamp, Paul, ed. *A Companion to the Roman Army*. Malden: Blackwell, 2007.

Evans, J. A. S. *The Empress Theodora: Partner of Justinian*. Austin: University of Texas Press, 2002.

Evans, J. A. S. *The Emperor Justinian and the Byzantine Empire*. Westport: Greenwood, 2005.

Fagan, Garrett G. *Bathing in Public in the Roman World*. Ann Arbor: University of Michigan Press, 1999.

_____. *The Lure of the Arena: Social Psychology and the Crowd at the Roman Games*. Cambridge: Cambridge University Press, 2011.

Flower, Harriet I., ed. *The Cambridge Companion to the Roman Republic*. Cambridge: Cambridge University Press, 2004.

_____. *Roman Republics*. Princeton: Princeton University Press, 2010.

Forsythe, Gary. *A Critical History of Early Rome: From Prehistory to the First Punic War*. Berkeley: University of California Press, 2005.

Frank, Tenney, ed. *An Economic Survey of Ancient Rome*. 6 vols. Baltimore: The Johns Hopkins University Press, 1933~1940.

Freisenbruch, Annelise. *Caesars' Wives: Sex, Power, and Politics in the Roman Empire*. New York: Free Press, 2010.

Frend, W. H. C. *The Rise of Christianity*. Philadelphia: Fortress, 1986.

Futrell, Allison. *Blood in the Arena: The Spectacle of Roman Power*. Austin: University of Texas Press, 1997.

Galinsky, Karl. *Augustan Culture*. Princeton: Princeton University Press, 1996.

_____. ed. *The Cambridge Companion to the Age of Augustus*. Cambridge: Cambridge University Press, 2005.

Gardner, Jane. *Women in Roman Law and Society*. London: Routledge, 1986.

Garland, Robert. *Hannibal*. London: Duckworth, 2010.

Garnsey, Peter and Richard Saller. *The Roman Empire: Economy, Society, and Culture*. Berkeley: University of California Press, 1987.

Gelzer, Matthias. *The Roman Nobility*. Trans. Robin Seager. Oxford: Blackwell, 1969.

Goldsworthy, Adrian. *The Complete Roman Army*. London: Thames and Hudson, 2003.

_____. *Caesar: The Life of a Colossus*. London: Weidenfeld and Nicolson, 2006.

_____. *How Rome Fell: Death of a Superpower*. New Haven: Yale

University Press, 2009.

Green, Bernard. *Christianity in Ancient Rome: The First Three Centuries*. London : T. and T. Clark, 2010.

Greene, Kevin. *The Archaeology of the Roman Economy*. Berkeley : University of California Press, 1986.

Grubs, Judith Evans. *Law and Family in Late Antiquity: The Emperor Constantine's Marriage Legislation*. Oxford : Clarendon Press, 1995.

Gruen, Erich S. *The Last Generation of the Roman Republic*. Berkeley : University of California Press, 1974.

Harl, Kenneth W. *Coinage in the Roman Economy, 300 B.C. to A.D. 700*. Baltimore : The Johns Hopkins University Press, 1996.

Harris, William V. *War and Imperialism in Republican Rome*. Oxford : Clarendon Press, 1985.

_____. *Rome's Imperial Economy: Twelve Essays*. Oxford : Oxford University Press, 2010.

Heather, P. J. *The Goths*. Oxford : Blackwell, 1996.

_____. *Empires and Barbarians: The Fall of Rome and the Birth of Europe*. Oxford : Oxford University Press, 2010.

Hezser, Catherine. *The Oxford Handbook of Jewish Daily Life in Roman Palestine*. New York : Oxford University Press, 2010.

Hopkins, Keith and Mary Beard. *The Colosseum*. London : Profi le, 2005.

Isaac, Benjamin H. *The Limits of Empire: The Roman Army in the East*. Rev. ed. Oxford : Clarendon Press, 2000.

Johns, Catherine and Timothy Potter. *The Thetford Treasure: Roman Jewellery and Silver*. London : Trustees of the British Museum, 1983.

Joshel, Sandra R. *Slavery in the Roman World*. Cambridge : Cambridge University Press, 2010.

Kelly, Christopher. *The End of Empire: Attila the Hun and the Fall of Rome*. New York : W. W. Norton, 2009.

Köhne, Eckart and Ewigleben, Cornelia, eds. ; Ralph Jackson, ed. English edition. *Gladiators and Caesars: The Power of Spectacle in Ancient Rome*. Berkeley : University of California Press, 2000.

Kraemer, Ross Shepard. *Her Share of the Blessings: Women's Religions among Pagans, Jews, and Christians in the Greco-Roman World*. New York: Oxford University Press, 1992.

Kulikowski, Michael. *Rome's Gothic Wars: From the Third Century to Alaric*. New York: Cambridge University Press, 2007.

Laes, Christian. *Children in the Roman Empire: Outsiders Within*. Cambridge: Cambridge University Press, 2011.

Lanciani, R. A. *Ancient Rome in the Light of Recent Discoveries*. Boston: Houghton Miffl in, 1888.

Lenski, Noel, ed. *The Cambridge Companion to the Age of Constantine*. Cambridge: Cambridge University Press, 2006.

Levick, Barbara. *Claudius*. New Haven: Yale University Press, 1990.

_____. *Tiberius the Politician*. London: Routledge, 1999.

_____. *Vespasian*. London: Routledge, 1999.

_____. *Augustus: Image and Substance*. Harlow: Longman, 2010.

Lintott, A. W. *The Constitution of the Roman Republic*. Oxford: Clarendon Press, 1999.

_____. *Violence in Republican Rome*. Oxford: Oxford University Press, 1999.

Maas, Michael, ed. *The Cambridge Companion to the Age of Justinian*. Cambridge: Cambridge University Press, 2005.

MacMullen, Ramsay. *Christianizing the Roman Empire (A.D. 100~400)*. New Haven: Yale University Press, 1984.

_____. *The Second Church: Popular Christianity A.D. 200~400*. Atlanta: Society of Biblical Literature, 2009.

Marincola, John. *Greek and Roman Historiography*. Oxford: Oxford University Press, 2011.

Matthews, John. *Laying Down the Law: A Study of the Theodosian Code*. New Haven: Yale University Press, 2000.

_____. *Roman Perspectives: Studies in the Social, Political and Cultural History of the First to Fifth Centuries*. Swansea: Classical Press of Wales, 2010.

Mattingly, David J. *Imperialism, Power, and Identity: Experiencing the Roman*

Empire. Princeton: Princeton University Press, 2010.

Matyszak, Philip. *Chronicle of the Roman Republic: The Rulers of Ancient Rome from Romulus to Augustus*. London: Thames and Hudson, 2003.

Millar, Fergus. *The Emperor in the Roman World*. 2d ed. Ithaca: Cornell University Press, 1992.

Mitchell, Stephen. *A History of the Later Roman Empire, AD 284~641: The Transformation of the Ancient World*. Malden: Blackwell, 2007.

_____. *One God: Pagan Monotheism in the Roman Empire*. Cambridge: Cambridge University Press, 2010.

Morgan, Gwyn. *69 A.D.: The Year of Four Emperors*. Oxford: Oxford University Press, 2006.

Murphy, Frederick. *An Introduction to Jesus and the Gospels*. Nashville: Abingdon, 2005.

Nicolet, Claude. *The World of the Citizen in Republican Rome*. Trans. P. S. Falla. Berkeley: University of California Press, 1980.

North, J. A. and S. R. F. Price, eds. *The Religious History of the Roman Empire: Pagans, Jews, and Christians*. Oxford: Oxford University Press, 2011.

Odahl, Charles M. *Constantine and the Christian Empire*. 2d ed. London: Routledge, 2010.

O'Donnell, James J. *Augustine: A New Biography*. New York: Echo, 2005.

Pavkovic, Michael F. *The Army of Imperial Rome*. Aldershot: Ashgate, 2008.

_____. *The Army of the Roman Republic*. Aldershot: Ashgate, 2011.

Peachin, Michael, ed. *The Oxford Handbook of Social Relations in the Roman World*. Oxford: Oxford University Press, 2011.

Potter, David. S. *The Roman Empire at Bay*. London: Routledge, 2004.

_____. ed. *A Companion to the Roman Empire*. Malden: Blackwell, 2006.

Potter, David S. and David J. Mattingly, eds. *Life, Death, and Entertainment in the Roman Empire*. Ann Arbor: University of Michigan Press, 2010.

Pulleyblank, E. G. "The Roman Empire as Known to Han China." *Journal of the American Oriental Society* 119 (1999): 71~79.

Rawson, Elizabeth. *Cicero: A Portrait*. Rev. ed. Bristol: Bristol Classical, 1983.

Roller, Duane W. *Cleopatra: A Biography*. Oxford: Oxford University Press, 2010.

Rosen, William. *Justinian's Flea: Plague, Empire, and the Birth of Europe.* New York: Viking, 2007.

Rosenstein, Nathan. *Rome at War: Farms, Families, and Death in the Middle Republic.* Chapel Hill: University of North Carolina Press, 2004.

Rosenstein, Nathan and Robert Morstein-Marx, eds. *A Companion to the Roman Republic.* Malden: Blackwell, 2006.

Roth, Jonathan P. *Roman Warfare.* Cambridge: Cambridge University Press, 2009.

Rousseau, Philip. *Ascetics, Authority, and the Church in the Age of Jerome and Cassian.* 2d ed. Notre Dame: University of Notre Dame Press, 2010.

Saller, Richard P. *Patriarchy, Property, and Death in the Roman Family.* Cambridge: Cambridge University Press, 1994.

Scarre, Christopher. *Chronicle of the Roman Emperors: The Reign-by-Reign Record of the Rulers of Imperial Rome.* London: Thames and Hudson, 1995.

Scheid, John. *An Introduction to Roman Religion.* Trans. Janet Lloyd. Bloomington: Indiana University Press, 2003.

Schoff, Wilfred H. *The Periplus of Hanno: A Voyage of Discovery Down the West African Coast, by a Carthaginian Admiral of the Fifth Century B.C.* Philadelphia: Commercial Museum, 1912.

Seager, Robin. *Pompey the Great: A Political Biography.* Oxford: Blackwell, 2002.

Shahîd, Irfan. *Byzantium and the Arabs in the Sixth Century.* 4 vols. Washington: Dumbarton Oaks Research Library and Collection, 1995~2009.

Smith, Christopher John. *Early Rome and Latium: Economy and Society c. 1000 to 500 BC.* Oxford: Oxford University Press, 1996.

Sorek, Susan. *The Jews Against Rome.* London: Continuum, 2008.

Southern, Pat. *Domitian: Tragic Tyrant.* London: Routledge, 1997.

_____. *Empress Zenobia: Palmyra's Rebel Queen.* London: Hambledon Continuum, 2008.

Southern, Pat and Karen R. Dixon. *The Late Roman Army.* London: B. T. Batsford, 1996.

Stark, Rodney. *The Rise of Christianity: A Sociologist Reconsiders History.* Princeton: Princeton University Press, 1996.

Stephenson, Paul. *Constantine: Unconquered Emperor, Christian Victor.* London:

Quercus, 2009.

Stewart, Peter. *The Social History of Roman Art.* Cambridge: Cambridge University Press, 2008.

Stewart, Roberta. *Public Office in Early Rome: Ritual Procedure and Political Practice.* Ann Arbor: University of Michigan Press, 1998.

Stockton, D. L. *The Gracchi.* Oxford: Clarendon Press, 1979.

Strauss, Barry S. *The Spartacus War.* New York: Simon and Schuster, 2009.

Strong, Donald. *Roman Art.* 2nd ed. New Haven: Yale University Press, 1995.

Syme, Ronald. *The Roman Revolution.* Oxford: Clarendon Press, 1939; reprint with corrections, 1952 and later.

Toner, Jerry. *Popular Culture in Ancient Rome.* Cambridge: Polity, 2009.

Tougher, Shaun. *Julian the Apostate.* Edinburgh: Edinburgh University Press, 2007.

Treggiari, Susan. *Roman Marriage: Iusti Coniuges from the Time of Cicero to the Time of Ulpian.* Oxford: Clarendon Press, 1991.

Tsafir, Yoran. "Nessana." In Bowersock et al., *Late Antiquity,* pp. 601~602.

Wallace-Hadrill, Andrew. *Herculaneum: Past and Future.* London: Frances Lincoln, 2011.

Wells, Peter. *The Battle That Stopped Rome: Emperor Augustus, Arminius, and the Slaughter of the Legions in the Teutoburg Forest.* New York: W. W. Norton, 2004.

Wickham, Chris. *Framing the Early Middle Ages: Europe and the Mediterranean, 400~800.* Oxford: Oxford University Press, 2005.

Williams, Stephen. *Diocletian and the Roman Recovery.* New York: Routledge, 1997.

Williamson, Callie. *The Laws of the Roman People: Public Law in the Expansion and Decline of the Roman Republic.* Ann Arbor: University of Michigan Press, 2005.

Wiseman, T. P. *The Myths of Rome.* Exeter: University of Exeter Press, 2004.

Woolf, Greg. *Tales of the Barbarians: Ethnography and Empire in the Roman West.* Malden: Wiley-Blackwell, 2011.

Zanker, Paul. *The Power of Images in the Age of Augustus.* Trans. by Alan Shapiro. Ann Arbor: University of Michigan Press, 1988.

_____. *Pompeii: Public and Private Life.* Trans. Deborah Lucas Schneider. Cambridge, Mass.: Harvard University Press, 1998.

찾아보기

ㄱ

가부장권 patria potestas 50~54
가부장제 323
가산 왕조의 아랍인들 320, 322
가톨릭교회 249
간통 193, 332
《갈리아 전기 Commentarii de Bello Gallico》(카이사르) 18
갈리아 전쟁 143
갈리에누스 Gallienus(황제) 266, 283
갈릴레오 Galileo 338
감찰관 censor 91, 94, 96, 97, 101
거부권 veto 104
건축 32, 61, 128, 215
검투사 61, 98, 196~198, 210, 248
게르만 민족 25, 183, 216, 258, 263, 302, 306, 307, 312, 319, 320, 322
게르만어 307
게타 Geta(황제) 260, 261
경건 pietas 42, 62
경기장 23, 197, 215, 226, 246, 329
《고대 로마사 Rhomaike archaiologia》(할리카르나소스의 디오니시오스) 17, 63, 73
《고백록 Confessiones》(아우구스티누스) 296
골 Gaul(갈리아) 161, 163, 164, 170, 219, 222, 249, 310, 312, 313, 318, 319, 328
골족 110, 121, 142, 167
공화국 72, 83, 84, 90, 91, 100, 104, 105, 114, 138, 140, 144, 150, 154, 156~159, 169, 177, 186, 270
《공화국 The Republic and The Laws》(키케로) 83
과두정 oligarchy 18
과세 97, 222, 275, 276
'관직의 사다리 cursus honorum' 58, 93, 95, 96, 155, 157, 176, 178
〈광장으로 가는 길에 우스운 일이 벌어졌어 A Funny Thing Happened on the Way to the Forum〉 130
교황 291, 292
《교회의 역사 Historia Ecclesiastica》(소크라테스) 289
《구경거리에 대하여 De spectaculis》(테르툴리아누스) 197
구약성경 242
군단 109, 148, 183, 259
군주제 monarchy 175, 270, 288, 317
궁수 109, 219
권위 auctoritas 45
권표(파스케스 fasces) 98
귀족 22, 25, 40, 72, 74, 84~89, 91, 93, 96, 98, 103, 104, 113, 115, 140, 144~146, 152,

160, 164, 169, 250, 319, 320
귀족파(옵티마테스optimates) 140, 149
그라쿠스, 가이우스 Gracchus, Gaius 54, 137, 138, 140, 150
그라쿠스, 티베리우스 Gracchus, Tiberius 54, 137, 140
그리스 30, 32~36, 57, 58, 60, 66, 88, 93, 111, 113, 120, 123, 125, 127~130, 164, 165, 173, 224, 227, 231, 241, 286, 304, 305, 334
그리스어 15, 57, 111, 129, 131, 164, 224, 240, 297, 321, 322, 335, 337
그리스인 13, 21, 30, 32, 36, 57, 58, 72, 76, 108, 117, 118, 123~125, 129, 131, 322
극장 198, 321
근위대 Praetorian Guard 183, 209, 210, 212, 213, 262
금욕주의 297
기독교 20, 24, 26, 234, 236, 237, 241, 242, 246, 249, 251, 255~257, 267, 280, 282~294, 297, 298, 313, 321, 323, 330, 332, 335, 336, 338
기명 記銘 7, 84
기병 101, 139, 219, 308
기사 계급 equites 140, 145, 147, 155, 160, 229
《기억할 만한 행동과 말씀 Factorum et dictorum memorabiliorum libri》(발레리우스 막시무스) 134
《기원 Origines》(대大 카토) 131
길라잡이 lictor(수행원) 98

ㄴ

나이비우스 Naevius 129
나폴리 Napoli 28, 32, 111, 208, 314
내전 13, 18, 23, 24, 40, 91, 142, 152, 153, 156, 157, 164~166, 169, 175, 178, 184, 186, 205, 213, 218, 262, 264, 266, 273, 282, 304

《내전 Bellum Civile》(아피아노스) 18, 164
《내전기 Commentarii de Bello Civili》(카이사르) 18, 140
네로 Nero(황제) 194, 197, 207, 212, 213, 243
《네로의 생애》(수에토니우스) 213
네르바 Nerva(황제) 206
네스토리우스 Nestorius 293
네스토리우스파 294
'네 황제의 해'(기원후 69년) 213
노예 36, 49, 50, 54, 57, 65, 66, 68, 76, 77, 80, 110, 111, 129, 133, 135, 140, 142, 155, 158, 163, 191, 193~196, 219, 236, 241, 242, 250, 262, 269, 270, 275, 309, 310, 318
농업 27, 30, 64, 118, 133, 134, 139, 194, 222, 277
《농업에 대하여 De Agri Cultura》(대大 카토) 131
농지 개혁 137~139
뇌물 279, 308, 320
누르시아의 베네딕트 Benedictus Nursiae 300
누마 폼필리우스 Numa Pompilius 80
니카 Nika 폭동 328
니케 Nike(승리의 여신) 287
니케아 Nicea 종교회의 293
니코메디아 Nicomedia 275

ㄷ

다마스키오스 Damaskios 338
다신교(이교) 26, 234, 254, 286, 288
다키아 Dacia 217, 227
단성파 Monophysites 321, 322
달력 167, 169, 226
달마티아 Dalmatia 269, 327
대박해 Great Persecution 280, 283, 294
《대비 열전(영웅전) Bioi paralleloi)》(플루타르코스) 18

대제사장 pontifex maximus 64, 284, 288
《대大 카토의 생애》(플루타르코스) 55
데모크리토스 Democritos 173
데스마스크 death mask 174
데키우스 Decius(황제) 266
도나투스 Donatus 294
도나투스파 294
도미티아누스 Domitianus(황제) 18, 215, 216, 226, 258, 272
《도미티아누스의 생애》(수에토니우스) 216
도시화 36
독신 250, 290, 297
독일 163, 183, 222, 313
독재관 dictator 45, 96, 97, 154, 166, 177
동고트족 314, 315
동로마제국(비잔티움 제국) 15, 26, 273, 280, 302, 304, 305, 308, 310, 314, 318, 320~323, 326~328, 334, 335, 337
동맹 21, 75, 77, 81, 82, 110, 118, 120, 122, 127, 141, 150, 154, 161~163, 179, 310, 313, 320
동맹국 전쟁 Social War 150~152
동성애 332
동전 16, 150, 166, 184, 187, 199, 200, 259, 275, 276
동화 同化 78
디오니소스 Dionysos(바쿠스) 66
디오클레티아누스 Diocletianus(황제) 267, 269, 272~277, 279~294, 304

ㄹ

라레스 Lares(조상신) 191
라벤나 Ravenna 305, 330
라티움 Latium 75, 78
라티푼디아 latifundia(거대한 영지) 135

라틴어 13, 15, 57, 58, 75, 108, 114, 129, 131, 170, 172, 173, 219, 222, 318, 327, 335, 337
락탄티우스 Lactantius 41, 282
러시아 15
레무스 Remus 73
레스 게스타이 Res Gestae(아우구스투스의 업적) 185
레오 1세 Leo I(교황) 308
레우키포스 Leukippos 173
레피두스 Lepidus 178, 179
로마공화국 11, 18, 39, 46, 58, 93, 97, 131, 133, 135, 142, 147, 151
《로마 국제의 행정관 직에 대하여 De Magistratibus》(리디아의 요한네스) 324
로마법 50, 193, 229, 243, 289, 317, 318, 327
《로마 법전 Digesta seu Pandectae》 331
《로마사 Historia Romana》(벨레이우스 파테르쿨루스) 154
《로마사 Historia Romana》(카시우스 디오) 20, 261, 262
《로마사 Historiae》(암미아누스 마르켈리누스) 20
《로마 시 창건 이래의 로마 역사 Ab Urbe Condita Libri》(리비우스) 17, 46, 56, 73, 74, 77, 81, 85
'로마의 국제 Roman Constitution' 72, 89, 96, 104, 161
《로마인들에게 보내는 편지 Epistle to the Romans》(안티오크의 이그나티우스) 247
로마제국 175, 177, 183, 205, 208, 221, 234, 262, 302, 308, 312, 321, 327, 329
로마화 Romanization 221, 222
로물루스 Romulus(왕) 11, 18, 73~75, 77
로물루스 아우구스툴루스 Romulus Augustulus(황제) 314
루쿨루스 Lucullus 152, 158
루크레티아 Lucretia 55, 81, 82
루크레티우스 Lucretius 173, 174

루키아누스 Lucianus 224

루키우스 아우렐리우스 헤르미아 Lucius Aurelius Hermia 232

루킬리우스 Lucilius 144

루페르칼리아 축제 Lupercalia 65

리디아 Lydia 34

리디아의 요한네스 Johannes Lydius 324, 326

리비아 Livia 205

리비우스 Titus Livius Patavinus 17, 18, 30, 73, 77, 87, 202

리비우스 안드로니쿠스 Livius Andronicus 129

리시포스 Lysippos 203

ㅁ

마니우스 쿠리우스 Manius Curius 132

마르스 Mars 184

'마르스의 들판(캄푸스 마르티우스 Campus Martius)' 226

마르켈루스 Marcellus 288

마르켈루스 극장 Theatrum Marcelli 198

《마르켈루스 행전 Acts of Marcellus》 288

마르쿠스 아우렐리우스 Marcus Aurelius(황제) 216~218, 254, 255, 258, 260

마르쿠스 아틸리우스 레굴루스 Marcus Atilius Regulus 133, 134

마르쿠스 안토니우스 Marcus Antonius 178, 179, 201

마르쿠스 포르키우스 카토(大 카토) Marcus Porcius Cato 55, 126, 130~132, 166

마리우스, 가이우스 Marius, Gaius 145~147, 149, 152, 153

마시니사 Masinissa 125

마케도니아 Macedonia 15, 121, 122, 124, 125

마크로비우스 Macrobius 65

막시무스 원형 경기장 Circus Maximus 61, 185

막시밀리아 Maximilla 250

메로베크 Merovech 319

메로빙거 왕조 319

메소포타미아 Mesopotamia 163, 217, 218, 249, 260, 280, 328

《명상록 Ta eis heauton》(마르쿠스 아우렐리우스) 254, 255

모자이크 16, 198, 305, 330, 336

목욕탕 190, 228, 261, 272, 293

몬타누스 Montanus 250

무소니우스 루푸스 Musonius Rufus 255

무슬림 237

뭄미우스 Mummius 125

미네르바 Minerva 35, 60

미드라시 Midrash 290

미트라교 Mithraism 251

미트라다테스 6세 Mithradates VI 144, 151, 152, 155, 156, 158

미트라다테스 전쟁 152

민주정 democracy 18

밀라노 Milano 274, 294, 336

밀라노 칙령 282

밀비우스 다리 전투 282

ㅂ

바루스, 퀸크틸리우스 Varus, Quinctilius 183

《바울과 테클라 행전 Acts of Paul and Thecla》 250

《박해받은 사람들의 죽음에 대하여 De mortibus persecutorum》(락탄티우스) 282

반달족 313, 319, 327

발레리아누스 Valerianus(황제) 263

발레리우스 막시무스 Valerius Maximus 134

발레리우스, 푸블리우스 Valerius, Publius 84

발렌스 Valens(황제) 310

발칸 Balkan 반도 304, 308, 309, 327

배심원 89, 139, 155

백병전 110, 116, 149

백부장(켄투리온 centurion) 109, 148

《법학제요 Instituones》(교과서) 331

베네딕트 규칙 Benedictine Rule 300

베네피키아 beneficia(혜택) 47

베누스 Venus 162, 185

베드로(사도) 291, 292

베레스, 가이우스 Verres, Gaius 58

〈베레스를 고발하는 연설 Against Verres〉(키케로)
59

베르길리우스 Vergilius 201, 202, 218, 228, 335

베수비우스 Vesuvius 산 215

베스타 Vesta 63, 66

'베스타의 처녀들 Vestales' 63

베스파시아누스 Vespasianus(황제) 190, 197, 213
~215

《베스파시아누스의 생애》(수에토니우스) 215

베이 Veii(에트루리아) 85, 109

베투리아 Veturia 231

벨레이우스 파테르쿨루스 Velleius Paterculus 154

《변명 Apologeticum》(테르툴리아누스) 146, 246

《변신 Metamorphoses》(오비디우스) 202

변증법 200

보병 102, 109, 110, 259, 288

보병대 109, 148, 149

복장 35, 306, 322

북아프리카 11, 23, 114, 120, 125, 127, 142,
152, 157, 179, 214, 260, 294, 313, 327, 328

《분노에 관하여 On Anger》(세네카) 254

《브루투스 Brutus》(키케로) 54

브루투스, 루키우스 유니우스 Brutus, Lucius
Junius 82

브리튼 Britain 23, 222, 313

비르투스 virtus(미덕) 41

《비밀 역사 Historia Arcana》(프로코피우스) 20,
325

비비아 페르페투아 Vibia Perpetua 247, 248

비잔티움 Byzantium 283, 305, 322

비잔티움 제국(동로마제국) 329

빌라노바인 31, 72

빕사니아 Vipsania 208

ㅅ

4복음서 239

4황제제 tetrarchy 273, 304

사군툼 Saguntum 120

《사랑도 가지가지 Amores》(오비디우스) 202

《사랑의 기술 Ars Amatoria》(오비디우스) 202

사르디니아 Sardinia 117, 327

《사물의 본성에 관하여 De rerum natura》(루크레
티우스) 173

사법행정관 praetor 95, 96, 98, 101, 104, 190,
209

사비니인 77, 78

사산 왕조 263, 270, 320, 328

사제단 62, 64, 80

《사투르날리아 Saturnalia》(마크로비우스) 65

사투르날리아 Saturnalia 축제 65

《사티리콘 Satyricon》(페트로니우스) 200

사형 101, 194, 198, 230, 247, 276, 295

살루스티우스 Sallustius 151

삼니움인 154

삼두체제 (1차/2차) 161, 163, 179

3차 포이니 전쟁 107, 125

상류계급 upper class 21, 22, 39, 40, 45, 48, 54,
57, 59, 72~74, 80~83, 108, 113, 118, 127,
131, 137~141, 145, 149, 150, 156, 159, 160,
166, 169, 174, 177, 185, 209, 220, 230, 231,
270, 286

상속세 113, 182, 262

《새 역사 Historia Nova》(조시무스) 310

색슨족 313

샤푸르 1세 Shapur I 263

서고트족 308~313, 316~318

서로마제국 14, 25, 26, 291, 302, 304, 305, 310, 312~315, 319, 320, 328

서사시 16, 129, 131, 201, 202

《서정시 The Complete Odes and Epodes》(호라티우스) 201

《서한 Letterae Commendaticiae》(키케로) 18

《서한집 Complete Letters》(소小 플리니우스) 230

《서한집 Letters》(아우구스티누스) 290, 394

《서한집 Select Letters》(키프리아누스) 266

《서한집 Letters and Select Works》(히에로니무스) 147, 296, 300

선거 47, 48, 55, 57, 64, 93, 95, 96, 100, 102 ~104, 145, 152, 158, 160, 163, 167

《선거 기술 안내 책자 Commentariolum Petitionis》(키케로) 59

《성녀 페르페투아와 펠리키타스의 수난 The Passion of Saint Perpetua and Felicity》 247

성베드로 바실리카(교회) Basilica Sancti Petri 268

세네카 Seneca 254

세례자 요한 239

세르비우스 툴리우스 Servius Tullius 80, 81

셀라 쿠룰리스 sella curulis (들고 다니는 특별한 의자) 104

셀레우코스 왕조 122, 124, 237

셉티미우스 세베루스 Septimius Severus (황제) 196, 260

셰익스피어, 윌리엄 Shakespeare, William 130, 224

소아시아 Asia Minor 127, 128, 137, 144, 151, 155, 158, 161, 165, 241, 244, 250, 254, 263, 275

소작농 tenant farmers 319

소작농들(콜로니coloni) 277

소크라테스 Socrates 289

속죄금 wergild 318

속주 23, 24, 93, 95, 96, 100, 117, 118, 125, 127, 132, 140, 148, 151, 159, 170, 177, 207, 209, 212~215, 218~225, 229, 230, 231, 234, 236, 237, 241, 258, 261, 264, 275, 278, 302, 306, 312, 313, 317, 319, 331

솔로몬 Solomon 330

수도교 水道橋 99, 111, 222, 228

수도원주의 monasticism 297, 298

수사학 57~59, 172, 199, 294, 336, 337

수에토니우스 Suetonius 18, 164~166, 183, 213, 215, 216, 220

순교자 24, 246, 247, 248, 280

술라, 루키우스 코르넬리우스 Sulla, Lucius Cornelius 91, 95, 152~158, 160, 164, 167, 169, 179

스코틀랜드 260

스키피오 나시카 Scipio Nasica 138

스키피오 아이밀리아누스 Scipio Aemilianus 125

스키피오 아프리카누스 Scipio Africanus 125

스토아주의 Stoicism 173, 254, 256, 285

스파르타쿠스 Spartacus 158, 159

스페인 118, 120, 121, 127, 158, 165, 214, 222, 278, 312, 313, 328

시도니우스 아폴리나리스 Sidonius Apollinaris 312

시르미움 Sirmium 274

시리아 159, 223, 241, 263, 294, 300

시리아 전쟁 124

시메온 Symeon 298

시민권 76, 80, 110, 139, 150, 151, 167, 193, 219, 230, 262

시칠리아 Sicilia 30, 32, 114, 115, 117, 118, 128, 132, 142, 157, 327

《신국론 De Civitate Dei》(아우구스티누스) 131,
285, 295
《신들의 본성 De Natura Deorum》(키케로) 62,
117
'신들의 평화 pax deorum' 63
신성로마제국 15
신성불가침 103
《신성한 제도 Institutiones Divinae》(락탄티우스) 41
신약성경 239, 242, 291
《신약성경에 대한 설교 Sermons on Selected Lessons
of the New Testament》(아우구스티누스) 296
신인 新人, homo novus 144, 145
신전 35, 60~63, 95, 99, 128, 129, 131, 132,
185, 215, 223, 226, 288, 331
신플라톤주의 Neoplatonism 256, 338
심마쿠스 Symmachus 287, 288
심플리키아 Simplicia 296
십계명 61
십이표법 Twelve Tables 47, 88, 89

ㅇ

아고라 agora 80
아그리피나 Agrippina 212
아나톨리아 Anatolia 34
아드리아노플 Adrianople 309
아라비아 294
아람어 240, 292
아르메니아 294
아리스토텔레스 Aristoteles 36, 338
아리우스파 292, 293, 315
아브가르 8세 Abgar VIII 280
아브라함 Abraham 330
아스클레피오스 Asklepios 66
아우구스투스 Augustus(옥타비아누스 Octavianus)
(황제) 13, 15, 18, 23, 25, 91, 167, 175,

177, 178, 181~188, 191~193, 198, 199,
201~203, 205, 207~210, 214, 218, 224,
225, 228, 238, 252, 259, 270, 284, 314, 316,
327
아우렐리아누스 Aurelianus(황제) 263, 264
아우렐리우스 아우구스티누스 Aurelius Augustinus
285, 290, 294~296, 337
아울루스 풀비우스 Aulus Fulvius 51
《아이네아스 Aeneas》(베르길리우스) 201, 202,
218, 228, 335
아일랜드 314
아키우스 Accius 65
아킬레우스 타티오스 Achilleus Tatios 224
아타울푸스 Ataulphus 316
아탈로스 3세 Attalos III 127, 137
아테네 Athina 80, 88, 136, 288, 338
아틸라 Attila 308
아펜니노 Apennino 산맥 28
아풀레이우스 Apuleius 194, 226, 252
아피아 길 Via Appia 264
아피아노스 Appianos 18
아피우스 클라우디우스 카우덱스 Appius Clau-
dius Caudex 115
아피키우스 Apicius 193
악티움 Actium 해전 179, 201
안토니누스 피우스 Antoninus Pius(황제) 216,
258
안토니우스 Antonius 178, 179, 201, 297
안티오코스 3세 Antiochos III 124
안티오코스 4세 Antiochos IV 237
안티오크 Antioch 223, 286, 291, 321
알라리크 Alaric 310
알렉산드로스 대왕 Alexandros the Great 15, 122,
159, 213
알렉산드리아 Alexandria 289, 291, 292, 321,
338

알렉산드리아의 아리우스 Arius of Alexandria 292

알파벳 36

알프스 Alps 산맥 27, 28, 120, 121, 170, 308

암미아누스 마르켈리누스 Ammianus Marcellinus 20, 286

암브로시우스 Ambrosius (밀라노 주교) 294, 336

앵글로-색슨족 313

야누스 Janus 66

야만인(야만족) barbarians 118, 146, 227, 258, 304, 306, 308~310, 312, 315~318, 321, 328

에우메네스 Eumenes 124

에우세비우스 Eusebius 282

에트루리아 Etruria 33~36, 109

에트루리아인 13, 33, 34, 36, 61, 72, 78, 81, 83

에티오피아 294

에피쿠로스 Epicouros 173

엔니우스 Ennius 129, 131

영성체 Eucharist 249

영아 유기 232

예루살렘 Jerusalem 20, 158, 215, 238, 241, 242, 250, 289, 331

예수 그리스도 Jesus Christ 235, 284

예술 16, 34, 111, 128, 170, 201, 203, 222

오도아케르 Odoacer 314, 315

오로시우스 Orosius 20, 316

오리게네스 Origenes 256

'오만 왕' 타르퀴니우스 Lucius Tarquinius Superbus 81, 83

오비디우스 Ovidius 202, 228

오스티아 Ostia 28, 228

오시리스 Osiris 252

오토만 제국(오스만 제국) 15

오피미우스 Opimius 140

5현제 217, 218

요세푸스 Josephus 20, 219, 259

요한네스 필로포누스 Johannes Philoponus 338, 339

용병 109, 113, 115, 322, 329

우정(아미키티아 amicitia) 47, 124

원로원 Senatus 51, 56, 64, 72, 84, 90~92, 95~97, 104, 115, 118, 121, 122, 126, 127, 134, 136~140, 144~147, 152, 154, 158~160, 164, 166, 167, 176, 178, 179, 181, 182, 190, 193, 194, 196, 207, 209~213, 229, 246, 270, 287, 314, 315, 330

원수정(프린키파투스 Principatus) 13, 14, 23, 181, 182, 207, 229, 258, 267, 270

웨일스 313

위엄(디그니타스 dignitas) 44, 45

유구르타 Jugurtha 142, 145, 152

유노 Juno 35, 60

유대 Judea 215, 237~241, 290

유대교 24, 215, 238, 239, 241, 242, 246, 248, 289, 315

유대교 예배당(시너고그 synagogue) 290

유대인 20, 158, 215, 217, 234, 236~238, 240 ~243, 289, 290, 315

유모 54, 195, 232

유베날리스 Juvenalis 80, 188, 191

유스티누스 Justinus 246

유스티니아누스 Justinianus(황제) 325, 327~ 335, 338

유피테르 Jupiter 35, 60~62, 218, 251, 272

율리아 Julia 162, 208

율리아누스 Julianus(황제) 286

율리우스-클라우디우스 Julius-Claudius 가문 207~210, 213, 217

의무(오피키아 officia) 47

이그나티우스 Ignatius (안티오크의 주교) 246

이단 heresy 249, 255, 288, 292, 293

이슬람 12, 321, 334

이시스 Isis 226, 252, 256, 285

이집트 54, 165, 169, 179, 184, 223, 251, 252, 263, 289, 294, 297, 298, 300

2차 포이니 전쟁 107, 120~121, 125, 135

이탈(평민들의 이탈) 87, 88, 103

이탈리아 21, 27~34, 58, 65, 73, 103, 106, 108~114, 117, 120, 121, 124, 127~129, 133, 135, 137, 139, 144~157, 164, 167, 170, 179, 222, 264, 275, 278, 302, 313~315, 327

인도 222, 294

인도-유럽어 31, 34

인플레이션 24, 259~262, 275, 335

일신교 monotheism 234

1차 포이니 전쟁 107, 116~117, 129, 133

임페리움 imperium(명령권) 96, 98, 106, 140

ㅈ

자마 Zama 전투 120

자선 287, 299

자연법 173

《잡다한 것들 Variae》(카시오도로스) 315

장창 149

재무관 quaestor 93, 95, 104

전례 典禮 300

전염병 66, 190, 199, 233, 246, 264, 266, 329

《전쟁의 역사 De Bellis》(프로코피우스) 20, 329

전제정(도미나투스 Dominatus) 270, 271

전제 정치 autocracy 82, 331

전차 경주 61, 185, 198, 231, 305, 321

'정복자 메흐메트 Mehmet the Conqueror' 15

정통파 orthodoxy 321, 332

제노비아 Zenobia 263

제노아 Genoa 315

《제도 Instituones》(가이우스) 53

《제도 Instituones》(카시오도루스) 335

'조상들의 관습 mos maiorum' 40, 105, 131, 142, 156

조시무스 Zosimus 310

조점권 鳥占權 auspicia 96

종교 20, 21, 24, 26, 35, 38, 39, 60~69, 77, 80, 84, 91, 96, 207, 222, 234, 236, 240~246, 249~272, 280~289, 294, 315

종말론 apocalypticism 24, 237

중동 Middle East 11

중장보병(호플리테스 hoplites) 36

지방행정관 promagistrates 96

지참금 47, 134

《진정한 교리에 대하여 Alethes Logos》(켈수스) 255

집정관(콘술 consul) 59, 72, 90~98, 101, 104, 140, 144~146, 152, 158, 160, 161, 163, 164, 178, 181, 182, 209, 270, 314, 315, 318

ㅊ

《착오 희극 The Comedy of Errors》(셰익스피어) 130

창녀 42, 55, 134, 195, 210, 277, 323

창수 219

청동 31, 32

최고가격령 275

출산율 112

ㅋ

카라칼라 Caracalla(황제) 261, 262

카르타고 Carthago 114~122, 125~127, 134, 167, 247, 260, 291

카리톤 Chariton 224

카시오도루스 Cassiodorus 315, 335

카시우스 디오 Cassius Dio 20, 261~262

카이사레이아의 '위대한' 바실 Basil ('the Great')
of Caesarea 299

카이사르, 율리우스 Caesar, Julius 15, 18, 23,
91, 140, 143, 159, 161~170, 175, 176, 178,
184~185, 219

카이킬리우스 메텔루스 Caecilius Metellus 128

카툴루스 Catullus 170, 172

카틸리나, 루키우스 세르기우스 Catilina, Lucius
Sergius 143, 160

〈카틸리나를 고소하는 연설 Oration Against
Catiline〉(키케로) 140

《카틸리나의 음모 De conjuratione Catilinae》(살루
스티우스) 18

카피톨리움 Capitolium 60, 61, 78, 138

칸나이 Cannae 전투 120

칼리굴라, 가이우스 Caligula, Gaius(황제) 206~
207, 209, 210, 212, 213

칼리마코스 Kallimachos 170

칼푸르니아 Calpurnia 230

캄파니아 Campania 28, 129

케스티우스, 카이우스 Cestius, Caius 264

켄투리아회 Comitia centuriata 101, 102

켈수스 Celsus 235, 255, 256

《켈수스에 대한 반론 Contra Celsum》(오리게네스)
235, 256

켈트족 Celts 107, 110, 121, 146, 313

코덱스 codex 337

코르넬리아 Cornelia 54, 137

코르시카 Corsica 107, 117, 327

코린토스 Corinthos 107, 123, 125, 127, 167

코모두스 Commodus(황제) 260

콘스탄티노플 Constantinople 15, 268, 284, 291,
293, 303, 305, 314, 320, 321, 327, 328, 335

콘스탄티누스 Constantinus(황제) 26, 267~269,
272, 276, 280, 282~284, 293, 298, 302,
304~305, 315, 330, 335

《콘스탄티누스의 생애 Vita Constantini》(에우세비
우스) 282

콘스탄티우스 2세 Constantius II(황제) 335

콜로세움 Colosseum 197, 206, 215, 282

쾰른 Köln 222

쿠리알레스 curiales 220, 229, 262, 278, 279,
289, 290

크라수스, 마르쿠스 리키니우스 Crassus, Marcus
Licinius 143, 159, 161, 163

클라우디우스 Claudius(호민관) 139

클라우디우스 Claudius(황제) 206~207, 210,
212

클라우디우스 가문 205~233

클라우디우스 풀케르 Claudius Pulcher 116

클레오파트라 7세 Cleopatra VII 165, 176, 179,
201, 252

클로비스 Clovis 318, 319

키릴 Cyril 289

키케로, 마르쿠스 툴리우스 Cicero, Marcus Tullius
18, 22, 23, 53, 54, 58, 59, 62, 80, 83, 117,
132, 140, 160, 172, 173, 199, 336, 337

키프리아누스 Cyprianus 266

킨킨나투스, 루키우스 퀸크티우스 Cincinnatus,
Lucius Quinctius 45, 71, 97

킴브리족 Cimbri 146

ㅌ

타르수스의 바울 Paulus Tarsi 235, 236, 240

타키투스 Publius Cornelius Tacitus 20, 177, 188,
194, 199, 216, 225, 243, 244

탈무드 290

테렌티우스 Terentius 129

테르툴리아누스 Tertullianus 146, 197, 245, 246

테오도라 Theodora(황후) 20, 303, 324, 325,

328, 330

테오도리쿠스 Theodoricus 314, 315

테오도시우스 Theodosius (황제) 268, 288, 310

《테오도시우스 법전 Theodisian Code》 272, 336

테클라 Thecla 250

토목건축관리관 aedile 95, 103, 104

토이토부르크 Teutoburg 숲 183

통혼 77, 86, 88

투르의 마르탱 St. Martin de Tours 299

투표 민회(투표권을 가진 민회) 72, 100, 101, 104

툴리아 Tullia 53, 81

튜턴족 146

트라야누스 Traianus (황제) 206, 216~218, 222, 227, 229, 244

트로이인 31, 73, 201

트로이 전쟁 31

트리부스 인민회 Comitia Tributa 101, 104

트리부스 평민회 Concilium Plebis Tributum 101~104, 137

트리어 Trier 222, 275

티베리스 Tiberis 강 28, 83, 88, 190, 246

티베리우스 Tiberius (황제) 205~209, 220, 239

《티베리우스 그라쿠스의 생애》(플루타르코스) 138

《티베리우스의 생애》(수에토니우스) 220

티투스 Titus (황제) 197, 206, 215, 242

ㅍ

파르살로스 Phársalos 전투 165

파르테논 Parthenon 288

파르티아 163

파비우스 Fabius 가문 71, 85

파비우스 막시무스 Fabius Maximus 120, 135

파우누스 Faunus 284

파이스툼 Paestum 33

파피루스 16, 200, 337

판테온 Pantheon 206, 226

팔레스타인 Palestine 290

페나테스 Penates (부엌신) 67

페니키아인 32, 114

페르가뭄 Pergamum 왕국 122, 124, 137

페르세우스 Perseus 124, 125

페르시아 Persia 126, 235, 263, 270, 294, 320, 338

페트로니우스 Petronius 200

평민 40, 47, 71, 72, 74, 81, 83, 84, 86~89, 91, 96, 98, 103, 104, 113, 127, 145, 147, 159, 169, 188, 194, 198

평민파(포풀라레스 populares) 140, 159

포룸 Forum 48, 60, 71, 80, 91, 176, 184, 185, 227, 228, 305

포르타 산 세바스티아노 Porta San Sebastiano 264

포르투나 프리미게니아 Fortuna Primigenia ('최초로 태어난 행운') 65

포르피리오스 Porphyrios 285

포이니 전쟁 Punic Wars 114

폰티우스 필라테(본디오 빌라도) Pontius Pilate 240

폴리비오스 Polybios 18, 116

폼페이 Pompeii 67, 206, 215, 252

폼페이우스, 그나이우스 Pompeius, Gnaeus 143, 157~159, 161~165, 178

《폼페이우스의 생애》(플루타르코스) 159, 164

《풍자시 Satura》(유베날리스) 188, 191

프랑크족 Franks 318, 319

프레스코 벽화 128

프로코피우스 Procopius 20, 325, 328, 329

프롤레타리아 102, 147, 148

프리드리히 3세 Friedrich III 15

프리스카 Prisca 235, 250

프톨레마이오스 13세 Ptolemaios XIII 165
플라미니누스 Flamininus 107, 123
플라비아누스 Flavianus 왕조 206, 213, 272
플라우투스 Plautus 129, 130
플라톤 Platon 255, 256, 288, 303, 336, 338
플레비스키툼 Plebiscitum (평민들에 의해 통과된
    제안) 103
플로티누스 Plotinus 256
플루타르코스 Ploutarchos 18, 55, 126, 138, 157,
    159, 164, 166, 224
플리니우스 Plinius (속주 총독) 230
플리니우스 Plinius Caecilius Secundus (소小플리니우
    스) 235, 244
피데스 Fides (신의의 신) 42
피로스 Pyrrhos 107, 113
피에타스 Pietas ('경건'이 의인화된 신) 42, 62
필경사 337
필리포스 5세 Philippos V (마케도니아 왕) 120∼
    123

ㅎ

하기아 소피아 Hagia Sophia ('신성한 지혜' 교회)
    303, 330
하드리아누스 Hadrianus (황제) 206, 216∼218,
    227, 289
한漢나라 218
한니발 Hannibal 107, 120, 121, 135
할례 241
할리카르나소스의 디오니시오스 Dionysius Hali-

carnassensis 17, 34, 63
해군 114, 116, 121, 176, 313, 327
'해방자들' 169, 176, 178, 179
향료길 Spice Road 321
향연 322
헤로도토스 Herodotos 34
헤롯 대왕 Herod the Great 238, 239
헤롯 안티파스 (헤롯 안디바) Herod Antipas 239
헤르쿨라네움 Herculaneum 206, 214, 215
《현인들의 저녁 연회 Deipnosophiste》(아테나이오
    스) 36
호노리우스 Honorius (황제) 303, 305
호라티우스 Horatius (작가) 201
호라티우스 Horatius (전사) 83
호메로스 Homeros 107, 129, 201, 337
호민관 tribune 103, 104, 137∼139, 142, 155,
    181, 182
혼합 정체 18, 23
《황금 당나귀 Metamorphoses》(아풀레이우스) 195,
    226, 254
후마니타스 humanitas (인간성의 특징) 173
훈족 25, 303, 306∼309, 313, 322
'훌륭한 사람들'(귀족) 140, 154, 158, 161, 169,
    229, 230, 273
흉노족 307
희극 16, 129, 130
히에로니무스 Hieronymus 296, 300, 301, 337
히파티아 Hypatia 268, 289
힐렐 Hillel (랍비) 240

고대 로마사

1판 1쇄 2015년 10월 15일

지은이 | 토머스 R. 마틴
옮긴이 | 이종인

편집 | 천현주, 박진경
마케팅 | 김연일, 이혜지, 노효선
디자인 | 이석운, 김미연
종이 | 세종페이퍼

펴낸곳 | (주)도서출판 **책과함께**
　　　　주소 (04029) 서울시 마포구 월드컵로 50 덕화빌딩 5층
　　　　전화 (02) 335-1982~3
　　　　팩스 (02) 335-1316
　　　　전자우편 prpub@hanmail.net
　　　　블로그 blog.naver.com/prpub
　　　　등록 2003년 4월 3일 제25100-2003-392호

ISBN 979-11-86293-33-1　03920

이 도서의 국립중앙도서관 출판예정도서목록(CIP)은 서지정보유통지원시스템 홈페이지(http://seoji.nl.go.kr)와
국가자료공동목록시스템(http://www.nl.go.kr/kolisnet)에서 이용하실 수 있습니다.
(CIP제어번호: CIP2015026170)